国家社科基金资助项目

国家"双一流"建设学科
辽宁大学应用经济学系列丛书
学术系列
总主编◎林木西

市场决定视角下
政策性金融机构改革创新研究

Study on Reform and Innovation of Policy-based Financial Institutions
Under the Market-oriented Perspective

王 伟 秦伟新 著

中国财经出版传媒集团
经济科学出版社
Economic Science Press

图书在版编目（CIP）数据

市场决定视角下政策性金融机构改革创新研究/
王伟，秦伟新著 . —北京：经济科学出版社，2019.7
（辽宁大学应用经济学系列丛书 . 学术系列）
ISBN 978 - 7 - 5218 - 0546 - 8

Ⅰ.①市⋯　Ⅱ.①王⋯②秦⋯　Ⅲ.①政策性金融 -
金融机构 - 机构改革 - 研究 - 中国　Ⅳ.①F832.3

中国版本图书馆 CIP 数据核字（2019）第 092185 号

责任编辑：刘战兵
责任校对：蒋子明
责任印制：李　鹏

市场决定视角下政策性金融机构改革创新研究
王　伟　秦伟新　著
经济科学出版社出版、发行　新华书店经销
社址：北京市海淀区阜成路甲 28 号　邮编：100142
总编部电话：010 - 88191217　发行部电话：010 - 88191522
网址：www. esp. com. cn
电子邮件：esp@ esp. com. cn
天猫网店：经济科学出版社旗舰店
网址：http：//jjkxcbs. tmall. com
北京季蜂印刷有限公司印装
710 × 1000　16 开　26.5 印张　380000 字
2019 年 9 月第 1 版　2019 年 9 月第 1 次印刷
ISBN 978 - 7 - 5218 - 0546 - 8　定价：88.00 元
（图书出现印装问题，本社负责调换。电话：010 - 88191510）
（版权所有　侵权必究　打击盗版　举报热线：010 - 88191661
QQ：2242791300　营销中心电话：010 - 88191537
电子邮箱：dbts@ esp. com. cn）

本书系国家社会科学基金项目"市场决定视角下政策性金融机构改革创新研究"（批准号 14BJY193，结项证书号 20183235）研究成果

项目负责人：王伟

总　序

　　本丛书为国家"双一流"建设学科辽宁大学"应用经济学"系列丛书，也是我主编的第三套系列丛书。前两套丛书出版后，总体看效果还可以：第一套是《国民经济学系列丛书》（2005 年至今已出版 13部），2011 年被列入"十二五"国家重点出版物出版规划项目；第二套是《东北老工业基地全面振兴系列丛书》（共 10 部），在列入"十二五"国家重点出版物出版规划项目的同时，还被确定为 2011 年"十二五"规划 400 种精品项目（社科与人文科学 155 种）。围绕这两套系列丛书还取得了一系列成果，获得了一些奖项。

　　主编系列丛书从某种意义上说是"打造概念"。比如说第一套系列丛书也是全国第一套国民经济学系列丛书，主要为辽宁大学国民经济学国家重点学科"树立形象"；第二套则是在辽宁大学连续获得国家社科基金"八五"至"十一五"重大（点）项目，围绕东北（辽宁）老工业基地调整改造和全面振兴进行系统研究和滚动研究的基础上持续进行探索的结果，为促进我校区域经济学建设、服务地方经济做出了新贡献。在这一过程中，既出成果也带队伍、建平台、组团队，我校应用经济学学科建设也不断跃上新台阶。

　　主编第三套丛书旨在使辽宁大学应用经济学一级学科建设有一个更大的发展。辽宁大学应用经济学学科的历史说长不长、说短不短。早在1958 年建校伊始，便设立了经济系、财政系、计统系等 9 个系，其中经济系由原东北财经学院的工业经济、农业经济、贸易经济三系合成，财税系和计统系即原东北财经学院的财信系、计统系。后来院系调整，将经济系留在沈阳的辽宁大学，将财政系、计统系迁到大连组建辽宁财经学院（即现东北财经大学前身），对工业经济、农业经济、贸易经济三个专业的学生培养到毕业为止。由此形成了辽宁大学重点发展理论经济学（主要是政治经济学）、辽宁财经学院重点发展应用经济学的大体格局。实际上，后来辽宁大学也发展了应用经济学，东北财经大学也发展了理论经济学，发展得都不错。1978 年，辽宁大学恢复招收工业经济本科生，1980 年受人民银行总行委托、经教育部批准开始招收国际金融本科生，1984 年辽宁大学在全国第一批成立了经济管理学院，增设计划统计、会计、保险、投资经济、国际贸易等本科专业。到 20 世纪 90 年代中期，辽宁大学已有西方经济学、世界经济、国民经济管理、国际金融、工业经济 5 个二级学科博士点，当时在全国同类院校似不多见。1998 年建立国家重点教学基地"辽宁大学国家经济学基础人才培养基地"，同年获批建设第二批教育部人文社科重点研究基地"辽宁大学比较经济体制研究中心"（2010 年改为"转型国家经济政治研究中心"）。2000 年，辽宁大学在理论经济学一级学科博士点评审中名列全国第一；2003 年，辽宁大学在应用经济学一级学科博士点评审中并列全国第一；2010 年，新增金融、应用统计、税务、国际商务、保险等全国首批应用经济学类专业学位硕士点；2011 年，获全国第一批统计学一级学科博士点，从而实现了经济学、统计学一级学科博士点"大满贯"。

在二级学科重点学科建设方面，1984 年，外国经济思想史即后来的西方经济学、政治经济学被评为省级重点学科；1995 年，西方经济学被评为省级重点学科，国民经济管理被确定为省级重点扶持学科；1997 年，西方经济学、国际经济学、国民经济管理被评为省级重点学科和重点扶持学科；2002 年、2007 年国民经济学、世界经济连续两届被评为国家重点学科；2007 年，金融学被评为国家重点学科。

在一级学科重点学科建设方面，2017 年 9 月，被教育部、财政部、国家发展和改革委员会确定为国家"双一流"建设学科。辽宁大学确定的世界一流学科建设口径范围为"应用经济学"，所对应的一级学科为应用经济学和理论经济学，成为东北地区唯一一个经济学科"双一流"建设学科。这是我校继 1997 年成为"211"工程重点建设高校 20 年之后学科建设的又一次重大跨越，也是辽宁大学经济学科三代人共同努力的结果。此前，应用经济学、理论经济学于 2008 年被评为第一批一级学科省级重点学科，2009 年被确定为辽宁省"提升高等学校核心竞争力特色学科建设工程"高水平重点学科，2014 年被确定为辽宁省一流特色学科第一层次学科，2016 年被辽宁省人民政府确定为省一流学科。

在"211 工程"建设方面，应用经济学一级学科在"九五"立项的重点学科建设项目是"国民经济学与城市发展""世界经济与金融"；"十五"立项的重点学科建设项目是"辽宁城市经济"；"211 工程"三期立项的重点学科建设项目是"东北老工业基地全面振兴""金融可持续协调发展理论与政策"，基本上是围绕国家重点学科和省级重点学科而展开的。

经过多年的学科积淀与发展，辽宁大学应用经济学、理论经济学、统计学"三箭齐发"，国民经济学、世界经济、金融学国家重点学科"率先突破"，由"万人计划"领军人才、长江学者特聘教授领衔，中青年学术骨干梯次跟进，形成了一大批高水平的学术成果，培养出一批又一批优秀人才，多次获得国家级科研、教学奖励，在服务东北老工业基地全面振兴等方面做出了积极的贡献。

编写这套《辽宁大学应用经济学系列丛书》主要有三个目的：

一是促进"应用经济学"一流学科全面发展。以往辽宁大学应用经济学主要依托国民经济学和金融学国家重点学科和省级重点学科进行建设，取得了重要进展。这个"特色发展"的总体思路无疑是正确的。进入"十三五"时期，根据"双一流"建设需要，本学科确定了区域经济学、产业经济学与东北振兴，世界经济、国际贸易学与东北亚合作，国民经济学与地方政府创新，金融学、财政学与区域发展，政治经济学与理论创新等五个学科方向。其目标是到 2020 年，努力将本学科建设成为立足于东北经济社会发展、为东北振兴和东北亚合作做出应有贡献的一流学科。因此，本套丛书旨在为实现这一目标提供更大的平台支持。

二是加快培养中青年骨干教师茁壮成长。目前，本学科已建成由长江学者特聘教授、"万人计划"第一批教学名师、国务院学位委员会学科评议组成员、全国高校首届国家级教学名师领衔，"万人计划"哲学社会科学领军人才、教育部新世纪优秀人才、教育部教指委委员、省级教学名师、校级中青年骨干教师为中坚，以老带新、新老交替的学术梯队。本丛书设学术、青年学者、教材三个子系列，重点出版中青年教师的学术著作，带动他们尽快脱颖而出，力争早日担纲学科建设。本丛书设立教材系列的目的是促进教学与科研齐头并进。

三是在经济新常态、新时代、新一轮东北老工业基地全面振兴中做出更大贡献。面对新形势、新任务、新考验，我们力争提供更多具有原创性的科研成果、具有较大影响的教学改革成果、具有更高决策咨询价值的"智库"成果。

这套系列丛书的出版，得到了辽宁大学党委书记周浩波教授、校长潘一山教授和中国财经出版传媒集团副总经理、经济科学出版社社长吕萍的支持。在丛书出版之际，谨向所有关心支持辽宁大学应用经济学建设和发展的各界朋友，向辛勤付出的学科团队成员表示衷心的感谢！

林木西

2018 年劳动节于蕙星楼

　　党的十八届三中全会《关于全面深化改革若干重大问题的决定》明确提出要"推进政策性金融机构改革"。2014 年是我国三家政策性银行（中国农业发展银行、中国进出口银行和国家开发银行①）组建 20 周年，中国出口信用保险公司也成立了 10 年有余，既需要全面总结经验教训，也亟须探究深化改革和创新发展的新思路、新途径、新方法。目前关于政策性金融机构改革发展的研究，基本上是依据政策性金融理论和开发性金融理论分别展开的。从理论上看，政策性金融理论和开发性金融理论都是中国本土的学术原创，还需要结合经济社会学等理论学说进一步完善并寻求理论创新，这也是在 21 世纪新形势下构建更具东方与中国特色和环境需要的经济学、金融学理论的迫切需要。所以，本书基于新的理论视角研究政策性金融机构改革问题的学术价值较高，现实针对性更强。

　　100 年来，现代意义上的政策性金融机构共同经历了创立、发展、变革与完善等历史阶段，虽然各国政策性金融机构的发展路径因各自历史、政治、文化、经济和制度的差异而各有不同，但从理论上看，政策

---

　　① 本书将国家开发银行纳入政策性银行体系来进行研究，主要依据的是现行金融监管体制（银保监会内设部门监管职责及监管对象的划分）及统计口径、年报等解释，该解释里仍然强调政策性银行包括国家开发银行、中国进出口银行和中国农业发展银行；同时，尽管国开行在 2015 年定位于开发性金融机构，但从理论上而言，开发性金融（机构）包括开发性政策性金融（机构）和开发性商业性金融（机构）两类，从实践来看，国开行从事的业务活动也一直主要是属于政策性金融范畴的开发性政策性金融业务（自称社会责任）。

性金融本身又具有其内在的、必然的、一般性的规律。本书按照"研究背景→理论基础→实证分析→经验借鉴→体制构建"的研究思路，采用实地调查和文献研究相结合、历史检验和横向比较相结合、系统和多种计量联合检验的研究方法，主要从基于市场决定的政策性金融机构理论分析范式创新、中国政策性金融机构效率水平测度及影响因素、市场决定与"三行一保"① 改革的现实路径选择和机制创新、国家治理在政策性金融机构改革发展中的作用机理和实现路径、政策性金融机构绩效评价指标体系设计、国外政策性金融组织理论与实践发展、推进我国政策性金融机构改革和创新发展的方案选择与对策七大核心内容方面，立足市场决定视野，跨学科创新性地研究我国政策性金融机构改革发展问题。

第一，本书提出了基于市场决定的政策性金融机构的理论分析范式。主要是阐述本书的主要理论根基即市场决定理论及相关理论；在梳理中国政策性金融理论演进的基础上，依据政府和市场关系理论，对政策性金融机构的基本理论范畴进行再界定，阐述本书的切入点和着力点；在政策性金融与相关理论范畴比较的基础上，基于市场决定理论提出新的政策性金融观，力图构建能体现市场在金融资源配置中起决定性作用的政策性金融机构改革发展的理论基础。

第二，对我国政策性金融机构的效率水平进行测度评价并分析其影响因素。在归纳分析我国政策性金融组织体系体制变迁的基础上，采用社会合理性和经济有效性相结合并以前者为重点的政策性金融机构效率二元结构分析方法，创新性地提出社会合理性范畴下的政策性金融机构评价指标体系并据此进行理论实证分析。然后基于 DEA – Malmquist 指数实证分析其经济有效性水平，以及影响中国政策性金融机构服务有效性的主要因素，从而为政策性金融机构改革与发展的研究奠定一定的实证基础。

①"三行一保"是中国农业发展银行、中国进出口银行、国家开发银行和中国出口信用保险公司的简称。

第三，以我国目前的主要政策性金融机构"三行一保"为研究对象，在分别分析其各自不同的发展进程、现状、问题及改革动因的基础上，以市场决定为导向，参考社会企业模式和国外政策性金融机构相关经验，从公共战略、公共治理、市场效率和动态调整四个维度，分别探讨"三行一保"的改革方向及目标、职能定位、业务范围、运营机制、内部治理架构以及相应的改革创新模式等。

第四，研究国家治理在政策性金融机构改革发展中的作用机理和实现路径。从制度嵌入性视角探析国家建设与非市场治理机制对政策性金融机构的规制作用及影响方式、相互关系及形成机理。在此基础上，从政策性金融机构的立法、政策扶持与补偿机制和外部差别监管体制等方面，探讨政策性金融机构改革发展中国家治理机制的实现路径。

第五，研究设计政策性金融机构绩效评价指标体系。在界定政策性金融机构绩效评价内涵和分析绩效评价指标体系构建原则的基础上，从社会、经济、生态环境三个系统和经营绩效、公共绩效两个维度，采取专家调查法、层次分析法并结合变异系数检验、权重设置等，对设计的评价指标进行预选和修正，最终确定了基本的绩效评价指标体系。

第六，采用国际比较研究方法，梳理分析国外政策性金融组织理论与实践发展及最新动向。重点围绕开发性政策性金融、进出口政策性金融和农业政策性金融领域，对国外相关的政策性金融组织基本理论、政策实践、最新动向、主要特点及其经验教训等，进行全方位、多角度的比较研究和借鉴，并得出对我国有益的若干深刻启示。

第七，推进我国政策性金融机构改革和创新发展的方案选择与对策研究。主要是运用 PEST – SWOT 法分析我国政策性金融机构面临的宏观环境因素和发展态势，对基于不同视阈、不同立场的政策性金融机构改革发展方案进行归纳、比较和评析，并结合国际经验和本土特色考量，提出可供政府制定政策参考的有针对性地改革和发展我国政策性金融机构的对策建议，以期产生实际的政策咨询价值。

本书的创新点或贡献主要体现在：一是理论视角新。研究紧扣十八届三中全会有关政府和市场关系的重要精神，从市场决定资源配置的角度，分析市场规则与政策性金融机构改革创新之间的耦合机制。二是研究内容新。从机构自身和国家治理内外两大系统着手，多角度全面研究政策性金融机构改革发展的路径机制；以突出社会合理性特征的政策实现度评价为重点，创新性设计政策性金融机构绩效考评指标体系，并进行社会合理性问题的理论实证等。三是应用对策新。对比国外政策性金融机构的最新实践并借鉴其经验和教训，深入探讨中国政策性金融服务供给现状、需求影响因素，从具体实证中观察总结出我国政策性金融机构发展规律和改革最佳方案，使对策更具可行性和针对性。

综上所述，本书不仅有助于繁荣和推进金融学及政策性金融理论的学术研究，具有重要的理论价值，而且对于当前政策性金融机构改革和发展尤其是"政策性职能"的强化及回归，以办成真正的政策性金融机构，也具有一定的现实针对性。

本书是国家社科基金项目"市场决定视角下政策性金融机构改革创新研究"（批准号：14BJY193）研究成果（结项等级为"良好"）。本书主要参考和引用了课题组主要成员完成的相关论文等研究成果，尤其是项目负责人指导的金融学专业博士秦伟新和林春的博士学位论文中的有关内容，特此一并谨致谢意。同时，感谢辽宁大学应用经济学一流学科和经济科学出版社对本书出版的支持。

目　录

第一章

引　言

第一节　研究的背景与意义

一、研究背景

在世界历史的长河中，关注国计民生和服务弱势群体以体现政府政策意图的政策性金融实践活动并不鲜见。在古代中国，春秋时期的宋国在公元前544年因发生饥荒，"宋平公出粟而贷，使大夫皆贷"，[①] 先秦时期的泉府办理的赊贷业务，以及北宋时期王安石变法中的青苗法和市易法等，都是最初的政策性金融业务。100年前，处于进步时代的美国在1914年的国会报告中指出，德国、澳大利亚和意大利普遍存在已经成功地为农业项目提供了金融支持的农业"人民银行"和信贷协会，并在借鉴的基础上于1916年提出构建美国农业信贷体系（Larry Yackle，2013）。然而，人类第一次将研究的焦点正面地对准政策性金融并抽象到一般理论高度加以专门系统的理论研究，迄今刚走过了短短的30多

---

① 姚遂：《中国金融史》，高等教育出版社2007年版，第48页。

年的时间。

我国的政策性金融体系始建于 1994 年，目前主要涉及农业、经济开发与进出口三个重要领域，现阶段已初步形成了以政策性银行和政策性非银行金融机构为主体，[①] 其他政策性金融制度承载体所承担的各种形式的政策性融资、担保和保险业务为补充的政策性金融体系（王伟，2013）。政策性金融机构运营 20 多年以来，为我国的农业发展、经济开发和进出口等领域发挥了重要的金融支持作用。从总量上看，截至 2016 年末，政策性银行贷款余额约为 20 万亿元人民币，约占全部金融机构贷款余额的 20%，即大约 1/5。中国出口信用保险公司（以下简称"中国信保"）于 2000 年成立，十多年来在拉动出口、投资、就业、加快外贸发展方式转变和服务国家重大战略方面发挥了重要作用。2016 年末，中国信保出口信用业务实现承保金额 4731.20 亿元，国务院发展研究中心的有关研究显示，自 2012 年以来，我国每 100 美元出口就有 25 美元左右是在中信保的直接或间接带动下实现的，政策性信用保险每年促进和保障就业 1500 万人左右。[②] 但同时政策性金融机构的改革与发展也出现了一系列的问题，有待于进一步解决，首先，关于政策性金融机构的法律体系尚未构建完成，其间虽有几次关于政策性金融机构改革方案的研究与出台，但并未提高到国家法律的高度，与国外的政策性金融机构改革发展相比，我国的政策性金融机构实则处于无法可依的状态。其次，部分政策性金融机构在业务导向上没能完全坚持服务国家目标的战略定位，出现异化。2008 年国家开发银行实行了面向市场的商业化改革，于 2008 年 12 月 11 日转制为国家开发银行股份有限公司，成为第一家由政策性银行转型而来的商业银行，随后实施了"一拖二"[③] 的发展战略（国开行、财政部财科所联合课题组，2011）。最后，

---

① 主要包括"三行一保"，即国家开发银行（简称"国开行"）、中国进出口银行（简称"口行"）、中国农业发展银行（简称"农发行"）和中国出口信用保险公司（简称"中国信保"）。

② 详见 http://www.financialnews.com.cn/bx/bxsd/201702/t20170208_112289.html。

③ "一拖二"即将国开行改革为兼有政策性金融机构与商业性金融机构的金融集团。

战略客群比较有限，且支持的存量主要客户数量也不断减少。一方面，截至 2015 年底，三家政策性银行中仅有国家开发银行一家开办了面向个人客户的贷款业务，即大学生生源地助学贷款，其他两家政策性银行均没有直接面向个人客户的产品和服务。另一方面，政策性金融资源的集中化趋势十分明显。比如截至 2015 年底，农发行的贷款余额突破 3 万亿元，达到 3.4 万亿元，从年报公开披露的数据看，农发银行近几年来贷款余额不断增长，年均增长额超过 3000 亿元，增幅超 14%，而全行的主要业务、信贷余额约占全行四成以上的粮油信贷业务，在 2013 年的客户总数和 2014 年的贷款五级分类口径下的正常客户数分别减少 3231 家和 1068 家，减幅分别超过 20% 和 12%，可见农发行支持粮棉油客户的信贷集中度在进一步增加，相当一部分的存量客户被排斥在农发行之外。而据业内人士透露，这也是中国金融近十多年来普遍存在的现象。

党的十八届三中全会通过的《中共中央关于全面深化改革若干重大问题的决定》（以下简称《深化改革的决定》）明确提出要"发挥市场在资源配置中的决定性作用"，以及"推进政策性金融机构改革"。党的十八届四中全会通过的《中共中央关于全面推进依法治国若干重大问题的决定》（以下简称《依法治国的决定》）明确提出要"坚持法治国家、法治政府、法治社会一体建设，实现科学立法、严格执法、公正司法、全民守法，促进国家治理体系和治理能力现代化"。党的十八届五中全会通过的《中共中央关于制定国民经济和社会发展第十三个五年规划的建议》明确提出要"加快金融体制改革并提高金融服务实体经济效率"，"健全商业性金融、开发性金融、政策性金融、合作性金融分工合理、相互补充的金融机构体系"，以及"平等、绿色、共享、协调、创新"的发展理念。习近平总书记在《关于〈中共中央关于制定国民经济和社会发展第十三个五年规划的建议〉的说明》中也明确指出，到 2020 年 7.5 亿城镇常住人口中将包括 2.5 亿的以农民工为主体的外来常住人口，但目前他们在城镇还不能平等享受教育、就业服务、社会保障、医疗、保障性住房等方面的公共服务。此外，社会的两级分化严重现象日渐加剧以及区域间发展不平衡等问题，都有待于我们进一步探求解决之策并逐步落实。2015 年 11 月，党中央提出供给侧结构性改革的发展思路，2016 年 1 月，习近平总书记明确指出供给侧结构性改革的根本目的是提高社会生产力水平，落实好以人民为中心的发展思想。而金融鉴于公共性的本质特征，尤其是政策性金融作为政府向全社会提供的准公共品，则是重要的供给侧改革的着力点。因此，市场决定视角下政策性金融机构改革创新问题的研究迫在眉睫。

二、研究目的及意义

100 年来，现代意义上的政策性金融机构共同经历了创立、发展、变革与完善等历史阶段，虽然各国政策性金融机构的发展路径也因各自历史、政治、文化、经济和制度的差异而各有不同，但从规范的理论角度看，政策性金融本身又具有其内在的、必然的、一般性的规律。尽管古今中外一直持续存在着政策性金融活动，但发现、发掘政策性金融这一普遍现象和经济金融规律，并抽象到一般理论的高度来专门系统地研究它还为时不长，相对于政策性金融实践的漫长历史来说还十分短暂。从理论上看，政策性金融理论是中国本土的学术原创，还需要结合市场决定理论、公共金融理论、经济社会学等理论学说进一步完善并寻求理论创新，这也是在 21 世纪新形势下构建更具东方与中国特色和环境需要的经济学金融学理论的迫切需要（黄达，2012）。政策性金融体系包括政策性金融机构（组织）体系和政策性融资业务体系，其中，政策性金融机构是政策性金融体系的主体和政策性金融制度的主要承载体，也是我们通常意义上所说的政策性金融或者狭义的政策性金融。所以，研究政策性金融机构并以此为理论突破口，对于繁荣和创新发展政策性金融理论、推进政策性金融学科建设，具有举足轻重的理论意义。

党的十八届三中全会的《深化改革的决定》中明确提出要"推进政策性金融机构改革"，在《国家新型城镇化规划（2014～2020 年)》等一系列中央文件中，还提出要研究建立一些新的政策性金融机构。至今，我国三家政策性银行组建已逾20周年，中国出口信用保险公司也成立十年有余，既需要全面总结经验教训，也亟须探究深化改革和创新发展的新思路、新途径、新方法。同时，《深化改革的决定》中还特别强调"经济体制改革是全面深化改革的重点，核心问题是处理好政府和市场的关系，使市场在资源配置中起决定性作用和更好发挥政府作用"。因而，立足市场决定视野，跨学科创新性研究我国政策性金融机构改革发展问题也正当其时。

综上所述，此项研究的学术价值较高，现实针对性更强。从这个意义上说，通过对世界范围内的政策性金融的理论与实践进行比较分析，提炼出更加普适性的、一般性的规律，从而为我国甚至世界范围内的政策性金融理论创新及其政策性金融机构改革发展提供智力支持，是一项具有重大意义的课题。由此，本书研究的目的就是，通过对我国政策性金融机构（主要是"三行一保"）改革发展的创新性研究，为决策层科学地制定政策性金融发展的政策措施，为进一步推进政策性金融机构改革，提供切实可行的且具有可操作性的新思路及政策建议；通过对基于市场决定的政策性金融机构理论分析范式的创新研究，进一步繁荣发展政策性金融理论和金融发展理论体系，为深化政策性金融机构改革和机制创新提供科学有力的理论支撑。

第二节　政策性金融组织问题研究综述

一、国外研究综述

国外对于政策性金融机构的研究主要集中在理论认知和组织实践两个层面上，后者细分为组织的改革与发展模式、组织运营与外部关系等环节。

（一）关于政策性金融理论认知的研究

首先，国外对于政策性金融的称谓和概念认知并不完全相同。由于各国历史、经济、文化和习惯各有差异，加之"政策性金融"一词正式提出的时间并不长，因此不同的国家或民族关于政策性金融的概念认知各有不同。从国内外政策性金融理论研究文献的检索情况看，在严格意义上使用"政策性金融"这一概念的国家主要是中国、韩国和日本。在日本的政策性金融体系中历经数次改革的日本政策金融公库，在公司网站主页的标识中赫然写着该公司是"100%政府出资的政策性金融机构"。韩国产业银行半个多世纪以来一直将自身定位于政府自己的银行，是全球化市场中唯一一家以市场友好型方式服务了众多政策性商业企业的、具有竞争力的政策性金融机构。在英文文献中，多将政策性金融称为 Policy-based Finance（Tasuku Takagaki，2002）、Policy-based Directed Credit 或 Directed Credit Program 等（瞿强，2000）。这种多称谓、不确定性和不规范性称谓表明，在这一领域各国尚缺乏系统全面的规范性研究（白钦先，1998）。

其次，在对政策性金融范畴的认知上，国外学者一般是从政府金融（John Marshall et al.，1819）、公共产品（W. Stull Holt et al.，1924）或与商业性金融对称（Berger et al.，1998）的角度来理解政策性金融的。贝冢启明（1981）认为政策性金融是公共部门所从事的金融活动，是为了实现产业政策等特定的政策目标而采取的金融手段（小滨裕久、奥田英信，1994）。在1819年的麦克洛克诉马里兰案（McCulloch v. Maryland）中，美国最高法院大法官马歇尔（John Marshall，1819）认为支持国会授权建立第二国民银行一定程度上是因为（该）银行是联邦政府管理自己金融事务的手段。在20世纪早期，针对农业信贷法案，没人会认为美国最高法院是社会主义者的一个代理人，反而人们会认为该法案是为公共利益而服务的社会公器（Larry Yackle，2013）。在农业信贷法案的讨论过程中，美国国会（1916）认为农业信贷机构（实为美国现存的政策性金融体系中历史最为悠久的农业政策性金融机构，笔者注）是为了向农民提供优惠利率的农业贷款而创造的公共金融机构（W. Stull Holt，1924）。① 日本学者小浜裕久和奥田英信（Dimitri Vittas and Akihiko Kawaura，1995）认为政策性金融是为实现产业政策等政策目标而采取的金融手段。德国复兴信贷银行董事长雷奇（Hans Reich，2002）认为，一个健康的开发性政策性银行，应是商业银行的伙伴而不是竞争对手；开发性政策性银行不能只分析其市场份额和市场地位，而应针对市场机制的盲域不断发掘新的市场机会。IMF 货币和资本市场部门的负责人费奇特（Jonathan Fiechter，2004）将政策性银行定义为政府控股或持有经营权的银行，是为了实现公共目的等特定目标而成立。

最后，在政策性金融组织功能的认知上，不同学者看法不一。美国国会参议员卡明斯（Albert Cummins，1916）认为新的联邦特许银行（即联邦土地银行）通过持有政府公共基金并帮助政府管理金融事务，能够更好地为农业服务。斯蒂格利茨（Joseph E. Stiglitz，1998）依据不完全竞争市场理论提出了面向特定部门融资的政策性金融有效论。世界银行（2010）认为有针对性的政策性融资可以有助于提高发展中国家供水和排水行业的服务质量。马西亚斯（Matthias，2003）采用非参数匹配方法来研究政策性金融促进自主创新的总体效应。巴斯（Barth，2004）认为政府特殊银行对金融制度和经济发展也有负面影响。施罗德（Mark Schroeder et al.，2011）研究了被誉为办得成功的 "健康的政策性银行" 德国复兴信贷银行（KfW）在不同时期和阶段有效配合联邦政府的政策性功能。尤其是 KfW 配合联邦政府的政策，为中小企业和东德的发展提供了大量资金（Helmut，2009；Martin，2012）。克雷格（Craig，2007）、卡鲁瑟斯和阿里奥维奇（Carruthers and Ariovich，2010）等从金融社会学的视角，探讨了美国联邦小企业署（SBA）、联邦国民抵押贷款协会（Fannie Mae）等政策性金融机构服务弱势群体的社会目标。其中，1953 年成立并居于美国小企业政策性金融体系主体地位的

---

① 原文如下：the creation of public financial institutions that would make farm loans at a favorable rate of interest.

联邦小企业署（SBA）是美国小企业最强大的融资后盾（Craig et al.，2007）。老挝学者康未来（2011）分析了政府组建的专门为 47 个最贫困乡村提供小额信贷服务的老挝政策性银行。亚克尔（Larry Yackle，2013）认为美国在进步时代的新金融制度安排（即政策性金融制度）促进了农业方面的各类创新。韩国政府（2014）认为（作为政策性银行的）韩国产业银行是韩国经济增长的金融引擎和全球化的银行（韩国产业银行年报，2014）。佩罗蒂（Roberto Perotti，1999）选用住房按揭金融中的房贷金额与房屋价值的比值来（近似于按揭成数）衡量信贷约束的程度，并且认为是否超过 80% 是界定一个国家是否存在信贷约束的适当比例，并据此对美国、日本、英国和加拿大等 19 个国家进行了分类和比较。

（二）关于政策性金融机构改革和发展模式的研究

在政策性金融机构改革方面，汉森（Hanson，2003）研究发现政策性金融机构根据国别和经济情况的不同而出现不同的变化。在发展模式方面，金永实（Kim Youngshik，2004）将政策性金融机构的发展类型归为以下六个方面：（1）综合金融集团化型。即政策性银行在保持其原有作用的同时，发展成提供综合金融服务的金融集团。如新加坡开发银行①。（2）功能强化型。即政策性金融机构由政府 100% 所有和掌控，同时为确保其以独立的组织形式灵活履行职责，尽可能细化其功能。如德国复兴信贷银行、日本政策投资银行。（3）母公司派生子公司型（Spin-off）。即在政策性金融机构内部一分为二，母体负责公共业务，子公司负责商业性金融业务。如法国的 CDC 集团。（4）民营化型。即完成政府银行使命后转为民营并采用市场运作模式。如中国台湾交通银行。（5）功能转换型。即转变成没有信贷职能的"政府机构"，以投资

---

① 白钦先（2005）认为，新加坡开发银行的商业化转型是某种特殊情况下的特例，因为新加坡是一个城市国家，地域极为有限，既不存在长期大量的基础设施投资建设，也无明显区域性差异，在其特殊国情和特殊环境下，新加坡开发银行的开发性政策性金融业务在其建国并迅速现代化后，便会逐步缩小或萎缩。

方式供给资金。（6）清算或关闭型。即政策性金融机构已达到无法创造效益的程度时，以现实存在可替代金融系统为前提条件。金延恩（Kim Jungeun，2008）等认为日本将 8 个政策性金融机构重组为 1 个政策金融公库①，是为了达到政策性金融机构的经营合理化等。朴金顺（Park Ki Soon，2006）提出政策性银行改革是一个长期的问题而不仅仅是商业化。韩国政府（2013）宣称计划重新塑造韩国产业银行的政策性金融的作用（韩国产业银行，2014）。金明植（2013）通过比较认为，针对政策性开发银行的无用论、财政包袱论等至少不适于德日韩三国，并建议中国要慎重考虑国家开发银行的民营化。韩国政府对韩国产业银行的商业化转型和民营化方针政策已经中止。有些学者（Take Hoshl and Anil K. Kashyap，2015）通过比较 1997 年危机前后的日本与 2008 年危机前后的美国、欧洲的银行业，认为在金融危机期间包括政策性银行在内的整个银行业资本受到侵蚀，出现了严重的资本短缺，且资本严重短缺确实是危机之后数年存在的一个现实。

（三）关于政策性金融机构运营及外部关系的研究

政策性金融机构的组织运营研究主要集中在客户定位、股权结构、组织架构、业务流程和公司治理等方面。在客户定位方面，美国国会（1916）在联邦农业信贷法案中要求贷款对象只能是农业客户而非其他产业客户，且单户贷款不能超过 1 万美元（相当于国内 5 万元左右的农户小额贷款，笔者注），年利率不能超 6%，期限是 5 ~ 40 年；Farm Credit（1980）提出为增强农业信贷体系的服务能力，特别启动了针对年轻、起步以及小农场生产者项目（YBS）。② 日本政策性金融公库

---

① 日本政策性金融公库官方的信息显示它是由四个政策性金融机构合并而成，详见日本政策金融公库的官方主页（网址为 http：//www. jfc. go. jp/）。

② YBS 的全称是 Young，Beginning，and Small Farm Program，具体是指 35 岁及以下的农业从业者、经营农业经验不足 10 年的起步农场（主）和年产值不足 25 万美元的小农场，三者满足任何一个均可。资料源于美国农业信贷体系的客户介绍，网址为 http：//www. farm-creditnetwork. com/about/overview/customers.

(2015) 提出了 2015～2017 年的业务发展规划，明确在中小企业、农业和国民生活等方面重点支持的客户类别和相应数量。在股权结构方面，联邦土地银行成立之初的 900 万美元的启动资金全部由财政部拨付（William G. McAdoo，1931），1947 年，联邦土地银行将政府股本归还给政府，全部股份由借款人持有，并于 1971 年和 2005 年两次提升和完善了借用者所有制（Borrower-Ownership & Borrower-owned Status）。所谓借用者所有制，按照美国农业信贷系统的官方解释是：该系统所拥有的近 80 个本土农业信贷组织都是客户所有的，每一个组织都对所在区域的农业有深刻的了解，这些经验足以使他们向客户提供特别地道的融资方案与服务（Farm Credit，2015）。[①] 在组织架构方面，韩国政府（2014）为进一步发挥韩国产业银行的政策性银行的功能作用，调整了韩国产业银行的股权结构，由原先政府—金融公司—金融集团—韩国产业银行的多层级、间接持股架构，优化为政府—韩国产业银行的单一的、直接持股架构。在业务流程方面，宇泽弘文等（2009）分析了日本的政策性金融及开发银行的经营机制和职能调整。在公司治理方面，戴维（David，2006）认为一个完善的治理结构是政策性银行良性运作的保障，政策性银行治理结构不是一成不变的，应该根据不同发展阶段逐步完善。保罗（Paul，1998）研究发现，由于政策性银行的亏损最后由政府承担，那么政策性银行运作中发生道德风险的概率就会加大，外部监管部门又不能及时有效地发现问题，因此需要完善的治理结构。

在外部关系研究上，主要集中在政策性金融机构与商业性金融机构的关系、立法和监管等方面。在与商业性金融机构的关系方面，联邦农业信贷法案出台的背景是原有的私人贷款银行和保险公司贷给农民的太少，要求的回报太高而且期限又短，更重要的是让农民承担了太多的责

---

① 详见美国农业信贷体系的百年历史，网址为 http://www.farmcreditnetwork.com/about/history。原文主要如下：Each local Farm Credit organization is a cooperative that is owned by its customers, and has a deep understanding of agriculture in their area. This expertise enables them to understand the industry sectors they finance and provide an unparalleled level of knowledge and service to their borrower-owners.

任（Myron T. Herrick，1913；Robert J. Buckley，1917）。对此法案，私人按揭银行真正的担心在于联邦土地银行将会抢夺原本属于他们的按揭业务，因此对联邦土地银行的合法性以及出售免税债券的能力提出了质疑（Larry Yackle，2013）。日本驻华使馆的经济参赞西宫伸一（Shinichi Nishimiya，2006）认为政策性金融机构享有特殊身份和地位优势，一个健康的政策性银行应是商业银行的伙伴而不是竞争对手，应该针对市场机制的盲域不断发掘新的市场机会，是为市场提供支持而不是与市场经济背道而驰，应该主要致力于社会福利事业（general welfare），而不能像私人商业银行那样只追逐利润（Hans Reich，2002）。德国复兴信贷银行驻北京代表处副代表依克伟（2007）主张政策性银行应该将自己的业务触角约束在低度竞争领域。西宫伸一（Shinichi Nishimiya，2006）在总结日本政策性银行的经验时同样认为，政策性银行是私人部门的一个补充，而不是和私人部门竞争。黄记祖（Ng Kee Choe，2006）主张政策性银行和商业银行可以互相竞争。国际清算银行（2001）认为，日本银行业盈利水平低的一个重要因素是"来自政府金融机构的激烈竞争"。在立法方面，第一任联邦农业信贷委员会主席、被誉为美国农业信贷法案之父（Wiprud，1919）的麦卡杜（William G. McAdoo，1916）深信对农业信贷立法是必要的且适当的，因为贷款银行如此之贪婪，对于农业按揭贷款的利率如此之高，以至于成百上千的农业社区的人民生活在永恒的恐惧和贫困之中。布克利（Robert J. Buckley，1917）认为，政府通过联邦立法（即《联邦农业信贷法案》）使得农民免于贪婪的私人银行的盘剥，并确保了对事农者适当的金融支持。桑伯里（Ben Sunbury，1990）认为1916年美国的农业信贷法案应该以美国农业金融的大宪章著称。在监管方面，布鲁克斯（Ray Brooks，2006）提出需要对政策性银行的监管有明确的规定，这应该是一个独立的监管机构，有权获得政策性银行的信息，可以对银行进行调查。有些学者（Take Hoshl and Anil K. Kashyap，2015）认为，在金融危机之后，一方面日本、美国和欧洲的政府对包括政策性银行在内的银行救助迟缓，另一方面在强制银行补充附属资本方面，美国的监管力度相对较大，而欧洲（德国除外）与日本的监管决心都不太大。

二、国内研究综述

国内对政策性金融机构改革发展的研究也越来越多，主要集中在政策性金融组织的改革绩效评价、发展定位和运行机制等方面的探讨上。

（一）政策性金融体制改革绩效评价

1994 年三家政策性银行先后设立，标志着我国政策性金融体系架构的基本确立，2001 年中国出口信用保险公司的成立，意味着我国的政策性金融改革进入了"三行一保"的新时代。

首先，研究者对政策性金融体制改革的总体效果持肯定意见。杨涛（2008）分三个阶段，即政策性金融的早期发展（1979～1993 年）、政策性金融的成熟阶段（1994～2003 年）和政策性金融的创新阶段（2004 年至今），分析了改革开放以来中国政策性金融改革取得的历史成就。王伟等（2015）从理论上分析了中国政策性金融的四个发展阶段，认为改革开放以来，伴随着我国政策性金融机构的创立、转型异化和理性回归的曲折而艰难的改革发展实践，我国对政策性金融学术理论的探索和发展也呈现出肯定—否定—否定之否定的螺旋式演进过程。胡炳志（2003）在研究中国金融体系重构的过程中认为政策性金融机构是现代金融制度上的一个重大创新。在现代金融机构体系中，政策性金融机构是一个重要的组成部分（王广谦，2008）。陈元（2009）认为国家开发银行的成立与发展实践是我国社会主义市场经济体制和金融体制改革的产物。厉以宁（2013，2014）认为中国的政策性银行不仅太少而且还弱，应该加强政策性银行的建设；作为金融结构改革的一项重要举措，还应新建政策性的城镇建设银行、教育银行，开发西部地区也应建立大量政策性银行。王伟等（2015）认为，专门的政策性金融机构组建后，在中国经济与社会发展、稳定方面发挥了不可替代的重要作用，对社会经济发展和金融体制改革及协调发展功不可没。

　　其次，面对政策性金融机构在改革中出现的商业化、市场化等若干问题，学者们从不同的角度进行了详细的探讨与研究，得出的结论不一，甚至完全相反。关于政策性银行改革转型，白钦先（2005）明确地提出质疑，机构组建不久何谓转型？由什么"型"转向什么"型"？事实上，政策性银行不存在转型问题，而只有异化后的回归问题。在2006年政策性银行改革与转型国际研讨会上，实际上也并没有对我国政策性银行的"转型"达成共识，倒是对"转型"本身提出质疑，对规范政策性金融运作提出了建设性的意见（白钦先、王伟，2010）。王松奇（2006）认为，由中央银行牵头的中国三个政策性银行转型改革方案的设计及知情人通常不超过五人，在严格保密的情况下起草、讨论、修改、定稿，最后上报国务院，这种神秘兮兮的做法颇令人费解。在转型发展的方向上，国开行、财政部财科所联合课题组（2011）提出，国开行进一步改革的方向应是兼有政策性金融机构与商业性金融机构的金融集团。何广文（2004）认为农村政策性金融的供给属于准公共金融产品，可以由公共部门供给，也可以由私人部门供给，并建议将农发行改组为农村信贷担保银行，实行股份制以及业务的综合化和商业化运作。王伟（2006）认为政策性金融机构改革发展的方向应是政策性业务与非主动竞争性盈利的有机统一。汤敏（2006）认为，政策性金融机构不要与商业性金融机构竞争，要相互合作，业务领域要动态转换，成熟的领域要交给商业性金融机构。姚中民（2006）认为国家开发银行转型发展必须坚持的基本原则之一是转型为综合型开发性金融机构，主要是享有国家信用、市场化运作、经营业绩、为实现国家政策和战略提供金融服务。王伟、张令骞（2010）对中国政策性金融的异化以及对我国社会、经济和金融的影响效应进行了分析，提出中国政策性金融应该回归的若干建议。周小川（2005）认为，在服务国家战略导向的同时又实现了财务上可持续且注重提升效益的政策性金融机构可以向开发性金融转型。然而，2008年国际金融危机后，全球开始重新认识开发性和政策性金融的作用，即可能还是需要开发性金融和政策性金融的，而非全部都靠商业性金融机构（周小川，2015）。中国开发性金融的倡导者陈元（2009，2012）分析了美国个别政策性金融机构在次贷危机中的深刻教训，进而也认为政策性金融确实是金融体系中不可或缺的组成部分，发挥着重要而独特的作用，这为多国实践所证明。关于改革的问题分析，谢平、邹传伟（2013）认为政策性金融机构改革已陷入僵局，存在着定位不清、立法滞后、考评机制不完善、引发监管套利和风险隐患等核心难题。白钦先（2012）认为这与理论认知及决策理性的严重不足以及各方围绕复杂利益的博弈具有一定关系。魏加宁（2010）认为国开行依据开发性金融进行的脚踏两只船的商业化改制也造成了目前骑虎难下的两难境地。谢平（2012）认为政策性金融机构兼营大量商业性业务，不仅扭曲了市场竞争机制，也可能滥用国家信用，造成金融与财政风险相互传导。

最后，多位学者对政策性金融的效率进行了比较研究。瞿强（2000）认为，评价政策性金融的有效性或者衡量它对经济的作用，可以从直接作用和间接作用两个方面入手，即通过政策性融资提高企业资金利用的可能性和政策金融的低利性带来的补助性效果，以及政策性金融对商业性金融产生的诱导效果。李志辉、王永伟（2008）利用模型对开发性金融和政策性金融进行了效率比较研究，认为由于开发性金融机构追求市场业绩，而政策性金融机构不追求市场业绩且无选择企业的自主权等原因，因此前者比后者的信贷配给效率更高。白钦先、王伟（2013）指出，政策性金融具有直接扶植与强力推进功能、逆向性选择功能、倡导与诱导性功能、虹吸与扩张性功能、补充与辅助性功能、专业性服务与协调功能六大基本而独特的功能，因此政策性金融的效率往往较商业性金融更高。白钦先、文豪（2013）提出三维金融架构下农村合作性金融由于其"自愿、互信、合作、自治、互助"的本质特征，其支持农村经济、改善农民收入的效应往往比商业性金融要更加直接和有效。王伟、金春红（2016）基于经济有效性视角实证分析了中国政策性银行的效率水平，认为政策性银行的效率分析应包括经济有效性和社会有效性两个方面，目前我国政策性银行的社会有效性相对滞后于其经济有效性。王伟、秦伟新（2015）在政策性金融和商业性金融的二维金融视角下，对东北振兴中两者的绩效进行了比较分析，认为前者的边际产出明显高于后者，尤其是开发性政策性金融的效率最高，大约是商业性金融的 10 倍。

（二）政策性金融机构发展定位探讨

近年来出现了两派不同的意见：

一派认为，应强化政策性金融机构功能定位，采取剥离商业性业务等方式，办成真正的政策性金融机构。谭庆华（2005）认为，政策性金融具有中介功能、服务功能（基础功能）和资源配置功能（核心功能），在扩展功能上侧重于经济调节功能，在衍生功能上侧重于宏观调节功能。阎庆民（2013）认为要发挥好政策性金融弥补市场失灵的功能，特别是在当前，我国经济正处于增长速度换挡期、结构调整阵痛期，发挥政策性金融的逆经济周期调控功能至关重要。白钦先、王伟（2010）认为，政策性金融是国家保障强位弱势群体[①]金融发展权和金融平等权的特殊制度安排。贾康、孟艳（2010）认为 20 世纪 90 年代以后国际上确实存在政策性银行商业化改革的潮流，但这只是政策性金融发展的一个局部特征，而不是整体特征，尤其不宜直接照搬到政策性金融尚未经历充分发展的中国，我们应该从战略与长远的角度看待中国政策性金融改革，促进社会资源的优化配置与进步。刘士余（2011）认为，政策性金融作为商业性金融的重要和有益补充，发挥了不可替代的重要作用。面对新的国际国内经济环境，我国需要政策性金融机构发挥更大的作用和功能。谢平（2012）、孟艳（2013）主张政策性金融机构完全剥离商业性业务，纳入中央政府财政预算管理，通过财政约束来抑

---

① "强位弱势群体"一词首先由白钦先、薛誉华（2001）针对中小企业政策性金融服务对象的"中小企业"而提出，后来王伟（2008）以及白钦先、王伟（2010）将强位弱势群体提升到政策性金融一般的服务和支持对象，即由特殊到一般，并借鉴社会学原理，界定了政策性金融所针对的强位弱势群体的"群体"概念的内涵和外延。见白钦先、薛誉华：《中国政策性金融与商业性金融协调发展研究》，前言，中国金融出版社 2001 年版；王伟：《政策性金融学理论框架研究》，载《金融理论与实践》2008 年第 2 期；白钦先、王伟：《科学认识政策性金融制度》，载《财贸经济》2010 年第 8 期。

制资产负债表无限扩张。开发银行和进出口银行负责政府根据经济发展和外交需要的指令业务性以及委托、招标的业务，不能与商业银行竞争，农发行只做政府的指令性业务。刘子赫、黄楠楠（2015）在对韩国产业银行从建立到异化再到异化回归的过程进行了分析之后，提出应在深刻认识政策性金融基本特征的基础上重新探讨了政策性金融的战略定位问题。李克强（2015）在国家开发银行考察时指出，开发性政策性金融要在公共产品和服务供给方面大展身手，有力托起重大工程建设。① 杜晓山等（2017）认为我国目前主要靠特惠金融的手段来弥补穷人金融的不足，这本身就有一定的固有缺陷，如财政压力大等，可借鉴格莱珉银行（Grameen Bank）模式，即市场化手段创新性解决社会金融供给不足的问题。②

另一派则认为，应弱化政策性金融机构的功能，甚至取消政策性金融机构，主张政策性银行转型为综合性开发金融机构或商业银行。张涛等（2006）认为国外鲜有政策性金融和政策性银行这一提法，主张三家政策性银行都应当效法国开行而转型为综合性开发金融机构。姚中民（2006）认为政策性金融与开发性金融两者具有不同的特征，前者是被动的、指令性的，后者是主动的、市场化运作的，因此开发性金融是政策性金融的更高阶段。张朝方、武海峰（2007）在论证了开发性金融、政策性金融和商业性金融三者关系的基础上，认为开发性金融是政策性金融在引入市场运作原理后新的发展阶段，政策性金融是开发性金融的基础阶段，政策性金融与商业性金融在某种条件下的融合生成了开发性金融。李志辉、王永伟（2008）认为与政策性金融相比，开发性金融具有优势，且能够弥补政策性金融的缺陷，说明开发性金融的存在对于

---

① 应该指出的是，2005 年 4 月 17 日的新闻联播等视频资料中对国家开发银行用"开发性政策性金融"一词（如 http://tv.cntv.cn/video/C10437/8f27b54e41264c169fdec4a8083a86ba），而在很多网站的文字报道中则对国家开发银行用"开发性金融"或"开发性、政策性金融"一词（如 http://www.gov.cn/zhuanti/2015bankkc/）。然而，从理论上或学术研究的严谨性和科学性而言，开发金融与开发性政策性金融是内涵和外延完全不一样的两个概念。

② 杜晓山、张睿、王丹：《执着地服务穷人——格莱珉银行的普惠金融实践及对我国的启示》，载《南方金融》2017 年第 7 期。

经济发展意义重大。陈元（2009）认为经济发展一般要经历建设、产业和消费三个大的阶段，开发性金融是中国建设阶段不可或缺的金融形态，开发性金融是连接政府和市场的桥梁，它不是政策性、商业性的机构属性问题，而是一种金融方法。政策性银行商业化转型也是 2007 年以来的政策倾向（国开行等联合课题组，2011）。

（三）政策性金融机构运行机制研究

从近些年学术界和业界对运行机制的研究和讨论可以看出，政策性金融和开发性金融都主张应将政府的国家信用和市场化的操作手段相结合，但在如何有效确定政府管理和市场操作的有效路径或边界方面，或在更加在广义口径下如何平衡好政府和市场的相互关系上，则众说纷纭。总体来讲，在宏观的国家战略、政府担保、立法监督以及微观组织的成本控制、管理提升和效率提高等层面，各方的观点相对比较一致，但在是否可以兼营商业性业务的客群选择、是否可以主动参与市场竞争，以及是否坚持盈利性市场业绩的组织目标等层面，研究者看法不一，甚至存有较大的争论和分歧。

白钦先、文豪（2013）在三维金融架构的分析视角下，认为政策性金融不追求盈利最大化，但要强调成本控制、管理改善和效率提升，并强调资本积累以增加资本实力。曾康霖（2004）认为政策性贷款相对经营性贷款而言，具有指令性、低利性和全局性等特点，低利性意味着低收益，即从事政策性贷款业务不能考虑赚钱，即使亏损也要进行。白钦先、王伟（2004）提出了政策性金融可持续发展必须实现的"六大协调均衡"，即实现商业性金融与政策性金融总量与结构总体之间，资源配置宏观主体与微观配置主体及其宏微观目标之间，赋予政策性金融的特殊目标、任务与其拥有的资本与资金综合实力之间，其性质职能的特殊公共性、政策性、非营利性与其具体业务运营管理的市场性之间，履行其公共性职能而产生的财务缺口与其自动补偿机制之间，国家对政策性金融的全力综合配套支持与适度监督之间的协调与均衡。胡学好（2006）、郭田勇（2010）等认为政策性金融机构应避免同商业银行的同构和争利，在业务领域上有进有退、互补协同、动态转换和优化（吴晓灵，2003；王广谦，2008；瞿强，2010）。白钦先（2008）认为市场化运作是政策性金融微观经营的一个基本准则，是重要原则而非最高原则，不能本末倒置。市场化运作不同于市场化，也不等于政策性银行要市场化为商业银行（王伟，2009）。王松奇（2015）认为一个银行的好坏在相当程度上与出资人情况及所有制性质无关，而是取决于经营管理团队的强弱，而一把手的能力、心胸、作风和战略眼光直接决定了一个机构的兴旺发达程度。

张承惠（2005）提出应允许政策性金融与商业性金融存在适度的业务交叉与竞争。周小川（2006）认为政策性金融与商业性金融不存在不公平竞争的条件。姚中民（2006）认为国家开发银行转型在组织架构上应建立国家开发银行集团，可设立银行、控股公司和投资银行，在主体业务上可设立子公司或分账管理，把商业性与政策性业务隔离开来。李扬（2006）认为政策性金融和政策性金融机构的转型应该通过"由国家确立适当的目标、以政府信用作为后盾、按市场经济规律运作"的原则去推进。陈元（2009）认为国家开发银行作为政府的开发性金融机构，就是要围绕政府目标，探索适合中国国情的经济金融发展有效模式，主动填补空白和缺损，更好地服务国家战略和目标任务。李若谷（2012）认为政策性金融机构和商业性金融机构之间的业务可以交叉，但不能去搞恶性竞争，并提出国家应建立政策性金融与商业性金融的协调机制，为政策性金融单独立法。白钦先、王伟等（2013）从资本、负债、资产、风险、立法、监督和外部关系等方面系统探讨了政策性金融机构的不同结构性特征。王松奇（2005）、张涛（2006）、贾康（2010）、董裕平（2010）及谢平、邹传伟（2013）等研究了政策性金融机构分账管理、建立母子公司、招投标制等运营模式。谢平（2009）认为应在维持政策性金融机构性质不变的前提下完善其治理结构。尚福林（2014）提出了在明确职能定位前提下，实行政策性业务、市场化运作、标准化监管的政策性银行改革的总体思路。政策性业务是指按照职能定位划定一块符合国家战略、粮食安全和社会民生的专业金融业务；市场化运作是指政策性业务按市场化、商业化原则运作，核算成本收益，通过事前明确损失承担机制或补贴机制等方式给予支持，其他经营风险由银行自担；标准化监管是指参照商业银行的标准，加强审慎监管和行为监管，逐步建立既符合银行运行一般规律，又体现政策性银行特点的监管标准，推进政策性银行稳健发展。

三、研究评析

综上所述，目前关于政策性金融机构改革发展的研究，基本上是依据政策性金融理论（白钦先，1993）和开发性金融理论（陈元，2004），在相互排斥和不断争论中分别展开的，缺乏一种取长补短、兼容并蓄并与市场决定资源配置规律、依法治国的国家治理体系等有机结合的创新性理论研究新视阈；对国外政策性金融改革发展理论、政策和当代实践的研究比较薄弱，常常出现把个别当作一般、把个体当作整体和把表象与本质混淆等现象；理论上的相互对立，实践中充满机会主义强烈色彩的各方围绕复杂利益的博弈，也使得我国政策性金融机构改革发展方向及路径机制的研究缺乏全局性、前瞻性、科学性、公正性和可持续性等。同时，由于在某些情况下研究者所关注和讨论的问题并不是实践部门的工作重点，提出的建议并不能特别有效地转化为实践部门的有效措施，从而导致政策性金融的理论与实践未能做到有效的对接和耦合，[①] 以至于整体上对问题的理解和分析停留在若干概念的争论和探讨阶段，没有加速越过或暂时搁置争议并继续向前或深入地探求政策性金融更加一般性的、客观存在着的规律。

尽管政策性金融理论和开发性金融理论都是中国本土的学术原创，但还需要在对这两种理论异同比较的基础上，结合公共金融、普惠金

---

① 具体的原因如下：一是可能是由于理论问题过于抽象，与实践部门的对话并不在"同一个频道上"，两者很难实现有效的融合性对接；二是有些理论研究者在理论认识上缺乏实践的有效支撑，而某些实践部门对理论的钻研和理解明显不足，从而对概念的认识和提出的建议出现错解、曲解和滥解等现象。

融、微型金融（小额信贷）、经济社会学及社会企业和社会金融理论等相关理论，来创新政策性金融理论，重构能体现市场在金融资源配置中起决定性作用的政策性金融机构改革发展的理论基础。在我国三大政策性银行组建 20 周年之际，也需要对政策性金融机构的效率水平及影响因素、发展特征和演变规律等进行评价和实证分析；需要在对国外政策性金融学术思想与最新政策动向进行比较研究的基础上，从机构层面探讨"三行一保"的改革方向及目标、职能定位、业务范围、运营机制、内部治理架构等，从宏观层面构建政策性金融的国家建设与非市场治理机制，进而有针对性地提出改革和发展我国政策性金融机构的对策建议，等等。

因而，立足市场决定视野，跨学科创新性研究我国政策性金融机构改革发展问题正当其时。本书将对上述这些当前亟待探讨解决的政策性金融理论与实践重大问题进行深入系统的研究，以更好地体现和充分发挥科学理论对实践的正确引导作用。

第三节　研究结构与研究方法

一、研究结构安排

本书按照"研究背景→理论基础→实证分析→经验借鉴→体制构建"的研究思路，分为八章进行论述和研究。全书的基本结构和主要内容如下：

第一章为引言。首先，从当今的经济金融大环境入手，详细阐述本书的研究背景、研究目的及理论意义与现实意义。其次，对国内外关于政策性金融机构改革创新研究的文献进行全面的梳理、归纳和评析。再次，对本书的研究框架结构进行介绍，对本书所采用的具体研究方法进行说明。最后，阐述本书的主要创新点与不足之处。本章是全书的开篇，为后续展开深入系统的研究进行铺垫。

第二章是基于市场决定的政策性金融机构理论分析范式。首先，阐述本书的主要理论根基即市场决定理论及相关理论，包括理论基础、基本内容和主要意义以及社会企业理论等。其次，从四个阶段梳理和分析中国政策性金融理论演进的历程和轨迹。再次，依据政府和市场关系理论，对政策性金融机构的基本理论范畴进行再界定，包括政策性金融机构的定位、功能内涵、识别标准和业务边界等，阐述本书的切入点和着力点。最后，在政策性金融与相关理论范畴比较的基础上，基于市场决定理论提出新的政策性金融观，力图构建能体现市场在金融资源配置中起决定性作用的政策性金融机构改革发展的理论基础。

第三章是中国政策性金融机构效率水平测度及影响因素。在提出政策性金融机构效率水平的二元结构分析方法，并对我国政策性金融机构体制演进及发展现状进行一般性分析的基础上，首先，从科学界定社会合理性的内涵入手，创新性地提出和设计了社会合理性范畴下的政策性金融机构评价指标体系，并据此对我国政策性金融机构的社会合理性问题进行了理论实证分析。其次，基于经济有效性视域，运用序列 DEA – Malmquist 测算政策性金融机构在 1994～2015 年的成本效率、技术效率、配置效率、纯技术效率与规模效率增长率，对中国政策性金融机构的发展特征和演变规律进行了评价，不仅分析了其在国民经济中比重，而且讨论了其结构特征和其他社会经济部门的融合程度。最后，设计出科学的调查问卷，分别调查政策性金融机构及相关部门和需求群体，运用主成分分析法，总结出影响政策性金融服务的供给因素和需求因素，并进一步进行了深层次的理论与实证分析。

第四章是市场决定与"三行一保"的体制机制改革。主要以我国目前主要的政策性金融机构"三行一保"（国家开发银行、中国进出口银行、中国农业发展银行和中国出口信用保险公司）为研究对象，首先，分别分析了"三行一保"各自不同的发展进程、现状、问题及改革动因；其次，以市场决定为导向，参考社会企业模式，分别探讨了"三行一保"的改革方向及目标、职能定位、业务范围、运营机制、内部治理架构以及相应的改革创新模式等。

第五章是政策性金融机构的国家治理机制及实现路径。首先从制度嵌入性视角，探析了国家建设与非市场治理机制对政策性金融机构的规制作用及影响方式、相互关系及形成机理。在此基础上，从政策性金融机构的立法、政策扶持与补偿机制和外部差别监管体制等方面，探讨了政策性金融机构改革发展中国家治理机制的实现路径。主要有：研究政策性金融机构法律制度体系的生成基础、表现形式和构造模式，并从社会学视域进行政策性金融机构的立法分析；从财税、货币等方面构建政府对政策性金融机构的政策扶持体系与利益补偿机制，以及相关主体之间的风险共担机制，探讨有效的政策扶持与补偿机制的构建原则与方式；围绕政策性和开发性金融机构的性质特征和实际情况，从原因、原则和构想等方面，提出并探讨如何构建其外部差别监管体制。

第六章是政策性金融机构绩效评价指标体系设计。在界定政策性金融机构绩效评价的内涵特点和分析绩效评价指标体系构建思路及原则的基础上，以彰显社会合理性的政策实现度评价为重点，从社会、经济、生态环境三个系统和经营绩效、公共绩效两个维度，对评价指标进行初步的预选。然后，经过两轮专家调查并结合变异系数检验，对初选指标进行了严格的筛选以及相应的删除、修改和添加等，最终确定了修正后的绩效评价指标体系。同时，进一步采用层次分析法对此评价指标的权重进行相应设置，并对专家咨询的意见进行可靠性检验，以此来完善该绩效评价指标体系。最后，对绩效评价指标体系的构建和评价标准做了进一步的说明，并归纳出一般的研究结论。

第七章是国外政策性金融组织理论与实践发展。主要是采用国际比较研究的方法，重点围绕开发性政策性金融、进出口政策性金融和农业政策性金融领域，对国外相关的政策性金融组织基本理论、政策实践、最新动向、主要特点及其经验教训等，进行全方位、多角度的比较研究和借鉴，并得出对我国有益的若干深刻启示。

第八章是我国政策性金融机构改革创新的政策选择及建议。首先，运用 PEST – SWOT 法分析我国政策性金融机构面临的宏观环境因素和发展态势。其次，基于多维度综合比较视角，对政策性金融机构改革发展的不同方案进行比较和分析。最后，在市场决定理论视角下，从不同的方面，并结合国家提出要研究建立住宅政策性金融机构等新型政策性金融机构的重大战略决策，探讨并提出了推动我国政策性金融机构改革发展的若干政策建议。

本书具体的研究路线见图 1 - 1。

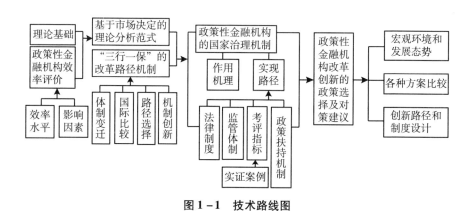

图 1 - 1　技术路线图

二、研究方法

研究方法之于政策性金融机构改革创新的研究质量、效率以及政策建议的可信度、可操作性等都十分重要。鉴于政策性金融机构改革创新的特殊性，为有针对性地、有效地进行研究，我们主要采取了如下研究方法：

（1）实地调查和文献研究相结合的方法。对政策性金融机构、政府相关部门、中小微企业、农户等供给和需求群体以及具有针对性的案例项目进行实地调研，从已有研究文献中发掘和梳理政策性金融理论前沿并提取研究所需的信息，将两者高效整合，充分挖潜其中的内在逻辑，为研究提供可信的材料。

（2）历史检验和横向比较相结合的方法。既分析中国政策性金融机构的现状特征和演变规律，又对比国外政策性金融机构改革发展之相关经验，并在具有代表性的案例分析层面辅之以典型个案研究。

（3）系统和多种计量联合检验的研究方法。本书将政策性金融机构改革视为一个整体系统，规范与实证并用，运用多种方法（面板数据、因果检验、PEST – SWOT 等），力图准确测算政策性金融机构的效率及影响因素、发展态势及宏观环境因素等。

第四节　主要创新与不足

在经济金融新常态下，对政策性金融机构改革创新进行研究具有很强的现实针对性。而理论与实践相结合、国内外政策性金融机构改革实践相结合，在深度分析的基础上，深挖政策性金融机构改革发展的问题症结，提出有针对性、可操作性强的对策建议，则是确保本书有效创新的关键。具体来讲，本书主要有如下几点创新之处：

（1）理论视角新。研究紧扣十八届三中全会、四中全会、五中全会和十三五规划纲要等有关政府和市场关系的重要精神，从市场决定资源配置和依法治国的角度，分析市场规则与政策性金融机构改革创新之间的耦合机制。认为市场逆向性选择与首倡诱导性功能，是基于市场决定的政策性金融机构功能观的精髓所在，也是处理好政策性金融和市场关系的基石。

（2）研究内容新。本书不仅从理论上提出并论证了基于市场决定的新政策性金融观，而且还从机构自身和国家治理内外两大系统着手，多角度全面研究了政策性金融机构改革发展的路径机制；以突出社会合理性特征的政策实现度评价为重点，创新性设计政策性金融机构绩效考评指标体系，并进行了社会合理性问题的理论实证。本书认为，加快政策性金融专门立法和实施标准化监管，应成为推进我国政策性金融机构改革与可持续发展的重要突破口等。

（3）应用对策新。本书对比国外政策性金融机构的最新实践并借鉴其经验和教训,深入探讨中国政策性金融服务供给现状、需求影响因素,从具体实证中观察总结出我国政策性金融机构发展规律和改革最佳方案,使对策更具可行性和针对性。

本书存在的主要问题及不足如下:一是尽管政策性金融也是金融学与社会学的一种巧妙结合体或有机结合体,但是在我国进行金融学与社会学跨学科的交叉性综合研究,无论是金融学领域还是经济社会学尤其是金融社会学领域,都还研究得不多不足,可资借鉴的理论与方法也较少,因而在不同学科理论的相互运用和融会贯通及剖析具体问题等方面,本书还有待进一步地发掘理论深度,扩大研究视阈,使金融研究也更多地带有社会学色彩,使往往关注弱势群体的社会学也能更多更好地体现社会显学的属性。二是本书涉及的理论创新的广度和深度都比较大,提出新的理论体系或架构有待于实践的检验,同时建构的创新性指标体系在成熟度上还有待于进一步完善。

第二章

基于市场决定的政策性
金融机构理论分析范式

理论的奠基与范畴的界定是科学研究的逻辑起点。差之毫厘则谬以千里。本章作为全书的理论分析部分，主要是阐述本书的主要理论根基即市场决定理论及相关理论，包括理论基础、基本内容和主要意义以及社会企业理论等；在梳理中国政策性金融理论演进的基础上，对市场决定视角下政策性金融机构的基本理论范畴进行了再界定，包括政策性金融机构的定位、功能内涵、识别标准和业务边界等；同时，本章基于市场决定理论提出了新的政策性金融观。

第一节　市场决定及相关理论

一、市场决定范畴界定

党的十八届三中全会在《关于全面深化改革若干重大问题的决定》中，提出使市场在资源配置中起决定性作用和更好发挥政府作用。本书紧扣十八届三中全会有关政府和市场关系的重要精神，采用历史与现实相结合的研究方法，从市场决定资源配置的角度，对市场决定范畴及理论内涵进行了新的诠释，分析了市场规则与政策性金融机构改革创新之间的耦合机制。笔者依据十八届三中全会精神提炼出"市场决定"这一理论范畴并作为本书的基本视角，认为市场决定理论是指在社会主义市场经济制度的条件下，为实现最广大人民的根本利益，通过以价值规律、商品货币关系和价格比例等市场机制为自主调节和配置资源的决定性手段，以政府管理为直接或间接调节手段且两者动态随机组合使用的政府和市场关系新理论。其中，社会主义市场经济制度是指在社会主义制度下，通过市场机制和政府管理相结合的手段实现最广大人民的根本利益的经济体制。社会主义制度是我国的根本制度。社会主义经济制度的基础是生产资料的公有制。其核心是"使市场在资源配置中起决定性作用和更好地发挥政府的作用"。

市场决定理论具有如下特征。第一，宗旨性，即以实现最广大人民的根本利益为宗旨；第二，手段性，市场机制和政府管理都是实现最终目标的手段，而在实践中两者又具有一定的动态随机使用的特征；第三，均衡性，要实现最终目的，就要通过在政府直接或间接的事前调节下的个人消费自由、就业岗位选择自由和企业投资自主决策，实现全社会在消费、生产、交换和分配环节的内部和之间的相互均衡；第四，条件性，在社会主义初级阶段，在所有制方面要求生产资料的社会主义公有制为主体，多种所有制共同发展，在分配制度方面要求按劳分配为主，多种分配方式并存。

二、市场决定理论的基本内容

(一) 市场决定理论的理论基础

关于市场与政府相互关系的理论，古今中外对此都有一定的研究论述。论从史出，笔者认为市场决定理论的理论基础主要来源于三部分，并在这三个部分的总结和抽象基础上提出了市场决定理论的一般内容。按照时间先后的顺序，一是中国古代关于政府、市场、产业和物价的相关理论，如史学家司马迁的《史记·货殖列传》等；二是西方经济学中关于市场与政府分工关系的相关理论，比如亚当·斯密的《国富论》；三是马克思主义者对社会主义社会中有关市场和政府相互关系的理论，① 其中也包括了中国特色社会主义社会经济建设的理论和实践总结。

1. 司马迁的市场与政府关系理论

早在西汉时期，司马迁在《史记·货殖列传》中结合当时实际，通过对 17 位创业者的案例分析，论述了市场和政府的分工以及市场配置、价格机制等。

首先，在市场和政府的分工方面，他开篇就指出人民对于"极声色之好""穷刍豢之味"和"身安逸乐"以及"心夸矜势能之荣"等欲望和追求由来已久，统治者"故善者因之，其次利道之，其次教诲之，其次整齐之，最下者与之争"，这其中的"因""利道""教诲""整齐"和"争"等动词实际上明确指出了政府对于市场的调控和引导等职责的相关边界范围，即政府应该引导市场、教化民众、用典章制度规范市场，最愚蠢的是利用特权与民争利。

其次，他在分析了山西、山东、江南、龙门、碣石北等地自然资源禀赋的分布情况之后，提出了基于产业功能的市场分工思想，即"故待农而食之，虞而出之，工而成之，商而通之"，且认为这些产业间的分工并不是国家颁布政令之结果，即"此宁有政教发征期会哉？"而是各尽所能、各得其所的市场化资源配置机制以及水往下流的、自然而然的物价机制使然。即"人各任其能，竭其力，以得所欲。故物贱之征贵，贵之征贱，各劝其业，乐其事，若水之趋下，日夜无休时，不召而自来，不求而民出之"。可见，他认为市场与政府的分工以及市场的资源配置和价格等机制实际上是"道之所符"的"自然之验"，即所谓道法

---

① 马克思主义是在批判地继承德国古典哲学、英国古典政治经济学和英、法国空想社会主义的基础上创立的崭新的无产阶级思想的科学体系。因此就马克思主义的理论来源而言，马克思本人也对亚当·斯密的《国富论》进行了深入的研究，这一点从《资本论》和《马克思恩格斯选集》等著作的引文中可以明显看出。

自然的客观规律。①

再次，司马迁进一步例证了朝廷善用产业和市场分工与价格机制之于治理朝政的重要性。他先举例姜太公善用市场产业分工机制实现劳动力和自然资源的回归和集聚以及对国家治理的重要性，即"故太公望封于营丘，地潟卤，人民寡，于是太公劝其女功，极技巧，通鱼盐，则人物归之，缯至而辐凑"；然后，他又以齐桓公重视轻重之价格机制的例子说明市场价格对于国家统一、治理国家的显著效果，以及管仲等治理团队之于国家兴衰影响的重要性，即"其后齐中衰，管子修之，设轻重九府，则桓公以霸，九合诸侯，一匡天下；而管氏亦有三归，位在陪臣，富于列国之君"。

最后，司马迁还提出了产业创富的关键就是长期坚持并心诚专一。他在对事农、磨刀、兽医和小商贩等产业创造财富以至富甲一方等分析总结的基础上，提出了无论行业或产业是多么卑贱、笨重和耻辱，只要"诚壹"皆能致富的道理。即"夫纤啬筋力，治生之正道也，而富者必用奇胜。田农，掘业，而秦扬以盖一州。……胃脯，简微耳，浊氏连骑。马医，浅方，张里击钟。此皆诚壹之所致。"

可见，我国古代史学家司马迁早在两千多年前就论述了市场和政府的分工协调机制、市场化的资源配置方式、价格机制以及它们对于国家治理的重要性，甚至还提出了产业发展长期致富的主要原因在于持续专一等，这些都成为我们认识和研究市场与政府相互关系的重要基石和理论依据。

2. 亚当·斯密的市场与政府关系理论

1776 年亚当·斯密在学术巨著《国富论》中提出了"自然的自由制度"，被后来者称为"看不见的手"的原理，但通观整篇巨著，却发现亚当·斯密并非只是提出后来者常倡导的"自然的自由制度"，② 还

---

① 司马迁：《史记·货殖列传》，选自《史记》卷一百二十九、列传第六十九，岳麓书社，第 1749 页。

② 比如斯密在第二章《论分工的原理》中用"我们所需食物并非出自屠宰业者、酿酒业者、面包业者的恩惠，而是出自他们对自己利益的考虑"等例子，说明理性经济人制度和自由竞争机制的存在。

包括了以下几方面内容，甚至还有很多与当下学术界和实务界通行的观点（自由竞争制度）相左的论述与观点。

第一，亚当·斯密提出公众利益与私人资本家利益通常是对立的、矛盾的，而只有全体社会整体利益的增进才算是繁荣幸福的社会。

首先，他在多处都论述了商业家、制造家等私人利益与公众利益的矛盾对立。在第一篇的第十一章"土地地租论"中，斯密指出，"他们（指商业家制造家，作者注）终日从事规划与设计，自然比大部分乡绅具有更敏锐的理解力，可是因为他们通常为自己特殊事业的利益打算，而不为一般的利益打算，所以，他们的判断，即使在最为公平（不总是如此）的场合，也是取决于关于前者的考虑，而很少取决于关于后者的考虑。……因为他们这般人的利益，从来不是和公众利益完全一致。一般地说，他们的利益，在于欺骗公众，甚至在于压迫公众。事实上，公众亦常为他们所欺骗所压迫"。① 比如，在第四篇第八章"关于重商主义的结论"中，他认为商人和资本家是重商学说的主要建筑师，因此"生产者的利益，是如此受到周到的注意"，而"消费者的利益，是全被忽视了"。② 又如，他在第五篇的第一章"论君主和国家的费用"中指出，"有大财产的所在，就有大不平等的所在。一个巨富的旁边，至少有五百个穷人。少数人的富裕，是以多数人的贫乏为前提的"。可见亚当·斯密认为私人利益与公众利益的对立主要是源于商业家、制造业者和资本家等较社会公众更擅长的专业能力和他们较多基于自身利益关切而建构的社会秩序。

其次，亚当·斯密认为只有全体社会整体利益的增进才算是繁荣幸福的社会。他在第一篇的第八章"论劳动工资"中指出，"社会最大部分境遇的改善，决不能视为全体社会的不利。居民有大部分陷于贫乏悲

---

① 亚当·斯密：《国富论（中译本上册）》，郭大力，王亚楠译，上海三联书店 2009 年版，第 197 页。

② 亚当·斯密：《国富论（中译本上册）》，郭大力，王亚楠译，上海三联书店 2009 年版，第 191 页。

惨的状态，决不能说是繁荣幸福的社会"。① 正如保罗·萨缪尔森在第十六版的《经济学》中对亚当·斯密的生平介绍中描述的那样，"他所关心的是普通大众的福利"。② 可见，亚当·斯密对全体社会群体的分析，尤其是对相对弱势一方的切身利益的关注、关切和关心在整部《国富论》中是贯穿始终的。

第二，亚当·斯密所指的自由竞争实际上也是有诸多前提条件的，包括确保社会公正公平以及有利于社会全体的根本利益等。他在第四篇的第九章"重农主义，即政治经济学上视土地生产物为各国收入及财富之唯一资源或主要资源之学说"中指出，"一切特惠的或限制的制度，一经完全废除，最明白最单纯的自然的自由制度，将自然而然的，自己树立起来。每一个人，在他不违犯正义的法律时，都愿任其完全自由，追求他自己的利益，而以其勤劳及资本，加入任何其他人或其他阶级的竞争"。③ 可见，亚当·斯密认为对于自由竞争的前提是符合正义的法律要求。又比如，亚当·斯密在第二篇的第二章"视货币为社会总财资之一支而论述之，并论国民资本之维持费"中，讨论了货币和银行之于社会安全等影响后，得出下列结论："总之，一种事业若果于社会有益，就应该当任其自由，广其竞争。竞争愈自由，愈普遍，那事业亦就愈有利于社会。"④ 可见，亚当·斯密认为的自由竞争的前提是最终对于全社会有益而无害。

第三，在此基础上，亚当·斯密对政府与市场的分工进行了比较翔实的分析，认为两者分工应以保护全体公众根本利益和兼顾效率为基本准则确定功能边界。

---

① 亚当·斯密：《国富论（中译本上册）》，郭大力，王亚楠译，上海三联书店 2009 年版，第 61 页。

② 保罗·萨缪尔森、威廉·诺德豪斯：《宏观经济学（中译本）》，萧琛译，华夏出版社 1999 年版，第 27 页。

③ 亚当·斯密：《国富论（中译本上册）》，郭大力，王亚楠译，上海三联书店 2009 年版，第 211 页。

④ 亚当·斯密：《国富论（中译本上册）》，郭大力，王亚楠译，上海三联书店 2009 年版，第 247 页。

　　首先，亚当·斯密认为政府监督的效率如果过低就应该由社会监督来接替。比如在第四篇的第九章"重农主义，即政治经济学上视土地生产物为各国收入及财富之唯一资源或主要资源之学说"中，他重点提出了政府应"有所为，有所不为"的观点。其中，针对监督私人产业使其最合宜于社会利益的义务，这个监督职能不应由政府来执行，而应完全解除，因为"这称义务的履行，极易陷于迷妄；要行之得当，恐尚非人间智慧或知识所能作到"，可见，亚当·斯密认为政府要监督私人产业要具有较高的智慧或知识，要防止沉迷于监督之权力本身，如果没有这个智慧和知识那就要完全放开而由社会监督。紧接着，针对"自然的自由制度"，他提出君王应该做到三点："第一，保护社会，使不受其他独立社会的扰害侵犯。第二，尽其所能，保护社会上各个人的虐待压迫，即设立严正的司法机关。第三，建设并维持一定的公共土木事业及一定的公共设施。"① 可见，亚当·斯密认为政府在国家安全、行政司法、公共事业设施等有利于一定社会公众利益的公共品方面应承担起相应的义务和职责，而政府对社会的监管职能又要以保护社会公众利益的效率原则为基本准则，如果效率过低甚至出现沉迷权力的低效监管则应由社会监管。

　　进一步地，针对履行上述三种义务或职责所须费用的承担原则问题，亚当·斯密在第五篇中也进行了深入的探讨，并提出了谁直接受益谁先出资、不足部分由社会全体出资以及兼顾效率和伦理等费用承担原则。首先，为社会公众利益而支出的费用应当由政府承担。他认为，"防御社会的费用，维持一国主权的费用，同是为全社会一般利益而支出的。因之，照正当道理，这两者应当由全社会一般出资开支，而全社会各个人的资助，又须尽可能与他们各自的能力为比例"② 。其次，在存在直接受益者的领域，则应由受益者先行承担支付，不足部分应由政

----

　　① 亚当·斯密：《国富论（中译本上册）》，郭大力，王亚楠译，上海三联书店 2009 年版，第 211 页。

　　② 亚当·斯密：《国富论（中译本上册）》，郭大力，王亚楠译，上海三联书店 2009 年版，第 309 页。

府承担，尤其是某些有利于全社会的准公共设施，则由直接受益者本身承担可能效果更佳。比如，他认为，"一国教育的设施及宗教的设施，分明是于全社会有利益的，其设施费由一般收入开支，当无不当。可是，这费用，如由哪些直接受到教育及教化的利益的人，或者自以为有受教必要的人，自发的出资开支，恐怕同样妥当，说不定还伴有若干利益"。①

第四，亚当·斯密还充分肯定了农业和农村对于社会经济发展的重要性。② 他在第二篇的第五章"论各资本用途"中，比较了农业资本、批发业资本和制造业资本，认为"在各种资本用途中，农业投资，最利于社会"，原因是"投在农业零售业上的资本，常抑留在本社会内。它们的使用有一定地点。在农业，是农场；在零售业，是商店。并且，它们的所有者，又大都是本社会内的住民"。③ 他在第三篇的第一章"论富之自然的进步"中指出，"假若人为制度不扰乱自然倾向，那就无论在什么政治社会，都市的富益与发达，都是乡村耕作改良事业进步的结果，且须按照比例于乡村耕作改良事业的进步"。④

第五，亚当·斯密还对经济社会进步过程中的道德沦丧等现象，给予了尖锐的评判。在第三篇的第四章"都市商业对于农村改良之贡献"中，他分析了国外商业与制造业对于农村大领主的影响，使得大领主无须再与佃农家奴分享，而自己全部消费土地的全部价值，认为"全为自己不为他人，简直是主人的恶德"。而将本可以养活一千人的粮食用来购买一对金刚石的纽扣或其他珍贵物品等行为，认为是为了满足其"最

---

① 亚当·斯密：《国富论（中译本上册）》，郭大力，王亚楠译，上海三联书店2009年版，第310页。

② 当然，也有学者认为亚当·斯密是一个重农主义的受影响者。比如郭大力、王亚楠（1931）认为他在1763年欧洲大陆法国的游历，尤其是受杜尔阁及当时法国思想界诸激进分子的影响，使得他思想中有了重农主义的要素。

③ 亚当·斯密：《国富论（中译本上册）》，郭大力，王亚楠译，上海三联书店2009年版，第272页。

④ 亚当·斯密：《国富论（中译本上册）》，郭大力，王亚楠译，上海三联书店2009年版，第285页。

儿戏最平凡最下贱的虚荣心"。①

另外，亚当·斯密的追随者还对政府与市场的关系进行了详细的论述。比如，1926 年约翰·梅纳德·凯恩斯在《自由放任的终结》中指出，政府的当务之急，不是要去做那些人们已经在做的事，无论结果是好一点还是坏一点；而是要去做那些迄今为止还根本不曾为人民付诸行动的事情②。保罗·萨缪尔森（1999）认为，在包罗万象的政府职能中，政府对于市场经济的作用主要体现在提高效率、增进平等和促进宏观经济稳定与增长三个方面，且认为市场是买者和卖者相互作用并共同决定商品或劳务的价格和交易数量的机制，市场的君主是消费者和技术。③

可见，两百多年前西方经济学的鼻祖亚当·斯密在《国富论》的诸多章节中都基于道义、平等、公平和公开等思想，重点讨论了公众利益以及其与私人利益的矛盾对立关系、农业之重要性等理论观点，并在提出"自然的自由制度"或称"市场体系的有序性"的同时，④ 也基于道德、平等和公平等思想提出了公众利益的重要性，以及政府应该如何

---

① 亚当·斯密：《国富论（中译本上册）》，郭大力，王亚楠译，上海三联书店 2009 年版，第 307 页。

② 保罗·萨缪尔森、威廉·诺德豪斯：《宏观经济学（中译本）》，萧琛译，华夏出版社 1999 年版，第 20 页。

③ 保罗·萨缪尔森、威廉·诺德豪斯：《宏观经济学（中译本）》，萧琛译，华夏出版社 1999 年版，第 27 页。

④ 需要说明的是，经过通行的教科书和专家学者的宣导，使得诸多学者和社会人士普遍认为亚当·斯密在《国富论》中重点提出了自由竞争的、不必政府干预的市场机制，俗称"看不见的手"。但通观《国富论》可以发现，亚当·斯密在《国富论》中提出的自由竞争市场机制，历史地看只是在农业主导社会经济的时代背景下，制造业资本家逐渐通过自由投资实现自身财富的一种特定历史阶段的市场机制，并不是实现社会全体民众利益的机制。实际上，亚当·斯密在《国富论》中有大量文字论述这种实现了制造业资产阶级利益的自由竞争机制，认为其客观上是"全然不顾及公众幸福的""和公众利益相异，有时甚或相反""永不能与公众利益正确一致"的。因此，并非主流经济学家们（如萨缪尔森等）所宣称的"有一只看不见的手在引导着他去帮助实现另一种目标，……通过追逐个人利益，他经常增进社会利益，其效果比他真的想促成社会利益时所能够得到的那一种要更好"。关于这一点实际上这是对亚当·斯密观点的断章取义（亚当·斯密是在讨论个人资本投资于农业时提出的"于个人最有利，于社会亦最有利"，而与之前讨论的自利利他机制并非是同一个分析对象——面包师、牛奶师等制造业主），并非萨缪尔森所宣称的是关于"私人利益和公众利益的相互协调关系"的经济学论断之一。

与市场进行分工以更好地提供公共服务等观点。这些为我们对市场决定
资源配置方式视角下的市场决定理论的认识和研究提供了重要的理论
素材。

3. 马克思主义者对市场与政府分工关系的理论

（1）马列主义关于市场与政府分工关系的理论。

首先，关于社会主义经济的基本内容。其一是社会主义社会（经
济）的概念。马克思（1867）认为社会主义社会是"一个自由人联合
体，他们用公共的生产资料进行劳动，并且自觉地把他们许多个人劳动
力当作一个社会劳动力来使用"。① 波兰学者费·布鲁斯（1961）在分
析了马克思和十月革命前的马克思主义理论家的贡献之后，总结认为社
会主义经济有五大特征："一是直接地、事先地调节社会分工；二是直
接决定为生产每一单位所需要的个人耗费的活劳动和物化劳动；三是必
须保持实物的数量上的平衡；四是从满足普遍需要的角度分配所生产的
社会产品，同时，劳动的消耗成为个人消费基金分配的标准；五是积累
基金集中在整个社会的手中，关于这一基金的使用的决策也掌握在社会
的手中。"② 其二是在社会主义经济下价值规律的内涵和外延。第一，
关于价值规律的内涵，不同的学者可能有不同的认知。在《资本论》
第三卷中，马克思和恩格斯（1894）认为价值规律是指价格以价值为
重心，并且围绕价值上下波动的规律。③ 所谓价值，马克思（1867）认
为，价值是指凝结在商品中的无差别的抽象化的人类劳动，它是在商品
的交换关系或交换价值中表现出来的，决定该使用价值的价值量的是生
产使用价值的社会必要劳动时间，而所谓社会必要劳动时间是指"在社
会正常的生产条件下，在社会平均的劳动熟练程度和劳动强度下制造某
种使用价值所需要的劳动时间"。④ 列宁认为价格是价值规律的表现。

① 卡尔·马克思：《资本论（第一卷）》，人民出版社 2004 年版，第 96 页。
② 费·布鲁斯：《社会主义经济的运行问题》，中国社会科学出版社 1984 年版，周亮勋、荣敬本、林青松译，第 19 页。
③ 卡尔·马克思：《资本论（第三卷）》，人民出版社 2004 年版，第 1018 页。
④ 卡尔·马克思：《资本论（第一卷）》，人民出版社 2004 年版，第 51~52 页。

价值是价格的规律，即价格现象的概括表现。费·布鲁斯（1961）认为价值规律严格地理解为交换等价规律。[①] 斯坦尼斯拉夫·斯特鲁米林（1959）认为价值规律是"被交换商品的等价规律"或者是"价格比例于价值"的规律。第二，价值规律的作用和范畴。价值规律在商品货币经济条件下是客观存在的，它是商品经济、货币职能进一步在社会分工细化背景下的典型机制，所不同的是在不同的社会形态下，价值规律的作用与范畴或者表现形式有所差别。在资本主义经济制度下，垄断是对价值规律的异化，即出现了交换的非等价现象。在社会主义经济制度下，价值规律是社会主义市场经济的重要调节工具，它在一定范围内起着调节者的作用，无论其背离还是遵循都统一于实现社会整体利益这一最终目标。

其次，关于政府和市场关系的理论认识。俄共 1919 年在第八次党代表大会上通过的纲领和 1928 年共产国际第六次代表大会上通过的纲领（第四章）中阐述了商品货币形式存在的原因以及计划和市场之间的关系。即由于大量小生产单位（比如小农劳动单位）的存在，社会主义发展的"最初阶段必须在或大或小的程度上保持经济的市场关系、货币制度等等"，而且市场关系的规模和需要经济计划调节的意义具有此消彼长的关系。[②] 在向新经济政策的过渡过程中，面对从理论上解释城乡交换中的市场作用和在社会主义中恢复商品货币经济（经济核算）等现实问题，马克思主义经济学家的阵营中显露出市场和计划之间的相互关系观点的变化，市场以及商品货币关系和计划相矛盾的观点逐渐受到怀疑，有的经济学家越来越"把市场看成是一种属于计划的机制"。[③] 经济学家伊·斯米尔认为经济核算的原则就是在经营过程中使得用最低

---

① 费·布鲁斯：《社会主义经济的运行问题》，中国社会科学出版社 1984 年版，周亮勋、荣敬本、林青松译，第 130 页。

② 费·布鲁斯：《社会主义经济的运行问题（中译本）》，中国社会科学出版社 1984 年版，周亮勋、荣敬本、林青松译，第 27 页。

③ 费·布鲁斯：《社会主义经济的运行问题（中译本）》，中国社会科学出版社 1984 年版，周亮勋、荣敬本、林青松译，第 45 页。

费用取得最大效应。

最后，关于社会主义社会运行模式的研究。在社会主义经济的运行样式（模式）的研究方面，波兰学者费·布鲁斯（1961）认为，为研究马克思、恩格斯遗著的专家们所反复强调的事实是，马克思本人和革命以前时期的马克思主义者清楚地看到，就未来社会主义经济的较为具体的形式尚需进一步论证，① 但同时他也明确指出，从社会主义经济的某些基本特征来看，市场机制不可能以纯粹的形式加以利用。考茨基（1907）认为社会主义经济的运行样式并不是唯一的，而且特别是在面临不同的所有制形式之间的相互依存以及领导经济的民主化方法时更是如此。② 列宁在尝试了实物分配和消除商品货币关系并遭遇失败之后，在《列宁全集》第三十三卷中明确指出，控制好商品货币关系而不是消除商品货币关系，而且将商品货币关系变为社会主义的工具，才是有效的手段，并进一步地指出国营企业实行所谓经济核算制，同新经济政策有着必然的和密切的联系，在最近的将来，这种形式即使不是唯一的，也必定会是主要的。在容许和发展自由贸易的情况下，实际上等于国营企业在相当程度上实行商业原则，可见，列宁认为商品货币关系在新经济政策范围内的发展不应当限于城乡之间的关系，而是最终必须扩展到国营经济成分中。③ 针对社会主义经济的国营企业的运行机制中应用市场形式的问题，列宁还明确地指出新经济政策并不是要改变统一的国家经济计划，不是要超越这个计划的范围，而是要改变实现这个计划的方法。可见，针对社会主义经济发展模式选择的不确定性和多变性以及理论研究之缺乏，可能也是社会主义国家在发展经济过程中遇到诸多困难时缺乏具体行动指南的理论原因。

---

① 费·布鲁斯：《社会主义经济的运行问题（中译本）》，中国社会科学出版社 1984 年版，周亮勋、荣敬本、林青松译，第 14 页。

② 费·布鲁斯：《社会主义经济的运行问题（中译本）》，中国社会科学出版社 1984 年版，周亮勋、荣敬本、林青松译，第 22 页。

③ 费·布鲁斯：《社会主义经济的运行问题（中译本）》，中国社会科学出版社 1984 年版，周亮勋、荣敬本、林青松译，第 25 页。

（2）马克思主义者对社会主义运行模式的研究。

首先是分权模式。奥斯卡·兰格（1936，1937）认为社会主义社会的基本原则或者经济的均衡条件：一是消费选择自由，从而实现了消费市场的均衡（包括了政府、集体等社会化消费部门的消费行为），而消费者的收入由劳动服务收入和社会分红（即个人在社会所有资本和自然资源得到收入中的份额）两部分组成；二是职业选择自由，从而实现了劳动市场的均衡；三是生产经理（即公共官员）确定生产决策（生产要素的组合和生产规模）的目标不是利润最大化，而是用可能最好的方式满足消费者偏好，其中，生产要素组合由要素间相等的边际生产率决定，生产规模由边际成本与产品价格相等决定；四是社会分红和积累率由中央计划机构决定，并使全体人口的总福利最大，其中社会分红分配必须不去干扰劳动服务在不同产业和职业之间的最优分配，集体积累是社会主义经济中资本形成的主要形式。①

其次是集权模式。计划管理和市场机制与经济决策的集权和分权实质上是同一个问题的两个方面，这个问题的难点就在于把计划管理与市场机制相结合的方式，或者说集中决策和分散决策的最优范围和边界到底在哪里。费·布鲁斯（1961）概括地将社会主义社会的经济决策分为三类：一是根本性的宏观经济决策，通常由中央一级直接做出；二是在收入既定的情况下，关于个人消费结构和个人劳动的决策，通常是由分散的市场机制来实现；三是其他的经济决策，并就此类经济决策重点进行了集权和分权的界限讨论。② 对此模式，波兰经济学家提出了不利影响：一是生产缺乏灵活性；二是生产成本过高，而且生产计划错误分配；三是企业和部门缺乏自主发展，对技术进步和产品改进等重视不足；四是削弱了个人利益和社会利益的结合；五是国家机构和经济机构

---

① 奥斯卡·兰格：《社会主义经济理论》，载《经济研究评论》1937年第四卷。
② 针对第三类经济决策，集权模式的基本特征如下：一是一切经济决策集中于中央一级；二是计划的等级性质和经济机关的纵向划分，且等级性的纵向联系是占有绝对统治地位；三是上下级的决策以命令的形式传达；四是按实物进行经济核算，制定计划占支配地位；五是货币在国营成分中只是起记载和监督的消极作用。

的官僚化。①

最后是含有市场机制的计划经济模式——布鲁斯的分权模式。布鲁斯的分权模式，就纯粹的运行原则来讲，实际上是包含市场机制在内的计划经济模式，就经济决策而言，是按照中央一级和社会化企业或按类似原则组织的企业联合体等两级体制分级做出的。其中，中央一级主要在国民收入分配领域和最重要的投资方向领域进行直接决策，而除此之外的一切经济决策都是在中央权力机关建立的总框架内直接由企业做出的，企业决策自由的标准是企业经营活动的赢利原则。两者的关系是：一方面，中央一级的计划是以总量形式包括了企业计划的诸多重要问题，但该计划既不只是各企业计划的简单综合，也不是微观决策的消极的被动的预先安排，而是从全社会的角度、考虑到非经济因素等影响之后，自主地制定的计划。另一方面，企业自主决策的计划不是中央计划的一个形式上的组成部分，它包含着比中央计划过分具体的要素，也不必无条件地与中央计划相一致。支持分权模式的论据主要有以下几点：一是与集权模式相比，分权模式中的市场机制能够使供给结构灵活地适应有效需求结构；二是企业自主决策使得实现既定收益的消耗降到最低；三是特别强调扩大再生产过程中的平衡；四是保证中央一级的计划活动有合适的条件。②

（3）中国特色社会主义经济建设中关于政府和市场关系的理论和实践总结。

新中国成立以来，在借鉴苏联等社会主义国家实践与理论的基础上，结合自身实际开启了具有中国特色的社会主义民主和经济建设的道路探索。随着中国特色社会主义道路实践的不断推进，关于政府和市场作用于社会主义经济建设的相关理论也在呈现螺旋式的上升和进一步丰富。特别是改革开放的40年来，我国在计划经济体制下经历了从承认

---

① 费·布鲁斯：《社会主义经济的运行问题》，中国社会科学出版社1984年版，周亮勋、荣敬本、林青松译，第67~89页。

② 费·布鲁斯：《社会主义经济的运行问题》，中国社会科学出版社1984年版，周亮勋、荣敬本、林青松译，第142~157页。

和肯定商品经济存在，到承认和肯定市场经济存在从而确立市场经济地位并进一步提出建立社会主义市场经济体制的目标，到在社会主义市场经济中市场在资源配置中发挥基础性作用，再到要充分发挥市场在资源配置中的决定性作用的历史阶段。党的十八届三中全会在《关于全面深化改革若干重大问题的决定》中提出使市场在资源配置中起决定性作用和更好地发挥政府作用。党的十八届四中全会在《关于全面推进依法治国若干重大问题的决定》中提出要"坚持法治国家、法治政府、法治社会一体建设，实现科学立法、严格执法、公正司法、全民守法，促进国家治理体系和治理能力现代化"。

习近平在 2014 年 5 月 26 日十八届中央政治局第 15 次集体学习时指出："在市场作用和政府作用的问题上，要讲辩证法、两点论，'看不见的手'和'看得见的手'都要用好，努力形成市场作用和政府作用有机统一、相互补充、相互协调、相互促进的格局，推动经济社会持续健康发展。"所谓"两手合力"论，即使市场在资源配置中起决定性作用和更好地发挥政府作用。习近平在 2017 年 4 月中共中央政治局集体学习时指出，"金融成为资源配置和宏观调控的重要工具"。习近平在党的十九大报告中把坚持以人民为中心作为新时代坚持和发展中国特色社会主义的重要内容。他指出，人民是历史的创造者，是决定党和国家前途命运的根本力量。可见，以人民为中心诠释了党的根本政治立场和价值取向。在此过程中，有关政府和市场的关系以及如何协调政府和市场分工边界以实现最大化的社会利益的认识也是在不断深化的。

（二）市场决定理论的精髓

1. 市场决定理论的内涵

市场决定理论是指在社会主义市场经济制度的条件下，为实现最广大人民的根本利益，通过以价值规律、商品货币关系和价格比例等市场机制为自主调节和配置资源的决定性手段，以政府管理为直接或间接调节手段且两者动态随机组合使用的政府和市场关系新理论。在理论特征上，它包括目标、手段、条件和具体实现方式等几方面。

2. 市场决定理论的特征

本书所称的市场决定理论，是在对马克思主义经济理论的传承和创新基础上，依据十八届三中全会有关政府和市场关系的重要精神，结合最新的社会主义市场经济实践总结，兼容并蓄地借鉴经济学相关理论的新综合，是社会主义市场经济制度下的市场决定理论，并不是资本主义市场经济条件下的市场决定理论，由于前提和基础的不同，两种市场（决定）理论实则有着本质的区别，它集中体现在以下几个特征上。

第一，公共目的性。即以实现最广大人民的根本利益为宗旨，这就需要我们在实际过程中把握经济有效性和社会合理性相平衡的原则，而为实现两者的平衡，就需要我们将衡量经济有效性和社会合理性的计量指标或标准相统一。以实现最广大人民的根本利益为宗旨是市场决定理论与其他经济理论的根本区别，也是最终归宿，具体抓手是社会必要劳动时间，也即以缩短全体人民的社会必要劳动时间为手段，来提升最广大人民群众的根本利益。

第二，实现手段性。市场机制和政府（计划）管理都是实现最终目标的手段，在一定的条件下它们之间具有一定的替代和互补效应，即在市场失灵的领域要更好地发挥政府（监督）管理的作用，在政府（监督）管理低效的领域又要充分发挥市场的作用，而市场和政府都能有效发挥作用的领域就要坚持效率（赢利）原则，因此在实践中两种手段又具有一定的动态随机使用的特征，但共同统一于实现社会利益最大化这个宗旨。社会主义市场经济的基础性工具是价值规律，无论是市场机制还是政府管理，它们都是以价值规律为基础进行调节和管理的。在社会主义市场经济条件下，价值规律作为基础性的调节和管理工具，服务于实现最广大人民根本利益这个根本的目的。

第三，协调均衡性。要实现社会利益最大化的最终目的，就要通过在政府或计划管理者直接或间接的事前调节下的个人消费自由、就业岗位选择自由和企业投资自主决策，实现全社会在消费、生产、交换和分配环节的内部和之间的相互均衡。其中，交换的均衡是指任何两种产品的边际替代率对所有的消费者（包括政府、社会组织在内的消费部门）

都相等；生产的均衡是指任何两种生产要素的边际技术替代率对所有的生产者（包括公共管理者管理下的公共企业）都相等；交换和生产的均衡是指任何两种产品的边际替代率等于它们的边际转换率；分配的均衡是指以市场自发调节的要素分配为基础的市场均衡和由政府决定社会分红和积累率条件下的社会均衡的协调统一。

第四，前提条件性。包括宏观和微观领域的条件性两方面。宏观上，在社会主义初级阶段，在所有制方面要求生产资料的社会主义公有制为主体，多种所有制共同发展，在分配制度方面要求按劳分配为主，多种分配方式并存；随着人们对社会主义社会实践和理论的不断深化以及向更高级阶段的演进，现有的混合形态的所有制和分配制度可能会出现动态变化，未来的社会主义社会将是"一个自由人联合体，他们用公共的生产资料进行劳动，并且自觉地把他们许多个人劳动力当作一个社会劳动力来使用"，① 通过降低社会必要劳动时间，最终实现全体社会公民的福利最大化。微观上，要实现全社会利益的最大化，则在消费、生产和交换等相关领域的均衡本身需要一定的条件，比如在完全竞争的市场环境下，由于产品的边际转换率等于产品价格之比从而进一步等于边际替代率，因而实现了生产和交换的帕累托最优；而在全社会视角下的消费、生产和交换的共同均衡更需要一定的条件，比如政府需要克服市场机制的失灵，从而提供更多的社会公共品，防止垄断以及经济的外部性等。

三、市场决定对政策性金融机构可持续发展的意义

（一）以实现最广大人民的根本利益为宗旨

市场决定视角下政策性金融机构要实现可持续发展，首先要以实现最广大人民的根本利益为宗旨，而社会公共利益的最大化，就需要政策

① 卡尔·马克思：《资本论（第一卷）》，人民出版社 2004 年版，第 96 页。

性金融机构的目标是实现经济的有效性和社会的合理性相均衡统一。一般来讲，经济有效性一般从产量的高低、盈利的大小来判断和计量，而社会合理性因为是与社会偏好、社会整体利益紧密联系在一起的，因此衡量的标准应该是透过价格机制反映出某类或某些商品的稀缺程度。① 为有效度量经济有效性和社会合理性，需要将两者全部统一到社会必要劳动时间这个计量商品价值量的本质范畴上。

（二）坚持效率与公平的经营原则，坚守"有所为，有所不为"的业务边界

市场决定理论说明市场和政府都是实现公共利益最大化的手段或工具，政策性金融机构作为长期与短期、微观与宏观、市场和政府的一个巧妙结合体，是市场决定视角下政府和市场两种工具组合使用的一个具体落点。市场决定视角下的市场与政府的功能边界决定了政策性金融机构经营原则和业务边界，即微观上维持政策性金融机构财务稳定和持续发展的经济有效性，宏观上服务和保障国计民生尤其是弱势群体金融发展公平权的社会合理性，即以效率与公平相均衡为原则，坚持政策性金融机构与商业性金融机构协调发展，只做商业性金融机构做不到的特殊金融业务，而不做商业性金融机构能做到的一般金融业务。

（三）以降低社会全体公民的社会必要劳动时间为主要抓手

市场决定视角下的政策性金融机构要实现经济效益和社会合理的协调和统一，就要求政策性金融机构通过最大化发挥战略选择和首创示范等特殊功能，提升社会全体公民的福利福祉，也即要以降低全体公民的社会必要劳动时间为主要抓手，尤其是要优先降低强位弱势群体的必要劳动时间，这些强位弱势群体主要分布在三农经济、中小企业、教育、就业、进出口和落后区域等领域和部门，从而降低全社会的社会必要劳

---

① 比如在当前阶段，经济金融领域存在的中小微企业融资难和农村金融供给不足等问题，就说明经济发展过程中的社会合理性尚有一定的提升和改进空间。

动时间，实现全体人民根本利益的最大化。

（四）在宏观和微观上都需要具有一定动态变化的前提和条件

市场决定理论中的前提条件性特征，明确提出了市场与政府作为两种手段在服务于全体人民根本利益这一宗旨的过程中，无论在宏观还是在微观上都需要一定的前提和条件，而政策性金融机构作为一个市场和政府的结合体，其在服务于经济建设和社会公平方面必然也要求十分严苛的宏观和微观前提和条件。微观上，政策性金融机构向强位弱势群体提供公共金融产品从而服务于社会全体公民，从而实现整个社会的消费均衡、生产均衡以及生产和消费的均衡；宏观上，需要政府发挥事前的、宏观的调节作用，提供更多的社会公共品、防止垄断以及经济的外部性，克服市场机制的失灵，从而为政策性金融机构的可持续发展提供良好的宏观环境条件。社会主义社会是一个自由人的联合体，而由于把人变成社会化经济的自觉主体是一个复杂的过程，这需要我们在市场决定理论的指引下，不断寻找并提供适合当下经济社会条件又能实现全社会利益最大化的政策性金融机构持续发展的前提和条件。

四、与本书相关的其他主要理论

（一）社会企业理论

社会企业的出现可以追溯到 1601 年伊丽莎白济贫法中所规定的贫民习艺所。[①] 但社会企业一词最早是由经济合作与发展组织（Organization for Economic Co-operation and Development，OECD）提出，之后社会企业的相关研究逐步引起广泛重视。OECD（2003）认为社会企业是介

[①] 杨家宁、陈健民：《西方社会企业兴起的背景及其研究视角》，载《中国非营利评论》2010 年第 1 期。

于公私部门间的组织，主要形态为利用交易活动已达成目标及财政自主的非营利组织，社会企业采用商业经营手法，也具备非营利组织强烈的社会使命感。比利时列日大学教授德富尔尼（Jacques Defourny，2001）认为社会企业是合作社与非营利组织的交叉点，合作社包含劳动者合作社及使用者合作社，非营利组织包括生产型和倡议型非营利组织，而社会企业偏向劳动者合作社与生产型非营利组织的混合体。美国社会企业联盟认为社会企业是以社会公益为基本目标的企业，其运用商业的手段和方法以及市场力量来促进社会、环境及社会正义。最早将社会企业这一概念引入中国大陆的是北京大学的刘继同教授，他节译了经合组织的研究报告《社会企业》。俞可平（2007）认为社会企业是以公益性社会服务为主要目标的企事业单位。时立荣（2007）认为社会企业是公共经济型组织的统称，在经济社会转型的各个阶段社会企业都有其存在的不同组织形式，只要同时具备经营性和公益性特征，发挥经济社会双重功能，就是社会企业。[1]

　　虽然社会企业发展至今尚没有形成完全公认的标准概念，但关于其发展的精神实质与内涵基本一致。总体来说，社会企业有如下几方面的特征：一是公共的社会目标或共同使命；二是重视市场效率的提升以保证企业财务的可持续；三是不分红或很少分红，经济剩余全部或主要用于公共的社会目标；四是部分国家有法律的保障。通俗地说，社会企业就是用经营企业的手段创造社会价值以实现社会目标。在中国，由于环境与历史的不同，社会企业的发展与国外也存在差异，目前来看，现有的社会福利企业、民办非企业单位和合作社都属于社会企业的范畴。

（二）国家治理理论

　　治理作为一个当代政治学的重要概念，源于拉丁文和古希腊语的"掌舵"一词，其原意有"控制、引导和操纵"之意。全球治理理论的主要创始人是詹姆斯·罗西瑙（James N. Rosenau）、罗茨（R. Rhodes）

---

[1]　刘小霞：《社会企业研究评述》，载《华东理工大学学报（社会科学版）》2012 年第 3 期。

和格里·斯托克（Gerry Stoker）等。罗茨认为，作为新公共管理的治理是将市场的激励机制与私人部门的管理手段引入政府的公共服务。格里·斯托克认为，政府并不是国家唯一的权力中心。治理的实质是建立在市场原则、公共利益和认同之上的合作，是实现全社会公共利益最大化的帕累托最优过程。在德国社会民主党国际前主席、政府前总理勃兰特的倡议下，瑞典前首相卡尔森等 28 位国际知名人士在 1992 年发起成立了"全球治理委员会"（The Commission on Global Governance）。全球治理委员会（1995）认为，治理是各种公共的或私人的个人和机构管理共同事务的诸多方式的总和。20 世纪 90 年代，西方学者对"Governance"赋予了新的含义，从而使得治理（Governance）与统治（Government）明显区别开来。

善治和善政是国家治理理论的关键和核心。国家治理的理想状态是善治（good governance），"善治"是实现公共利益最大化的社会管理过程，民主和法治是实现善治的基本途径，也是国家治理中最核心的基本原则。俞可平（2014）在综合比较的基础上，提出善治包含十个要素，分别是合法性（legitimacy）、法治（rule of law）、透明性（transparency）、责任性（accountability）、回应（response）、有效性（effectiveness）、公民参与（civic participation）、稳定性（stability）、廉洁（cleanness）和公正性（justice）。① 其中，合法性是指人们内心认同并自觉服从社会秩序和权威的状态；法治是为保护公民自由、平等等基本政治权利而建立在法律之上的社会秩序；透明性是指公民有权获得与自己利益相关的政策信息；责任性是指公共管理机构和人员为保障公共利益最大化所承担的职责和义务；回应是责任的延伸，指公共管理机构和人员对公民做出及时和负责任的反应；有效性是行政效率高，从而管理成本低；稳定性是指社会政治的稳定程度，政策的连贯程度；公民参与

---

① 俞可平早在 2001 年就总结性提出善治有六个核心要素，它们分别是合法、透明、责任、法治、回应和有效。详见孙文平、朱为群和曾军平：《现代国家治理理论研究综述》，载《地方财政研究》2015 年第 7 期。

是指国家权力向社会的回归，即还政于民；廉洁是不以权谋私，确保公共利益最大化；公正性是指保障不同群体间政治权利和经济权利的平等。在政府、市场和社会等国家治理子系统中，由于政府对于人类实现善治实质上起着决定性作用，因此善政是善治的前提和基础，更是关键。善政包含八个要素，即民主（democracy）、责任（accountability）、服务（service）、质量（quality）、效益（effectiveness）、专业（profession）、透明（transparency）和廉洁（cleanness）。

（三）　市场失灵理论

在完全竞争市场的条件下，市场的均衡结果可以导致帕累托最优的资源配置。但在不完全竞争市场的条件下，将会导致市场均衡的结果不能达到资源配置的帕累托最优效应，也即俗称的"市场失灵"。一般来说，20世纪二三十年代出现的大萧条引起了经济学家对市场失灵研究的重视，市场失灵理论最早由美国经济学家弗朗西斯·M. 巴托于1958年在《市场失灵分析》一文中正式提出。就导致市场失灵的原因来看，不完全竞争市场的存在、市场的外部性、公共产品以及不完全信息等是导致市场失灵的四个主要原因。通常来讲，市场失灵可能带来的后果有如下几种：一是收入与财富分配的不公；二是外部的负效应问题；三是公共产品供给不足或公共资源的过度滥用；四是区域间发展不平衡；等等。正因存在市场失灵的问题，就需要积极发挥政府的经济职能作用，进行适当和必要的干预。政策性金融机构作为财政与金融、政府与市场的巧妙结合体和政府干预经济、引导和调控市场机制的重要手段和形式，有助于实现市场均衡条件下的帕累托效应，也就必然具有存在的合理性。

第二节　中国政策性金融的理论演进及评析

政策性金融概念及理论是由中国人开创性地提出，具有鲜明的中国特色。政策性金融的理论创新，也需要在归纳和总结中国政策性金融理论发展的基础上进行探索。在中国政策性金融改革发展 20 周年之际，需要对我国政策性金融改革发展理论的演进轨迹进行回顾、总结和展望，在此基础上探讨繁荣政策性金融理论研究的突破口，为深化政策性金融机构改革和机制创新提供科学有力的理论支撑。这既是中国政策性金融实践发展对具有原创性的科学政策性金融理论的迫切呼唤，也是在 21 世纪新形势下创新发展政策性金融理论、构建更具东方与中国特色的经济学、金融学理论的迫切需要。

一、中国政策性金融理论发展的四个阶段

政策性金融理论范畴是中国改革开放的学术创新的产物和新生事物。改革开放以来，伴随着中国政策性金融机构的创立、转型异化和理性回归的曲折而艰难的改革发展实践，我国对政策性金融学术理论的探索和发展也呈现出肯定—否定—否定之否定的螺旋式变迁过程，总体上可划分为以下四个发展阶段：

第一阶段是在 20 世纪 80 年代末 90 年代初，这是政策性金融理论研究与学科建设的创立时期。最早正式提出并有文字记载的"政策性金融"一词，出现于白钦先在 1985 年全国首届中青年金融体制改革理论与实践研讨会的获奖征文《中国金融体制改革的理论与实践》一文中。在该文中作者指出："在中国旧有金融体系之下，商业性金融业务和政府指令性政策性金融业务是混合进行的，这是'大锅饭'的必然产物。"其后，学术界开始从理论上探讨政策性金融问题，决策层也逐渐肯定与采纳了白钦先于 1993 年 8 月向中央提交的题为《借鉴各国成功经验，尽快构筑中国政策性金融机构体系》的报告与建议。白钦先教授在国内外第一次明确提出中国政策性金融业务与商业性金融业务分离分立的主张，并为《中共中央关于建立社会主义市场经济体制若干问题的决定》所采纳，且将其提升到国家战略选择的高度，这在同年 12 月 25 日发布的《国务院关于金融体制改革的决定》中也都有所体现。从此，这一问题从理论超前研究、提出对策性报告与建议到中央形成决议进入

开始实施的新阶段。这也表明，政策性金融的概念提法已经得到政府决策层及权威部门的认可，由此关于政策性金融及其与商业性金融之间关系的研究也日益增多。

作为政策性金融理论研究与学科建设开创性标志的《各国政策性金融机构比较》一书，于 1993 年 7 月出版，并获 1995 年中国人民银行"全国高校优秀教材一等奖"，以及 1996 年辽宁省社科优秀成果一等奖。该教材也是国家教委"八五"重点社科规划项目立项的研究成果，书中主要采用比较分析的研究方法，对政策性金融进行了比较系统、全面和深入的研究：首先对各国政策性金融机构的总体特征进行了比较分析；其次对不同国家的政策性金融进行了比较分析；再次对不同种类的政策性金融机构进行了比较分析；最后则在前面分析研究的基础上提出我国政策性金融机构发展的对策建议，并探讨了我国政策性金融发展的方法论选择问题。

第二阶段为 1994 ~ 2003 年，这是政策性金融体系的形成时期，也是政策性金融理论研究的繁荣时期。1994 年，随着我国三大政策性银行的相继组建，政策性金融学术研究日益繁荣，出版了政策性银行教材并在大学开设了相关课程，有关政策性金融研究的文献数不胜数。如《金融时报》在 1994 年 3 ~ 5 月陆续刊载了政策性银行知识系列讲座，王廷科、薛峰（1995）研究了现代政策性金融机构的职能、组织结构与行为特征，王伟（1995）分析了政策性金融的内涵与外延及监管机制，朱元樑（1996）探讨了我国政策性金融的特殊运行机理，国家开发银行办公厅（1996）编撰了《国外政策性银行资料汇编》，等等。尤其是 1998 年由戴相龙和黄达主编的《中华金融辞库》① 这一大型金融工具书中专门设有政策性金融分卷，第一次为政策性金融单独开门立户，将其定位在与商业性金融对称、平行与并列的地位，并首次将其提到基本经济学金融学基础理论的高度，这标志着政策性金融这一概念得到学术界的承认以及政策性金融理论体系的基本完善。

---

① 《中华金融辞库》1999 年 11 月获第三届国家图书奖二等奖。

　　这一时期，有关政策性金融的教材主要是针对政策性银行而言的，如《政策性银行学》（卿淑群，1999）、《政策性银行概论》（庄俊鸿，2001）、《政策性银行经营管理》（丁孜山，2001）等，是为适应高等学校教学和金融业高管培训的需要而编写的教材。这些教材都比较系统地阐述了政策性银行的基本理论与业务，特点是结合我国成立政策性银行的实践经验来阐述。与此相对应，在西南财经大学、西安交通大学、山西财经大学等国内高校金融学专业，开设了政策性金融、政策性银行学、政策性银行业务、政策性银行理论与实务等不同名称的本科生课程。2003年，经过国务院学位办批准并备案，政策性金融学成为具有博士学位授予权应用经济学一级学科范围内自主设置的学科专业；2004年2月，辽宁大学获批为政策性金融学专业博士学位和硕士学位授权点并于次年开始正式招生。该专业为硕士研究生开设了政策性金融机构业务与经营管理、各国政策性金融体制比较等课程，为博士研究生开设了政策性金融理论与实践前沿等课程。辽宁大学是政策性金融理论研究的发祥地，政策性金融学也是辽宁大学金融学国家重点学科的研究方向之一。

　　在我国政策性金融研究不断发展和深化的过程中，国际比较研究也成为政策性金融研究中的重要组成部分。例如，赵京霞（1996）对进出口银行的国际比较研究，王相品（1999）对中外农业政策性金融的比较研究，白钦先、薛誉华（2001）对各国中小企业政策性金融体制的比较研究，白钦先、徐爱田、欧建雄（2002）对各国进出口政策性金融体制的比较研究。还有一些文献，虽然从其标题上来看似乎不属于政策性金融比较研究的范畴，但在其内容上却仍然有比较研究的烙印，例如武士国（1997）、瞿强（2000）、刘文生（2002）等学者的相关研究成果。另外，唐成（2002）专门研究了政策性金融与邮政储蓄的关系，胡炳志（2003）在研究中国金融体系重构的过程中，认为政策性金融机构是现代金融制度的一个重大创新。

　　第三阶段为2004～2007年，这是政策性金融理论研究与实践发展相对低潮的时期。伴随着中国国家开发银行商业化运作的不断强化及市场经营业绩的不断攀升，与其他政策性银行经营效率比较低下的巨大反差，以及政策性金融不以利润最大化为目标的非营利公共性属性，国内不少人开始对政策性金融产生误解、错解乃至曲解，政策性金融学术研究也进入低潮时期。张涛等（2006）认为国外鲜有政策性金融和政策性银行这一提法，主张三家政策性银行都应当效法国开行而转型为综合性开发金融机构。汤敏（2006）认为，亚行、世行也是一种国际性的政策性银行；西方国家金融中介体系中也包括政策性银行（黄达，2003）。在2006年政策性银行改革与转型国际研讨会上，实际上也并没有对我国政策性银行的"转型"达成共识，倒是对"转型"本身提出了质疑，对规范政策性金融运作提出了建设性的意见。黄建（2006）认为，国开行提倡的开发性金融实质上是为自身"不受限制"的业务范围和业务的飞速发展而奠定的一种理论基础。据此，政策性银行既可以从事政策性业务，也可以凭借其不言自明的优势和特殊而微妙的背景，巧妙地迂回突破，不断地扩张商业性业务，挟政策性银行的种种显性隐性优势同各路商业银行展开全方位的、咄咄逼人的主动竞争，以达到向商业银行转型的根本目的（高晖、陈春，2007）。事实上，政策性金融机构在享有国家信用及其他显性隐性的政府优惠政策待遇之下，既经营政策性业务，又从事竞争性盈利的商业性业务，理论上不合逻辑，实践中也会扰乱公平竞争的市场秩序，进而则十有八九会成为众矢之的。早在1998年，中国银行等一些商业银行就曾向中央有关部门提交报告，指责国开行利用国家信用等政策优势和资金的低成本优势，主动与商业银行进行恶性竞争。此后，对于国开行从事不公平竞争的批评几乎就没有间断过，如"双轨套利""软贷款"以及政府的"组织增信""打包贷款""财政兜底""权力越位"等。

在我国政策性金融机构组建及运作十周年之际，白钦先、王伟（2004）提出了政策性金融可持续发展必须实现的"六大协调均衡"，即实现商业性金融与政策性金融总量与结构总体之间，资源配置宏观主体与微观配置主体及其宏微观目标之间，赋予政策性金融的特殊目标、任务与其拥有的资本与资金综合实力之间，其性质职能的特殊公共性、政策性、非营利性与其具体业务运营管理的市场性之间，履行其公共性职能而产生的财务缺口与其自动补偿机制之间，国家对政策性金融的全力综合配套支持与适度监督之间的协调与均衡。曾康霖（2004）按科学发展观审视我国金融事业的发展，认为在现阶段需要包括政策性金融在内的多元化的金融制度安排。李扬（2006）认为政策性金融在短期内不仅不应弱化，还应进一步加以发展和寻求创新。只要有市场缺失，就应该办政策性银行（夏斌、张承慧，2005）。杨涛（2007）认为要避免政策性金融改革思路走向极端。针对国内一些学者和官员对政策性金融制度和政策性银行产生的诸多误解、曲解与错解现象，白钦先（2005）认为这是"认识上的简单化与片面性，或者说是只见树木不见森林、只看眼前不看长远的模糊认识"。他以对话体的形式回答了《人民日报》《金融时报》《中国金融》《上海金融》等报纸杂志记者的提问，集中阐述了对当时国内外政策性金融理论与实践发展的一系列重大问题的看法。其间，胡学好（2006）系统探讨了中国政策性金融理论与实践问题，段京东（2005）专门研究了中国政策性银行法律制度及其构建，刘锡良、董青马等（2006）探讨了中国农业政策性金融体系改革与机制创新问题，王伟（2006）分析了中国政策性金融与商业性金融的协调发展问题。在比较研究方面，主要有白钦先、王伟（2005）对各国开发性政策性金融体制的研究，白钦先、徐爱田、王小兴（2006）对各国农业政策性金融体制的分类比较研究，张舒英（2007）对日本政策性金融面临的挑战及改革方向的专题研究，国务院发展研究中心课题组（2005）在分析国外政策性金融发展趋势的基础上，认为政策性金融机构应依托国家信用行使职能；王学人（2007）在借鉴政策性金融转型的国际经验基础上，提出应当坚持以政策性业务为主的功能定位，同时要注意避免加剧与其他商业性金融机构的"同构性"问题，等等。

第四阶段为2008年至今，政策性金融理论研究与实践发展再次进入了繁荣发展的时期。正如1997年的亚洲金融危机发生以后，政策性金融的作用再度为人们所认识和重视那样，2007年美国次贷危机爆发后，国内外理论界和决策层又一次领略到政策性金融的重要性，并开始反思中国政策性金融的改革实践和发展方向。在《财贸经济》《财政研究》《经济学动态》等国家级权威刊物上，集中刊发了一系列探讨政策性金融的理论文章，而且大都是当期首篇，实属罕见。这一时期国家级出版社还出版了一批有关政策性金融的学术专著，如《政策性金融功能研究——兼论中国政策性金融发展》（白钦先、谭庆华，2008）、《中国政策性金融向何处去》（贾康，2010）、《中国政策性金融的异化与回归研究》（张令骞，2009）、《政策性银行商业化改革对债券市场的影响研究》（巴曙松等，2010）、《中国农村政策性金融的功能优化与实证研究》（王伟，2011）等。

如果说在当时环境下难分轩轾，在对政策性银行转型这个问题没有展开充分讨论、没有把问题研究透彻的情况下，就匆匆忙忙地推行国开行的商业化改制，那么如今面对国际金融危机及美国政府在危机中的行为，我们恐怕应有新的结论（李扬，2008；魏加宁，2010）。中国开发性金融的倡导者陈元（2009）分析了美国房利美等政策性金融机构经营导向完全市场化后，由于过度竞争，业务扩张迅速，最终导致其遭遇灭顶之灾、政府被迫"兜底"，埋下了次贷危机"种子"的深刻教训[①]，进而他也认为政策性金融确实能有效地促进经济社会发展和政府目标的实现，这为多国实践所证明。政策性金融从诞生到今天，在促进各国和区域经济发展、抵御金融危机冲击、促进社会进步和民生改善、服务国家战略方面发挥了不可替代的作用。不论在发展中国家还是在发达国家，不论在经济稳定发展阶段还是在应对金融危机阶段，政策性银行都是金融体系中不可或缺的组成部分，发挥着重要而独特的作用（陈元，2012）。夏斌（2012）认为，根据我国国情和目前所处的发展阶段，不应鼓励政策性银行转化为商业银行，更不应鼓励其转向兼有政策性业务和商业性业务的综合性银行。总体看，将国开行转型为一家商业银行的

---

① 事实上，引发金融危机的原因之一也是拥有政府隐性担保的银行，其政策性导向的融资模式存在对房地产等部门过度投资的严重缺陷（Paul Krugman，1998）。

价值似乎并不非常明确；总结并借鉴当今国际相关经验，在我国有非常充分的理由继续设立政策性银行（董裕平，2010）。因而国家"十二五"规划提出并要求"继续深化国家开发银行改革"。贾康（2009）郑重提出了一个不容回避的问题——建立和发展中国政策性金融体系，建议要抓紧研究特别是在当前有压力的情况下研究如何在中国建立和发展政策性金融体系。

其间，正值中国金融改革开放30年之际，许多学者（李扬、王国刚、杨涛等，2008；王广谦等，2008；唐旭等，2008）也深刻反思了政策性金融理论与实践的历程、成就及进一步发展问题，认为1994年是政策性金融研究的"分水岭"，此前这一研究基本被学术界所忽视，而三大政策性银行的成立，则激发了许多学者的研究热情。改革开放以来的中国政策性金融改革取得了重大的历史成就，当前也迎来了新一轮发展创新的契机（杨涛，2008）。王伟（2008）初步探讨了政策性金融学研究的对象、任务、内容和学科体系结构，认为扶贫性金融、弱势金融、公益信贷等也属于政策性金融范畴和政策性金融学研究的内容之一。从目前中国的金融体系来看，商业性金融机构已经为数不少，中国不缺商业银行，缺的是有实力的经营得道的政策性银行（夏斌，2012），中国需要包括政策性金融机构在内的具有不同定位的多元化的金融中介体系（王广谦，2008）。但总的来看，目前政策性金融理论研究和学科建设发展还相对滞后，更多的还是集中于对我国几家政策性银行自身发展模式的分析和政策建议方面（杨涛，2008）。

二、政策性金融与开发性金融理论应该也可以兼容并蓄地创新发展

综上所述，目前在政策性金融理论及其政策性金融机构改革发展研究的学术领域，基本上形成了政策性金融理论（白钦先，1993）和开发性金融理论（陈元，2004）两大学术阵营，缺乏一种取长补短、兼容并蓄的创新性理论研究新视阈。

应该说，由中国人开创的开发性金融理论和由中国人开创的政策性金融理论一样，都是金融理论的重要创新；相应地，开发性金融机构和政策性金融机构，也是中国金融制度的重大创新。两种理论都是具有中国特色的金融理论，我们都应该肯定，也应该像对待其他中国特色的社会主义经济理论那样，不断完善、不断发展。不能说外国人鲜有这一提法，中国人就不能开创性地提出。习近平总书记在 2016 年 5 月 17 日哲学社会科学工作座谈会上指出，要"结合中国特色社会主义伟大实践，加快构建中国特色哲学社会科学"。无论是开发性金融学还是政策性金融学，也都是亟待加快构建的中国特色哲学社会科学。学术研究需要相互理解，需要彼此包容，需要百花齐放、百家争鸣；理论既不是绝对的真理，也没有非此即彼、孰高孰低①、谁对谁错的绝对学说。同样，现实中的金融体系既需要国有商业银行也需要民营银行，既需要开发银行也需要政策性银行，需要其他非银行的商业性金融机构、开发性金融机构、政策性金融机构等不同角色、不同职能定位的多样化的金融机构，需要多元化的金融制度安排，以满足不同的金融需求。中国开发性金融理论的形成和发展才 10 年多，中国政策性金融理论的发展也只有 20 多年，同年轻的中国政策性银行一样，尚未成型、定型，也就不能急于统统地都商业化转型，而需要不断改进和创新发展。何况，国外商业化转型的政策性金融机构也在不断地回归政策性金融之中。② 美国次贷危机前后政策性金融的异化和回归实践，也促使国内外学界、政界在不断反思政策性金融的商业化转型改革取向。尤其是，针对走向极端市场化的新自由主义政策所带来的危害，2016 年五六月份，国际货币基金组织（IMF）三位经济学家和林毅夫等九位国内经济学家罕见地集中进行公

---

① 开发性金融与政策性金融是两个不同的概念，各自具有不同的理论体系和发展阶段，不存在谁是初级阶段谁是高级发展之说。尽管在实际中，鉴于开发性金融业务的特殊性，开发性金融主要是指开发性政策性金融，二者在一定条件下（如非学术研究、非正式场合等）也可以等同或混用，国际上也一般将开发性政策性银行惯称或简称为开发银行，但是，从理论或逻辑上讲，将二者等同是不甚严密和科学的。

② 具体异化和回归的进程及原因，参见王伟、张雅博：《日韩政策性银行商业化改革为何止步回归？》，载《金融理论与实践》2015 年第 12 期。

开反思，国内与国外遥相呼应。

目前，尽管在本领域已经出现了开发性金融和政策性金融两大学术阵营及理论派别，但两者并非水火不相容，可以也应该相互融合、取长补短、兼容并蓄。中国特色的开发性金融理论和中国特色的政策性金融理论，两者在关注国计民生和服务国家发展战略的理念宗旨、存在和发展的理论基础及功能作用、国家信用的政策背景、市场化运作的手段方式等许多方面异曲同工、殊途同归。从迄今为止国内外有关开发性金融和政策性金融学术研究的成果文献来看，在诸多理论及认识方面几乎同出一辙，有许多惊人的相似之处。两者根本的区别在于是否需要财政援助、业务范围是否专一公共性、是否进行公平市场竞争等。从理论上说，如同农村金融等一样，开发性金融也分为开发性政策性金融和开发性商业性金融两种，开发性金融机构包括开发性政策性金融机构和开发性商业性金融机构两类。中国的开发性金融理论及开发性金融机构具有鲜明的中国特色，除了具有"综合性开发金融机构"① 的特点外，突出地表现为强调社会责任意识、强化社会责任业务，或者说具有明显的政策性融资②特性。其实，名字中有没有"开发性"或"政策性"并不重要，从近似理论融合的角度及途径而言，如果基于一种取长补短、兼容并蓄并与市场决定资源配置规律有机结合的新视阈，将这两种理论融合为一种新的理论如中国特色公共金融理论等，将开发性金融机构和政策性金融机构融合为一类公共金融机构，也未尝不可。另外，尤其值得一提的是，由于一些特殊的原因，仍然有一些人对政策性金融有所误解、错解或曲解。其实，政策性金融不是无偿的政策性"财政"，而是有偿的政策性"金融"，所以业务运营也必须采取适度有限的市场化运作手段；其资金

① 见张涛答记者问：《政策性银行要向综合性开发金融机构转型》，载《金融时报》2005 年 8 月 8 日。

② 政策性融资包括社会责任融资以及 PPP、公益信托等一系列特殊的资金融通。政策性金融作为一种制度安排，是由机构组织体系和融资业务体系两部分所构成的一种政策性金融体系。所以开发性金融所倡导的社会责任、PPP 等政策性融资业务也是政策性金融研究的主要对象和基本内容。

来源也不是仅仅依靠财政援助，财政融资主要出现于政策性金融机构的初创时期，随着机构的发展成熟以及外部环境的变化，尤其在当代市场化融资的势态下，更多的是依靠发行政策性金融债券融资。当然，政策性金融机构服务的是国家利益，而非机构自身的局部利益，所以有限的财政支持（如贴息、资本授予等）也是天经地义、无可厚非。政策性金融是有选择地适度介入市场，并补充商业性金融市场不足即补短板，这同金融深化论中所谓政府对金融的过多干预和行政管制的金融抑制是两码事。

第三节　市场决定下政策性金融机构理论范畴的界定

本节依据政府和市场关系理论，研究并分别界定政策性金融机构在金融市场中的定位、功能内涵、机构识别、业务边界等基本的理论范畴，阐述本书的切入点和着力点。

一、市场决定下政策性金融机构的概念

基于市场决定理论的视角，笔者认为，所谓政策性金融机构，应该是指在充分发挥商业性金融机构在金融市场资源配置中的决定性作用的前提下，以优先服务于强位弱势群体的公共金融需求为战略，发挥政府和市场的动态随机组合作用，从社会合理性和经济有效性两个维度不断提升市场效率，降低强位弱势群体从而全社会劳动者的社会必要劳动时间，最终实现最广大人民的福利福祉最大化的一种专门经营公共金融业务的公共金融机构。它具有公共战略、公共治理、市场效率和动态调整四个特征。

其中，公共战略包括由政府作用的客群定位和发展战略两方面，此时的客群定位主要是强位弱势群体，它包括但不限于三农经济、中小微企业、教育、环保、落后区域开发等行业和领域；公共治理包括公司治理和国家治理两方面，治理权和立法监督由政府承担，信息披露由市场

承担，股权、资本补充和国家信用由政府和市场共同承担；在市场效率中，组织架构与业务流程由市场承担，风险管理和资本管理由政府和市场共同承担。上述三方面都具有动态调整特征。

二、市场决定下政策性金融机构的定位

政策性金融机构的定位包括政策性金融机构的机构性质定位和业务职能定位两个方面，前者具有稳定的质的规定性，后者具有动态调整性。在市场决定理论的分析范式下，政策性金融机构作为政府和市场两种组合工具的具体落点之一，其机构的宗旨必然从属于实现最广大人民的根本利益这个最终目标，这是市场决定理论的公共目的性的内在要求；市场与政府作为工具要实现这个终极目标，又需要具备一定的前提条件性，而这决定了政策性金融机构的业务边界和职能范围。因此，从机构定性看，政策性金融机构的宗旨应该是实现社会主义经济的有效性和社会主义社会的合理性的均衡统一，即要提升社会主义社会全体公民的福利福祉，关键在于降低全社会尤其是强位弱势群体的社会必要劳动时间；从业务定位看，政策性金融机构主要是只做商业性金融机构做不到的特殊金融业务，而不做商业性金融机构能做到的一般金融业务，即坚持效率与公平的经营原则，坚守"有所为，有所不为"的业务职责边界，并围绕国家在不同时期和阶段不同的政策倾向而相应动态性地调整政策性金融机构的业务范围和职能。

可见，政策性金融机构的定位是通过发挥市场和政府两种工具的协同优势，尤其是发挥市场在资源配置中的决定性作用和更好地发挥政府的作用，以优先降低强位弱势群体从而全社会公民的社会必要劳动时间为抓手，最终实现最广大人民的根本利益这一宗旨。

三、市场决定下政策性金融机构的功能内涵

市场决定下的政策性金融机构的定位目标能否顺利实现，较大程度

上取决于其具体功能的实际效果。一般来讲，在市场决定视角下政策性金融机构的功能包括以下几方面。

一是基于公共目标的战略性选择功能。市场决定理论的公共目的性决定了政策性金融机构的目标是实现经济有效性和社会合理性的均衡统一，这就要求政策性金融机构要在市场均衡无法自主实现或市场机制发育不充分的领域或部门（比如农村经济、小微企业融资等领域），发挥基于公共目标的战略性选择功能。

二是基于实现手段的直接支持功能。市场决定理论的实现手段性说明政府和市场都是实现最广大人民的根本利益的手段或工具，而政策性金融机构作为市场和政府动态组合后的一个具体的巧妙结合体，能够在市场机制的薄弱环节直接发挥扶植弱质产业的功能，以及更好地发挥政府的作用强力推动社会、经济全面均衡发展的功能。

三是基于协调均衡的整体协调性功能。市场决定理论的协调均衡性要求政策性金融机构必须以充分尊重市场决定性配置资源作用下的消费、生产、交换和分配环节的市场均衡原则为前提，只做商业性金融机构做不到的特殊金融业务，而不做商业性金融机构能做到的一般金融业务，以更好地实现在这些领域内部和之间的最优均衡，在市场失灵或公共产品供给不足的领域，比如东北全面振兴、三农经济等领域，发挥基于整体协调均衡的补充和辅助功能。

四是基于前提条件的首倡示范性功能。市场决定理论的前提条件性决定了政策性金融机构在发挥战略性选择功能时，其主要抓手是通过首先发挥倡导性投融资的示范效应，在价值规律的市场机制作用下，诱导商业性金融机构逐步加大对弱势强位群体的金融支持力度。

整体来讲，前两者是基于市场决定的政策性金融机构功能观的战略方向和主要支点，后两者是基于市场决定的政策性金融机构功能观的精髓所在，也是政策性金融机构处理好政府和市场关系的基石。

四、市场决定下政策性金融机构的识别标准

就政策性金融机构的识别标准而言，笔者认为，应根据政策性金融

机构的定义尤其是它所具有的公共战略性、公共治理性、市场效率性和动态调整性四个特征，以及由此引出的基于公共性特征的一般标准来进行识别和鉴定。

其一，公共战略性。政策性金融机构的宗旨是实现最广大人民的根本利益这个公共目标，因此，在宏观上政府要对政策性金融机构制定明确清晰的战略定位和发展规划，微观上机构自身要制定明确的客户定位和发展计划，但更强调政府对战略的导向作用，其核心的问题是为谁服务（who）以及服务多少（how many）。从这个意义上说，战略定位主要是基于社会合理性的考虑，政策性金融强调的是对强位弱势群体的支持。因此，是否以强位弱势群体为最重要的战略客户群体定位，是政策性金融机构区别于商业性金融机构等其他金融组织的本质标志。

其二，公共治理性。公共治理包括宏观上的国家治理和微观上的公司治理两个层面，其中国家治理包括对政策性金融机构的立法监督、资本管理和国家信用三方面，公司治理包要包括股权、治理权和信息披露三个方面。需要说明的是，政府要在立法监督和治理权两个层面强调监督管理和治理效能的作用，而信息披露方面强调市场的纪律约束作用，而在其他的资本管理、国家信用和股权方面实际上强调政府与市场的均衡协调作用。

其三，市场效率性。政策性金融机构的组织架构与业务流程应该更加注重市场化的效率原则，要突出货币信用的有借有还的金融属性，要满足政策性金融机构的商业可持续性。这就要在政策性金融机构的组织架构的选择上给予金融组织充分的自主权，在业务流程上要以价值规律为基础，按照经济金融规律办事。

其四，动态调整性。动态调整性主要是指国家公共战略定位指导下的具体客户群体和满足政策性金融机构的市场盈利原则的组织架构和业务流程，应该是因时因地因人因情地动态调整，而不是一成不变，以及由此而引发的国家在资本管理、国家信用和公司治理层面的治理结构等都是相应变化的。这也是由市场决定理论的前提条件性内在地决定的，也充分体现了市场和政府服务于全体人民根本利益的手段性特征。

由此，识别金融机构是否属于政策性金融机构或真正的政策性金融机构，至少应该符合如下的基本标准：一是具有政府背景和享有国家主权信用待遇并充分体现公共性的政策性金融本质属性；二是融资对象必须是不能或不易或无力从商业性金融机构获得资金的强位弱势群体；三是有专门的立法和独立的监管体制及考评指标体系；四是不主动与商业性金融机构展开不公平市场竞争；五是适度有限的市场化运作与保障财务稳定及可持续发展的非主动竞争性盈利机制；六是有自动而稳定的政策扶持体系与利益补偿机制。这些基本的识别标准，也应该成为政策性金融机构改革的最终目标。在本书的后续研究中，我们将分别对此进行深入系统的探究。

五、市场决定下政策性金融机构的业务边界

马克思认为，社会主义社会是一个自由人的集合，而把人变成社会化经济的自觉主体是一个复杂的过程，这需要我们在社会分工的方法论指引下，在市场机制和政府管理之间不断寻找适合当下经济社会条件又能实现全社会利益最大化的随机组合。集中模式和分权模式都有一定的适用条件和有效范畴，同时都存在某些不同层面的不足，比如集权模式由于一切选择行为都只是在中央一级进行，因此，这种模式客观上就要求政府管理者非常了解复杂的情况，而显然这种能力在当前的客观条件限制下是没有得到充分的发展或有待进一步提升的。正因如此，在对集权模式进行修正的基础上，在保持中央一级对部分重要事项进行决策的条件下，借助于市场机制下的企业自主决策，从而实现全社会的最广义的利益。根据市场决定理论的特征、政策性金融机构的功能内涵以及特征，我们认为市场决定下政策性金融机构的业务边界，可以主要由其四个特征以及对应的战略定位、国家治理（包含立法监督、国家信用和资本补充）、公司治理、组织架构、业务流程、风险管理以及资本管理七

个方面来区别和界定。① 具体如下。

公共战略性决定了战略定位，它包括宏观上的客群定位、发展规划和微观上的客户定位和发展计划两个层面共四个维度，其中宏观上的客群定位和发展规划应由政府承担，而微观上的客户定位和发展计划应在政府决定的客群定位和发展规划的框架下通过市场机制由政策性金融机构自身自主决定。

公共治理性包括宏观上的国家治理和微观上的公司治理两个层面，其中，国家治理包括立法监督、资本补充和国家信用三个维度，公司治理包要包括股权、治理权和信息披露三个维度；就作用分工来说，微观层次的股权、治理权和国家宏观层面的国家信用、立法监督应由政府承担，微观层次的信息披露应由市场承担，而宏观的资本补充应有政府和市场共同承担。② 市场效率性主要是政策性金融机构的微观层次的组织架构和业务流程，以及与机构日常经营紧密联系的风险管理和资本管理，共计四个维度；微观层次的组织架构和业务流程应由市场自主决定，而微观层次的风险管理和资本管理应由政府和市场共同决定。

动态调整性则是对上述三个方面、十四个维度的补充和解释，即哪些属于变化的，哪些属于不变的。整体而言，属于政府作用的客群定位、发展规划、国家信用、股权、治理权以及立法监督六个方面应该在短期内保持相对稳定，长期进行动态调整；属于市场作用的客户定位、发展计划、信息披露、组织架构和业务流程五个方面，无论在长短期都应该保持较强的动态调整性；属于政府和市场共同作用的资本补充、风险管理和资本管理则应具有相对的稳定性。具体详见表 2 - 1。

---

① 实际上也可以据此做出商业性金融机构的业务边界，由于商业性金融机构一般不享有国家信用，因此可以用 12 个维度来进行描述，即立法监督应该由政府承担，除立法监督之外所有的 11 个维度都由市场承担，并存在市场与政府共同作用的维度。

② 但应该指出的是，政府和市场作用的边界区分是相对而言的，并不是绝对的，比如微观层次的股权从实践中看较多地表现为政府控股或持股，但也有例外（比如美国农业信贷体系实施的借者所有制）。

表 2 - 1　　　　　　市场决定下政策性金融机构的业务边界

机构特征		公共战略性	公共治理性	市场效率性	动态调整性
边界维度		1.1 战略定位	2.1 公司治理 2.2 国家治理	3.1 组织架构 3.2 业务流程 3.3 风险管理 3.4 资本管理	—
职能 边界	政府作用	1.1.1 客群定位 1.1.2 发展规划	2.1.1 股权 2.1.2 治理权 2.2.1 立法监督 2.2.3 国家信用	—	短期稳定，但长 期动态调整
	市场作用	1.1.3 客户定位 1.1.4 发展计划	2.1.3 信息披露	3.1.1 组织架构 3.2.1 业务流程	长短期都具有较 强的动态调整性
	市场与政府 共同作用	—	2.2.2 资本补充	3.3.1 风险管理 3.4.1 资本管理	长短期都具有相 对稳定性

第四节　基于市场决定的新政策性金融观

一、政策性金融理论创新的突破口

1. 政策性金融与相关理论范畴的比较

综观国内外相关金融理论的主要内容和观点，不难发现，由于社会背景、宗旨和历史条件等不同，政策性金融理论与开发性金融理论、公共金融理论、普惠金融与小额信贷理论、社会金融理论、财政投融资理论等相关的金融理论实则在战略客群、实现手段、服务目标等若干方面既有区别又有内在的联系。

第一，在战略客群上，多数以强位弱势群体为主要服务对象，并向他们提供公共产品或准公共产品，但开发性金融（包括开发性政策性金融和开发性商业性金融）由于强调以追求市场业绩为导向，因此其战略客群除包括强位弱势群体之外，还包括可以带来明显商业利益的强位强势群体。因此，战略客群的不同是开发性金融与政策性金融的关键区分要素之一。

第二，在服务目的上，多数以兼顾公平和效率为原则，通过主动向强位弱势群体提供机会均等的共享金融服务，在自身财务可持续和社会效益可持续的条件下，最终实现社会公众利益的最大化，但开发性金融，尤其是开发性商业性金融还"借用"开发性政策性金融的国家信用背书，主动参与市场竞争以追求市场业绩。

第三，在实现手段上，多数都主张通过政府和市场两种手段的组合应用，但具体在方式方法有一定的差异。其中，公共金融是通过公共部门与私人部门的积极合作模式创新，积极应对全球化的各类挑战，以达到对全球任何地方的任何人都产生利益；开发性金融则是利用国家信用背书主动参与市场竞争以获得市场业绩；社会金融则以集合了微观的社会人和社会企业的社会市场经济机制为主要实现手段，强调弱势群体金融需求的满足和社会公平的实现；普惠金融①是指以可负担的成本为有金融服务需求的社会各阶层和群体（尤其是小微企业、农民、城镇低收入人群等弱势群体）提供适当、有效的金融服务；小额信贷主要倾向社会公益性目标，在运作上主张应用市场机制；财政投融资是政府以财政特别支出构成的"政府资金"和以政府信用筹措的"民间资金"为主要资本，采取投资和融资两种方式，将资金应用于政策性金融支持的公共领域。

第四，在发起人的主体上，多数以政府为主，而小微金融（小额信贷）、普惠金融和社会金融等理论主张除政府外，社会组织、社会企业

---

① 国内一般将体现其本义的包容性金融译为普惠金融。在国际上，更多地使用包容性增长（inclusive growth）、包容性发展（inclusive development）及相应的包容性金融（inclusive finance）概念。实际上，译自联合国2005年正式提出的包容性金融（inclusive finance）的普惠金融，其本义或出发点和落脚点是针对弱势群体的金融排斥问题而言的，以促进这些特殊目标群体的经济增长与社会进步，体现了一种公共性和社会合理性的本质属性。这与以服务"强位弱势群体"为宗旨的政策性金融是异曲同工、殊途同归，因而普惠金融和政策性金融两者可以耦合支撑、互为载体和共同发展。政策性金融机构的改革发展也可以考虑同目前正在开展的普惠金融试验区建设有机地结合起来。

（社会人）甚至营利性组织都可以作为发起人；在机构的性质上，开发性金融机构和小额信贷公司属于营利性组织，政策性金融机构、公共金融机构、社会金融机构以及政府的财政投融资部门都属于非营利性组织。

第五，在是否享有国家主权信用方面，政策性金融机构、开发性政策性金融机构、公共金融机构和财政投融资部门都享有国家主权信用，而开发性商业性金融机构、社会金融企业、小额信贷公司等则不享有国家主权信用。

政策性金融与相关金融理论范畴的比较如表 2 - 2 所示。

表 2 - 2　　　　　　政策性金融与相关金融理论范畴的比较

金融范畴	战略客群	服务目的	实现手段	主体	国家信用
政策性金融	强位弱势群体	社会公众利益最大化	市场和政府两种工具组合运用	政府	是
开发性金融	强位弱势和强位强势群体	追求以市场业绩为导向	政府背书和市场化手段或商业化运作相结合	政府、商业机构	是，但开发性商业性金融除外
公共金融	全球化的各类公共产品和服务的需求和挑战	应对全球化的各类挑战，为全球任何人产生利益	通过公共部门与私人部门的积极合作	国家和国际组织、全球公共部门	是，且在国际间共享
普惠金融	社会大众，尤其是强位弱势群体	以可负担的成本为有需求的社会各阶层和群体提供适当、有效的金融服务	市场化原则，既要满足更多群体的需求，也要让供给方合理受益	政府、社会或营利组织	否
小微金融/小额信贷	强位弱势群体	针对客群的金融创新工具	公益性，同时运作机制市场化	政府、社会、商业机构	否

续表

金融范畴	战略客群	服务目的	实现手段	主体	国家信用
社会金融	强位弱势群体	自身可持续和社会公益等多元目标	集合了微观的社会人和社会企业的社会市场经济	非公共部门	否
财政投融资	经济社会瓶颈和准公共品投资领域	弥补市场不足，实现社会资源逆向配置和有效干预	以财政特别支出构成的"政府资金"和以政府信用筹措的"民间资金"为主要资本	政府	是

2. 比较视角下政策性金融理论创新的主要突破口

第一，政策性金融理论的主要困境——缺乏理论的兼容并蓄和机构的标准细分。综观国内外对政策性金融组织改革创新的研究，不难发现，总体上国外对政策性金融的研究偏重于实践中的问题导向研究，主要以个案式、解决客观问题为主，如面对市场失灵，如何向全社会提供公共金融产品和服务，抑或如何为农业、中小企业提供融资和担保等。因此，国外虽然对政策性金融的理论尚没有进行系统化和整体性的梳理和研究，但在问题导向的研讨中，通过比较分析可以相对清晰地看到，其主要围绕政策性金融的功能定位、股权结构、公司治理、组织架构、业务流程和立法监督等几方面重点进行了研究与讨论，可能由于讨论问题和对策的具象性和实操性也一定程度上支持了其政策性金融改革创新的发展。最为典型的例子就是在政策性金融机构战略定位或客户选择上，美国的农业信贷体系在100年前创立时就通过立法明确了支持农业贷款的投向、额度、利率和期限等具体要素（Larry Yackle，2013）；日本政策性金融公库在2015～2017年的发展规划中明确指出了支持的重点客户对象以及支持的具体数量（日本政策性金融公库发展规划，2015），并且长期看对具体支持的对象和投向处于不断的动态调整中

（Farm Credit，2015）。

国内关于政策性金融机构的研究基本上是依据政策性金融理论（白钦先，1993）和开发性金融理论（陈元，2004）分别展开的，且具有较强的系统化和整体性的理论研究，特别是针对政策性金融的概念、功能、特征等形成了较为完整的理论体系，为政策性金融机构改革与发展奠定了一定的理论基础。但长期以来，我国学术界存在基础研究与应用研究"两张皮"的现象，缺乏把经济理论的基础研究和应用研究结合起来，融会贯通，经世致用（高尚全，2015），① 而政策性金融理论和实践大抵也是如此。最明显的例子就是关于政策性金融的市场化操作、商业化或私有化改革的讨论，各方在没有进一步解析具体内涵的情况下，较早地表达了各自认为是否可行的定论。原国家开发银行副行长姚中民（2006）认为，实际上国外政策性金融都已经转型，部分转型为商业性金融，部分转型为综合型开发性金融，传统的政策性的亏损银行、垃圾银行已无法生存。而事实上，"国际上著名的政策性银行"如日本政策投资银行、韩国产业银行和德国复兴信贷银行，截至2014年底还是政府百分之百持股的、专注于政策性金融业务的银行。特别是，日本政策投资银行虽已经数次推出股份私有化的改革进程，但到目前为止还是百分之百的政府持股（王伟和张雅博，2015），2015年最新修改后的法案要求是在2025年前完成部分股权（大约1/3～1/2）的私有化，未来的私有化动态还有待于进一步关注。② 更不消说，从全球的政策性银行最近的实际发展看，尤其在2008年金融危机之后，各国的政策性金融的功能定位实则进一步加强。

因此，在分析国内外政策性金融机构改革的过程中，简单地认为将

---

① 高尚全：《有效市场和有为政府》，中国金融出版社2016年版，第318页。

② 第一次是计划于2012～2014年完成全部股份的民营化，但是由于2008年开始的全球金融危机进而将第二次计划推迟至2012年4月1日之后的5～7年内完成，之后又由于2011年东日本出现的大地震需要政策性金融的大力支持，第三次将计划推迟到2015年4月1日之后的5～7年内完成，未来的民营化进程结果如何还有待观察。详见 https：//ja. wikipedia. org/wiki/日本政策投资银行/完全民营化の见直し。

股权进行了私有化的改革就是商业化改革，甚至就是向商业银行转型，或者将在特定领域（比如农业、中小企业）的具体业务流程中是否坚持流程效率原则下的某些操作作为区分开发性金融或政策性金融的标准，抑或认为政策性金融就一定是政府指令性的、财务亏损的、是与市场范畴水火不相容的等。殊不知，这些看似常见且简单的几个常用词的背后，其实有着深刻的内涵和外延，并不是"市场化""商业化"或"私有化"就可以概括或区别的，更不能成为界定政策性金融机构属性及其评价改革发展的唯一标准。

第二，尝试性提出市场决定视角下的新政策性金融观。

党的十八届三中全会《中共中央关于全面深化改革若干重大问题的决定》明确提出要"发挥市场在资源配置中的决定性作用"，以及"推进政策性金融机构改革"。党的十八届四中全会《中共中央关于全面推进依法治国若干重大问题的决定》明确提出"坚持法治国家、法治政府、法治社会一体建设，实现科学立法、严格执法、公正司法、全民守法，促进国家治理体系和治理能力现代化"。党的十八届五中全会通过的《中共中央关于制定国民经济和社会发展第十三个五年规划的建议》明确提出要"加快金融体制改革，提高金融服务实体经济效率"，"健全商业性金融、开发性金融、政策性金融、合作性金融分工合理、相互补充的金融机构体系"。结合国内外最新的政策性金融机构改革实践与研究成果，我们认为，针对政策性金融机构改革的研究，目前缺乏一种取长补短、兼容并蓄且与市场决定资源配置规律、依法治国的国家治理体系等有机结合的创新性理论研究新视阈，且对国外政策性金融改革发展理论、政策和当代实践的研究比较薄弱，常常出现把个别当作一般、把个体当作整体和把表象与本质混淆等现象，我国政策性金融机构改革发展方向及路径机制的研究也缺乏全局性、前瞻性、科学性、公正性和可持续性等。

因此，在提出市场决定理论的基础上，我们通过借鉴、比较并吸收开发性金融、社会金融、普惠金融、公共金融和小微信贷等相关金融理论，以及经济社会学、组织社会学等相关理论的精华，重构能体现市场在资源配置中起决定性作用和更好地发挥政府的作用的政策性金融机构改革发展的理论基础，创新政策性金融理论，尝试性地提出市场决定视角下的新政策性金融观。这应该成为政策性金融理论创新的一个主要突破口。

二、新政策性金融观的提出

1. 新政策性金融观的理论依据

第一，市场决定理论是新政策性金融观的基本理论依据。市场决定理论是坚持以马列主义为指导原则，在对马克思主义经济理论、中国古代经济思想等经济理论传承和创新的基础上，结合最新的社会主义市场经济建设的实践总结，兼容并蓄地借鉴经济学、社会学等相关理论的新综合，是新中国社会主义市场经济制度下的市场决定理论。该理论具有公共目的性、实现手段性、协调均衡性和前提条件性，其宗旨是实现社会利益最大化。

第二，是对相关金融理论和社会理论精华的兼容并蓄。新政策性金融观以市场决定理论为基础理论依据，在继承传统政策性金融理论的基础上，兼容并蓄地借鉴、比较并吸收了开发性金融、社会金融、普惠金融、公共金融和小微金融（小额信贷）等相关金融理论以及经济社会学、组织社会学等相关理论的精华，从而重新界定了政策性金融的相关理论范畴，包括政策性金融机构的定位、功能内涵、识别标准和业务边界等，是对政策性金融的传承和创新，是对政策性金融理论的深化和升华。

2. 新政策性金融观的主要内容

习近平总书记在 2016 年 5 月 17 日的哲学社会科学工作座谈会上讲话指出："我国哲学社会科学要有所作为，就必须坚持以人民为中心的研究导向。"坚持以人民为中心的研究导向，是当代中国哲学社会科学工作者的使命所系，也是当代中国哲学社会科学繁荣发展的生命力所在。据此，我们提出的新政策性金融观，是以市场决定理论为指导，以实现最广大人民的根本利益为服务宗旨，以价值规律为基础，通过主动地应用市场和政府两种工具动态组合的有效抓手——政策性金融机构，以降低全体社会公民，尤其是降低强位弱势群体（如三农经济、中小企业、教育、就业、进出口和落后区域等）社会必要劳动时间为本质要求，实现经济有效性和社会合理性相协调统一的相关经济金融理论范畴的总和。新政策性金融观的具体内容如下：

第一，市场决定理论的公共目的性主要决定了政策性金融机构的最高服务宗旨，即政策性金融机构的定位是通过发挥市场和政府两种工具的协同优势，尤其是发挥市场在资源配置中的决定作用和更好地发挥政府的作用，以降低全社会尤其是强位弱势群体的社会必要劳动时间，实现最广大人民的根本利益这个宗旨。这就意味着政策性金融机构只做商业性金融机构不愿做、不能做的业务，而不做商业性金融机构能做的金融业务。但从国外的实践情况看，政策性金融机构的金融总量不应该超过全国金融总量的 25% ~ 30%，[①] 即政策性金融机构应该"故善者因之，其次利道之，其次教诲之，其次整齐之"，避免"最下者与之争"。

第二，市场决定理论的实现手段性主要决定并明晰了政策性金融机构的业务边界以及政府和市场的分工体系。政策性金融机构不能主动与商业性金融机构展开不公平的市场竞争，但可以在市场失灵或作用不足的领域展开市场有效性的竞争，提高效率；为了经济有效和社会有效地开展政策性业务，不同专业性的政策性金融机构相互之间也可以竞争，最终达到彼此互补式的可持续发展。市场决定下政策性金融机构的业务边界，可以主要由战略定位、国家治理（包含立法监督、国家信用和资本补充）、公司治理、组织架构、业务流程、风险管理以及资本管理七个方面来区别和界定。结合政府和市场的功能作用，这七个方面又被细

---

① 在20世纪80年代，日本政策性金融体系贷款余额约占整个金融体系的1/3（白钦先、曲昭光，1993），25%这个比例是笔者根据近年日本几家政策性银行的贷款余额与全国金融体系贷款余额进行计算得来的。

分为三大类共十四个维度，即：第一类是由政府作用的客群定位、发展规划、股权、国家信用、治理权和立法监督六个维度；第二类是由市场作用的客户定位、发展计划、信息披露、组织架构、业务流程五个维度；第三类是由市场和政府共同决定的资本补充、风险管理和资本管理三个维度。

第三，市场决定理论的前提条件性主要决定了政策性金融机构的识别标准，即政策性金融机构是否具有公共战略性、公共治理性、市场效率性和动态调整性四个特征。一是公共战略性。即是否以强位弱势群体为最重要的战略客户群体定位，是政策性金融机构区别于商业性金融机构、开发性金融机构等其他金融组织的本质标志。二是公共治理性。即在立法监督和治理权两个层面强调政府的监督管理和治理效能的作用，在信息披露方面强调市场的纪律约束作用，而在资本管理、国家信用和股权方面实际上强调政府与市场作用的均衡协调。三是市场效率性。这就要在政策性金融机构的组织架构的选择上给予金融组织充分的自主权，在业务流程上要以价值规律为基础工具，按照经济金融规律办事，充分体现市场效率。四是动态调整性。即国家公共战略定位指导下的具体客户群体和满足政策性金融机构的市场盈利原则的组织架构和业务流程，应该是因时因地因人因情地动态调整，而不是一成不变的。

第四，市场决定理论的协调均衡性主要决定了政策性金融机构的功能内涵。整体来讲，基于实现手段的直接支持功能指出了政策性金融机构首先发挥功能作用的有效着力点，即强位弱势群体；基于协调均衡的整体协调性功能明确了政策性金融机构的功能边界和范围，即只在商业性金融机构无法发挥作用的领域发挥功能；战略选择功能则指出了政策性金融机构在功能边界的范围内发挥作用的方式方法；而基于前提条件的首倡示范性功能则明确了政策性金融机构发挥功能作用的机理，即首倡示范机制。后两者是基于市场决定的政策性金融机构功能观的精髓所在，也是政策性金融机构处理好政府和市场关系的基石。

3. 新政策性金融观的基本特征

第一，新政策性金融观的公共金融性。金融是现代经济的核心，由于货币是固定地充当一般等价物的特殊商品，而金融作为一种特殊的战略性资源，要让市场能在金融资源的配置中发挥决定性的作用，关键是要明确中国金融体系未来发展方向的战略性定位，即金融发展最终的目的是什么。对于政策性金融机构改革而言，最重要的是要明确政策性金融的战略定位。通过分析，我们认为市场决定视角下政策性金融机构的最终目标是要实现社会全体公众公共利益的最大化，这一方面是由于金融的公共性本质属性所决定的，另一方面也是在市场决定视角下由当前的历史条件所决定的，即如何使市场在资源配置中起决定性作用和更好地发挥市场的作用，重塑金融与经济的关系，将金融发展回归至公共性的本质属性，降低社会主义社会的社会必要劳动时间，提升社会主义全体公民的价值。

第二，新政策性金融观的战略选择性。政策性金融机构的宗旨是实现最广大人民的根本利益这个公共目标，因此，在宏观上政府要对政策性金融机构制定明确清晰的战略定位和发展规划，微观上机构自身要制定明确客户定位和发展计划，但更强调政府对战略的导向作用，其核心的问题是为谁（who）服务、服务多少（how many）以及怎样（how）服务。从这个意义上说，政策性金融机构的战略定位主要是基于社会合理性的考虑，通过国家主权信用支持强化对强位弱势群体的支持。这就需要在客群定位、发展规划、治理权和立法监督四方面强化政府的主导性，以更好地发挥政府的作用，弥补市场失灵的不足，这是社会主义市场经济条件下新政策性金融观的战略选择性的关键所在。

第三，新政策性金融观的市场效率性。实现社会公众利益的最大化，就是以价值规律为基础，最大限度地利用市场机制，实现全社会在消费、生产、交换和分配环节的内部和之间的相互均衡。具体而言，在市场效率机制下，交换的均衡是指任何两种产品的边际替代率对所有的消费者（包括政府、社会组织在内的消费部门）都相等；生产的均衡是指任何两种生产要素的边际技术替代率对所有的生产者（包括公共管理者管理下的公共企业）都相等；交换和生产的均衡是指任何两种产品的边际替代率等于它们的边际转换率。其核心是利用市场机制最大限度地降低社会必要劳动时间，提升包括强位弱势群体在内的社会全体公民的社会公共福利。

第四，新政策性金融观的协调均衡性。从社会主义建设的实践过程看，关于市场在资源配置中的作用的认识是一个逐渐深化的过程。1992年邓小平南方谈话，使得人们对姓"资"姓"社"的问题有了相对明确的答案，中共十四大明确提出"要使市场在社会主义国家宏观调控下对资源配置起基础性作用"，中共十六大进一步提出"更大程度发挥市场在资源配置中的作用"，在中共十八大上进而提出"更大程度更广范围发挥市场在资源配置中的作用"，而在十八届三中全会上则明确提出"发挥市场在资源配置中的决定性作用"。以价值规律为基础，通过政府和市场两者作为手段的协调均衡，其根本目的是实现全社会公共利益的最大化，因而新政策性金融观的协调均衡性从属于实现全体社会公共利益最大化这个最终目标。

4. 新政策性金融观的主要意义

第一，基于市场决定理论，新政策性金融观有利于重新界定政策性金融机构的基本理论范畴。政策性金融机构作为政府和市场两种组合工具的具体落点和有效抓手，市场决定理论的四个特征内在地决定了其定位、功能内涵、识别标准和业务边界，从而使得满足相关标准和特征的金融机构才是真正的政策性金融机构，这就从理论上界定了政策性金融机构的严格定义、职责边界以及政府和市场的分工体系，从而有助于更好地改革发展我国的政策性金融机构，并办成真正的政策性金融机构。

第二，在传统政策性金融理论基础上，新政策性金融观推动了金融学和社会学相关理论精华的兼容并蓄和新综合。新政策性金融观是基于市场决定金融资源配置导向，兼容并蓄地吸收了相关金融学、社会学的理论精华，也是对传统政策性金融及其相关理论范畴的集大成。在服务的战略客户群体上，多数金融和社会理论主张主要服务于强位弱势群体；在服务的最终目标上，多数金融和社会理论主张以实现社会公众利益的最大化为根本；在服务的实现手段上，多数金融和社会理论强调市场机制和政府管理的混合使用。

第三，针对政策性金融机构的识别标准，新政策性金融观不但进行了专门的维度细分，也提升了政府和市场关系在政策性金融领域的认识和应用水平。新政策性金融观在借鉴吸收相关金融理论和社会理论精华的基础上，旗帜鲜明地提出了政策性金融机构的科学识别标准是以战略定位、国家治理（包含立法监督、国家信用和资本补充）、公司治理、组织架构、业务流程、风险管理以及资本管理等七个方面。新政策性金融观摒弃了原先只在市场化、私有化、商业化等概念层次上喋喋不休地进行无效争论的模式，从理论上有力地回应了政策性金融是不讲市场原则和市场效益的指令性金融和亏损金融、是开发性金融的低级阶段以及政策性金融机构已经完全进行了商业化改革等错解、曲解和滥解。

第四，新政策性金融观是社会主义市场经济制度下对马克思主义经济学理论的传承与创新。我国是社会主义市场经济制度的国家，市场决定理论以坚持马列主义为指导原则，以价值规律为基础性工具，通过以降低全社会的社会必要劳动时间，尤其是降低强位弱势群体的社会必要劳动时间为关键着力点，提升全社会全体公民的价值，实现全社会人民的福利最大化。因此，市场决定理论是对马克思主义经济学理论的传承和创新，而新政策性金融观则是对传统政策性金融理论在新的历史时期、在市场决定的视角下的传承与创新、深化和升华。

综上所述，我们将本章的总体架构勾勒和总结为三个层次：一是理论来源，它主要分为五个部分；二是理论基石，即市场决定理论；三是四大支柱，包括公共战略、公共治理、市场效率和动态调整四个方面。基于这三个层次的分析，我们提出了新政策性金融观。在此理论分析的基础上，我们将在后续的章节中，结合实证分析部分，提出中国政策性金融机构改革发展的新模式。如图 2 - 1 所示。

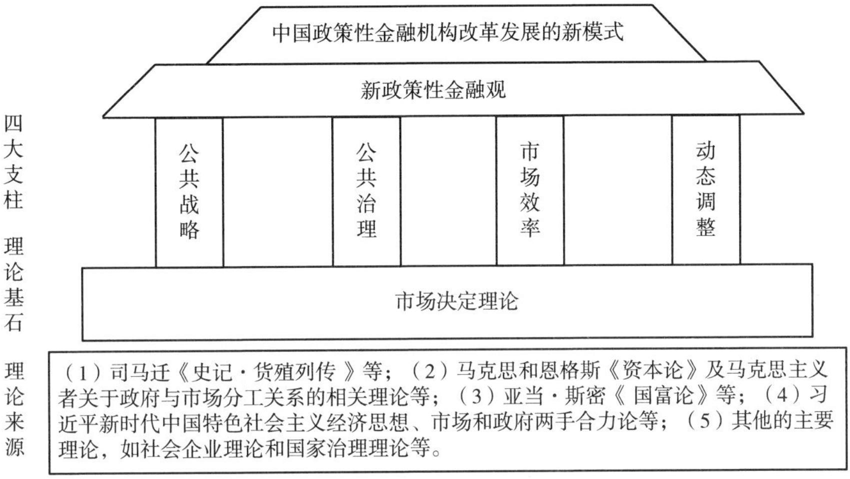

四大支柱　理论基石　理论来源

中国政策性金融机构改革发展的新模式

新政策性金融观

| 公共战略 | | 公共治理 | | 市场效率 | | 动态调整 |

市场决定理论

（1）司马迁《史记·货殖列传》等；（2）马克思和恩格斯《资本论》及马克思主义者关于政府与市场分工关系的相关理论等；（3）亚当·斯密《国富论》等；（4）习近平新时代中国特色社会主义经济思想、市场和政府两手合力论等；（5）其他的主要理论，如社会企业理论和国家治理理论等。

图 2 - 1　基于市场决定的政策性金融机构理论分析架构

第三章

中国政策性金融机构效率水平测度及影响因素

政策性金融机构的效率水平，包括并可以从经济有效性和社会合理性两个方面进行测度和评析。其中，社会合理性是政策性金融机构区别于商业性金融机构的显著标志，也是本章效率分析的重点和本书的创新点之一。本章将在归纳和一般分析我国政策性金融组织体系体制变迁的基础上，采用这种二元结构分析方法，重点从社会合理性的广义视角，构建政策性金融机构评价指标和全面剖析、评价我国政策性金融机构的社会合理性问题；然后实证分析其经济有效性水平，并基于此以及通过问卷调查，识别影响中国政策性金融机构服务有效性的主要因素，从而为政策性金融机构改革与发展的研究奠定一定的实证基础。

第一节　我国政策性金融机构体制演进及效率分析方法

一、我国政策性金融组织体系的制度变迁

1994 年，国务院先后批准成立了国家开发银行、中国进出口银行

和中国农业发展银行三家政策性银行，这标志着我国政策性金融体系架构的基本确立。2001 年中国出口信用保险公司的成立，标志着我国的政策性金融体系初步建立，其改革与发展也进入了"三行一保"的新时代。截至 2016 年末，国开行总资产 14.34 万亿元，贷款余额 10.32 万亿元，净利润 1097 亿元，资本充足率 11.57%；农发行总资产为 56162.57 亿元，贷款资产余额为 39809.21 亿元，所有者权益为 1185.01 亿元；进出口银行表内外资产总额 3.44 万亿元，表内贷款余额 2.51 万亿元，净利润 50.23 亿元；中国信保全年总承保金额 4731.20 亿美元，支持小微企业突破 5 万家，对小微出口企业的覆盖率达到 21.30%。总体上看，政策性金融机构发展改革 20 多年来，共同经历了建行（司）探索初期、提升内部规范管理、完善管理结构与服务网络、增强产品供给能力、政策性与商业性业务兼营、全面深化改革和监督立法等几个发展阶段。

1994～1998 年是三家政策性银行的建行初期，在这一时期，管理体制、机构设置、业务流程处于初步的探索阶段，加之外部的宏观环境也处于计划与市场两种经济体制的深度磨合期（如价格的"双轨制"等），在初步达到建行目标的同时，实际上三家政策性银行的经营水平、盈利状况以及政策性金融如何持续地有效支持经济社会的全面发展等一系列问题都亟待解决。比如，国家开发银行在 1998 年末不良贷款高达三成之多。

1998～2004 年是"三行一保"的优化调整期。经过了建行初期的碰壁性探索，各家机构开始了自身优化调整。比如，1998 年国家开发银行率先"在市场环境下，在银行架构内"，逐步探索"市场化"的债券发行模式。从 2001 年开始，进出口银行在外向型经济发展较快的地区设立分支机构和代表处，实行了由商业银行代理向自营业务的转变。在这一时期农发行提出了"钱随粮走、购贷销还、库贷挂钩、封闭运行"的理论框架，适应了保护价时期政策、体制和购销环境，扭转了贷款管理不力局面，第一次对封闭运行管理模式进行了有益的尝试。

　　2004～2015 年是政策性金融机构的逐步完善期。这一时期，经过十多年来发展与完善，"三行一保"在人力资源管理、部门职能与架构完善、产品创新体系、全面风险管理、信息科技与数据建设和全面深化改革等方面都取得了具有建设意义的新进展。

　　2015 年至今是政策性金融机构的全面深化改革期。政策性金融机构前期完成了从对业务发展的"少不更事"阶段向对管理"渐入佳境"的"华丽转身"，在这一时期，国务院批复了政策性金融机构全面深化改革的方案，并提出建立健全相关资本管理机制，提升风险管理水平、内控管理水平和资本管理水平等新要求，同时资本金在经过多轮的讨论与研究之后终于得到了有效注资，公司治理的结构得到了完善和提升，新章程也获批，政策性金融机构的监督法首次颁布。

　　经过 20 多年的改革发展，政策性金融机构虽然取得了一定的成就，在历史的特殊阶段也确实支持了国民经济社会的稳健运行与健康发展，但应该看到的是，与经济社会的期望相比，从规范的意义上讲，政策性金融机构的发展还有很多需要补足和逐步完善的重要领域：一是政策性金融机构作为公共法人机构，其国家战略的整体化和系统化还有待制定、梳理和逐步完善；二是政策性金融机构自身的法人治理机制还有待完善；三是适应政策性金融机构发展的外部的、宏观的国家治理机制还有待理顺和构建；四是立法监督的步伐仍需加快，作为政策性金融机构的监督法虽然在 2016 年和 2017 年先后颁布，但监督法中尚有业务边界、发展宗旨、监督架构等诸多问题需要进一步明确，另外政策性金融机构法仍然缺失，还只是由章程替代；五是政策性金融机构的资本虽然得到一定补充，但有效的资本补偿机制其实尚未明确和有效构建，虽然监督法明确提出要建立资本与风险的自我约束机制，但鉴于政策性金融机构的特殊性，在特定条件下其外部的资本补充机制并没有明确约定；等等。这些问题还将长期制约、影响政策性金融机构的自身发展、功能发挥和社会经济的可持续发展。对此，笔者还将在后面的章节按照不同的机构分类详细展开分析。

二、政策性金融机构效率水平的二元结构分析方法

市场决定视角下，为了全面规范地对政策性金融机构效率水平进行测度，我们用二元结构分析方法对政策性金融机构效率水平进行分析，即包括社会合理性和经济有效性两个视角。

我们认为，科学而全面地测评政策性金融机构的效率水平，不仅要考察其经济有效性或财务效益、经济效益，还应考评其社会有效性或社会合理性、社会效益。政策性金融机构的经济有效性是指作为金融机构，其业务活动最终应取得一定的盈利，以较少的投入获得较大的产出；政策性金融机构的社会有效性是指作为有别于商业银行的特殊金融机构，它不能偏离政策性金融性质宗旨和职能定位，要有利于维护社会公平、机会均等和安全稳定。前者具体体现在政策性金融机构的成本效率、技术效率、配置效率、纯技术效率、规模效率增长率与资产收益率等一系列财务指标上，其中的利润是经济有效性的集中体现和主要考评指标；后者主要考察政策性金融机构的业务活动及其结构性特征和其他社会经济部门的融合程度，具体体现在政策性融资总量和融资结构偏离度、产业发展目标和地区发展目标实现度等一系列政策实现度指标上，以及政策性金融机构与市场环境之间的融合度、与商业银行之间的协调发展程度和专业性不同的政策性金融机构之间分工协作程度等方面，公共性是社会有效性资源配置的出发点和落脚点。经济有效性是政策性金融机构和商业性金融机构的共性特征，是其效率评价的基本前提和条件，也是作为金融机构的政策性金融机构在经营手段和方式上进行市场化运作的一般要求；而社会有效性则是政策性金融机构的个性特征，是其效率评价的中心、目的和结果，也是政策性银行区别于商业性金融机构的根本标志和识别标准。

从政策性金融机构效率分析的完整性来看，我国政策性金融机构的社会有效性则相对滞后于其经济有效性。源于 2000 年以国开行为代表的政策性银行过度市场化运营和商业化改制转型等一系列异化行为，政

策性金融机构的社会有效性发展普遍呈现出相对不足之势，缺位与越位现象并存，业界对国开行的经营行为也一直是争议大、非议多。一方面，政策性金融机构对大量重要基础设施、"三农"与小微企业等强位弱势群体和国计民生重要领域的政策性融资明显不足，融资难融资贵问题依然突出存在；另一方面，政策性金融机构又热衷于不断扩大盈利性强的商业性融资项目和领域，并倚靠国家信用和政府背景等显性或隐性的优惠待遇以获得融资便利，"脚踏两只船"（魏加宁，2010），主动同商业银行展开全方位的不公平市场竞争，同时还越位涉足其他专业性的政策性金融机构业务领域。在各方围绕复杂利益的博弈下，国务院最终不得不在2008年批准国开行改制为商业银行性质的国家开发银行股份有限公司。然而，时至今日，面对中国对政策性金融服务需求的巨大缺口，中央提出还要研究和重新建立城市基础设施政策性金融机构——开发性政策性金融机构——国开行组建之初的职能定位，并正式批准了三大政策性银行改革方案，开启了异化后的政策性银行回归之路。翻来覆去折腾一番，浪费了大量而宝贵的国家资源，政府也为之付出了巨大的改革成本。由此，中国政策性银行的商业化转型的异化改革是一场谈不上成功的政策性金融改革（王伟、秦伟新，2014），进而也引致政策性银行社会有效性的效率水平低下。因此，在未来的我国政策性金融机构效率水平测度与考评中，需要从观念上和行动上不断强化政策性金融机构的社会有效性意识及运作行为，同时还要从学术上不断弥补这方面理论研究的不足。

第二节　政策性金融机构的社会合理性分析

金融发展的社会合理性问题是一个历久弥新的课题。中国政策性金融机构的社会合理性研究则是金融发展与社会合理性课题研究的重中之重。自政策性金融理论诞生以来，金融资源配置的经济有效性和社会合理性问题就一直是争论的主题，但在对政策性金融理论研究和发展实践的讨论中，无论是学界还是业界，多数还主要停留在经济有效性、经济效率或市场效率的单一方面或方向上的研究，缺乏基于社会合理性广义视角的全面的分析和认识。① 本节从科学界定社会合理性的内涵入手，创新性地提出和初步设计社会合理性范畴下的政策性金融机构评价指标体系，并据此对我国政策性金融机构的社会合理性问题进行理论实证分析。

一、社会合理性概念的科学内涵

（一）马克思的社会合理性思想

关于马克思主义理论的传承与创新的问题，马克思和恩格斯（1872）在《共产党宣言》新的德文版第一篇序言《1872 年德文版序言》中明确指出："不管最近 25 年来的情况发生了多大的变化，这个《宣言》中所阐述的一般原理整个说来直到现在还是完全正确的。某些地方本来可以做一些修改。这些原理的实际应用，正如《宣言》中所说的，随时随地都要以当时的历史条件为转移。"② 厉以宁（2016）在发表于《光明日报》的名为《马克思主义经济学将在社会主义实践中不断发展》的文章中指出，"马克思本人较少涉及的领域，同样是我们应当关注的课题"，③ 而社会合理性问题的研究大体属于此列。从对社会合理性问题的研究历史看，马克思没有明确地指出这个理论问题，但在整个马克思理论研究体系中却蕴含着丰富的关于社会发展合理性的思想。

马克思和恩格斯在《共产党宣言》中对资产者和无产者的两大相

---

① 刘子赫：《政策性金融基本特征研究》，辽宁大学博士论文，2015 年，第 97～98 页。

② 马克思、恩格斯：《共产党宣言》，人民出版社 2014 年版，中共中央马克思恩格斯列宁斯大林著作编译局编译，第 3 页。

③ 厉以宁：《马克思主义经济学将在社会主义实践中不断发展》，载《光明日报》2016 年 6 月 2 日。

互直接对立的阶级进行分析时指出，"资产阶级生存和统治的根本条件，是财富在私人手里的积累，是资本的形成和增殖；资本的条件是雇佣劳动"，① 而"在共产主义社会里，已经积累起来的劳动只是扩大、丰富和提高工人的生活的一种手段"。② 在对无产者和共产党人的分析中指出，"无产阶级的运动是绝大多数人的，为绝大多数人谋利益的独立的运动"，③ 而"共产党人始终代表整个运动的利益"，④ "他们没有任何同整个无产阶级的利益不同的利益"。⑤ 在资产阶级生产关系的范围内，"所谓自由就是自由贸易和自由买卖"，⑥ 而这种"没有良心的贸易自由"是"用公开的、无耻的、直接的、露骨的剥削代替了由宗教幻想和政治幻想掩盖着的剥削"。⑦

所谓合理性实质上是物的尺度与人的尺度相统一、科学尺度与价值尺度相统一以及历史尺度与道德尺度相统一。因此，社会合理性是指在对社会合理发展的反思、批判、建构和完善的基础上，通过社会发展的合规律性、合目的性与合乎实践理性的三者统一，实现每个"人的自由而全面发展"，从而实现社会整体的价值最大化。由于劳动是创造价值的唯一源泉，价值也即是凝结在商品中的无差别的人类劳动。换一句话讲，实现社会合理性，最终是要实现全社会整体的价值最大化，也即是要将全社会中各个群体的社会必要劳动时间降到最低，从而使得"作为一个总体的人，占有自己的全面的本质"。⑧

---

① 马克思、恩格斯：《共产党宣言》，中共中央马克思恩格斯列宁斯大林著作编译局编译，人民出版社 2014 年版，第 40 页。

② 马克思、恩格斯：《共产党宣言》，中共中央马克思恩格斯列宁斯大林著作编译局编译，人民出版社 2014 年版，第 39 页。

③ 马克思、恩格斯：《共产党宣言》，中共中央马克思恩格斯列宁斯大林著作编译局编译，人民出版社 2014 年版，第 43 页。

④⑤ 马克思、恩格斯：《共产党宣言》，中共中央马克思恩格斯列宁斯大林著作编译局编译，人民出版社 2014 年版，第 41 页。

⑥ 马克思、恩格斯：《共产党宣言》，中共中央马克思恩格斯列宁斯大林著作编译局编译，人民出版社 2014 年版，第 44 页。

⑦ 马克思、恩格斯：《共产党宣言》，中共中央马克思恩格斯列宁斯大林著作编译局编译，人民出版社 2014 年版，第 30 页。

⑧ 马克思：《1844 年经济学哲学手稿》，人民出版社 2000 年版，第 88 页。

（二）哲学视角下的社会合理性内涵

俄国哲学家 П. П. 坚盖科（1991）认为，20世纪的后半叶，"哲学家、社会学家和科学学家越来越热烈地讨论合理性问题，在科学哲学中，这个问题已成为最紧迫的问题之一"。[①] 对合理性问题的探究，源于对理性的反思和批判。"理性概念是讨论今天的'合理性'概念含义的出发点"。[②] 德国古典哲学的创始人康德认为理性是制定原理的能力，是最高的理论特点。"我们的任何认识，都始于感觉，然后转化为智性，最后成为理性。我们没有任何高于理性的东西用于整理直观材料并把直观材料归入思维的最高统一"。理性分为理论理性和实践理性两个层面，它们统一于福祉思想。亚里士多德认为目的、福祉和理性是三个互相紧密关联的基本概念，人类对目的的原因的认识是理性的主要功能，对本源和原因的认识则是人类认识其他事物的基础，而任何情况下做事的目的就是这样那样的福祉。

关于社会合理性的批判，从历史逻辑上，呈现了从物化批判到技术理性批判再到技术批判的过程。匈牙利著名的哲学家和文学批评家卢卡奇的物化批判，实则是在资本主义条件下对人与人以及人与社会的关系被物与物的关系替代、人的度量简化为物的度量的批判。德裔美籍哲学家和社会理论家马尔库塞的技术理性批判实则是在发达工业社会条件下对单向度的政治（极权主义社会）、单向度的生活（顺从主义）和单向度的文化（屈从的世俗文化）的批判。加拿大首席技术哲学家、西蒙·弗雷泽大学教授安德鲁·芬伯格的技术批判集中体现在关于技术设计的社会斗争理论——技术批判理论中，该理论提出了实质偏见和形式偏见、初级工具化和次级工具化等对称性的概念，并认为该理论的行动者应该是那些生活在以技术为媒介的社会体制内，并对这种强加于他们

[①] 盖坚科：《20世纪末的合理性问题》，载《哲学译丛》1992年第4期，余青摘译，第20页。

[②] 盖坚科：《20世纪末的合理性问题》，载《哲学译丛》1992年第4期，余青摘译，第25页。

生活方式的社会体制做出反抗的弱势群体。[1]

(三) 社会合理性内涵的科学界定

什么是合理性 (rationality)？关于这个概念的确切含义，《辞海》《简明大不列颠百科全书》(哲学卷) 和《简明哲学词典》等典籍都没有收录。英国学者许布纳划分了合理性的四种基本含义：逻辑合理性、经验合理性、行为合理性和标准合理性。德国哲学家冈斯兰科则列举了关于"合理性"术语的 21 种含义，其中包括逻辑的合理性、内容—科学的合理性、目的—手段的合理性、决议的合理性和战略的合理性等。[2] 综合来看，关于合理性的概念较有代表性的理解和界定主要有：一是由于合理性源于对理性的批判和完善，因此合理性仍然是一种理性，即合乎理性的意思；二是合理性就是合规律性和合目的性的统一，其中合规律性是指合事实、合逻辑和符合实践标准的意思，而合目的性是指合目的、合理想、合原则以及"是应该的"的意思。合理性问题的核心是要回答"我们是否有充分的理性去信仰我们所要信仰的，我们是否有充分的理由去做我们要做的"等问题。[3] 可见，合理性就是建立在对实践理性和理论理性的批判与完善的基础上，通过合规律性、合目的性与合乎实践理性三者的统一，实现整体、协调、持续发展的最佳成效。

因此，本书对社会合理性的科学定义，是指在对社会实践反思、批判、建构和完善的基础上，通过社会发展的合规律性、合目的性与合乎实践理性三者的统一，最终实现每个人的自由和全面发展从而实现社会整体价值最大化的全面发展。社会合理性在内容上包括手段—目的的合

---

① 高海青：《社会合理性批判的历史逻辑：从物化批判到技术批判》，载《自然辩证法研究》2012 年第 3 期。
② 盖坚科：《20 世纪末的合理性问题》，载《哲学译丛》1992 年第 4 期，余青摘译，第 24 ~ 25 页。
③ 张弘政：《社会发展合理性：历史唯物主义与价值哲学的一个结合点》，载《理论探讨》2005 年第 4 期。

理性、理论—实践的合理性、科学—道德的合理性和工具—价值的合理性等几方面内容。社会合理性的目标是实现社会中每个人的自由从而得到全面发展以及社会整体利益的价值最大化。社会合理性的衡量标准是全部社会群体的社会必要劳动时间的全面降低，最终实现"作为一个总体的人，占有自己的全面的本质"。[①]

二、政策性金融机构的社会合理性内涵和评价指标

（一）从社会合理性范畴评价政策性金融机构效益水平的缘由

在人类社会不断进步的历史长河中，金融日益成为重要的力量和手段。马克思和恩格斯（1847）在《共产党宣言》中论述变革全部生产方式的手段或措施时，指出了十条最先进的国家几乎都可以采取的手段或措施，其中第五条措施就是"通过拥有国家资本和独享垄断权的国家银行，把信贷集中在国家手里"，第七条是"按照共同的计划增加国家工厂和生产工具，开垦荒地和改良土壤"，第九条是"把农业和工业结合起来，促使城乡对立逐步消灭"，等等。[②] 从《共产党宣言》中可以看出，马克思和恩格斯历来重视教育、农业和落后区域，并认为金融尤其是国家金融是变革全部生产方式的必不可少的手段。在 2013 年 11 月 12 日中国共产党第十八届中央委员会第三次全体会议通过的《中共中央关于全面深化改革若干重大问题的决定》中，明确提出要"发挥市场在资源配置中的决定性作用"，以及"推进政策性金融机构改革"，全文的 15 个章节谈及"公平""公正""平等"共计 36 处。[③]

近年来，作为一种社会资源，金融资源的社会合理性问题日益引起学者和业界的关注。白钦先、王伟（2013）在《政策性金融概论》一

---

① 马克思：《1844 年经济学哲学手稿》，人民出版社 2000 年版，第 88 页。

② 马克思、恩格斯：《共产党宣言》，中共中央马克思恩格斯列宁斯大林著作编译局编译，人民出版社 2014 年版，第 50 页。

③ 《中共中央关于全面深化改革若干重大问题的决定》，2013 年 11 月 12 日。

书中提出了社会资源的配置应遵循或实现经济有效性和社会合理性这两大目标，其中，经济有效性主要是指资源配置要有经济效率，社会合理性主要是指资源配置有利于协调各方面的利益关系，实现社会公平、机会均等和安全稳定。而在政策性金融的资源配置目标上，白钦先和王伟则进一步指出，商业性金融的首要目标是经济有效性，政策性金融秉持的首要目标是社会合理性。[①] 王伟、金春红（2016）认为科学而全面地测评政策性银行的效率水平，不仅要考察其经济有效性或财务效益、经济效益，还应考评其社会有效性或社会合理性、社会效益，其中政策性银行的社会合理性主要是指其业务活动和结构特征与其他社会经济部门的融合程度，具体体现在政策性银行的内外业务偏离度、与环境的融合度，以及对产业发展目标、地区发展目标等政策实现度诸方面，社会合理性是政策性银行效率评价的中心，也是区别于商业性银行的根本标志。

（二）政策性金融机构社会合理性的内涵

社会合理性是一个内容更加广泛的范畴，它以经济有效性或经济效率为基础，并将经济有效性或经济效率包含其中，在一定程度上可以说，经济有效性是工具或手段视角下对社会合理性的量化测度，某些条件下也可以称之为经济效率或市场效率。从广义上看，经济有效性是社会合理性的局部，而社会合理性是经济有效性的整体，两者是被包含与包含的关系。因此，通过对社会合理性相关理论的初步分析，基于前人对政策性金融以及相关机构评析指标的现有研究，笔者认为在社会合理性理论范畴下分析中国政策性金融机构的效率水平，不但从理论上（如目标、手段和特征等）与基于市场决定视角下新政策性金融观一脉相承，而且在实践上更加逼近市场决定视角下的中国政策性金融机构改革与发展的本质要求。因此，在社会合理性范畴下分析中国政策性金融机构的效率水平则更为全面、更为透彻、更为本质、更为本真，是对中国

---

① 白钦先、王伟：《政策性金融概论》，中国金融出版社 2013 年版，第 21~24 页。

金融理论与实践尤其是中国政策性金融理论与实践的有效传承与创新。

可见，政策性金融机构的社会合理性是指政策性金融机构作为由市场和政府两者的合力形成的效率性工具，在科学理性的政策性金融学理论的指引下，坚持公共战略、公共治理、市场效率和动态调整四个基本点，通过发挥政策性金融功能作用来降低社会全体公民的社会必要劳动时间和提升全社会效率，以达到社会全体福利最大化，最终实现工具（政策性金融机构）、理论（政策性金融学）与目标（社会全体福利最大化）三者的统一。

（三）社会合理性范畴下政策性金融机构评价指标的设计

社会合理性在内容上包括了手段—目的的合理性、理论—实践的合理性、科学—道德的合理性和工具—价值的合理性等几方面。就政策性金融机构的社会合理性而言，它在具体内容上至少包括实现社会公共利益最大化这个目标与作为工具的市场和政府的效率两者之间的合理性、政策性金融的理论与实践之间的合理性、政策性金融机构作为工具与实现社会全体价值最大化这个价值目标之间的合理性三个方面。据此，评价政策性金融机构社会合理性的内容对应地应该主要体现在以下四个方面：一是作为手段的市场和政府的效率与实现社会公共利益最大化目标两者之间的合理性；二是政策性金融机构作为工具与实现社会全体价值最大化目标之间的合理性；三是政策性金融学的理论与政策性金融机构发展实践之间的合理性；四是政策性金融学的科学性与政策性金融机构的社会公德之间的合理性。进一步，评价政策性金融机构社会合理性的指标则体现在以下六方面：一是作为市场和政府巧妙结合体的手段和工具——政策性金融机构的效率；二是公共利益或价值最大化目标的实现，尤其是强位弱势群体利益价值的实现；三是政策性金融学理论研究的合理性；四是政策性金融机构发展实践的合理性；五是政策性金融学的科学合理性；六是政策性金融机构的社会责任。

根据上述逻辑推理，评价政策性金融机构社会合理性的具体落脚点主要体现在以下几方面：一是政策性金融机构对"三农"经济的支持情况；二是政策性金融机构对中小企业的支持情况；三是政策性金融机构对落后区域的支持情况。上述三方面合理性的重点应是在支持力度、服务效率和实现效果三个层面。另外，对政策性金融学理论学科研究的合理性，比如感性认识、理性认识和认知的偏离度等，以及对政策性金融机构发展实践的合理性，比如社会责任、机会的公平性、结果的公正性等，也属于在社会合理性方面应该重点探讨的内容。具体的逻辑推理过程详见表 3 - 1。

表 3 - 1　　　　政策性金融机构社会合理性范畴下的指标评价表

社会合理性的内容	手段—目的	工具—价值	理论—实践	科学—道德
评价政策性金融机构社会合理性的内容	作为手段的市场和政府的效率与实现社会公共利益最大化目标两者之间的合理性	政策性金融机构作为工具与实现社会全体价值最大化目标之间的合理性	政策性金融学的理论与政策性金融机构发展实践之间的合理性	政策性金融学的科学性与政策性金融机构的社会公德之间的合理性
评价政策性金融机构社会合理性的指标	(1) 作为市场和政府巧妙结合体的手段和工具——政策性金融机构效率 (2) 公共利益或价值最大化目标的实现，尤其是强位弱势群体的目标实现		(1) 政策性金融学理论研究的合理性 (2) 政策性金融机构发展实践的合理性	(1) 政策性金融学的科学合理性 (2) 政策性金融机构的社会责任
评价政策性金融机构社会合理性的具体落点	(1) 三农经济（农业、农民和农村） (2) 中小企业（融资、发展、效率） (3) 落后区域（力度、效率、实现度）……		(1) 理论学科研究的合理性（感性认识、理性认知、偏离度） (2) 发展实践的合理性（社会责任、公平性、公正性、合理性）……	

三、中国政策性金融机构社会合理性问题的理论实证分析

马克思和恩格斯认为，在共产主义社会里，"每个人的自由发展是一切人的自由发展的条件"。[①] 因此，结合上述对政策性金融机构的社

———————

① 马克思、恩格斯：《共产党宣言》，中共中央马克思恩格斯列宁斯大林著作编译局编译，人民出版社 2014 年版，第 51 页。

会合理性指标的探析，笔者将从社会合理性的以下两个层面，对我国政策性金融机构的社会合理性问题进行理论与实证分析：一是在手段（工具）—目的（价值）的视角下，对政策性金融机构之于"三农"经济、中小企业或落后区域发展的合理性进行研讨；二是在理论（科学）—实践（道德）的视角下，对政策性金融学研究与发展实践合理性进行尝试性研判，从而为政策性金融机构改革与创新寻找新的有效突破点。

（一）对于"三农"经济的社会合理性分析

从我国农村的实际情况看，农民收入增长、农业产业发展、农村区域发展是"三农"经济的主要内容，马克思主义理论告诉我们，"人是一切要素中最积极也是最关键的要素，发展的一切都是为了人"，"人的全面解放才是最本质的"。共产主义社会的标志是人的自由与全面发展，而提升农业产业的生产价值和促进农村区域发展，其核心是提高农民这个强位弱势群体的劳动生产率，降低整个农民群体的社会必要劳动时间，实现农民社会价值的最大化。因此，农民收入的增加是衡量中国政策性金融机构支持和促进"三农"经济发展的社会合理性的关键点之一，而围绕政策性金融之于农民收入的实证分析，也就成为测度中国政策性金融机构社会合理性的应有之义。

1. 变量选取和模型设定

（1）因变量的选取。笔者选取的因变量是收入指标，包括城镇居民收入和农村居民收入，其中农村居民收入指标是分析的主要因变量，而城镇居民收入指标是作为参照性的因变量，目的主要是进行城乡收入的差异性对比分析。

（2）自变量的选取。笔者选取我国 2000～2013 年的商业性银行（commercial bank）、政策性银行（policy bank）和农村信用合作机构（rural credit operation）的贷款余额和政策性保险（policy insurance）的保费收入作为主要的解释变量。

另外，考虑到 2008 年以来部分政策性金融机构的异化与回归对被解释变量的深刻影响，[1] 还引入了虚拟变量（D），以更加严谨、真实地描述这一中国金融发展历史上的客观现象。同时，也为了验证近十多年来国民经济增长是否促进了城乡居民收入的提高及其效率，笔者在部分模型中还加入了 gdp 作为比较性的解释变量。

上述数据分别来源于 2000～2013 年的《中国统计年鉴》和《中国金融统计年鉴》。[2] 因此初步设定的模型如下：

$$I_t = \alpha + \beta_1 PB_t + \beta_2 RC_t + \beta_3 CB_t + \beta_4 PI_t + \beta_5 D_t + \beta_6 GDP_t + \xi_t$$

其中，t < 2008 时，$D_t = 0$；t ≥ 2008 时，$D_t = 1$。

2. 模型估计

为了数据的平稳性，在计算过程中采取了自然对数的形式，并采用 SPSS 20.0 中文版软件进行估计，经过对影响城乡居民收入主要因素的多次实验，初步产生了关于城市居民收入影响因素的四个模型以及关于农村居民收入影响因素的三个模型，以上 7 个模型的拟合优度 R^2 值都在 0.99 以上，也均通过了 F 检验，限于篇幅具体数值在此不再列示。括号中的数字为相应变量的 t 统计量。估计的结果如表 3－2 和表 3－3 所示。

表 3－2　　　　　　影响城市居民收入主要因素的估计结果

模型	常数项	政策性银行	农合机构	商业银行	政策性保险	金融异化	gdp
1	－ 9.793 *** （－ 7.789）	0.633 *** （4.206）	－ 0.186 （－ 1.316）	0.354 （1.628）	－ 0.046 （－ 1.347）	－ 0.112 *** （－ 3.455）	—
2	－ 8.160 *** （27.809）	0.735 *** （5.314）	－ 0.278 ** （－ 2.031）	0.212 （1.014）	—	－ 0.095 ** （－ 2.830）	－ 0.017 （－ 0.318）

① 这一现象的标志性事件就是国家开发银行在 2008 年实行的由政策性银行向开发性银行的商业化改革。关于中国政策性金融的异化与回归对我国社会、经济和金融的影响效应详见张令骞博士论文《政策性金融体制的异化和回归研究》（2009）。

② 由于中国出口信用担保公司于 2001 年 12 月成立，因此 2000 年和 2001 年政策性保险保费收入的数据来源于中国人民保险公司和中国进出口银行两家机构并结合了有关文献的研究，计算过程中进行了适当的技术处理。

模型	常数项	政策性银行	农合机构	商业银行	政策性保险	金融异化	gdp
3	-8.1349 *** (-30.441)	0.750 *** (5.838)	-0.292 ** (-2.371)	0.192 (1.015)	—	-0.091 ** (-3.062)	—
4	-9.776 *** (-7.232)	0.630 *** (3.854)	-0.183 (-1.192)	0.358 (1.520)	-0.046 (-1.223)	-0.113 ** (-3.161)	-0.006 (-0.107)
结论	全部显著	全部显著	有时显著	不显著	不显著	全部显著	不显著

注：*** 表示通过1%显著性水平，** 表示通过5%显著性水平，* 表示通过10%显著性水平。

表 3 - 3　　　　　　影响农村居民收入主要因素的估计结果

模型	常数项	政策性银行	农合机构	商业银行	政策性保险	金融异化	gdp
1	-9.118 *** (-11.609)	0.562 *** (5.978)	0.235 ** (2.663)	0.097 (0.716)	-0.006 (-0.300)	-0.125 *** (-6.172)	—
2	-9.218 *** (-11.854)	0.581 *** (6.181)	0.217 ** (2.458)	0.071 (0.523)	-0.011 (-0.499)	-0.119 ** (-5.805)	-0.034 (1.126)
3	-8.887 *** (-58.639)	0.578 *** (7.939)	0.221 ** (3.612)	0.075 (0.687)	—	-0.122 *** (-7.222)	—
结论	全部显著	全部显著	全部显著	不显著	不显著	全部显著	不显著

注：*** 表示通过1%显著性水平，** 表示通过5%显著性水平，* 表示通过10%显著性水平。

3. 初步结论

通过对城市居民和农村居民收入的影响因素的对比分析，可以看出在影响农村居民收入的因素中，总体上影响显著的有政策性银行及政策性金融的异化和农村合作性金融机构，其中政策性银行和政策性金融异化具有较强的显著性水平，而商业性银行、政策性保险和国民经济增长三个变量对农村居民收入的影响不显著。具体而言：

首先，影响作用十分显著的是政策性银行，其效率是正向的，边际效率在 0.56 ~ 0.58 之间，也即政策性银行的贷款余额每增长 1%，农村居民收入水平增长幅度在 0.56% ~ 0.58% 之间，与对城市居民收入的边际影响效率相比（在 0.63 ~ 0.75 之间），低 10% ~ 30%，这也说明政策性银行对提升农村居民收入的边际效率还有较大的空间。

其次，影响作用比较显著的是农合机构，其效率也是正向的，边际效率在 0.217 ~ 0.235 之间，也即农合机构贷款余额每增长 1%，农村居民收入水平增长 0.217% ~ 0.235%，与农合机构对城市居民收入的边际效率（0.278 ~ 0.292）相比数量上略低，大约是政策性银行对农村居民收入影响效率水平（0.56 ~ 0.58）的 40%，这说明农合机构对农村居民收入的提升作用还有更大的空间。

再次，政策性金融异化的影响也十分显著，其影响作用是负向的，边际效率在 -0.125 ~ -0.119 之间，也即金融异化的程度每加深 1%，则农村居民收入的降幅为 0.119% ~ 0.125%，与对城市居民收入的边际效率影响相比，异化的影响程度在 5% ~ 10% 之间。

最后，商业性银行、政策性保险以及国民经济增长对农村居民收入的影响作用不显著，作为对比，三者对城市居民收入的影响亦不显著。这说明商业银行的贷款余额增长、政策性保险公司的保额收入增长以及国民经济增长，既没有提升农村居民收入水平，也没有提升城市居民收入水平。而从政策性金融功能的角度看，也说明政策性金融（包括政策性银行和政策性保险）没有发挥好对商业性金融（包括商业性银行和商业性保险等）的虹吸和诱导等功能。

4. 基于计量分析的社会合理性总结

众所周知，"三农"经济中的农村金融始终是学界和业界关注的焦点之一，提高农村居民收入水平则是聚焦的重点。是否提升了农村居民收入水平是最重要的评价指标：一是政策性银行对于增进农村居民群体的社会合理性具有正向的作用，但这个作用小于政策性银行对于增进城市居民群体社会合理性的作用，且政策性银行对于商业银行的虹吸和诱导性功能没有完全发挥出来；二是农合机构在增进农村居民群体的社会合理性方面也具有一定的正向作用，但其作用效果明显小于政策性银行所起的作用效果；三是政策性金融的商业性异化对增进农村居民的社会合理性具有负向的阻碍作用；四是商业性银行、政策性保险以及国民经济增长三个因变量都没有对于"三农"经济的社会合理性改进产生积极的影响作用。

（二）在促进落后区域发展方面的社会合理性分析

中国幅员辽阔，中、东、西部在经济社会发展方面呈现出较大的差异性。2002 年国家在十六大报告中明确提出了支持东北地区加快发展的重大战略部署。十多年以来，东北振兴以老工业区调整、棚户区改造、基础设施建设等为主要抓手，成绩显著。为进一步激发市场活力，持续助推东北振兴，国务院又出台了一系列政策。在此背景下，政策性金融机构应该积极响应国家号召，执行国家战略，在促进中、东、西部区域协调发展方面发挥应有的作用，尤其是在支持振兴东北老工业基地和促进西部大开发两大国家战略中发挥更大的作用。鉴于篇幅，下面笔者将主要以中国政策性金融机构在支持东北老工业基地全面振兴过程中的社会合理性进行重点分析。

1. 变量选取和模型设定

根据 Y = AK 模型，因变量经济产出（Y）选取 GDP 来表示，自变量金融发展水平 K 用政策性金融总量（P）和商业性金融总量（C）来表示，其中政策性金融总量选用当年政策性银行的贷款余额来表示，商业性金融总量选用当年商业性银行的贷款余额来表示。选取的主要研究样本是东北的辽宁、吉林和黑龙江三省，选取时期是自东北振兴以来的 2003 ~ 2015 年。选取的指标分别如下：经济指标为东三省 2003 ~ 2015 年的 GDP，记为 Y_t；金融指标为 2003 ~ 2015 年政策性银行（主要包括农业发展银行、国家开发银行和进出口银行）的贷款余额，分别记为 nfh_t、gkh_t 和 jck_t，以及 2003 ~ 2015 年商业性银行的贷款余额，记为 C_t。因此，有如下模型：

$$Y_t = \alpha + \beta_1 nfh_t + \beta_2 gkh_t + \beta_3 jck_t + \beta_4 C_t + \xi_t$$

因变量 GDP 的数据来源于历年的《中国统计年鉴》，而银行的贷款余额来源于 Wind 资讯。为了数据的平稳性，在计算过程中采取了自然对数的形式，计算采用 SPSS 20.0 中文版软件。

2. 模型估计

经过对影响东北振兴金融因素的多次实验，产生了如表 3 - 4 列示的五个模型，模型都具有较高的拟合优度（R^2 值最小的模型都在 0.957 以上），也均通过了 F 检验，限于篇幅具体数值在此不再列示。括号中的数字为相应变量的 t 统计量。估计的结果如表 3 - 4 所示。

表 3 - 4 　　　　　影响东北全面振兴的主要金融因素的估计结果

模型	常数项	政策性银行	商业性银行	农发行	国开行	进出口行
1	2.250 ** (2.484)	0.897 ** (2.487)	0.023 (0.954)	—	—	—
2	9.113 *** (8.941)	—	- 0.218 ** (- 3.018)	0.587 *** (4.406)	0.155 *** (1.044)	- 0.155 *** (- 4.288)
3	4.673 *** (12.077)	—	- 0.083 (- 0.947)	—	0.804 *** (12.217)	—
4	10.081 *** (23.661)	—	- 0.253 *** (- 3.947)	0.721 *** (22.435)	—	- 0.172 *** (- 5.289)
5	6.763 *** (7.405)	—	—	0.325 ** (2.335)	0.336 * (7.405)	- 0.162 ** (- 3.254)
结论	全部显著	显著	有时显著	显著	显著	显著

注：*** 表示通过 1% 显著性水平，** 表示通过 5% 显著性水平，* 表示通过 10% 显著性水平。

3. 初步结论

通过对影响东北振兴金融主要因素的分析，可以看出总体上政策性银行和商业性银行都对东北振兴具有显著的影响，但政策性银行中的进出口银行和商业性银行对东北振兴的影响是负向的，只有政策性银行中的农发行和国开行对东北振兴的作用是正向的。具体而言：

首先，在政策性银行中，农发行和国开行对东北振兴的效率虽都正向的，但效率在数量上稍微有所差别。其中，农发行的边际效率在 0.32~0.72 之间，也即其贷款余额每增长 1%，东三省经济增长幅度为 0.32%~0.72%；国开行的边际效率在 0.16~0.80 之间，也即其贷款余额每增长 1%，东三省经济增长幅度为 0.16%~0.80%。

其次，政策性银行中的进出口银行和商业性银行对东北振兴的效率是负向的，且商业性银行的负向作用大于进出口银行的负向作用。其中，进出口银行的边际效率在 -0.17~ -0.16 之间，也即其贷款余额每增长 1%，东三省经济增长幅度大约降低 0.16%~0.17%。在此需要说明的是，进出口银行虽然促进了东三省的进出口总额的不断增长，但是由于净出口对 GDP 的贡献率为负数，因此导致进出口银行对东北经济增长出现负的边际效率；商业性银行的边际效率在 -0.25~ -0.22 之间，也即其贷款余额每增长 1%，东三省经济增长幅度将降低 0.22%~0.25%。

4. 基于计量分析的社会合理性总结

上述分析表明：一是政策性银行内部的结构性功能作用并不协调统一，即政策性银行中的国家开发银行和农业发展银行对于促进东北全面振兴的社会合理性具有正向的作用，而政策性银行中的进出口银行和商业性银行对于促进东北全面振兴的社会合理性具有负向的作用。二是仅从绝对数量上看，国家开发银行和农业发展银行对于促进东北全面振兴的社会合理性具有的正向作用要大于政策性银行中的进出口银行和商业性银行对东北振兴的负向作用。三是从政策性金融功能的角度看，不仅各类政策性银行之间没有实现功能上的协调统一，而且对商业性银行也没有发挥好良性的虹吸和诱导等功能。

从上述对促进"三农"经济和落后区域发展的社会合理性分析中可以看出：一方面，政策性金融机构在提升社会合理性方面呈现一定的功能分化效应，即在促进农民增收和东北全面振兴方面具有一定的正向作用，但也存在部分机构（比如中国进出口银行）对东北全面振兴具有负向作用，同时政策性保险机构对于"三农"经济的作用还不显著；另一方面，由于商业性金融机构对于社会合理性的提升实际上发挥着负向的阻碍作用，因此政策性金融机构在发挥对于商业性金融机构和合作性金融机构的虹吸和诱导作用方面还有较大的空间。

此外，中国政策性金融机构对于中小微企业发展的社会合理性分析问题也十分值得研究与关注，不过限于篇幅，笔者不再逐一在手段（工具）—目的（价值）的视角下对中国政策性金融机构的社会合理性进行分析，在这里笔者只将重点应该关注和研究的领域简要说明如下，以便后来者在此思路下做进一步的延伸性研究。这些领域除了上述的"三农"经济和落后区域之外，还应当包括中小微企业融资、教育、就业、进出口和环境保护等。

（三）中国政策性金融学理论学科研究的社会合理性分析

1. 经济金融学研究的基本准则不应是市场原教旨主义

改革开放 40 年来，以自私自利和利润最大化为主要特征的市场原教旨主义潜在地植入并成为了众多研究者的基本思维逻辑和判别标准，真可谓"随风潜入夜，润物细无声"；与研究者倡导的"利润最大化"相呼应，相当数量的中小企业家在日常管理中贯彻了"在商言商"的商业信条；而普通民众在一定情况下也认为"人不为己，天诛地灭"是适应现有商业社会的基本行为准则。殊不知，作为市场原教旨主义最早的理论基础——亚当·斯密的《国富论》，在论及"自然的自由制度"（即后人所说的"看不见的手"）的相关理论时，有十多处重点论述了这种自由竞争是有诸多前提条件的，并指出这些前提中最主要的是确保社会的公正公平和有利于社会全体根本利益的增进。[①] 面对国际金融的理论与新兴市场和发展中国家的现实再次出现的巨大反差，丁志杰、田园（2016）认为，主流的国际金融理论在其中起着助纣为虐的作用，他们认为，理论创新要根植我国实践，要在实践中发现问题、解

---

① 具体的例证详见本书第二章的理论基础部分的分析，在此不再赘述。

决问题，并且要注重理论研究的学术价值和应用价值。正如 1974 年的诺贝尔经济学获奖者缪尔达尔所言："在伟大的觉醒的时代里，如果不发达国家的年轻经济学家迷醉于发达国家的经济思想中，将是令人遗憾的。这种思想不仅妨碍着发达国家的学者们致力于合理的研究，而且将扼杀不发达国家经济学家的智慧，我希望他们有勇气抛弃那些庞大的没有意义的不相干的，有时显得是不适当的需要和问题，产生新思想"。[①]美国罗斯福纪念公园墙上刻着一段总统的名言："衡量我们进步的标准，不是看我们给富人带来了什么，而是要看给那些一无所有的穷人能够提供基本保障，当有一天我们的父母被推进医院，即使身无分文也能获得悉心医疗。我们的孩子被送进学校，不管他来自哪里，都能得到一样的对待。我会说这才是我的祖国。"

2. 政策性金融学的理论认知的曲折

政策性金融学理论认知的曲折主要体现在两方面：一是无论学界还是业界对政策性金融学中的社会合理性的关注度都严重不足；二是受政策性金融的认知不足、复杂利益影响，政策性金融的实践发展与理论研究的出现分离和滞后。

第一，对政策性金融学社会合理性的关注度不足。首先，表现在业界对政策性金融的社会合理性的关注度不高。斯宾塞（1974）认为有效的信号需要满足两个条件：一是不同类型的人的信号成本不一样；二是高能力的人愿意选择这种方式。周雪光（2013）提出组织趋同的两个条件：一是发出信号的成本和企业的地位、差异性（如规模）有关系；二是好的企业愿意采纳这一信号，因为它们对制度环境的压力更敏感。从古今中外来看，金融是一种资源，而且是一种战略资源，政策性金融在推动社会经济发展方面是十分重要的，尤其在农村，政策性金融实际上是缓解贫富差距和城乡差距、实现共同富裕的最重要的工具。然而从信号理论看，高层组织（如中央政府）对"发挥政策性金融在促

---

① 丁志杰、田园：《国际金融理论反思与创新》，中国金融四十人论坛，2016 年 6 月 18 日。

进或改善社会合理性方面的重要作用（信号引导作用）"等类似的提法不多，监管部门随之也较少关注涉农类贷款本身的科学性以及县域经济业务与"三农"经济业务相混淆使用的情况，从而成为金融组织，尤其是政策性金融机构，产品创新意愿不强甚至存在偷换支农贷款概念等行为的直接原因。可见，政府在善用信号理论对政策性金融进行引导和监管方面尚有较大空间。

第二，理论界对政策性金融学的社会合理性的关注不足。据中国知网的统计，截至2016年6月末，在中国知网共计发表的关于金融学的文章5788123篇，在1915～2016年的100多年间平均每年发表58000篇，其中涉及社会合理性（或社会有效性）分析的金融学的文章仅为119篇，占比仅为十万分之二；在金融学的文章中关于政策性金融学的文章80641篇，约占1.39%，在1986～2016年的30年间平均每年发表大约2700篇，其中涉及社会合理性（或社会有效性）分析的政策性金融学的文章仅为55篇，占比仅为万分之七。可见，一方面我们对政策性金融学的认识在总量上存在不足，另一方面，我们对金融的社会合理性的研究基本上处于空白，即使在政策性金融学的社会合理性研究方面也严重不足。然而即便如此，在研究政策性金融学的文章中，还存在着很多对科学政策性金融学的曲解、滥解和误解，其原因可能是基于复杂利益的考虑或者是在科学认识道路上的探索和学习不足等。比如关于政策性银行改革转型问题，王松奇（2006）认为由中央银行牵头的中国三个政策性银行转型改革方案的设计及知情人通常不超过五人，在严格保密的情况下起草、讨论、修改、定稿最后上报国务院，这种做法颇令人费解。白钦先（2012）认为这与理论认知和决策理性的严重不足以及各方围绕复杂利益的博弈具有一定关系。在回顾了政策性金融机构20年的发展历程后，白钦先、刘子赫（2014）反思认为，"政策性金融机构筹建前后显示出官方和业界理论认知和决策理性相对缺乏"。[1]

---

[1] 白钦先、刘子赫：《在回顾与反思的基础上深化政策性金融改革》，载《西南金融》2014年第6期。

　　第三，理论研究与实践应用存在一定的脱节和滞后问题。郑永年（2007）在《分配公平需要社会主义理论的创新》一文中认为，中国理论与政策界很多人习惯于从教科书出发理解现实，而不是用现实去修改教科书。很少有人认真去考察中国本身的经济，也很少有人去考察西方资本主义的实体经济。① 在指导政策性金融机构改革与转型的过程中，由于在某些情况下研究者所关注和讨论的问题并不是实践部门的重点关切，提出的建议并不能特别有效地转化为实践部门的有效措施，从而导致政策性金融理论与实践未能做到有效对接和耦合②，以至于整体上对问题的理解和分析停留在若干概念的争论和探讨阶段，没有加速越过或暂时搁置争议并继续向前或深入地探求政策性金融更加一般性的、客观存在着的规律。在这方面，最明显的例子就是关于政策性金融的市场化操作或商业化或私有化改革的讨论。争论的各方在没有进一步解析何谓市场化、商业化或私有化具体内涵或特指的情况下，较早地表达了各自认为的政策性金融市场化、商业化或私有化是否可行的定论。原国家开发银行副行长姚中民（2006）认为，实际上国外政策性金融都已经转型，部分转型为商业性金融，部分转型为综合型开发性金融，传统的政策性的亏损银行、垃圾银行已无法生存。而事实上，"国际上几家著名的政策性银行"，③ 如日本政策投资银行、韩国产业银行和德国复兴信贷银行，截至 2015 年底还是政府百分之百持股的、专注于政策性金融业务的银行。在作者 2016 年对 103 家政策性金融机构（含分支行）的问卷调查中发现，有 30 家分支机构认为对政策性金融理论的研究不足从而导致自身在服务重要战略客户方面遇到外部瓶颈性制约，占比为29.13%。

---

　　① 郑永年：《保卫社会》，浙江人民出版社 2011 年版，第 220 页。
　　② 具体的原因如下：一来可能是由于理论问题过于抽象化，与实践部门的对话并不在"同一个频道上"，两者很难实现有效的融合性对接；二来是有些理论研究者在理论认识上由于缺乏实践的有效支撑，再加上某些实践部门对理论的钻研和理解明显不足，从而对概念的认识和提出的建议出现错解、曲解和滥用等现象。
　　③ 姚中民：《政策性银行向开发性金融机构转型的思考》，载《理论前沿》2006 年第9 期。

（四）中国政策性金融发展实践的社会合理性分析

1. 社会群体的两极分化趋势严峻

2014 年 11 月中国人民银行在实行存款保险制度的前夕，公布了即将实施的存款保险制度是针对个人客户 50 万以下的账户进行全额保险，并指出全国范围内 50 万元以下的账户占全部账户数的 99.63%，也即只有 0.37% 的账户超过了 50 万元。[①] 而根据业内人士的分析和估计，0.37% 的账户的金融资产占全部账户金融资产比例可能已超过了 40%，也即 99.63% 的个人账户所占的金融资产不足 60%。且不说，对广大农村居民而言，开立账户本身就是一项相对奢侈的金融服务——据世界银行 2012 年全球普惠金融调查数据显示，从家庭银行账户的比较看，美国家庭的银行账户拥有率为 90.47%，日本和澳大利亚为 96.98% 和 99.30%，中国家庭的银行账户拥有率仅为 66.30%，其中城镇家庭为 70.06%，农村家庭的存款账户拥有率仅为 46.33%。对此，张龙耀、马倩倩（2015）认为，开立存款账户作为最基础的金融服务，对于家庭金融普惠的作用最大，因为拥有存款账户的家庭能够更多地接触金融机构和获得信用历史，通常成为获得其他金融服务的前提。[②]

另外西南财经大学中国经济研究中心举办的家庭金融调研数据表明，在 2012 年中国家庭的基尼系数已经高达 72%。无独有偶，在作者 2016 年对 288 位个人的问卷调查中，有 153 人认为包括政策性金融机构在内的"所有金融机构都嫌贫爱富"，占比为 53.13%；认为"政策性金融机构不嫌贫爱富"的人只有 100 人，占比仅为 34.72%；认为商业性金融机构和合作性金融机构"不嫌贫爱富"的人数分别为 61 位和 62 位，占比分别为 21.18% 和 21.53%。上述调研的结果，不但说明金融

---

① 中国人民银行：《关于存款保险条例（征求意见稿）的说明》，2014 年 11 月 30 日。

② 张龙耀、马倩倩：《城乡居民金融普惠的群体差异性》，载《银行家》2015 年第 10 期。

机构在支持强位弱势群体方面的力度有限，更说明政策性金融机构对强位弱势群体支持力度的不足，是近十多年以来金融发展与社会发展逐步分化的一个缩影，值得学界和业界的高度重视。

2. 基于社会必要劳动时间的社会整体福利改进空间较大

在全球经济功能区域中，珠江三角洲是全球重要的加工基地之一，它每年生产的总产出约占全球 GDP 的 1%。笔者在珠三角生活和工作超过 10 年，走访和调研的企业超过 500 家，其中小型和微型企业超过 400 家，调研中发现在小型和微型企业中的工人，每月的休息时间只有 1 天（一般是月末或月头的那一天），① 每天工作的时间一般都长达 10 小时，即早上 7 点半工作到中午 12 点半、下午 1 点半至 6 点半，如果遇上工厂赶工的情况，工作时长将进一步延长。这种现象在珠三角的小五金、灯饰和鞋类加工等产业集聚的专业镇十分常见，比如以灯饰产业而著名的中山市古镇的灯饰城或以小五金作坊生产而闻名的佛山市南海区的丹灶镇就十分普遍。马克思指出，共产主义社会就是要实现人的自由而全面发展，使得每个人都占有自己的全部。根据笔者从"三农"经济、落后区域发展以及经济发达区域弱势群体的福利福祉改进的角度分析的中国政策性金融机构在促进农民增收、振兴东北经济以及对于产业工人的福利价值改进等情况可以看出，中国政策性金融机构在促进社会合理性方面还有较大的空间，尤其是在对"三农"经济的支持、东北全面振兴和强位弱势群体等整体福利福祉的增进方面，还有很大的空间去逐步提升和改进，这也是今后中国政策性金融机构改革与发展的重要方向。

第三节　政策性金融机构的经济有效性分析

本节主要是基于经济有效性视域，运用以 DEA（Data Envelop-

---

① 即使是法定的诸如清明节、五一劳动节、端午节等三天小长假，实际上工人的休息时间也只有一天，也没有所谓的加班费等。

ment Analysis）为基础的 Malmquist 生产率指数，对我国三家政策性银行 1995～2016 年间和一家政策性保险公司在 2000～2016 年间全要素生产率变化指数进行测算和分解，并依据实证结果对我国政策性金融机构的发展特征和演变规律进行评价，进而分析其在国民经济中的作用和贡献。

一、中国政策性金融机构经济有效性分析的方法

对中国政策性金融机构经济有效性分析的测度方法，采用基于 DEA 的 Malmquist 生产率指数及分解。DEA 作为最常用的非参数方法，不需要设定前沿生产函数。Malmquist 与 DEA 方法相结合，可以较好地刻画相对效率的动态变化。

1. Malmquist 生产率指数

Malmquist 指数最初分析不同时期消费变动指数，由瑞典经济学家马尔姆奎斯特（Sten Malmquist）提出，凯夫斯等（Caves et al.，1982）将该指数用到了生产率变化分析上。费尔等（Fare et al.，1994）给出了考察两个相邻时期生产率变化指数，表述如下：

$$M(\mathbf{x}^t,\ \mathbf{y}^t,\ \mathbf{x}^{t+1},\ \mathbf{y}^{t+1}) = \left[\frac{D_C^t(\mathbf{x}^{t+1},\ \mathbf{y}^{t+1})}{D_C^t(\mathbf{x}^t,\ \mathbf{y}^t)} \times \frac{D_C^{t+1}(\mathbf{x}^{t+1},\ \mathbf{y}^{t+1})}{D_C^{t+1}(\mathbf{x}^t,\ \mathbf{y}^t)} \right]^{\frac{1}{2}}$$

$$(3-1)$$

式中，$\mathbf{x}^t$，$\mathbf{y}^t$，$\mathbf{x}^{t+1}$，$\mathbf{y}^{t+1}$ 分别为第 t 期和 t+1 期的投入和产出向量，$M(\mathbf{x}^t,\ \mathbf{y}^t,\ \mathbf{x}^{t+1},\ \mathbf{y}^{t+1})$ 即为衡量从 t 期到 t+1 期的生产效率变动的 Malmquist 指数，$D_C^t(\mathbf{x}^t,\ \mathbf{y}^t)$ 为在规模报酬不变条件下第 t 期 $(\mathbf{x}^t,\ \mathbf{y}^t)$ 的距离函数，$D_C^t(\mathbf{x}^{t+1},\ \mathbf{y}^{t+1})$ 为第 t+1 期 $(\mathbf{x}^{t+1},\ \mathbf{y}^{t+1})$ 的距离函数，$D_C^{t+1}(\mathbf{x}^{t+1},\ \mathbf{y}^{t+1})$ 与 $D_C^{t+1}(\mathbf{x}^t,\ \mathbf{y}^t)$ 类同。根据 DEA 的方法和基本原理，距离函数可通过四个规划模型计算：

$$\max \quad z = (D_C^t(\mathbf{x}^t, \mathbf{y}^t))^{-1}$$

$$\sum_{j=1}^n \mathbf{x}_j^t \lambda_j \leqslant \mathbf{x}^t$$

$$\text{s. t} \quad \sum_{j=1}^n \mathbf{y}_j^t \lambda_j \geqslant z\mathbf{y}^t \qquad (3-2)$$

$$\lambda_j \geqslant 0, \ j = 1, 2, \cdots, n$$

$$\max \quad z = (D_C^{t+1}(\mathbf{x}^{t+1}, \mathbf{y}^{t+1}))^{-1}$$

$$\sum_{j=1}^n \mathbf{x}_j^{t+1} \lambda_j \leqslant \mathbf{x}^{t+1}$$

$$\text{s. t} \quad \sum_{j=1}^n \mathbf{y}_j^{t+1} \lambda_j \geqslant z\mathbf{y}^{t+1} \qquad (3-3)$$

$$\lambda_j \geqslant 0, \ j = 1, 2, \cdots, n$$

$$\max \quad z = (D_C^t(\mathbf{x}^{t+1}, \mathbf{y}^{t+1}))^{-1}$$

$$\sum_{j=1}^n \mathbf{x}_j^t \lambda_j \leqslant \mathbf{x}^{t+1}$$

$$\text{s. t} \quad \sum_{j=1}^n \mathbf{y}_j^t \lambda_j \geqslant z\mathbf{y}^{t+1} \qquad (3-4)$$

$$\lambda_j \geqslant 0, \ j = 1, 2, \cdots, n$$

$$\max \quad z = (D_C^{t+1}(\mathbf{x}^t, \mathbf{y}^t))^{-1}$$

$$\sum_{j=1}^n \mathbf{x}_j^{t+1} \lambda_j \leqslant \mathbf{x}^t$$

$$\text{s. t} \quad \sum_{j=1}^n \mathbf{y}_j^{t+1} \lambda_j \geqslant z\mathbf{y}^t \qquad (3-5)$$

$$\lambda_j \geqslant 0, \ j = 1, 2, \cdots, n$$

$M(\mathbf{x}^t, \mathbf{y}^t, \mathbf{x}^{t+1}, \mathbf{y}^{t+1}) > 1$，表明从 t 期到 t+1 期生产效率呈上升趋势，即效率有所提高；$M(\mathbf{x}^t, \mathbf{y}^t, \mathbf{x}^{t+1}, \mathbf{y}^{t+1}) = 1$，表明从 t 期到 t+1 期生产效率未发生改变；$M(\mathbf{x}^t, \mathbf{y}^t, \mathbf{x}^{t+1}, \mathbf{y}^{t+1}) < 1$，表明从 t 期到

t + 1 期效率呈下降趋势。

2. Malmquist 生产率指数分解

为进一步挖掘效率变动的因素，费尔等将 Malmquist 指数分解为技术进步指数（tech）和技术效率变化指数（eff），其中 eff 可进一步分解为纯技术效率变化指数（pe）和规模效率变化指数（se），即将上述 $M(\mathbf{x}^t, \mathbf{y}^t, \mathbf{x}^{t+1}, \mathbf{y}^{t+1})$ 分解为：

$$M(\mathbf{x}^t, \mathbf{y}^t, \mathbf{x}^{t+1}, \mathbf{y}^{t+1}) = \frac{D_V^{t+1}(\mathbf{x}^{t+1}, \mathbf{y}^{t+1})}{D_V^t(\mathbf{x}^t, \mathbf{y}^t)}$$
$$\times \left[\frac{D_C^t(\mathbf{x}^t, \mathbf{y}^t)}{D_C^{t+1}(\mathbf{x}^t, \mathbf{y}^t)} \times \frac{D_C^t(\mathbf{x}^{t+1}, \mathbf{y}^{t+1})}{D_C^{t+1}(\mathbf{x}^{t+1}, \mathbf{y}^{t+1})} \right]^{\frac{1}{2}}$$
$$\times \frac{D_C^{t+1}(\mathbf{x}^{t+1}, \mathbf{y}^{t+1})/D_V^{t+1}(\mathbf{x}^{t+1}, \mathbf{y}^{t+1})}{D_C^t(\mathbf{x}^t, \mathbf{y}^t)/D_V^t(\mathbf{x}^t, \mathbf{y}^t)}$$
$$= \text{tech} \times \text{pe} \times \text{se} \tag{3-6}$$

其中，$D_V^t(\mathbf{x}^t, \mathbf{y}^t)$、$D_V^{t+1}(\mathbf{x}^{t+1}, \mathbf{y}^{t+1})$ 为规模报酬可变条件下 t 期和 t + 1 期 $(\mathbf{x}^t, \mathbf{y}^t)$、$(\mathbf{x}^{t+1}, \mathbf{y}^{t+1})$ 的距离函数。技术效率变化指数 eff = pe × se，eff 大于 1 表示技术效率改善，eff 小于 1 表示技术效率退化，企业管理方式有待提升。技术进步指数 tech 反映了技术进步或创新的程度。

二、中国政策性金融机构经济有效性的实证分析

1. 变量选取

产出方面，在政策性金融机构经济有效性的视角下，笔者将从经济效率的角度去分析经济的有效性程度，因此以税前利润作为产出指标，改变了以往的研究者以贷款余额和税前利润等同时作为产出变量的研究方法，原因在于贷款余额与税前利润之间存在明显的关联关系，也即贷款的利率定价水平是贷款余额和税前利润之间的主要内在指标，因此本书选取税前利润为产出指标。在投入方面，采用最广义的要素投入分析方法，即认为作为政策性金融机构的投入就是两种要素，一是人力，二是资

本，在此基础上将两要素具体化为劳动力数量和资产总额为投入指标。

考虑到样本数据的可得性，本书选取了国家开发银行、中国农业发展银行和中国进出口银行三家政策性银行以及中国出口信用保险公司作为对象，而分析的时间段分别是政策性银行 1995～2016 年的 22 年以及中国信保 2002～2016 年的 15 年。数据来源于历年的《中国金融年鉴》和《中国保险年鉴》，在计算过程中利用 DEA 分析软件 DEAP 2.1，计算各政策性金机构效率变动的 Malmquist 指数及分解结果。

2. 政策性金融机构效率水平测度

通过计算，笔者得出了国家开发银行、中国农业发展银行和中国进出口银行三家政策性银行以及中国出口信用保险公司基于 Malmquist 指数的效率水平，各政策性金融机构效率变动的 Malmquist 指数及分解结果如表 3－5（a）、表 3－5（b）、表 3－6 和图 3－1 所示。①

（1）政策性金融机构的总体特征分析。

第一，总体上三家政策性银行和中国信保的全要素生产率都处于前沿生产曲面之上，且具有分化特征，其中国家开发银行的全要素生产率最高，为 1.691，中国进出口银行的全要素生产率居中，为 1.378，中国信保的全要素生产率为 1.327，而中国农业发展银行的全要素生产率为 1.291。

第二，就具体分解的原因而言，三家政策性银行导致全要素生产率分化的主要原因表现在于技术效率和技术进步效率两方面，其中技术效率的影响总体上大于技术进步效率的影响。而三家政策性银行的技术进步效率相对较低的原因进一步是由纯技术效率较低造成的，三家政策性银行的纯技术效率平均值分别为 1.015、1.244 和 1.000。

---

① 应该指出的是，由于 1997 年中国农业发展银行的税前利润实际为负数，即 -24.22 亿元，而鉴于 DEA 分析软件分析数据时要求数据不能为负同时不能为零，为便于软件运行和计算，对该年度的此指标数进行了技术处理，假设该年度的税前利润为 0.01 亿元，也正因如此，该年度的技术效率、纯技术效率和全要素生产率数值严重偏大，在此仅因为数据的年度连续性考虑而放入表中，该年度数据仅做参考。下文的中国信保在 2003 年度和 2008 年度也存在因利润为负数进行技术调整而导致该年数据仅作为参考的情况。

表3-5（a） 三家政策性银行基于 DEA-Malmquist 指数的效率测度

年份	国家开发银行					中国农业发展银行					中国进出口银行				
	effch	techch	pech	sech	tfpch	effch	techch	pech	sech	tfpch	effch	techch	pech	sech	tfpch
1995~1996	5.105	2.257	1.319	3.870	11.524	0.282	1.245	0.159	1.782	0.352	1.000	0.853	1.000	1.000	0.853
1996~1997	1.000	0.792	1.000	1.000	0.792	0.007	0.547	0.005	1.308	0.004	1.000	0.579	1.000	1.000	0.579
1997~1998	1.000	0.724	1.000	1.000	0.724	578.450	0.809	494.737	1.169	467.739	1.000	0.822	1.000	1.000	0.822
1998~1999	0.967	0.492	1.000	0.967	0.476	3.251	0.848	2.375	1.369	2.758	1.000	0.841	1.000	1.000	0.841
1999~2000	1.034	1.851	1.000	1.034	1.914	1.693	1.248	1.000	1.693	2.114	0.900	1.128	1.000	0.900	1.015
2000~2001	1.000	1.826	1.000	1.000	1.826	0.332	1.399	0.337	0.985	0.464	0.324	1.600	1.000	0.324	0.519
2001~2002	1.000	3.943	1.000	1.000	3.943	0.275	3.880	0.282	0.975	1.067	0.291	3.880	1.000	0.291	1.128
2002~2003	1.000	0.975	1.000	1.000	0.975	1.290	0.897	1.335	0.967	1.157	0.864	0.897	1.000	0.864	0.774
2003~2004	1.000	1.131	1.000	1.000	1.131	0.783	1.110	0.810	0.966	0.869	0.590	1.110	1.000	0.590	0.655
2004~2005	1.000	1.044	1.000	1.000	1.044	0.765	1.086	0.787	0.972	0.831	3.230	1.086	1.000	3.230	3.508
2005~2006	1.000	0.971	1.000	1.000	0.971	1.283	1.002	1.344	0.954	1.285	0.721	1.002	1.000	0.721	0.723
2006~2007	1.000	0.875	1.000	1.000	0.875	2.186	0.800	2.424	0.902	1.750	0.337	0.800	1.000	0.337	0.270
2007~2008	1.000	0.852	1.000	1.000	0.852	0.925	0.757	0.883	1.047	0.700	12.311	0.805	1.000	12.311	9.906
2008~2009	1.000	0.943	1.000	1.000	0.943	1.117	0.882	1.089	1.026	0.985	1.132	0.882	1.000	1.132	0.999
2009~2010	1.000	1.138	1.000	1.000	1.138	1.363	1.093	1.421	0.959	1.489	0.923	1.093	1.000	0.923	1.009
2010~2011	1.000	1.031	1.000	1.000	1.031	1.713	0.959	1.981	0.864	1.642	0.834	0.959	1.000	0.834	0.799

续表

年份	国家开发银行					中国农业发展银行					中国进出口银行				
	effch	techch	pech	sech	tfpch	effch	techch	pech	sech	tfpch	effch	techch	pech	sech	tfpch
2011~2012	1.000	1.217	1.000	1.000	1.217	1.477	1.139	1.401	1.054	1.682	0.817	1.139	1.000	0.817	0.931
2012~2013	1.000	1.185	1.000	1.000	1.185	0.786	1.164	1.000	0.786	0.915	0.791	1.164	1.000	0.791	0.921
2013~2014	1.000	1.070	1.000	1.000	1.070	0.950	0.968	1.000	0.950	0.920	0.801	0.968	1.000	0.801	0.776
2014~2015	1.000	0.902	1.000	1.000	0.902	0.900	0.839	0.864	1.042	0.755	1.175	0.839	1.000	1.175	0.985
2015~2016	1.000	0.970	1.000	1.000	0.970	0.775	0.895	0.684	1.133	0.694	1.024	0.895	1.000	1.024	0.917
平均	1.196	1.247	1.015	1.137	1.691	1.330	1.122	1.244	1.091	1.291	1.479	1.112	1.000	1.479	1.378

表 3 – 5 （b） 中国信保基于 DEA – Malmquist 指数的效率测度

年份	effch	techch	pech	sech	tfpch
2002 ~ 2003	1.000	0.824	1.000	1.000	0.824
2003 ~ 2004	1.000	11.544	1.000	1.000	11.544
2004 ~ 2005	1.000	0.770	1.000	1.000	0.770
2005 ~ 2006	1.000	4.057	1.000	1.000	4.057
2006 ~ 2007	1.000	1.724	1.000	1.000	1.724
2007 ~ 2008	1.000	0.005	1.000	1.000	0.005
2008 ~ 2009	1.000	77.799	1.000	1.000	77.799
2009 ~ 2010	1.000	8.314	1.000	1.000	8.314
2010 ~ 2011	1.000	0.742	1.000	1.000	0.742
2011 ~ 2012	1.000	0.915	1.000	1.000	0.915
2012 ~ 2013	1.000	1.622	1.000	1.000	1.622
2013 ~ 2014	1.000	1.012	1.000	1.000	1.012
2014 ~ 2015	1.000	0.960	1.000	1.000	0.960
2015 ~ 2016	1.000	0.320	1.000	1.000	0.320
平均	1.000	1.327	1.000	1.000	1.327

表 3 – 6 三家政策性银行基于 DEA – Malmquist 指数的平均的效率水平测度

年份	effch	techch	pech	sech	tfpch
1995 ~ 1996	1.130	1.338	0.594	1.904	1.512
1996 ~ 1997	0.191	0.630	0.175	1.094	0.121
1997 ~ 1998	8.332	0.783	7.909	1.053	6.528
1998 ~ 1999	1.465	0.706	1.334	1.098	1.034
1999 ~ 2000	1.164	1.376	1.000	1.164	1.602
2000 ~ 2001	0.476	1.599	0.696	0.684	0.761
2001 ~ 2002	0.431	3.901	0.656	0.657	1.681
2002 ~ 2003	1.037	0.922	1.101	0.942	0.956

续表

年份	effch	techch	pech	sech	tfpch
2003～2004	0.773	1.117	0.932	0.829	0.863
2004～2005	1.352	1.072	0.923	1.464	1.449
2005～2006	0.974	0.991	1.104	0.883	0.966
2006～2007	0.904	0.825	1.343	0.673	0.745
2007～2008	2.250	0.804	0.959	2.345	1.808
2008～2009	1.081	0.902	1.029	1.051	0.975
2009～2010	1.079	1.108	1.124	0.960	1.196
2010～2011	1.126	0.982	1.256	0.897	1.106
2011～2012	1.065	1.164	1.119	0.951	1.240
2012～2013	0.853	1.171	1.000	0.853	0.999
2013～2014	0.913	1.001	1.000	0.913	0.914
2014～2015	1.019	0.859	0.952	1.070	0.876
2015～2016	0.926	0.919	0.881	1.051	0.851
平均	1.016	1.055	0.996	1.020	1.072

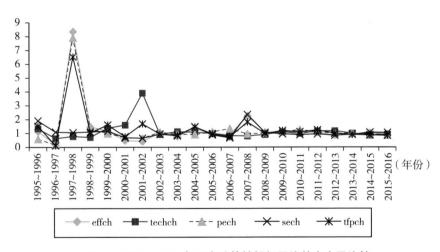

图 3 -1　1995～2016 年三家政策性银行平均效率水平比较

第三，除了全要素生产率之外，三家政策性银行的其他效率指标在整体上也呈现出分化性特征。比如技术效率方面,进出口银行为 1.479,农发行为 1.330,而国家开发银行仅为 1.196。

第四,从时间序列的角度看(如图 3 - 1 所示),在过去的 22 中,三家政策性银行总体上共经历了三次较大的经济效率的提升。第一次发生在 1997 ~ 1999 年间,在该段时间全要素生产率较高,同时技术效率和纯技术效率都比较高,实践上可能源于政策性金融机构开始探索尝试市场化运作的机制和流程,比如在 1998 年政策性金融债开始探索市场化的发行模式;第二次发生在 2001 ~ 2003 年间,在该段时间全要素生产率较高,技术进步效率也较高,实践上可能源于政策性金融机构开始探索内部机构改革;第三次发生在 2007 ~ 2009 年间,在该段时间全要素生产率较高,同时规模配置效率也较高,实践上可能源于政策性金融机构的规模增长,比如国家开发银行在 2008 年资产规模将近 4 万亿元,而农发行则在 2008 年资产规模首次突破 1 万亿元。

(2)政策性金融机构的具体特征分析。

就国家开发银行而言,在过去的 22 年间,技术效率、纯技术效率水平和规模效率基本上恰好处于前沿曲面,全要素生产效率的提高主要源于技术进步效率水平的提高,且全要素生产效率显著提高主要发生在 2001 ~ 2003 年间。具体如图 3 - 2 所示。

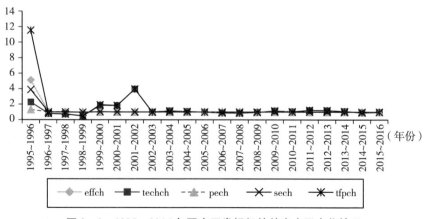

图 3 - 2   1995 ~ 2016 年国家开发银行的效率水平变化情况

就农业发展银行而言，全要素生产效率的提升主要源于技术效率和技术进步效率两方面。从数值上看，技术进步的效率影响相对稍大，而技术进步的提升源于纯技术效率和规模效率两方面。从时间序列看，其效率提升发生在 2001～2003 年、2006～2008 年和 2010～2012 年[①]。具体如图 3－3 所示。

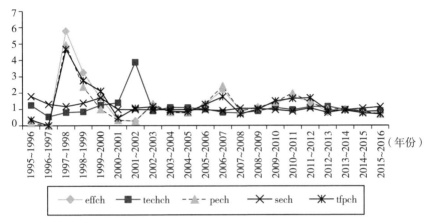

图 3－3　1995～2016 年中国农业发展银行的效率水平变化情况

就进出口银行而言，全要素生产率的提高主要源于技术效率的提升，技术进步效率对全要素生产效率提升的影响较小，而技术效率水平的提升主要源于纯技术效率水平的提升。从时间序列看，其效率提升发生在 2001～2003 年、2004～2006 年和 2007～2009 年。具体如图 3－4 所示。

---

①　需要说明的是，从图 3－3 上看，效率明显提升的是四个时间段，但由于 1997～1998 年度的税前利润数据出现负数，在考虑便于计算之后，该年份的相关效率指标值出现异常，因此为便于比较观察分析，对该年份的技术效率、纯技术效率和全要素生产率数值均除以 100 后才进行了图表化。也正因为该年数据的特殊性，故此没有将它作为一个效率提升的年份看待。特此说明。

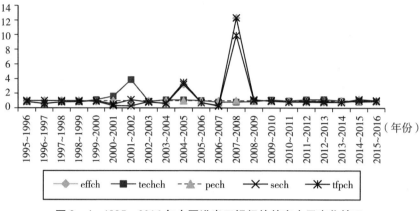

图 3-4　1995~2016 年中国进出口银行的效率水平变化情况

就中国信保而言，在过去的 15 年中全要素生产率总体有所提高，主要由技术进步效率提高所致，而技术效率在过去的 15 年中基本保持不变。从图 3-5 中可以看出，技术进步效率提升的发生在 2005~2007 年和 2009~2010 年。

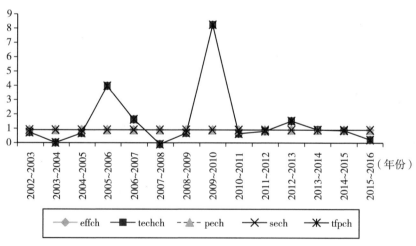

图 3-5　2002~2016 年中国信保的效率水平变化情况

3. 研究结论

根据上述实证结果，分析归纳出以下主要的结论：

第一，22 年来我国政策性银行的 Malmquist 生产率指数总体上有一定的提升，从对 Malmquist 生产率的分解结果来看，技术效率和技术进步效率都有一定的助推作用，相对来讲技术进步效率的影响稍大。因此政策性银行效率的提升，一方面可能得益于机构自身改革、人才集聚、产品丰富等内部因素，另一方面与世界政治经济变化、外部市场化环境的优化、国家资本金的注入和法律地位的明确等外部因素有关。可以肯定的是，如果政府对机构自身的监督管理、资本支持、治理水平有更大的支持力度的话，政策性金融机构的作用将进一步得以发挥。

第二，从政策性金融机构的社会合理性和经济有效性的比较视角看，政策性银行的社会效益性要强于其自身的盈利性，这体现了其在国民经济中的重要地位，因而对政策性银行只能加强不能削弱。从我国的银行体系来看，商业银行是主体，政策性银行是辅助与补充，但在某些特定领域、特定地区和特定产业，即市场机制作用的盲区，政策性银行更可能是主体或主角而非配角。

第三，政策性金融机构的效率水平具有一定的分化性特征。三家政策性银行分解后的效率水平并不是某家机构都高，而是各有千秋。比如在全要素生产率方面，国家开发银行最高，为 1.691，中国进出口银行居中，为 1.378，而中国农业发展银行为 1.291；在技术效率方面，进出口银行最高为 1.479，农发行居中为 1.330，而国家开发银行仅为 1.196。这说明三家政策性银行和中国信保在效率水平的提高方面是各有特色的。这种特色可能源于自身的市场差异、人才特色和专业领域，正所谓"术业有专攻"。

第四节　政策性金融机构服务有效性的影响因素

本节主要采用问卷调查方法，结合政策性金融理论与实践，对影响我国政策性金融机构服务有效性的基本因素进行多角度、多元化的理论与实证分析。2016 年，笔者在我国东部、西部和中部的部分省份发起了以政策性金融机构服务有效性为主题的调查活动，调查的对象分为中低收入人群、小微企业和政策性金融机构，调查的方式主要包括实地访谈和问卷调查两种。经过半年的调查，共计收到调查问卷553份，其中中低收入人群的调查问卷300份，小微企业的调查问卷150份，政策性金融机构的调查问卷103份，经审查之后有效的调查问卷分别为296份、149份和103份。

一、中国政策性金融机构服务有效性的问卷调查

（一）对于中低收入人群服务有效性的问卷调查

第一，有效调研的296位中低收入居民的基本情况。首先，就性别而言，男性158位，占比为53.38%；女性138，占比46，62%。其次，就区域而言，东部地区194份，占比65.54%；中部地区的83份，占比为28.04%；西部地区的19份，占比6.42%。再次，就年龄而言，35岁及以下的居民共229位，占比77.36%；36～45岁的居民27位，占比9.12%；46～55岁的居民31位，占比10.47%；56岁及以上的居民9位，占比3.04%。最后，就家庭收入水平而言，3万元以下的54位，占比18.24%；3万～5万元的49位，占比16.55%；6万～10万元的74位，占比25%；10万元以上的119位，占比40.20%。

第二，中低收入人群对于中国政策性金融机构的服务满意度。296位中低收入居民中，认为"不满足"的有70位，占比23.65%；认为"基本满足"的有164位，占比55.41%；认为"满足"的55位，占比18.58%；认为"十分满足"的仅7位，占比2.36%。可见，有近80%的中低收入居民对政策性金融机构的产品和服务表示"不满足"或"基本满足"，而认为"满足"或"十分满足"的居民仅为20.94%。

进一步地，在问及居民的金融需求不能被满足的具体体现时，有116位居民认为是"贷款的额度小"，占比为39.19%；有195位居民认为是"业务办理手续烦琐"，占比65.88%；有159位居民认为是"利

率高"，占比53.72%；有111位居民认为是"求人难"，占比37.50%；有92位认为是"期限短"，占比31.08%；还有77位认为是"稳定性差"，占比26.01%。具体详见图3－6。

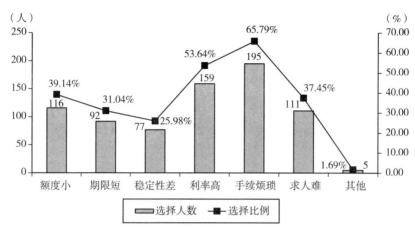

图3－6 政策性金融机构不能满足中低收入人群需求的主要原因

（二）对于小微企业的服务有效性的问卷调查

第一，有效调研的149家小微企业的基本情况。就区域而言，96家处于东部地区，占比64.43%；50家处于中部地区，占比33.56%；3家处于西部地区，占比2.01%。就注册资本而言，10万元以下的企业17家，占比11.41%；10万~50万元的企业23家，占比15.44%；50万~100万元的企业27家，占比18.12%；100万~500万元的企业21家，占比14.09%；500万元以上的企业61家，占比40.94%。就从业人员总数而言，100人以下的企业84家，占比56.38%；100~200人的企业26家，占比17.45%；200~500人的企业9家，占比6.04%；500人以上的企业30家，占比20.13%。就单位注册类型而言，国有企业39家，占比26.17%；私营企业39家，占比26.17%；个体经济28家，占比18.79%；外商投资企业4家，占比2.68%。

第二，小微企业对于中国政策性金融机构的服务满意度。149家小微企业中，认为"不满足"的有 20 家，占比 13.42%；认为"基本满足"的有 90 家，占比 60.40%；认为"满足"的 36 家，占比 24.16%；认为"十分满足"的仅 3 家，占比 2.01%。可见，有 73.82% 的中小微企业对政策性金融机构的产品和服务表示"不满足"或"基本满足"，而认为"满足"或"十分满足"的小微企业仅为 26.17%。进一步地，在问及小微企业的金融需求不能被满足的具体体现时，有 59 家企业认为是"贷款的额度小"，占比为 39.60%；有 71 家企业认为是"业务办理手续烦琐"，占比 47.65%；有 71 家企业认为是"贷款的利率高"，占比 47.65%；有 33 家企业认为是"求人难"，占比 22.15%；有 51 家企业认为是"贷款的期限短"，占比 34.23%；还有 65 家企业认为是"稳定性差"，占比 43.62%。具体详见图 3-7。

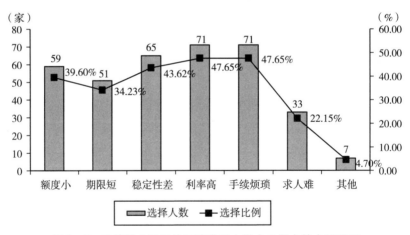

图 3-7　政策性金融机构不能满足小微企业需求的主要原因

（三）中国政策性金融机构的自我满意度评价问卷调查

第一，有效调研的 103 家政策性金融的分支机构的基本情况。调研的政策性金融机构包括中国农业发展银行、国家开发银行、中国进出口银行和中国出口信用保险公司。就区域而言，30 家处于东部地区，占比 29.13%；68 家处于中部地区，占比 66.02%；5 家处于西部地区，占比 4.85%。就从业人员总数而言，100 人以下的 36 家，占比 34.95%；100~200 人的 63 家，占比 61.17%；200~500 人的 2 家，占比 1.94%；500 人以上的 2 家，占比 1.94%。

第二，政策性金融机构的自我满意度评价。在中国政策性金融机构对于服务国家战略目标和实现政策性金融机构持续发展目标的实践效果评估方面，103 家分支机构中，74 家认为"很好"，占比 71.48%；21 家认为"好"，占比 20.39%；6 家认为"较好"，占比 5.83%；认为"一般"和"不足"的各有 1 家，占比为 0.97%。进一步地，在问及影响服务满意度的外部瓶颈时，有 65 家认为"外部信用环境较差"是最主要的原因，占比 63.11%；其次的原因是"监管考评机制不完善"，有 58 家选择该原因，占比 56.31%。具体见图 3-8。在问及影响服务满意度的内部瓶颈时，有 72 家认为"产品创新不足"是主要原因，占比 69.90%；有 57 家认为"绩效考核导向不明确"是第二大原因，占比 55.34%。具体见图 3-9。

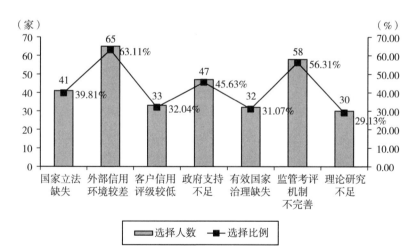

图 3-8　影响中国政策性金融机构服务有效性的外部原因

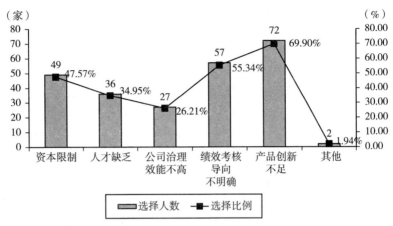

图 3 - 9　影响中国政策性金融机构服务有效性的内部原因

二、影响中国政策性金融机构服务有效性的因素分析

(一) 中低收入人群视角下政策性金融机构服务有效性的因素分析

1. 基于主成分分析法的因子筛选

按照政策性金融学的相关理论，结合中国政策性金融机构的实践，笔者提出影响政策性金融机构服务有效性的主要因素分为以下 3 个方面共计 14 个指标，它们分别是中低收入居民的基本信息、外部因素和自身因素，具体如表 3 - 7 所示。

表 3 - 7　　　　影响中低收入人群金融服务有效性的主要因素

序号	因素分类	具体指标
1	基本信息	年龄 1、教育学历 2、身份类别 3、所处区域 4、家庭劳动力人数 5、家庭年度总收入 6
2	外部因素	政府作用 7、政策性金融立法 8、金融产品优化与创新 9、商业性金融机构的服务有效性 10
3	自身因素	抵押物 11、熟人介绍 12、自身财务状况 13、自身管理水平 14

笔者将以上 14 个指标全部导入 SAS 9.3 企业版统计软件，在对指标的相关矩阵进行测量的基础上，采用主成分分析法对变量的特征值、方差、权重和累计权重进行了估计，影响中低收入人群金融服务有效性主要因素的特征值和方差贡献率以及影响中低收入人群政策性金融机构服务有效性的七个主成分载荷矩阵如表 3 - 8、表 3 - 9 所示。

表 3 - 8   影响中低收入人群主要因素的特征值和方差贡献率

	特征值	方差	权重	累计权重
1	3.2246	1.4115	0.2303	0.2303
2	1.8131	0.3816	0.1295	0.3598
3	1.4314	0.2676	0.1022	0.4621
4	1.1638	0.1737	0.0831	0.5452
5	0.9901	0.0644	0.0707	0.6159
6	0.9257	0.1073	0.0661	0.682
7	0.8184	0.05	0.0585	0.7405
8	0.7684	0.0718	0.0549	0.7954
9	0.6966	0.1822	0.0498	0.8452
10	0.5144	0.0015	0.0367	0.8819
11	0.5129	0.0884	0.0366	0.9185
12	0.4245	0.0569	0.0303	0.9489
13	0.3676	0.0192	0.0263	0.9751
14	0.3484		0.0249	1

表 3 - 9   影响中低收入人群服务有效性的七个主成分载荷矩阵

	PRIN1	PRIN2	PRIN3	PRIN4	PRIN5	PRIN6	PRIN7
年龄	0.16122	- 0.12977	- 0.6373	0.06162	- 0.01927	- 0.23817	- 0.11196
教育	- 0.17598	0.3258	0.57732	0.10744	0.08792	- 0.01948	0.09436
身份	0.01275	- 0.286	0.21782	0.64516	0.20205	- 0.02379	- 0.23093

	PRIN1	PRIN2	PRIN3	PRIN4	PRIN5	PRIN6	PRIN7
区域	0.05559	- 0.51367	0.07076	- 0.16199	0.18891	0.32068	0.44364
劳力	0.0511	0.21344	- 0.16974	- 0.15074	0.87458	0.09072	0.16789
家庭收入	- 0.02587	0.61638	- 0.12391	- 0.057	- 0.07649	- 0.15093	0.17513
政府	0.34702	0.15121	- 0.07512	0.00887	- 0.08613	0.52726	- 0.18052
政策性金融立法	0.35346	0.07696	0.09131	- 0.18924	- 0.28889	0.37347	0.16007
产品优化与创新	0.37529	0.06915	0.16097	- 0.1142	0.16913	0.11169	- 0.52606
抵押难	0.41599	0.05427	0.10585	0.10753	0.12331	- 0.16107	- 0.09279
熟人介绍	0.36993	- 0.04656	0.2359	- 0.14647	0.01547	- 0.33857	0.08416
自身财务	0.34315	0.02715	- 0.03648	0.09736	0.01324	- 0.30767	0.0923
自身管理	0.34394	- 0.062	0.09316	0.16592	- 0.09596	- 0.20671	0.49984
商业金融的满足度	0.06605	0.25023	- 0.21718	0.63028	- 0.01824	0.31712	0.24608

可见，经过对标准化数据做降维处理，筛选出 7 个主成分，特征值大于 0.81，累计权重为 74.05%。在此基础上，14 个指标经过主成分分析，找出了具体的 7 个主成分及其对应的因子：第一个主成分的权重是 23.03%，对应的指标主要是金融产品的优化与创新、抵押物以及熟人介绍；第二个主成分的权重是 12.95%，对应的指标主要是居民所处的区域以及家庭年度总收入[①]；第三个主成分的权重是 10.22%，对应的指标主要是居民的年龄与教育学历；第四个主成分的权重是 8.31%，对应的指标主要是居民身份以及商业性金融机构的服务有效性；第五个主成分的权重为 7.07%，对应的指标主要是居民家庭劳动力个数；第六个主成分的权重是 6.61%，对应的指标主要是政府发挥的作用以及

① 李实：《不平等研究领域的先驱者》，载《财新周刊》2017 年第 3 期。

政策性金融立法；第七个主成分的权重是 5.85%，对应的指标主要是居民自身的管理水平。

2. 基于主成分分析结果的主要影响因素分析

根据上述分析得出的七个主成分以及载荷因子，笔者认为，影响中低收入居民的政策性金融机构金融服务的主要因素包括以下几个方面：

第一个主成分是政策性金融机构的产品优化与创新程度，具体包括金融产品的优化与创新、抵押物以及熟人介绍三项指标。可以解释为，抵押物的硬性要求和是否具有熟人介绍两者在促进政策性金融机构的产品优化与创新过程中实则具有某种替代和互补的关系，它们共同作用并影响政策性金融机构的产品优化与创新，从而最终影响中低收入人群的服务有效性。可见，政策性金融机构的产品优化与创新是影响服务有效性的首要原因，而产品设计中抵押物的硬约束和中低收入居民个人的社会关系或社会资本又对前者具有较强的影响作用。

第二个主成分是中低收入居民所处的区域和家庭年度总收入水平。可以解释为，政策性金融机构的服务水平具有较强的东、中、西部地域差别特征，而且在区域差别的基础上，居民家庭的收入状况又进一步影响了中低收入居民对政策性金融机构服务的满意程度。

第三个主成分是居民的教育学历水平和年龄。可以解释为，中低收入人群的教育水平和年龄都是政策性金融机构提供有效产品和服务时的主要考虑因素，其中，年龄高低影响居民个人信用等级的积累，从而在一定程度上影响居民的借贷和还款能力，而教育学历水平也是影响居民获得政策性金融机构服务的重要因素，这进一步说明教育资源均等对于金融资源均等性的深层次影响。

第四个主成分是居民的身份类型和商业性金融机构的服务有效性。可以解释为，居民的身份类型是影响其获得商业性金融机构产品和服务的因素，同时两者的叠加效应则进一步影响了居民对于政策性金融机构服务有效性的满意度。这一结论也说明商业性金融机构的服务有效程度与政策性金融机构服务有效性具有一定的互补或替代关系，而具体的互补或替代关系又受居民身份类型的影响。

第五个主成分是居民家庭劳动力的个数。这说明居民家庭劳动力人数与政策性金融机构金融服务的满意程度有一定关系，这与第二个主成分中的家庭年度总收入水平存在一定的关系，它进一步解释了对中低收入群体而言影响家庭年度总收入的因素是居民家庭劳动力的个数，因此对于中低收入人群而言，"人多力量大"依然成立。

第六个主成分是政府在提升政策性金融机构服务有效性方面的作用和政策性金融立法。这说明政府的作用和政策性金融立法都对中低收入居民的金融服务有效性具有一定的影响，但应该指出的是，从中低收入居民的角度看，政府的作用以及政策性金融立法对其获得金融服务的影响程度实际上并不是最主要的因素。

第七个主成分是居民自身的管理水平。这说明居民自身的管理水平对于政策性金融机构服务的有效性也具有一定的影响，而从前面的分析可以看出，影响居民自身管理水平的因素可能包括教育学历水平、年龄、所处区域、身份类型以及家庭劳动力人数等，它是一个综合因素影响的结果。

（二）小微企业视角下政策性金融机构服务有效性的主要影响因素分析

1. 基于主成分分析法的因子筛选

按照政策性金融学的相关理论，结合中国政策性金融机构的实践，笔者提出影响小微企业的政策性金融机构服务有效性的主要因素分为以下3个方面共计13个指标，它们分别是小微企业的基本因素、外部因素和内部因素，具体如表3-10所示。

表3-10　　影响小微企业金融服务有效性的主要因素一览表

序号	因素分类	具体指标
1	基本因素	所处区域1、注册资本2、从业人员3、要素类型4、是否属于国家政策鼓励和支持的业务5

序号	因素分类	具体指标
2	外部因素	政府作用6、政策性金融立法7、金融产品优化与创新8、商业性金融机构的服务有效性9
3	内部因素	抵押物10、熟人介绍11、自身财务状况12、自身管理水平13

　　笔者将以上13个指标全部导入SAS企业版统计软件，在对指标的相关矩阵进行测量的基础上，采用主成分分析法对变量的特征值、方差、权重和累计权重进行了估计，特征值、方差贡献率以及筛选出的六个主成分的载荷因子分别如表3－11、表3－12所示。

表3－11　影响小微企业金融服务有效性主要因素的特征值和方差贡献率

	特征值	方差	比例	累计权重
1	3.7774	1.9159	0.2906	0.2906
2	1.8615	0.6288	0.1432	0.4338
3	1.2327	0.2213	0.0948	0.5286
4	1.0114	0.0307	0.0778	0.6064
5	0.9807	0.139	0.0754	0.6818
6	0.8417	0.1101	0.0647	0.7466
7	0.7316	0.1393	0.0563	0.8029
8	0.5924	0.0535	0.0456	0.8484
9	0.5389	0.1238	0.0415	0.8899
10	0.4151	0.0327	0.0319	0.9218
11	0.3823	0.0225	0.0294	0.9512
12	0.3598	0.0855	0.0277	0.9789
13	0.2744		0.0211	1

表 3 – 12　　　　影响小微企业金融服务有效性六个主成分的载荷矩阵

	PRIN1	PRIN2	PRIN3	PRIN4	PRIN5	PRIN6
所处区域	− 0.2490	0.2048	− 0.1078	0.3805	0.5591	0.0418
注册资本	− 0.3194	0.3623	0.0884	− 0.2619	− 0.0857	0.0437
从业人数	− 0.2243	0.3107	0.3913	− 0.4221	− 0.2704	0.0564
要素类型	− 0.1991	0.3324	0.0853	− 0.1884	0.5266	− 0.0545
是否鼓励	0.1724	− 0.3337	0.3571	− 0.0957	0.3196	0.4658
商业性满足度	− 0.1156	0.0895	0.6023	0.3832	− 0.1528	0.3220
政府的作用	0.3360	− 0.0283	0.3423	− 0.0451	− 0.0626	− 0.5073
政策性金融立法	0.3367	0.0790	0.3839	0.1630	0.2616	− 0.3608
产品优化与创新	0.3672	0.2026	0.0351	− 0.0992	0.1107	0.3450
抵押物	0.3224	0.2689	− 0.1882	0.0814	− 0.1215	0.3317
熟人介绍	0.0402	0.4354	− 0.0311	0.5523	− 0.2818	− 0.0543
企业财务状况	0.3878	0.1376	− 0.1368	− 0.1129	− 0.0476	0.1951
企业管理水平	0.2932	0.4141	− 0.0953	− 0.2326	0.1518	− 0.1094

可见，经过对标准化数据做降维处理，筛选出 6 个主成分，特征值大于 0.84，累计权重为 74.66%。在此基础上，13 个指标经过主成分分析，找出了具体的 6 个主成分及其对应的因子：第一个主成分的权重是 29.06%，对应的指标主要指金融产品的优化与创新、企业财务状况、政策性金融立法以及抵押物；第二个主成分的权重是 14.32%，对应的指标主要是熟人介绍和企业管理水平；第三个主成分的权重是 9.48%，对应的指标主要是商业性金融机构的服务有效性；第四个主成分的权重是 7.78%，对应的指标主要是企业的从业人数；第五个主成分的权重为 7.54%，对应的指标主要是企业所处区域和要素类型；第六个主成分的权重是 6.47%，对应的指标主要是政府发挥的作用以及是否属于国家政策鼓励和支持的业务。

2. 基于主成分分析结果的主要影响因素分析

根据上述分析得出的六个主成分以及载荷因子，笔者认为，影响小微企业的政策性金融机构金融服务的主要因素包括以下几个方面：

第一个主成分是政策性金融机构的产品优化与创新情况。具体的指标包括政策性金融机构的产品优化与创新程度、政策性金融立法、企业财务状况和抵押物。可以解释为政策性金融机构的产品创新是影响服务有效性的主要原因，其中，产品设计中的抵押物的硬约束和企业财务状况是决定能否有效融资的首要因素，另外，政策性金融立法对政策性金融机构产品创新具有较强的直接推动作用。

第二个主成分是小微企业的企业管理水平和是否有熟人介绍这两项指标。这说明企业内部的管理水平和企业是否具有较强的社会资本在获得政策性金融服务方面具有一定的替代和互补关系，他们都是影响政策性金融机构服务有效性的关键因素。

第三个主成分是商业性金融机构的服务有效性。这说明商业性金融机构的服务有效程度与政策性金融机构服务有效性具有一定的互补或替代关系，是影响政策性金融机构的服务满意度的重要因素。

第四个主成分是企业的从业人员数量。这说明小微企业的企业人员规模也是影响企业获得政策性金融机构有效融资等服务的关键要素之一。

第五个主成分是企业所处区域和对应的要素类型。这说明政策性金融机构的服务水平具有较强的东、中、西部地域差别特征；而且在此基础上，企业的要素类型又进一步影响了企业对政策性金融机构服务有效性的满意程度。这也意味着，不同的要素类型的企业融资能力或者对政策性金融机构服务的满意程度是存在较大差异的。

第六个主成分是政府在提升政策性金融机构服务有效性方面的作用和企业主营业务是否属于国家政策鼓励和支持的业务。这说明政府的作用以及企业的主营业务类型对于企业的金融服务有效性具有一定的影响，但应该指出的是，从影响的效果看两者实际上并不是最主要的因素。

（三）政策性金融机构自身审视视角下的主要影响因素辨析

1. 基于主成分分析法的因子筛选

按照政策性金融学的相关理论，结合中国政策性金融机构的实践，笔者提出影响政策性金融机构自身的服务有效性的主要因素分为以下3个方面共计16个指标，它们分别是政策性金融机构的基本因素、外部因素和内部因素，具体如表3-13所示。

表3-13　　　影响政策性金融机构服务有效性的主要因素

序号	因素分类	具体指标
1	基本因素	所处区域1、所属机构2、从业人员3
2	外部因素	政府作用4、政策性金融立法5、监管考评机制6、外部信用环境7、客户信用等级8、有效的国家治理9、政策性金融理论研究10
3	内部因素	资本不足11、人才缺乏12、公司治理13、完善的绩效考核14、金融产品和服务创新15、营销人员素质16

将以上16个指标全部导入SAS 9.3企业版统计软件，在对指标的相关矩阵进行测量的基础上，采用主成分分析法对变量的特征值、方差和累计方差进行了因子分析，计量的结果如表3-14、表3-15所示。

表3-14　　影响政策性金融机构服务有效性主要因素的特征值和方差贡献率

指标	特征值	方差	权重	累计权重
1	3.4310	1.1551	0.2144	0.2144
2	2.2759	0.5973	0.1422	0.3567
3	1.6785	0.1041	0.1049	0.4616
4	1.5744	0.4209	0.0984	0.5600
5	1.1535	0.1670	0.0721	0.6321
6	0.9864	0.1165	0.0617	0.6937
7	0.8699	0.0997	0.0544	0.7481
8	0.7702	0.1468	0.0481	0.7962
9	0.6234	0.0321	0.0390	0.8352
10	0.5912	0.0506	0.0370	0.8722

续表

指标	特征值	方差	权重	累计权重
11	0.5406	0.1123	0.0338	0.9059
12	0.4283	0.0326	0.0268	0.9327
13	0.3957	0.1156	0.0247	0.9574
14	0.2802	0.0451	0.0175	0.9750
15	0.2351	0.0695	0.0147	0.9897
16	0.1656		0.0103	1.0000

表 3-15　　　　影响小微企业金融服务有效性七个主成分的载荷矩阵

	PRIN1	PRIN2	PRIN3	PRIN4	PRIN5	PRIN6	PRIN7
机构	0.3195	-0.1849	-0.0225	0.3818	0.2312	0.0878	-0.0518
区域	-0.2441	0.4209	-0.0174	-0.0597	-0.0246	-0.1903	0.0960
员工总数	-0.1017	0.4192	0.1756	0.0326	0.1906	0.2911	-0.1910
立法	0.3299	-0.1539	0.2531	-0.0086	-0.1011	0.3126	0.0473
监管考评	0.3328	-0.0865	0.2414	-0.1980	0.2906	-0.1576	-0.2298
政府的作用	0.2884	-0.2177	0.2472	-0.4035	0.1792	0.0482	0.1541
外部信用环境	0.3502	-0.0453	-0.1538	0.2711	-0.1907	-0.1096	0.4210
客户信用评级	0.2343	0.3423	-0.3272	-0.0206	0.1212	0.1921	0.0118
有效国家治理	0.2841	0.1866	-0.3218	-0.3133	0.0961	0.1820	0.3039
金融理论研究	0.0617	0.1887	0.2441	0.5599	0.1286	0.3620	0.0617
资本不足	0.3092	0.1761	-0.2225	-0.2086	-0.2658	0.0087	-0.3824
人才缺乏	0.2381	0.1164	0.1970	0.1860	-0.5648	-0.3737	0.0747
公司治理	0.1161	0.2458	0.2085	-0.1433	-0.4503	0.3736	-0.1839
完善的绩效考核	0.2722	0.1893	0.0158	0.1771	0.2241	-0.4232	-0.4803
金融产品和服务创新	-0.0555	0.1158	0.5850	-0.1752	0.0038	-0.0877	0.1452
营销人员素质	0.1421	0.4366	0.1294	-0.0344	0.2517	-0.2595	0.4023

可见，经过对标准化数据做降维处理，筛选出 7 个主成分，特征值大于 0.86，累计方差为 74.81%。在此基础上，16 个指标经过主成分分析，找出了具体的 7 个主成分及其对应的因子：第一个主成分的权重是 21.44%，对应的指标主要是外部信用环境、监管考评机制和政策性金融立法；第二个主成分的权重是 14.22%，对应的指标主要是所处区域、员工总数和营销人员的素质；第三个主成分的权重是 10.49%，对应的指标主要是金融产品和服务创新；第四个主成分的权重是 9.84%，对应的指标主要是政策性金融理论研究和政府的作用；第五个主成分的权重为 7.21%，对应的指标主要是人才缺乏和公司治理；第六个主成分的权重是 6.17%，对应的指标主要是完善的绩效考核；第七个主成分的权重是 5.44%，对应的指标主要是资本不足。

2. 基于主成分分析结果的主要影响因素分析

根据上述分析得出的七个主成分以及具体因子，笔者认为，影响政策性金融机构金融服务的主要因素包括以下几个方面：

第一个主成分是外部信用环境、监管考评机制和政策性金融立法。可以解释为政策性金融机构所面临的外部信用环境不佳，以及完善的监管考核体制机制和政策性金融法律的缺失，是影响服务有效性的主要外部原因，其中政策性金融立法和外部信用环境对其完善监管考评机制有直接的影响。

第二个主成分是政策性金融机构所处的区域、员工总数和营销人员的素质。这说明政策性金融机构的服务水平具有较强的东、中、西部地域差别特征；可以进一步解释为政策性金融机构的区域分布、服务团队的规模和素质是影响政策性金融机构服务有效性的关键内部因素。

第三个主成分是政策性金融机构的产品和服务创新情况。这说明政策性金融机构的产品和服务创新情况也是影响政策性金融机构的服务满意度的重要因素，这与小微企业和中低收入人群对影响因素的判断基本一致。

第四个主成分是政策性金融理论研究和政府的作用。可见，政策性金融机构在发展过程中遇到了理论研究不足的瓶颈，而政府对政策性金融机构在战略层面的指导和业务的支持不足也是重要原因。

第五个主成分是人才缺乏和公司治理不完善。这说明政策性金融机构在提升产品和服务水平过程中，遇到的最直接瓶颈就是机构内部人才缺乏，以及公司治理的低效率运作，这些因素直接导致了产品创新不足从而服务有效性不高等问题。

第六个主成分是完善的绩效考核。这进一步解释了，产品创新不足、人才缺乏等现象的原因在于缺乏完善的绩效考核，而且是与国家战略相适应的、以市场业绩考核为导向的绩效考核。

第七个主成分是资本不足。可见，资本不足对于政策性金融机构的公司治理、产品创新以及绩效考核等内部问题都将产生一定的影响，从而最终影响政策性金融机构的服务有效性。

（四）影响中国政策性机构服务有效性因素的总结分析

综上结论：第一，金融产品创新对中低收入居民、小微企业和政策性金融机构都十分重要，可见金融产品的创新是第一重要的因素；而就需求者而言，抵押物和熟人介绍又显得十分重要，因为有抵押物或有熟人介绍是获取政策性金融机构的金融产品或服务的两个具有替代意义的重要因素。第二，政策性金融机构服务有效性在我国东部、中部和西部的区域特征非常明显。第三，政策性金融立法对于中低收入居民、小微企业和政策性金融机构都十分重要，它实质上是金融产品创新的法律保障。第四，政府对于提升中低收入居民、小微企业和政策性金融机构的金融服务有效性都十分重要。第五，商业性金融机构服务的有效性也不可忽视，它对于中低收入居民和小微企业的金融服务有效性比较重要。第六，需求者的管理水平对于金融服务有效性提升的影响也比较显著。详见表 3 - 16。

表3-16　供求视角下的中国政策性金融机构服务有效性因素比较

	PRIN1	PRIN2	PRIN3	PRIN4	PRIN5	PRIN6	PRIN7
中低收入居民	1.1 金融产品的优化与创新 1.2 抵押物 1.3 熟人介绍	2.1 所处区域 2.1 家庭收入	3.1 年龄 3.2 学历	4.1 身份 4.2 商业性金融机构服务有效性	5.1 家庭劳动力数	6.1 政府的作用 6.2 政策性金融立法	7.1 自身管理水平
小微企业	1.1 金融产品的优化与创新 1.2 企业财务状况 1.3 政策性金融立法 1.4 抵押物	2.1 熟人介绍 2.2 企业管理水平	3.1 商业性金融机构服务有效性	4.1 从业人数	5.1 所处区域 5.1 要素类型	6.1 政府的作用 6.2 是否政策激励	—
政策性金融机构	1.1 外部信用环境 1.2 监管考评机制 1.3 政策性金融立法	2.1 所处区域 2.2 员工总数 2.3 营销人员素质	3.1 金融产品和服务创新	4.1 政策性金融理论研究 4.2 政府作用	5.1 人才缺乏 5.2 公司治理	6.1 完善的绩效考核	7.1 资本不足

三、影响中国政策性金融机构服务有效性因素的综合分析

首先，从对中国政策性金融机构社会合理性分析中的手段（工具）—目的（价值）的角度看。一方面，其在提升社会合理性方面呈现出一定的功能分化效应，即在促进农民增收和东北全面振兴方面具有一定的正向作用，但中国进出口银行对东北全面振兴具有负向的作用，同时政策性保险机构对于三农经济的作用还不显著，政策性金融机构的商业性异化也对社会合理性改善造成了一定的影响；另一方面，由于商业性金融机构对于社会合理性的提升实际上发挥着负向的阻碍作用，因此政策性金融机构在发挥政策性金融对商业性金融机构以及合作性金融机构的虹吸和诱导作用方面还有较大的空间。

其次，从对中国政策性金融机构社会合理性分析中的理论（科学）—实践（道德）的角度看。一是中国政策性金融学理论学科研究的基本准则不应是市场原教旨主义或单纯地追求利润最大化；二是学界、业界对政策性金融学社会合理性的关注度严重不足，以及受政策性金融的认知不足和复杂利益影响，造成政策性金融实践发展与理论研究出现了的分离和滞后现象，从而使得政策性金融学的理论认知更加曲折。

再次，从对中国政策性金融机构的经济有效性的角度看。第一，总体上三家政策性银行和中国信保的全要素生产率都处于前沿生产曲面之上，且具有分化特征，其中国家开发银行的全要素生产率最高，为1.691，中国进出口银行的全要素生产率居中，为1.378，中国信保的全要素生产率为1.327，而中国农业发展银行的全要素生产率为1.291。第二，就具体分解的原因而言，导致三家政策性银行全要素生产率分化的主要原因表现在于技术效率和技术进步效率两方面，其中技术效率的影响总体上大于技术进步效率的影响。而三家政策性银行的技术进步效率相对较低的原因在于纯技术效率较低，三家政策性银行的纯技术效率平均值分别为1.015、1.244和1.000。第三，除了全要素生产率之外，

三家政策性银行的其他效率指标在整体上也呈现出分化性特征。比如技术效率方面，进出口银行为 1.479，农发行为 1.330，而国家开发银行仅为 1.196。

最后，从中国政策性金融供求双方的角度看。第一，包括抵押物和熟人介绍在内的金融产品优化与创新是获取政策性金融机构产品或服务的首要因素；第二，政策性金融机构服务有效性呈现东部、中部和西部的区域差异特征；第三，政策性金融立法和政府的作用对于政策性金融供需双方都十分重要；第四，商业性金融机构服务有效性在一定程度上影响了中低收入居民和小微企业对于政策性金融服务的有效性程度。第五，作为需求者的中低收入居民和小微企业的自身管理水平对于金融服务有效性提升的影响也比较显著。上述五个方面也应该是未来中国政策性金融机构改革的重要抓手和改革着力点。

第四章

市场决定与"三行一保"的
体制机制改革

　　为构建专业化的金融体系，实现商业性金融和政策性金融分离分立，国务院于1994年先后成立了三家政策性银行，标志着我国的政策性金融体系架构基本确立。2001年中国出口信用保险公司的成立，则标志着我国的政策性金融改革进入了"三行一保"的新时代。[1] 截至2015年末，三家政策性银行的资产总额达19.84万亿元，占银行业金融机构资产总额（199.35万亿元）[2] 的9.95%，贷款余额达14.80万亿元，占银行业金融机构贷款余额（99.35万亿元）[3] 的14.90%。从历史的角度看，过去的20多年三家政策性银行的贷款余额占比长期稳定在10%~15%，与国际上的政策性银行规模占比基本一致，比如1995年9月末日本政策性金融机构的贷款余额占金融机构全部贷款余额的15%。[4]

---

　　[1]　2016年5月20日，国务院批准了由财政部会同农业部、银监会组建成立了国家农业信贷担保联盟有限责任公司，标志着我国在建立健全全国政策性农业信贷担保体系方面迈出了重要一步，也标志着我国形成了"三行两保"的政策性金融新格局。

　　[2]　中国银行业协会行业发展研究委员会：《中国银行业发展报告》，中国金融出版社2016年版，第2页。

　　[3]　中国银行业协会行业发展研究委员会：《中国银行业发展报告》，中国金融出版社2016年版，第63页。

　　[4]　白钦先、王伟：《各国开发性政策性金融体制比较》，中国金融出版社2005年版，第108页。

在理论分析市场在金融资源配置中起决定性作用和实证分析我国政策性金融机构效率水平及影响因素的基础上，本章主要以"三行一保"政策性金融机构为研究对象。首先，本章分别分析了"三行一保"各自不同的发展进程、现状、问题及改革动因；其次，以市场决定为导向，参考社会企业模式，分别探讨了"三行一保"的改革方向及目标、职能定位、业务范围、运营机制、内部治理架构以及相应的改革创新模式等。

第一节　市场决定下中国农业发展银行改革动因与目标模式

一、中国农业发展银行发展进程与改革动因

（一）中国农业发展银行发展进程概述

为了解决"三农"发展中存在的农民"卖粮难"和"白条子"等现实问题，我国于 1994 年 11 月成立了中国农业发展银行。农发行是以国家信用为基础筹集资金的我国唯一一家农业政策性银行。它主要为农业和农村基础建设服务，提供农业政策性业务以及代理支农资金款项的财政拨付。建行以来，为维护农业市场稳定、保护农民的合法权益、保障国家粮食安全以及促进城乡一体化做出了巨大贡献。在推进城乡一体化进程中，农发行发挥了重要作用，通过广泛筹集社会资金回流反哺"三农"，一定程度上解决了农业信贷存在的净流出现象，保证了对"三农"领域的信贷净投放。农发行通过独具特色的核心业务，建立了收购资金封闭运行管理制度体系，与此同时还大力支持农业农村基础设施建设，有效改善了农民的生产生活条件，形成了多领域、多元化、广覆盖、全方位的支农格局。2016 年，在经济进入新常态的背景下，农

发行积极推进对公业务经营转型，提升自身的综合金融服务能力，不断贯彻落实国家产业政策，服务国家区域发展战略。围绕"一带一路""人民币国际化"等，不断推进境内境外业务的协同发展，不断优化跨境金融综合服务体系，为提高我国的国际影响力服务。至 2016 年末，贷款余额 4.09 万亿元，在三家政策性银行中，规模位列第二，大约是国家开发银行资产规模的 1/3，约占全部银行业金融机构人民币贷款余额（106.6 万亿元）的 3.84%。

为了充分发挥农发行的特殊功能作用，在 2004 ~ 2018 年每年的中央"一号文件"中，也都有对农发行加大政策性金融支农力度的特别强调和要求。如表 4 - 1 所示。

表 4 - 1 2004 ~ 2018 年中央"一号文件"有关农业政策性金融的内容

年份	内容
2004	农业发展银行要调整职能，合理分工，扩大对农业、农村的服务范围
2005	加大政策性金融支农力度，增加支持农业和农村发展的中长期贷款，强化农业发展银行的支农作用，拓宽业务范围
2006	调整农业发展银行职能定位，拓宽业务范围和资金来源
2007	进一步发挥中国农业发展银行在农村金融中的骨干和支柱作用
2008	加大农业发展银行支持"三农"的力度
2009	抓紧出台政策性金融支持农业中长期信贷的具体办法。加快发展政策性农业保险
2010	加大政策性金融对农村改革发展重点领域和薄弱环节支持，拓展农业发展银行支农领域，开展农业开发和农村基建中长期政策性信贷业务
2011	在风险可控的前提下，支持农业发展银行积极开展水利建设中长期政策性贷款业务
2012	支持农业发展银行加大对农业科技的贷款力度
2013	强化农业发展银行政策性职能定位
2014	支持农业发展银行开展农业开发和农村建设中长期贷款业务，建立差别监管体制
2015	农业发展银行要在强化政策性功能定位的同时，加大对水利、贫困地区公路等农业农村基础设施建设的贷款力度，审慎发展自营性业务

续表

年份	内容
2016	强化中国农业发展银行政策性职能，加大中长期"三农"信贷投放力度
2017	完善农业发展银行风险补偿机制和资本金补充制度，加大对粮食多元市场主体入市收购的信贷支持力度
2018	明确中国农业发展银行在乡村振兴中的职责定位，强化金融服务方式创新，加大对乡村振兴中长期信贷支持

立行20多年，若将农业发展银行的成立视为中国农业政策性金融机构的新生，则它是一个虽已成人但还未完全成熟定型的年轻人。以农发行金融产品的丰裕程度和改革进程为主标尺，20多年来农发行先后经历了以主要办理农产品的国家专项贷款的建行初期阶段（1994~1998年）、以收购资金封闭管理为主的业务发展阶段（1998~2004年）、以多方位与宽领域支农的业务综合阶段（2004~2015年）、以全面深化改革为主的全面提升阶段（2015~2017年）和以建立监督立法为主的完善监管新阶段（2017年至今）等。

在1994~1998年的第一阶段，1994年4月19日国务院下发了《关于组建中国农业发展银行的通知》，批准了《中国农业发展银行组建方案》和《中国农业发展银行章程》，从而成立了中国农业发展银行。中国农业发展银行于1994年6月30日正式接受中国农业银行、中国工商银行划转的农业政策性信贷业务，共接受各项贷款2592亿元。在建行初期，农业发展银行的业务是由农业银行等相关的国有银行代理的，其间曾出现过"代而不理"的现象，随后中国农业发展银行于1995年4月底完成了省级分行的组建工作，并在1996年8月至1997年3月期间，按照国务院颁发的《关于农村金融体制改革的决定》和人民银行批准的《中国农业发展银行增设分子机构实施方案》增设了省以下分支机构，形成了比较健全的机构体系。1998年3月，国务院决定将中国农业发展银行承办的农村扶贫、农业综合开发、粮棉企业附营业务等项贷款业务划转到有关国有商业银行，中国农业发展银行主要集中精力加强粮棉油收购资金封闭管理。总体上,在这一阶段农发行的发展处于机构流程不断理顺和构建的建行初期,主要是强化库贷挂钩管理,并逐步将贷款与企业商品运行结合起来,在贷款管理、业务流程和管理体制上处于不断摸索中。

在 1998~2004 年的第二阶段,购粮资金封闭运行管理模式的初步形成,农发行提出了"钱随粮走、购贷销还、库贷挂钩、封闭运行"的理论框架,适应了保护价时期政策、体制和购销环境,扭转了贷款管理不力局面,第一次对封闭运行管理模式进行了有益的尝试。但与此同时,由于受价格双轨制等宏观环境的影响,加上内部的管理经验与理念认识不足等原因,在这一时期,经营管理的效率总体还都比较低下,财政与金融的界限未能有效划清,截至 2004 年末贷款余额 7190 亿元,其中不良贷款余额为 1352 亿元,不良贷款率为 18.81%;资金自给率只有16%;成本收入比为 67%;经营利润 24 亿元。

在 2004~2015 年间的第三阶段,国务院 2004 年 7 月 7 日召开的常务会议给农发行提供了新的发展契机,从这一阶段起,农业发展银行就开始推行贷款风险五级分类、政策性金融债券承销团组建、代理保险、农业小企业贷款、农业科技贷款和农业产业化龙头企业贷款等相关创新业务。2010 年 11 月向人民银行上报了《关于研究农发行改革方案的建议》。2014 年国务院第 63 次常务会议审议通过了中国农业发展银行改革实施总体方案。在第二阶段,实质上也走出了原来的"粮食储备信贷银行"的业务范围,在农业产业的部分相关延伸领域内涉足了商业性贷款业务,十多年来,在人力资源管理、部门职能与架构完善、产品创新体系、全面风险管理、信息科技与数据建设和全面深化改革等方面都取得了具有建设意义的新进展。至 2015 年末,资产规模 4.18 万亿元,贷款余额 3.44 万亿元,[①] 不良贷款 286 亿元,不良贷款率 0.83%;成本收入比 30.5%;经营利润 207.84 亿元。在三家政策性银行中,农发行规模位列第二,约占全部银行业金融机构贷款余额的 3.46%。

---

① 数据来源于中国农业发展银行 2015 年年报。

在 2015 ~ 2017 年间的第四阶段，2015 年 4 月，国务院批复了包括农业发展银行在内的三家政策性银行的改革实施总体方案，方案要求农发行坚持以政策性业务为主体，通过对政策性业务和自营性业务实施分账管理、分类核算，明确责任和风险补偿机制，确立以资本充足率为核心的约束机制，建立规范的治理结构和决策机制，把中国农业发展银行建设成为具备可持续发展能力的农业政策性银行。2015 年，新设董事长一职，并将董事长与行长分别设置，根据财政部关于拨付资金补充资本金的通知精神，农发行将 2015 年度可供分配的利润 270 亿元人民币转入了实收资本，同时获财政部现金注资 100 亿元人民币，注册资本达 570 亿元。虽然农业发展银行历年的资本充足率等关键指标没有对外披露，但以 2016 年的数据为基础，其所有者权益为 1185.01 亿元，贷款资产余额为 39809.21 亿元，总资产为 56162.57 亿元，按照资本管理办法粗略计算其资本充足率大约不超过 6%，低于巴塞尔协议 8% 的最低要求。另外，据业内人士透露，建行 20 多年来全行还有历年累计超 400 亿元的欠息，2015 年全年全行亏损的二级分行有几十个，涉及近一半的省分行，亏损额约 50 亿元。此外，还有科技系统建设的自主性问题有待进一步解决。

2017 年至今，农发行的发展与改革进入了监督立法的新时代。目前，农发行全系统共有 31 个省级分行、300 多个二级分行和 1600 多个县域营业机构，有一支 5 万多人的农业政策性金融专业队伍，服务网络遍布中国大陆地区。2017 年 7 月 6 日，中国农业发展银行的新章程获批，公司治理架构逐步完善，《中国农业发展银行监督管理办法（征求意见稿）》在历时几个月的讨论后，2017 年 11 月 9 日正式的监管办法终于落地发文。从此，中国农业发展银行的改革发展终于进入了有专门的监督法可依的新时代。应该看到的是，监管办法本身更多强调了的机构自身要按照资本管理办法逐步做实资本，完善内控机制，强调了资本管理、风险管理和内控管理，但这样的监督管理办法还是停留在了机构自身稳健发展的狭隘视角，没有站在国家战略尤其是农业政策性金融战略的广义视角来强化公共金融之于农业公共客户必须承担的、不可推卸的历史责任和使命要求，更不用说尚有业务边界不清等操作性问题，也没有给予明确规范，因此，该监督管理办法至多算得上是一个具有起点意义、但尚有诸多问题需要完善和解决的试探性、开启性的破冰式立法，以后的完善之路还很长。

（二）中国农业发展银行改革动因

在市场决定资源配置方式的视角下，笔者在第二章基于马克思主义经济学等相关理论阐述了市场决定理论，该理论具有公共目的性、实现手段性、协调均衡性和前提条件性等特征。该理论也指明了农业政策性金融机构的科学发展与有效改革的基本原则：一是宗旨原则，即要以实现广大农民的根本利益为发展宗旨；二是效率与公平原则，即微观上维持农业政策性金融机构的财务可持续性，宏观上要服务和保障"三农"经济的社会合理性；三是福利最大化原则，即通过发挥农业政策性金融对于"三农"经济的内驱作用以提升效率，降低农民群体的社会必要劳动时间，实现农民的福利最大化。因此，针对农发行目前存在的突出问题，中国农业发展银行改革的根本动因是要构建以最广大人民根本利益为中心的现代农业政策性银行制度，具体体现在公共战略、公共治理、市场效率和动态调整四个方面。

首先，公共战略在制定和执行上都有待完善。公共战略包括战略定位和战略规划两方面，前者包括客群定位和客户定位，后者包括发展规划和发展计划。近几年来，一是农发行提供的产品主要还是面向企业或金融同业的产品，而直接面向个人客户的产品较少，尤其是在公开披露的32项资产业务中几乎没有个人客户的产品。二是粮油棉企业贷款等主要战略客户的数量近几年不断减少，比如信贷余额约占全行的四成以上、作为农发行主要信贷业务的粮棉油信贷，在2013年底客户数为14799家，比年初减少3231家，减幅超20%，而2014年底五级分类口径下的正常类粮油贷款客户为7656家，比年初减少1068家，减幅超过12%。[①] 三是与

---

① 数据来自中国农业发展银行2014年年报和中国农业发展银行2013年年报，部分数据由作者分析得来。

日本政策金融公库等国外农业政策性金融机构相比，农发行的发展规模相对较小，且没有向社会公开具体的客户发展计划等。详见表4-2。

表4-2　　　　　市场决定视角下农发行公共战略的改革动因

维度	战略定位		战略规划	
	客群定位	客户定位	发展规划	发展计划
现象	粮油客户群体逐年减少	未直接面对个人	有规划但发展规模小	缺乏具体的行动计划
原因	战略客户群体支持不足	缺乏制度化的客户定位体系	宗旨意识不强，认知不足，监管低效	缺乏向社会公开行动计划的制度
办法	明确战略客户的总体目标和定位	建立制度化的客户定位体系	明确战略具体目标和发展规划	建立向社会公开计划的信息披露制度

其次，公共治理在架构与能力上有待构建和提高。公共治理体现在微观的公司治理和宏观的国家治理两个层面，前者包括治理权、股权和信息披露，后者包括立法监督、资本补充和国家信用等。突出的问题主要体现在：一是"三会一层"的治理结构尚未建立，由此导致《中国农业发展银行章程》的部分条款亟待修改。[①] 二是缺乏对发展主要战略客户计划的披露，由此造成了与商业性金融机构在实际的市场营销过程中展开不公平竞争等问题出现，[②] 农发行作为政策性金融机构的形象也一定程度受损。三是在经历了农业政策性金融的立法长期缺失后，农业政策性金融机构立法终于有了突破，但监督立法工作还有诸多问题需要

[①]　比如现行《中国农业发展银行章程》的第十条中指出，"中国农业发展银行实行行长负责制"，建议表述为"由股东大会、董事会、监事会和高级管理层领导和管理下的行长负责制"。新的监督管理办法的第十一条表述中建议增加股东大会的相关内容，因为有股东大会才是一个相对完整的公司治理结构。

[②]　据业内人士反馈，农发行以超低的利率（1.8%）对处于珠三角的佛山市交通枢纽项目佛山西站授信超10亿元，从而使得原有贷款合作多年的商业银行被迫退出。类似的事件还有很多，比如在茂名市等相关地市还有农发行承接商业性房地产贷款项目等现象。这类事件给当地的金融稳定和金融秩序造成了一定冲击和影响。

完善。在 2017 年 11 月之前监管体制的法律依据主要是由国务院 2000 年 1 月通过的《国有重点金融机构监事会暂行条例》，但该条例的法律依据还是《中华人民共和国商业银行法》；2017 年 11 月《中国农业政策性金融机构监督管理办法》正式发布，但其更多强调的是机构的资本管理、风险管理和内控管理等内部事宜，还存在政策性金融的公共战略强化不足等系列问题。① 四是规模较小的原因在于资本不足，而更进一步的深层原因在于市场化的资本补偿机制长期缺失。详见表 4 - 3。

表 4 - 3　　市场决定视角下农发行公共治理的改革动因分析

	公司治理		国家治理		
	治理结构和股权	信息披露	立法监督	资本补充	国家信用
现象	"三会一层"治理结构缺失；章程待完善	没有披露战略客户的发展计划	缺乏单独立法，监督有效性不足	资本不足	背书作用有待加强
原因	深化治理改革力度有待加强	没有制度化的重点战略的信息披露机制	单独立法工作没有列入立法日程	缺失市场化的资本补偿机制	机制体制的创新不足
办法	构建完善的现代公司治理结构	建立制度化的信息披露机制	加强人大和政协的立法监督作用	建立市场化的资本补偿机制	完善国家信用背书机制

　　再次，市场效率在社会合理和经济效率两个维度上尚有较大提升空间。市场决定资源配置方式决定了政策性金融是要实现公共利益最大化这一战略目标，在这个视角下，市场效率具体体现在社会合理性和经济有效性两方面。根据第三章的相关分析结论，在社会合理的效率水平上，农发行在支持农村经济、农民增收和落后区域发展等方面的效率有待提高，政策性银行对提升农民收入的效率总体比提升城市居民收入的边际效率低大约 10% ~ 30%，其中农发行的支农空间不言而喻；另外

---

① 详见《国有重点金融机构监事会暂行条例》第一条。

农发行作为农业政策性金融机构对商业性金融机构积极支持"三农"的引导作用有待进一步加强。以银行业金融机构的农村营业网点覆盖率为例，截至 2015 年底农村区域的营业网点有 5.61 万家，[①] 全国共有乡镇 4.04 万个，平均每个乡镇有 1.39 个网点，由于农村区域经济发展的不平衡性，不少乡镇是"被平均"掉的，对行政村而言大概只有 1/10 的覆盖率。[②]

最后，动态调整性有待加强。与国外的政策性金融机构相比，农发行在战略客群的定位调整、具体客户的不断优化、立法的建立与完善以及具体支农行动计划的调整变更等方面，都缺少应有的动态调整的特征。

二、中国农业发展银行体制改革目标

在对农发行改革动因深入分析的基础上，中国农业发展银行要构建实现以最广大人民根本利益为中心的现代农业政策性银行制度，体制改革的目标也是体现在公共战略、公共治理、市场效率和动态调整四个子方面。

首先，在公共战略上要实现国家战略和银行战略的有效联动和执行。一是要求宏观上明确国家战略的具体指标，而不能仅仅是一句空话，应使其成为有指标衡量、有推动执行、有督导评估和有动态调整的"四有"国家战略；二是要求微观上要建立农业政策性银行的战略管理体系，包括制定银行战略、建立战略部门、推进战略实施和定期动态调整战略举措等。

其次，在公共治理上要实现公司治理的体系化和国家治理的现代

---

① 中国银行业协会行业发展研究委员会：《中国银行业发展报告》，中国金融出版社 2016 年版，第 168 页。

② 应该指出的是，中国银行业协会行业发展委员会（2016）认为，在农村区域，"基础金融服务已覆盖 56 万个行政村，覆盖率 95%"，实际上至多可以认为对乡镇实现了全覆盖，对农村行政村的覆盖率仅为 10%。这可能才是中国农村基础金融服务最真实的情况。

化。一是要求微观上农业政策性银行要建立完善的"三会一层"的现代公司治理结构，以进一步提升治理效能；二是宏观上国家要建立健全包括对农业政策性金融的立法监督职能在内的现代化的国家治理体系，以发挥农业政策性金融对于"三农"经济战略驱动作用为抓手，提升国家的现代化治理能力。

再次，在市场效率上要以全面提升最广大人民的根本利益为中心。一是以建立现代化的公司治理结构为有效落点，通过促进农发行的人力和资本（比如升级现有的 CM2006 信贷管理系统，实现科技系统的全面自主化）两个方面的技术进步来全面提升经济效率水平；二是彰显服务国家战略的大国重器——公共金融机构的作用，通过提升支持农村、农民和落后区域发展等强位弱势群体的金融服务水平，并进一步加强农业政策性金融机构对商业性金融机构积极支持农村的引导作用，最终提升社会全体民众的福利福祉水平。

最后，动态调整是实现战略目标、落实治理抓手和坚持以人民为中心三者统一的必要条件。要实现公共战略上国家战略和银行战略的有效联动和执行落地这个目标，就要在公共治理上实现公司治理的体系化和国家治理的现代化这个抓手，两者都要求在市场效率上要坚持以全面提升最广大人民的根本利益为中心长期不动摇，而要实现战略目标、落实治理抓手和坚持以人民为中心，就要不断地对公共战略、公共治理以及市场效率的具体指标和衡量维度进行动态调整。

三、中国农业发展银行机制创新模式

要实现以最广大人民根本利益为中心的现代农业政策性银行制度（agriculture policy-based bank），就要在宏观和微观两个层面上进行机制创新，在内容上可以抽象地概括为有效战略（effective strategy）、人民利益（the interests of the people）、动态平衡（dynamic equilibrium）和现代治理（modern governance），因此也将此机制创新思路简称为 ASPEG 模式。应该指出的是，我国是实行人民民主的社会主义国家，政治协商和民主监督也是我国的一项基本制度，因此笔者建议在农业政策性金融的立法监督领域，应充分发挥人大和政协的立法监督职能：宏观上要建立人大和政协对政策性金融常态化的民主监督机制（比如由全国人大主任委员或全国政协主席兼任政策性金融监督委员会主任），微观上要建立完善的"三会一层"现代公司治理（比如监事会主席由全国人大副委员长或全国政协副主席担任），实现协商民主和政策性金融立法监管的双向互动。

实现中国农业发展银行的 ASPEG 模式，关键是其有效战略、现代治理、人民利益和动态平衡四个维度在宏观、微观两个层面实现系统化的机制创新。具体包括以下几方面：

第一，在有效战略方面。宏观上，一是要建立明确的衡量农业政策性金融战略动态变化的相关指标，比如"三农"贷款客户的覆盖率、农户贷款客户数、政策性金融对于农民增收和农业产业的贡献率等；二是以前述指标为有效的抓手，实现农业政策性金融战略的动态推动、调整和监督评估。微观上，农业政策性银行可以建立自身的具有农业政策性银行特色的战略管理体系，具体包括制定农业政策性银行的发展战略、建立旨在推动农业政策性金融的战略管理部门、推进农业政策性金融战略实施和定期调整相应的战略举措等。

第二，在现代治理方面。宏观上，要构建针对农业政策性金融的相对完善的、现代化的国家治理体系，比如在立法监督的职能上，改变当前外派平级或低一级干部到政策性金融机构担任监事会主席的做法，主动提高监事会的监管等级，将对农业政策性金融的监督权交由全国人大委员长或全国政协主席行使，将具体的监督事宜交由全国人大委员长或全国政协副主席来执行，以形成有效的倒逼监管机制。

第三，在人民利益方面。核心是要建立以提升人民福利福祉为目标的政策性金融的机制流程，重点是提升支持农村、农民和落后区域等强位弱势群体发展的金融服务水平，对内是通过人力和资本两个要素方面的技术进步来全面提升服务人民的效率水平。具体内容见表 4-4。

表 4 – 4 　　　　市场决定视角下农发行机制创新的 ASPEG 模式

维度	有效战略	现代治理	人民利益	动态平衡
宏观机制创新	建立有指标衡量、有推动执行、有督导评估和有动态调整的"四有"国家战略	建立健全包括立法监督职能在内的现代化的国家治理体系，如人大、政协对政策性金融的监督	彰显大国重器作用，提升支持农村、农民和落后区域等强位弱势群体发展的金融服务水平	以人民为中心就要对公共战略、公共治理及市场效率的具体指标和维度进行动态调整
微观机制创新	建立战略管理体系，包括制定银行战略、建立战略管理部门、推进战略实施和定期调整战略举措等	建立完善的"三会一层"现代公司治理结构，对外完善产品、服务流程和组织等	对内通过人力和资本两个要素方面的技术进步来全面提升服务人民的效率水平	不断完善战略管理体系、现代公司治理结构和提升服务人民的效能
落点示例	制定中长期（2020 ~ 2050 年）的农业政策性金融发展战略、建立人大和政协对政策性金融常态化的民主监督机制（比如由全国人大主任委员或全国政协主席兼任政策性金融监督委员会主任）、建立完善的"三会一层"现代公司治理结构（比如监事会主席由全国人大副委员长或全国政协副主席担任）、成立政策银行的战略管理部门、建立对商业性银行网点向农村区域迁徙的倡导机制……			

第二节　市场决定下中国进出口银行改革动因与目标模式

一、中国进出口银行发展进程与改革动因

（一）中国进出口银行发展进程概述

为扩大我国机电产品、成套设备等资本性货物的进出口，推动有比较优势的企业开展对外承包工程和境外投资，促进对外关系发展和国际经贸合作，我国于 1994 年 7 月成立了中国进出口银行。截至 2015 年底，中国进出口银行资产规模 2.94 万亿元，共有员工 2747 人，硕士研

究生及以上文化水平员工占比60.91%，贷款余额2.15万亿元，[1] 实现净利息收入118.34亿元，净利润51.42亿元。资产收益率由2014年的0.17%上升到2015年的0.18%，平均股东权益收益率由2014年的14.27%上升到2015年的16.62%。2015年全年实现营业收入484.3亿元，发生营业支出445.2亿元。2015年全年实现对外贸易贷款8913.87亿元，同比增幅11.24%。同年，进出口行还积极创新小微企业融资途径，加强与国务院扶贫办合作，加大对支农服务的投入，为解决小微企业融资难题、扶贫、支农探索出一条有效途径。中国进出口银行在三家政策性银行中资产规模最小，约为国家开发银行的1/4，贷款余额占全部银行业金融机构贷款余额的2.16%，注册资本仅为50亿元，约为国家开发银行的1/80。截至2016年末，进出口银行表内外资产总额3.44万亿元，表内贷款余额2.51万亿元，净利润50.23亿元，员工3036名员工，硕士研究生及以上占比63.31%，35岁以下的员工占比65.90%，可见进出口银行的人力资源中的高学历员工占比及其整体年龄结构是三家政策性银行中较优的，进出口银行拥有3家国际权威评级机构的评级，且其国际信用评级与中国主权评级一致。目前在国内设有29家营业性分支机构和香港代表处；在海外设有巴黎分行、东南非代表处、圣彼得堡代表处、西北非代表处。[2]

20多年来，国内外的分支机构和代理行网络不断增加，组织架构不断完善，服务能力和业务规模日渐提高。目前，中国进出口银行的信贷规模不断扩大，服务范围不断延伸，资产质量不断提高，已从成立之初的单一官方出口信用机构，发展成为既支持出口又支持进口、既提供发展援助又支持对外投资的新型国际经济合作银行，成为中外交流与合作的重要桥梁。以改革发展的里程碑事件为主标尺，中国进出口银行先后经历了建行初期的探索阶段（1994~2000年）、基础建设和内部管理的逐渐夯实阶段（2000~2004年）、不断深化创新的发展阶段（2004~2015年）、全面改革

---

① 数据来源于中国进出口银行2015年年报。
② 数据来源于中国进出口银行2016年年报。

的新阶段（2015～2017年）和监督立法的新阶段（2017年至今）。

1994～2000年为第一阶段。1994年4月26日，根据国务院《关于组建中国进出口银行的通知》，成立了中国进出口银行，成立初期的主要任务是扩大出口，吸引外资。1995年开始承担外国政府转贷业务，1996年开始支持国内企业以对外承包方式带动设备、机具、材料出口和劳务输出，开办了对外工程贷款业务。1997年开办了加工贸易贷款业务。1999年开始对高新技术产品出口提供贷款支持，并开始尝试市场化发行政策性金融债券业务。这一阶段属于建行初期，产品不断增加，业务不断扩大，到2000年底，进出口银行资产总额682.59亿元，贷款余额579.34亿元，实收资本50亿元。

2000～2004年为第二阶段。为更好地发展业务和经营管理，从2001年开始，进出口银行开始在外向型经济发展较快的地区设立分支机构和代表处，实现了由商业银行代理向自营的转变。在这一阶段，产品进一步丰富，进出口银行自身深刻认识到支持出口与风险防范平衡发展的重要性。

2004～2015年为第三阶段。2005年进出口银行提出了向国际经济合作银行战略转型的构想，并按照现代商业银行的制度标准对总行架构进行了调整，历时一年半。2007年实现了由单纯从事政策性金融业务向兼顾政策性业务和自营业务的转变。2008年不良贷款首次降到2%以内，达到1.52%，首次实现了保本微利和全面盈利。2015年初结束了一人身兼两职的管理模式，分设了董事长和行长两个重要岗位。在这一时期，总行着重在现代商业银行制度的构建上逐步有重点地突破，总行的管理架构、风险管理以及以市场为中心的管理理念等都得到了强化。

2015～2017年为第四阶段。2015年3月党中央、国务院批准了中国进出口银行的总体改革方案。方案提出要强化进出口银行的政策性职能定位，提出要将进出口银行建设成定位明确、业务清晰、功能突出、治理规范、内控严密、运营安全、服务良好、具备可持续发展能力的政策性银行。2015年7月20日国家外汇储备通过其投资平台公司——梧桐树投资平台有限责任公司向中国进出口银行注资450亿美元，完成改革方案要求的资本金补充工作。中国进出口银行的注册资本由50亿元增加至 1500 亿元，所有者权益从 282 亿元增加至 3085 亿元，财政部、外汇储备投资平台公司出资占比分别为 10.74%、89.26%。

2017 年至今，进出口银行的发展与改革进入了监督立法的新时代。2017 年 7 月 6 日，中国进出口银行的新章程获批，公司治理架构逐步完善，《中国进出口银行监督管理办法（征求意见稿）》在历时几个月的讨论后，2017 年 11 月 8 日正式的监管办法终于落地。从此，中国进出口银行的改革发展进入了有专门的监督法可依的新时代。应该看到的是，监管办法本身更多强调了的机构自身要按照资本管理办法逐步做实资本，完善内控机制，强调了资本管理、风险管理和内控管理，但这样的监督管理办法还是停留在了机构自身稳健发展的狭隘视角，没有完全站在国家战略尤其是进出口政策性金融战略的视角来强化公共金融之于进出口领域公共客户的必须承担的、不可推卸的历史责任和使命要求。正如进出口银行的前董事长和行长李若谷（2010）在讨论业务范围时指出的，"如果不从国家整体发展角度来设计政策性银行业务范围，而只是从控制一家金融机构、一个银行的风险考虑的话，则为一种本末倒置的办法，也是过于狭隘的思考"。① 这句话在今天讨论政策性银行的可持续监管问题时同样适用。

（二）中国进出口银行改革动因

在市场决定资源配置方式的视角下，笔者在第二章基于马克思主义经济学等相关理论阐述了市场决定理论。该理论也指明了进出口政策性金融机构的科学发展与有效改革的基本原则：一是宗旨原则，即要以实现进出口经济社会领域的根本利益为发展宗旨；二是效率与公平原则，即微观上维持进出口政策性金融机构的财务可持续性，宏观上要服务和保障进出口经济的社会合理性；三是福利最大化原则，即通过发挥进出口政策性金融对于进出口经济社会的内驱作用以提升效率，降低进出口企业尤其是中小微企业的社会必要劳动时间，实现进出口经济社会的福利最大

---

① 贾康等：《中国政策性金融向何处去》，中国经济出版社 2010 年版，序言。

化。因此，针对进出口银行目前存在的突出问题，中国进出口银行改革的根本动因是要构建以最广大人民根本利益为中心的进出口政策性银行制度，具体体现在公共战略、公共治理、市场效率和动态调整四个方面。

首先，公共战略在对接、梳理和执行落实上都有待完善和提高。公共战略包括战略定位和战略规划两方面，前者包括客群定位和客户定位，后者包括发展规划和发展计划。一是欠缺国家战略的体系化对接和自身战略的系统化梳理。进出口银行虽定位于政策性金融机构，且服务于国家战略，但却由于服务战略多头化，因而缺乏体系化的公共战略指引和自身发展战略的有效约束。[①] 二是与国际上的进出口政策性金融机构相比，缺乏向社会公开发展战略客群和战略客户的具体计划等。国际上知名的进出口政策性金融机构，比如美国进出口银行在 2010 年奥巴马政府提出五年"出口倍增计划"后，设定了每年为小企业融资 90 亿美元，到 2015 年服务的中小企业客户增加 5000 家的目标;[②] 而在进出口银行历年的信息披露中，虽有对当年的对外贸易贷款、对外投资贷款和对外合作贷款等主要业务的综述，但缺乏披露未来年度主要战略客户的发展计划。详见表 4 - 5。

表 4 - 5　　市场决定视角下进出口银行公共战略的改革动因

	战略定位	战略规划
现象	服务于多头国家战略，缺乏体系化的公共战略指引和自身发展战略的有效约束	有对当年主要业务的综述，但缺乏披露未来年度主要战略客户的发展计划
原因	没有形成国家战略的梳理和对接机制	缺乏强而有力的信息披露和战略约束机制
办法	构建国家战略的梳理和对接机制	制定战略发展规划，建立规划的评估和披露机制

---

①　如在 2015 年的年报中，多处出现服务或落实"国家战略"，但这个"国家战略"有时是指"一带一路"倡议，有时是指中国制造 2025，有时是指国际产能和装备制造合作，有时是指"走出去"战略等。

②　吴丽霞:《美国进出口银行政策性金融服务及经验借鉴》，载福州大学学报（哲学社会科学版）2014 第 1 期，第 37 页。

其次，公共治理在架构与能力上有待完善和提高。突出的问题主要体现在：一是"三会一层"的治理结构有待完善，监事会的监督职能有待提高和加强，由此造成其章程的部分条款也亟待补充和修改。① 据该行年报披露，虽在 2015 年组建了董事会，加快了章程修改工作，但从组织架构看，董事会和监事会的治理结构还不完全符合现代公司治理的要求。② 二是针对进出口政策性金融的立法长期缺失，现有的监管体制的法律依据主要是由国务院 2000 年 1 月通过的《国有重点金融机构监事会暂行条例》，但该条例的法律依据还是《中华人民共和国商业银行法》等，③ 而且从国务院的 2016 年立法计划看，针对进出口政策性金融的法律还没有列入计划。三是进出口银行是三家政策性银行中规模最小的银行，而规模较小的原因之一在于资本不足（白钦先、王伟，2005），④ 成立运营 20 多年来注册资本仅在 2000 年从 33.8 亿元追加增长至 50 亿元，⑤ 之后就是 2016 年 7 月 20 日国家外汇管理局通过投资平台公司梧桐树向中国进出口银行注资 450 亿美元，从而使进出口银行的资本增加 1450 亿元达到 1500 亿元。但长期看，针对政策性银行的市场化资本补偿仍然缺乏制度性保障机制。详见表 4 - 6。

再次，市场效率在社会合理和经济效率两个维度上尚有较大提升空间。市场决定资源配置方式决定了政策性金融是要实现公共利益最大化这一战略目标，在这个视角下，市场效率具体体现在社会合理性和经济有效性两方面。根据第三章的相关分析，在社会合理的效率水平上，进出口银行在支持落后区域发展等方面的效率实际为负。以振兴东北为例，

---

① 比如其现行章程的第七条中指出中国进出口银行"实行董事会领导下的行长负责制"，建议表述为"由股东大会、董事会、监事会和高级管理层领导和管理下的行长负责制"。

② 详见《中国进出口银行 2015 年年度报告》之组织机构章节的组织架构图，第 22 页。

③ 详见《国有重点金融机构监事会暂行条例》第一条。

④ 白钦先、王伟：《各国开发性政策性金融体制比较》，中国金融出版社 2005 年版，第 13 页。

⑤ 虽然 1997 年 10 月 23 日财政部颁布的《国家政策性银行财务管理规定》第二章"资本金和资本筹集"第七条明确规定，"根据国家规定，在一定期限内将实际上缴的部分税收予以返还，用于充实资本金"，但从实际的情况看，这个税收—资本的补偿机制运作并不顺利和高效。

表 4-6　　　市场决定视角下进出口银行公共治理的改革动因分析

	公司治理		国家治理		
	治理结构和股权	信息披露	立法监督	资本补充	国家信用
现象	监事会处于董事会之下；章程待修改完善	没有披露战略客户的发展计划	缺乏单独立法，监督有效性不足	在三家政策性银行中规模最小，资本不足	背书作用有待加强
原因	深化治理改革力度不足，有体制机制障碍	没有制度化的重点战略的信息披露机制	单独立法工作没有列入立法日程	缺失市场化的资本补偿机制	机制体制的创新不足
办法	构建完善的现代公司治理结构，修改章程	建立制度化的信息披露机制	加强人大和政协的立法监督作用	建立市场化的资本补偿机制	完善国家信用背书机制

进出口银行对东北经济的边际效率在 -0.17 至 -0.16 之间，也即其贷款余额每增长 1%，东三省经济增长幅度将降低 0.16% ~ 0.17%；[①] 另外由于商业性金融对东北振兴的边际效率也是负数，在 -0.25 至 -0.22 之间，进出口银行作为政策性金融机构，对商业性金融机构在促进落后区域经济增长方面的引导作用有待进一步加强。可见，社会合理效率水平的负向影响和经济效率水平的低下，反过来呼应了公共战略（包括宏观的国家战略和微观的进出口银行战略）对接、梳理和执行落实尚有较大空间，比如可能存在频于应付当前的多头战略，而无法集中力量精准发挥核心效能的问题。

最后，动态调整性有待加强。与国外的政策性金融机构相比，进出口银行在国家战略的梳理对接、客群调整、具体客户的不断优化、立法建构与完善以及具体支持进出口客户的行动计划的调整变更等方面，都应该体现出更多的动态调整的特征。

---

　　①　在此需要说明的是，进出口银行虽然促进了东三省进出口总额的不断增长，但是由于净出口对 GDP 的贡献率为负数，因此导致进出口银行对东北经济增长出现负的边际效率。

二、中国进出口银行体制改革目标

在对改革动因深入分析的基础上，中国进出口银行要构建实现以最广大人民根本利益为中心的进出口政策性银行制度，体制改革的目标体现在公共战略、公共治理、市场效率和动态调整四个子方面。

首先，在公共战略上要实现国家战略和银行战略的系统梳理与有效联动。根据国务院提出的"充分发挥在稳增长、调结构、支持外贸发展、实施'走出去'战略中的功能和作用"① 等国家战略的整体要求应做到以下几点：一是宏观上国家有关部门要制定《进出口政策性金融中远期发展规划（2020~2050）》，改变当前的多头战略、无所适从和低效执行的局面；二是微观上要提升进出口政策性银行战略管理体系的整体效能，以现有的战略规划部为基点，以打造战略中心型组织为抓手，构建全面对接国家进出口政策性金融发展规划的战略管理体系，扎实推进银行战略②。

其次，在公共治理上要实现公司治理的体系化和国家治理的现代化。一是要求微观上进出口银行优化并完善"三会一层"的现代公司治理结构，以进一步提升治理效能；二是宏观上国家要建立健全包括对进出口政策性金融的立法监督职能在内的现代化国家治理体系，发挥政策性金融体系之于国家治理体系的重要工具和载体作用（中国进出口银行业务开发与创新部课题组，2015），③ 提升国家的现代化治理能力。

再次，在市场效率上要以全面提升最广大人民的根本利益为中心。一是以建立现代化的公司治理结构为有效落点，通过促进进出口银行的

---

① 详见《国务院关于同意中国进出口银行改革实施总体方案的批复》，中华人民共和国国务院公报，2015 年第 12 期，第 55~56 页。

② 中国进出口银行业务开发与创新部课题组（2015）认为，该行应采取"一体两翼"的创新发展路径，即以服务国际经济合作作为主体，以支持"走出去"和"内陆沿边对外开放"为两翼。

③ 中国进出口银行业务开发与创新部课题组：《政策性金融：进出口银行的"中国模式"》，载《当代金融家》2015 年第 7 期。

人力和资本两个方面的技术进步来全面提升经济效率水平；二是彰显服务国家战略的大国重器——公共金融机构的作用，通过金融服务支持进出口贸易、对外投资和中小微企业等群体，并进一步加强对商业性金融机构积极支持进出口领域的引导作用，严禁涉足商业性业务（在该行2015 年的年报中明确指出上海盛盈房地产有限公司是其子公司，持股7.23 亿元，详见107 页），最终提升社会全体民众的福利福祉水平。

最后，动态调整是因应本国经济社会政治需要实现战略目标、落实治理抓手和坚持以人民为中心三者统一的必要条件。从各国（尤其是发展中国家）进出口政策性银行的发展历史看，其中心任务起初一般是以促进本国出口为主，之后随着经济的发展演变为以促进本国出口和促进本国对外投资为主的双重目标，最后随着本国经济在全国竞争力的提升，进一步演进为促进本国出口、促进本国对外投资、提升本国货币的国际化和服务外交政策等多重任务，因此就中心目标而言具有十分明显的阶段性特征[1]。而要保障上述中心任务的分步实施和推进，就需要对公共战略、公共治理以及市场效率的具体指标和衡量维度不断地进行动态调整。

三、中国进出口银行机制创新模式

要构建以最广大人民根本利益为中心的进出口政策性银行制度（Export-import policy bank），就要在宏观和微观两个层面上进行机制创新，在内容上可以抽象地概括为有效战略（effective strategy）、现代治理（modern governance）、人民利益（the interests of the people）和动态平衡（dynamic equilibrium），因此也将此机制创新简称为 ESPEG 模式。应该指出的是，我国是实行人民民主的社会主义国家，政治协商和民主监督也是我国的一项基本制度，因此笔者建议在进出口政策性金融的立

---

[1]　徐爱田：《各国进出口政策性金融：历史与比较》，载《广东金融学院学报》2005 年第 1 期。

法监督领域，应充分发挥人大和政协的立法监督职能；宏观上要以成立政策性金融监督委员会为抓手，建立人大和政协对政策性金融常态化的民主监督机制，由全国人大主任委员或全国政协主席兼任政策性金融监督委员会主任；微观上要建立完善的"三会一层"现代公司治理，比如监事会主席要从全国人大副委员长或全国政协副主席中选熟悉进出口金融领域的同志担任（比如由历来与海外联系比较广泛、历史悠久的中国致公党主席担任），实现协商民主和政策性金融立法监管的双向互动。实现中国进出口银行的 ESPEG 模式，关键是其有效战略、现代治理、人民利益和动态平衡四个维度在宏观、微观两个层面实现的系统化的机制创新。具体包括以下几方面：

第一，在有效战略方面。宏观上，一是要全面梳理进出口金融领域的国家战略，制定《中国进出口政策性金融中远期发展规划（2020~2050)》等；二是要建立明确的衡量进出口领域的政策性金融战略动态变化的相关指标，比如进出口贷款客户的覆盖率、进出口企业的贷款客户数、政策性金融对于三次产业的贡献率等；三是以前述指标为有效的抓手，实现进出口政策性金融战略的动态推动、调整和监督评估。微观上，进出口银行可以建立自身具有进出口领域政策性银行特色的战略管理体系，具体包括建立旨在推动进出口政策性金融的战略管理部门、推进政策性金融战略实施和定期调整相应的战略举措等。

第二，在现代治理方面。宏观上，要构建针对进出口政策性金融的相对完善的、现代化的国家治理体系，比如在立法监督的职能上，改变当前外派平级或低一级干部到政策性金融机构担任监事会主席的做法，主动提高监事会的监管等级，将对进出口政策性金融的监督权交由全国人大委员长或全国政协主席行使，将具体的监督事宜交由全国人大副委员长或全国政协副主席来执行，以形成有效的监督倒逼管理的机制。

第三，在人民利益方面。核心是要建立以提升人民福利福祉为目标的政策性金融的机制流程，重点是提升支持进出口企业和落后区域等强位弱势群体发展的金融服务水平，对内是通过人力和资本两个要素方面的技术进步来全面提升服务人民的效率水平。具体内容见表4-7。

表4-7 市场决定视角下进出口银行机制创新的 ESPEG 模式

维度	有效战略	现代治理	人民利益	动态平衡
宏观机制创新	全面梳理进出口金融领域的国家战略,制定《中国进出口政策性金融中远期发展规划(2020～2050)》等	建立健全包括立法监督职能在内的现代化的国家治理体系,如人大、政协对政策性金融的监督	彰显大国重器作用,提升支持农村、农民和落后区域等强位弱势群体发展的进出口金融服务水平	以人民为中心就要对公共战略、公共治理及市场效率的具体指标和维度进行动态调整
微观机制创新	构建全面对接国家进出口政策性金融发展规划的战略管理体系,扎实推进银行战略	建立完善的"三会一层"现代公司治理结构,对外完善产品、服务流程和组织等	对内通过人力和资本两个要素方面的技术进步来全面提升服务人民的效率水平	不断完善战略管理体系、现代公司治理结构和提升服务人民的效能
落点示例	制定中长期的进出口政策性金融发展战略、建立人大和政协对政策性金融常态化的民主监督机制(如由全国人大主任委员或全国政协主席兼任政策性金融监督委员会主任)、建立完善的"三会一层"现代公司治理(如监事会主席由全国人大副委员长或全国政协副主席担任)……			

第三节 市场决定下国家开发银行改革动因与目标模式

一、国家开发银行发展进程与改革动因

(一)国家开发银行发展进程概述

为了集中资金支持基础设施、基础产业和支柱产业大中型基本建设、技术改造项目及其配套工程("两基一支")建设,国务院于1994

年3月成立了国家开发银行，2002年，国开行的经营进入良性发展轨道，其多项财务指标达到国际水平。2005年，国开行发行"开元"信贷资产支持证券，2008年12月完成了商业银行的整体改制，转制为国家开发银行股份有限公司，2015年3月被国务院明确定位为开发性金融机构。截至2015年末，国家开发银行资产规模12.62万亿元，贷款余额9.21万亿元，贷款余额约占全部银行业金融机构贷款余额的9.27%，股本为4212.48亿元，股东是中华人民共和国财政部、中央汇金投资有限责任公司、梧桐树投资平台有限公司和全国社会保障基金理事会，持股比例分别为36.54%、34.68%、27.19%、1.59%。国开行在三家政策性银行中无论资产规模还是资本实力都是最大的，也是唯一一家具有较为完善法人治理结构的政策性银行。国开行的总资产、发行债券余额连续多年上涨，其贷款主要分布于石油石化、铁路、电力、公共基础建设、棚户区改造、公路、战略性新兴产业。近年来，国开行大力支持实体经济，促进区域协调发展，推进国际合作，提升综合服务能力和经营管理水平，并在关键领域和薄弱环节继续发挥重要的作用，为促进国民经济健康可持续发展贡献了应有的力量。

20多年来，国开行先后经历了建行初期的探索阶段（1994～1997年）、以市场业绩为导向的改革阶段（1997～2004年）、开发性金融的提出探索阶段（2004～2008年）、开发性金融的商业化改革阶段（2008～2015年）、全面深化改革阶段（2015～2017年）和监督立法的新阶段（2017年至今）。

在1994～1997年的第一阶段，国开行主要以政策性金融业务为主，业务主要集中在基础设施、基础产业和支柱产业大中型基本建设方面。在这一阶段，国开行总体上对政策性金融如何科学运作的认识不足，运作效率低下，亏损比较严重，面临较大的可持续发展的问题，截至1997年底不良贷款率高达32.63%。

在1997～2004年的第二阶段，国开行开始寻求政策性金融运作机制的技术突破，坚持地方政府的承贷公司和国家信用背书双结合原则，以综合化的市场业绩为导向，逐步提升信贷管理水平和盈利能力。1998

年，国开行创新了基础设施融资新模式，即"芜湖模式"，同时改变以往的"行政派购"的发债方式，率先"在市场环境下，在银行架构内"，逐步探索"市场化发行"的债券发行模式。1998 年底，中国投资银行并入国开行，全国性网络布局建立。

在 2004 ~ 2008 年的第三阶段，根据 2007 年中央金融工作会议的要求，国开行开启了向商业化转型的改革，2007 年 6 月，成立中非发展基金有限公司。2007 年 12 月，中央汇金公司注资国开行 200 亿美元。2008 年 5 月，成立国银金融租赁股份有限公司。2008 年 12 月转制为国家开发银行股份有限公司。

在 2008 ~ 2015 年的第四阶段，国开行商业化改制后，2009 年 8 月成立国开金融有限责任公司，2010 年 8 月成立国开证券有限责任公司。但由于汶川大地震等事件的影响，国开行商业化改制后仍然承担了带有强烈国家战略和国家意志的相关融资业务。2013 年 3 月，国家开发银行董事长、党委书记陈元当选全国政协副主席，次月胡怀邦接任。2014 年 7 月，成立住宅金融事业部。

在 2015 ~ 2017 年的第五阶段，2015 年 3 月 20 日国务院批复了《国家开发银行深化改革方案》，方案明确了其开发性金融机构的定位和相关政策支持；同年 5 月 21 日银监会明确了开发银行的长期债信政策，即国开行发行的债券不设到期日，且金融债券风险权重为零；7 月 15 日国家外汇储备通过其投资平台公司——梧桐树投资平台有限责任公司向国家开发银行注资 480 亿美元，顺利完成改革方案要求的资本金补充工作。外汇储备注资后，国家开发银行的注册资本由 3067 亿元增加至 4212 亿元，所有者权益从 6676 亿元增加至 9863 亿元，财政部、汇金公司、外汇储备投资平台公司和社保基金会持股比例分别为 36.54%、34.68%、27.19% 和 1.59%。2015 年 8 月，成立国开发展基金，助力促投资稳增长。2016 年 5 月 31 日，扶贫金融事业部成立运行。2016 年 11 月 24 日国务院审定《国家开发银行章程》，为开发银行依法治行提供了制度基础。截至 2016 年末，国开行总资产 14.34 万亿元，贷款余额 10.32 万亿元，净利润 1097 亿元，资本充足率 11.57%。

在 2017 年至今的监督立法新阶段，2017 年 4 月 19 日，国开行名称变更为"国家开发银行"，组织形式变更为有限责任公司。2017 年 11 月 10 日，中国银监会发布《国家开发银行监督管理办法》。该办法分总则、市场定位、公司治理、风险管理、内部控制、资本管理、激励约束、监督管理、附则共 9 章 66 条，自 2018 年 1 月 1 日起施行。从此，国家开发银行的改革发展终于进入了有专门的监督法可依的新时代。应该看到的是，监管办法本身更多强调了的机构自身要按照资本管理办法逐步做实资本，完善内控机制，强调了资本管理、风险管理和内控管理，但这样的监督管理办法还是停留在了机构自身稳健发展的狭隘视角，没有完全站在国家战略尤其是国家发展、社会进步的开发性政策性金融战略的角度来强化社会公共金融对社会共同发展必须承担的、不可推卸的历史责任和使命要求。可见，开发性政策性金融的科学持续发展之路还很漫长。

（二）国家开发银行改革动因

在市场决定资源配置方式的视角下，基于马克思主义经济学等相关理论，笔者在第二章阐述了市场决定理论。该理论也指明了开发性政策性金融机构的科学发展与有效改革的基本原则：一是宗旨原则，即要以实现社会整体的根本利益为发展宗旨；二是效率与公平原则，即微观上维持开发性政策性金融机构的财务可持续性，宏观上要服务和保障经济发展尤其是落后区域经济的社会合理性；三是福利最大化原则，即通过发挥开发性政策性金融对于落后区域经济的内驱作用以提升效率，降低落后区域经济发展的社会必要劳动时间，实现社会整体的福利最大化。因此，针对目前存在的突出问题，国家开发银行改革的根本动因是要构建实现以最广大人民根本利益为中心的开发性政策性银行制度，具体体现在公共战略、公共治理、市场效率和动态调整四个方面。

首先，在公共战略的执行上异化了开发性政策性金融的本质要求。一是在宏观上，国开行在一定程度背弃了开发性政策性金融的本质，出现了向商业化转型的异化现象。2008 年 12 月，由财政部、汇金公司作为发起人，国家开发银行整体转制为商业银行，从此正式开启了开发性商业性金融业务和开发性政策性金融业务混合发展的模式，也就不可避免地在享受国家信用的前提下，出现了"与民争利"，比如2016年8月国开行广东分行、交行广东分行、邮政储蓄广东分行、平安银行佛山分行、光大银行佛山分行和中信银行佛山分行等6家银行向佛山地铁2号线授信支持达118亿元的中长期贷款，① 从而对商业性金融机构产生了一定的"挤出效应"（白钦先、谭庆华，2008；于晓东，2016）。② 二是微观上缺乏向社会公开战略客群和战略客户的具体发展计划。国际上知名的政策性金融机构，比如日本政策金融公库，在2014年和2015年分别公布过《业务管理规划2015～2017》和《业务管理规划2016～2018》等发展计划，具体指出了支持的客户类型（包括国民生活事业者、农林水产事业者、中小企业者和危机应急者等）及数量和金额。③

其次，在公共治理上执行国家战略的有效性不足和制度基础有待夯实。一是国家开发银行虽然具有较为完善的公司治理结构，但与德国复兴信贷银行等国际政策性金融机构相比还有以下两点不足：一方面，董事会层面的外部董事偏少（于晓东，2016）④ 以及监事会作用有待加强；另一方面，在公司治理与国家治理的有效对接层面，出现了对国家战略执行的偏离，违背了"诚一之所致"的古训。二是"三会一层"的公司治理微观基础有待完善和夯实。章程是公司治理的基础，现行的《国家开发银行章程》是国家开发银行成立之初所制定，20多年来部分条款亟待补充和修改。⑤ 三是针对开发性政策性金融的立法长期缺失，现有的监管体制的法律依据主要是由国务院2000年1月通过的《国有

---

① 详见 http：//news. sina. com. cn/o/2016－08－02/doc－ifxunzmt2057827. shtml ［EB/OL］。

② 白钦先、谭庆华：《政策性金融功能研究——兼论中国政策性金融发展》，中国金融出版社2008年版，第230页。

③ 详见 https：//www. jfc. go. jp/。

④ 于晓东：《深化国家开发银行改革问题探讨》，载《理论探索》2016年第2期。

⑤ 比如现行《国家开发银行章程》的第四条中指出国家开发银行"实行行长负责制"，建议表述为"由股东大会、董事会、监事会和高级管理层领导和管理下的行长负责制"。

重点金融机构监事会暂行条例》，但该条例的法律依据还是《中华人民共和国商业银行法》等，[1] 商业性金融和政策性金融"各自有自己的特殊使命，在特殊领域开展专门金融业务，彼此分工而又协作"；[2] 另外，从国务院的 2016 年立法计划看，针对开发性政策性金融的立法工作还没有列入计划。

再次，市场效率在社会合理和经济效率两个维度上尚有待提升。市场决定资源配置方式决定了政策性金融是要实现公共利益最大化这一战略目标，在该视角下，市场效率具体体现在社会合理性和经济有效性两方面。根据第三章的相关分析结论，在社会合理的效率水平上，国家开发银行对振兴东北经济的边际效率为 0.16 ~ 0.80，也即其贷款余额每增长 1%，东三省经济增长幅度为 0.16% ~ 0.80%；另外由于商业性金融对东北振兴的边际效率也是负数，为 -0.25 ~ -0.22，国家开发银行作为开发性政策性金融机构，对商业性金融机构在促进落后区域经济增长方面的引导作用有待进一步加强。可见，社会合理效率水平和经济效率水平的低下，呼应了公共战略的执行异化和公共治理的有效性不足等现实问题。

最后，动态调整性有待加强。根据第四章对国外政策性金融组织研究的相关结论，与国外的政策性金融机构相比，国家开发银行在国家战略的专一承接、客群调整、具体客户的不断优化、立法建构与完善以及具体支持强位弱势群体的重点客户行动计划的调整变更等方面，都应该体现出更多的动态调整的特征。

二、国家开发银行体制改革目标

在对改革动因深入分析的基础上，国家开发银行要构建实现以最广大人民根本利益为中心的开发性政策性银行制度，体制改革的目标体现

---

① 详见《国有重点金融机构监事会暂行条例》第一条。
② 白钦先、曲昭光：《各国政策性金融机构比较》，中国金融出版社 1993 年版，第 205 页。

在公共战略、公共治理、市场效率和动态调整等四个子方面。

首先，在公共战略上回归开发性政策性金融的公共属性。一是在宏观上要回归开发性政策性金融的公共属性。国家开发银行的英文全称是"China Development Bank"，[①] 其中"development"也可译为"发展"，[②] 参照国外多家政策性银行的译法，比如俄罗斯发展与对外经济事务银行、土耳其工业发展银行、埃及工业发展与工人银行、南非土地和农业发展银行等，[③] 国家开发银行也即中国发展银行。中国开发性金融促进会会长陈元（2016）在《全球开发性金融发展报告（2015）》一书的序言中直言："开发性金融主要特征是服务政府发展目标，以中长期投融资为手段，依托政府信用支持，通过市场化运作缓解经济社会的瓶颈制约，维护经济金融稳定。"[④] 因此，作者认为"中国发展银行"的发展既有商业发展也有公共发展之义，但作为国家发展的目标而言，应该更多强调金融的公共属性，即以最广大人民根本利益为中心的公共发展之目标，国家有关部门要制定《国家开发性政策性金融中远期发展规划（2020~2050）》，改变当前的名义上与国家战略"沾点儿边"、实际上追求银行自身利益的"越位错位问题并存"局面。二是微观上要提升开发性政策性银行战略管理体系的整体效能，以现有的政策研究室、规划局（规划院）和业务发展局为主重新组建战略规划局，以打造战略中心型组织为抓手，构建全面对接国家开发性政策性金融发展规划的战略管理体系，扎实推进银行战略。比如优化调整存量的商业性基础建设项目贷款，将"凡是能和国家战略、中央精神或文件沾点儿边的业务"与开发性政策性业务实施分账管理，对此可以借鉴客户准入的公示制度，即在公示期间内没有商业银行举牌接受，政策性银行才可以进入，

---

①　国家开发银行：《国家开发银行 2015 年年报》，第 1 页。

②　白钦先、曲昭光：《各国政策性金融机构比较》，中国金融出版社 1993 年版，第 131 页。

③　中国开发性金融促进会、北京大学国家发展研究院联合编写组：《全球开发性金融发展报告（2015）》，中信出版社 2016 年版，第 208~209 页。

④　中国开发性金融促进会、北京大学国家发展研究院联合编写组：《全球开发性金融发展报告（2015）》，中信出版社 2016 年版，序言。

以严禁参与有商业性金融机构介入的业务领域。

其次，在公共治理上要优化公司治理体系和国家治理的现代化。一是微观上增设外部股东董事以加强董事会的战略引导作用，从全国人大和全国政协中选择适当的外部监事以加强监事会的日常监督作用，尤其是在业务准入和业务边界方面，进一步完善"三会一层"的现代公司治理结构；二是宏观上国家要建立健全包括对开发性政策性金融的立法监督职能在内的现代化国家治理体系，实现以资本充足率为主的财务指标约束机制和以体现民主监督为政体特征的人大、政协外部监督机制的有机结合，高效推进开发性政策性金融的发展战略，不断探索有效的国家治理体系并提升国家的现代化治理能力。

再次，在市场效率上要以全面提升最广大人民的根本利益为中心。一是以建立现代化的公司治理结构为有效落点，通过促进国家开发银行的人力和资本两个方面的技术进步来全面提升经济效率水平；二是彰显服务国家战略的大国重器——公共发展金融机构的作用，通过与商业性金融机构严格界定清楚业务边界，摒弃当前"名为基建实为商业"的信贷越位行为和习惯性思想，并进一步加强对商业性金融机构积极支持强位弱势群体或领域的引导作用，最终提升社会全体民众的福利福祉水平。

最后，动态调整是因应本国经济社会政治需要实现战略目标、落实治理抓手和坚持以人民为中心三者统一的必要条件。从各国（尤其是发展中国家）开发性政策性银行的发展历史看，其中心任务起初一般是以交通和能源等基础设施建设为主来实现经济起步、腾飞和总量扩张，待国民经济进入比较稳定的发展阶段之后，其重点逐步调整为经济结构转型、中小企业和社会保障等领域。比如德国复兴信贷银行在20世纪60年代主要任务是向钢铁、煤炭等基础工业部门提供长期资金支持，70年代后逐步转变为优化经济结构和中小企业创新尤其是科技型企业的融资等。而要保障上述中心任务的分步实施和推进，就需要对公共战略、公共治理以及市场效率的具体指标和衡量维度不断地进行动态调整。

三、国家开发银行机制创新模式

要实现以最广大人民根本利益为中心的公共发展政策性银行制度，就要在宏观和微观两个层面上进行机制创新，在内容上可以抽象地概括为有效战略（effective strategy）、现代治理（modern governance）、人民利益（the interests of the people）和动态平衡（dynamic equilibrium），因此也将此机制创新，简称为 DSPEG 模式。应该指出的是，我国是实行人民民主的社会主义国家，政治协商和民主监督也是我国的一项基本制度，因此作者建议在开发性政策性金融的立法监督领域，应充分发挥人大和政协的立法监督职能：宏观上要以成立政策性金融监督委员会为抓手，建立人大和政协对政策性金融常态化的民主监督机制，由全国人大主任委员或全国政协主席兼任政策性金融监督委员会主任；微观上要建立完善的"三会一层"现代公司治理，比如监事会主席要从全国人大副委员长或全国政协副主席中选熟悉开发性政策性金融领域的同志担任，实现民主监督、协商民主和政策性金融立法监管的双向互动。实现国家开发银行的 DSPEG 模式，关键是其有效战略、现代治理、人民利益和动态平衡等四个维度在宏观、微观两个层面实现的系统化的机制创新。具体包括以下几方面：

第一，在有效战略方面。宏观上，一是回归开发性政策性金融的公共属性，制定《国家开发性政策性金融中远期发展规划（2020～2050）》等；二是要建立明确的衡量开发性的政策性金融战略动态变化的相关指标，比如中小企业贷款客户的覆盖率、授信贷款客户数及其占比、开发性政策性金融对于三次产业和落后区域经济发展的贡献率等等；三是以前述指标为有效的抓手，实现开发性政策性金融战略的动态推动、调整和监督评估。微观上，国家开发银行可以组建战略规划局，构建全面对接国家开发性政策性金融发展规划的战略管理体系，扎实推进战略，优化存量商业性贷款推进政策性金融战略实施和定期调整相应的战略举措等等。

第二，在现代治理方面。宏观上，要构建针对开发性政策性金融的相对完善的、现代化的国家治理体系，比如在立法监督的职能上，改变当前外派平级或低一级干部到政策性金融机构担任监事会主席的做法，主动提高监事会的监管等级，将对进出口政策性金融的监督权交由全国人大委员长或全国政协主席行使，将具体的监督事宜交由全国人大副委员长或全国政协副主席来执行，以形成有效的高阶监督倒逼管理提升和战略实施的机制。

第二，在人民利益方面。核心是要建立以提升人民福利福祉为目标的政策性金融的机制流程，重点是提升支持中小微企业和落后区域等强位弱势群体发展的金融服务水平，对内是通过人力和资本两个要素方面的技术进步来全面提升服务人民的效率水平。具体内容详见表4-8。

表 4 - 8　　　　市场决定视角下国开行机制创新的 DSPEG 模式

维度	有效战略	现代治理	人民利益	动态平衡
宏观机制创新	回归开发性政策性金融的公共属性，制定《国家开发性政策性金融中远期发展规划（2020～2050)》	建立健全包括立法监督职能在内的现代化的国家治理体系，如人大、政协对政策性金融的监督	彰显大国重器作用，提升支持中小企业和落后区域等强位弱势群体发展的金融服务水平	以人民为中心就要对公共战略、公共治理及市场效率的具体指标和维度进行动态调整
微观机制创新	组建战略规划局，构建全面对接国家开发性政策性金融发展规划的战略管理体系，扎实推进战略，优化存量商业性贷款	增设外部股东董事以加强董事会战略引导，从人大和政协中选择适当外部监事加强监事会监督	对内通过人力和资本两个要素方面的技术进步来全面提升服务人民的效率水平	不断完善战略管理体系、现代公司治理结构和提升服务人民的效能
落点示例	制定中长期的开发性政策性金融发展战略（2020～2050)、建立人大和政协对政策性金融常态化的民主监督机制（比如由全国人大主任委员或全国政协主席兼任政策性金融监督委员会主任)、建立完善的"三会一层"现代公司治理（比如监事会主席由全国人大副委员长或全国政协副主席担任)……			

第四节　市场决定下中国出口信用保险 公司改革动因与目标模式

一、中国出口信用保险公司发展进程与改革动因

（一）中国出口信用保险公司发展进程概述

为了支持中国对外经济贸易发展与合作，顺应加入世界贸易组织后国际国内政治、经济和社会的现实需要，国务院于 2001 年 12 月 18 日批准挂牌成立中国出口信用保险公司（以下简称中国信保），中国唯一承办出口信用保险业务的政策性保险公司。成立以来，中国信保立足于政策性保险职能定位，以配合国家产业政策、促进与保障本国企业出口贸易平稳发展为目标，在日趋复杂的全球经济贸易中不断发挥重要的出口信用保险政策性保障作用。2011 年 5 月 14 日，国务院批复了中国信保改革实施总体方案和章程修订草案，进一步明确了公司的政策性定位。2011 年 6 月，中央汇金投资有限责任公司向中国信保注资 200 亿元人民币。2011 年 11 月，经中央政治局常委会批准，中国信保领导班子列入中央管理。2012 年 3 月 17 日，中国信保升级副部级央企。

运营十多年来，中国信保先后经历了建司初期的探索阶段（2001～2004 年）、市场规模和服务功能跨越提升的发展阶段（2004～2009 年）以及产品创新和政策性信用保险能力的不断提升阶段（2009 年至今）。截至 2016 年末，中国信保累计承保金额近 3 万亿美元，累计为 9 万余家中国企业提供了出口信用保险服务；中国信保还累计带动 233 家银行为出口企业融资超过 2.7 万亿元人民币。2016 年全年总承保金额 4731.20 亿美元，支持小微企业突破 5 万家，对小微出口企业的覆盖率达到 21.30%，产品体系由成立之初的 3 个产品提升至 40 多项产品服

务，股本金为 271.61 亿元。总体上看，在"弱冠"之年，中国信保实现了由单个产品向综合服务、由行业"跟随者"向"领跑者"的渐进式转型。但在取得成绩的同时，也有学者指出，我国的出口信用保险的发展仍处于整体规模小、覆盖范围小的初级阶段，其对经济增长的拉动作用、对失业增加的抑制作用还需要得到更多的研究与认可（徐海龙，2013）。

（二）中国出口信用保险公司改革动因

在市场决定资源配置方式的视角下，笔者基于马克思主义经济学等相关理论阐述了市场决定理论。该理论也指明了政策性出口信用保险机构的科学发展与有效改革的基本原则：一是宗旨原则，即要以实现社会整体的根本利益为发展宗旨；二是效率与公平原则，即微观上维持政策性出口信用保险机构的财务可持续性，宏观上要服务和保障出口经济的社会合理性；三是福利最大化原则，即通过发挥政策性信用保险对于出口经济的内驱作用以提升效率，降低出口经济的社会必要劳动时间，实现全体公民的福利最大化。因此，针对中国信保目前存在的突出问题，其改革的根本动因是要构建以最广大人民根本利益为中心的政策性信用保险制度，具体体现在公共战略、公共治理、市场效率和动态调整四个方面，而从中国信保的现实情况看，主要体现在前三个方面。

首先，在公共战略上，需要更加强化国家战略的系统化梳理和执行。虽然中国信保自成立以来一直坚持政策性信用保险的战略定位，也有研究表明中国信保的政策性导向作用比较显著（国务院发展研究中心，2014），[①] 但尚存在以下不足：一是欠缺国家战略的系统化梳理。由于服务国家战略多头化，缺乏体系化的公共战略指引和自身发展战略

---

① 国务院发展研究中心的有关研究显示，自 2012 年以来，我国每 100 美元出口就有 25 美元左右是在中国信保的直接或间接带动下实现的；政策性信用保险每年促进和保障就业 1500 万人左右。

的有效约束。[①] 二是与国际上的政策性金融机构相比，缺乏向社会公开发展战略客户的具体计划等。国际上知名的政策性金融机构，一般都有比较明确的战略客户、支持金额和数量；而在中国信保历年的年报中，虽有对当年短期出口信用保险等主要业务的综述，但缺乏对未来年度主要战略客户的发展计划和具体数量的披露。

其次，在公共治理上，"三会一层"的基础有待完善和夯实。一是从历年的年报和公司网站公布的组织结构中可以看出，[②] 组织结构中一直欠缺公司治理结构中的最高权力机构——股东大会，可见中国信保在"弱冠"之年尚缺乏"股东"意识。二是针对政策性保险的立法长期缺失，且从国务院 2016 年的立法计划看，此项立法工作还没有列入计划。

最后，市场效率在社会合理和经济效率两个维度上尚有待提升。市场决定资源配置方式决定了政策性金融是要实现公共利益最大化这一战略目标，在该视角下，市场效率具体体现在社会合理性和经济有效性两方面。根据第三章的相关分析，中国信保的保额收入增长既没有提升农村居民收入水平，也没有提升城市居民收入水平。可见，政策性保险没有发挥好对商业性金融（包括商业性银行、商业性保险和商业性证券）的虹吸和诱导等功能。

二、中国出口信用保险公司体制改革目标

在对改革动因深入分析的基础上，中国信保要构建以最广大人民根本利益为中心的政策性信用保险制度，体制改革的目标主要体现在公共战略、公共治理和市场效率三个子方面。

首先，在公共战略上要实现国家战略的系统梳理和有效执行。一是

---

① 如在该司年报或相关领导讲话（详见王毅：《为中国企业走出去护航——写在中国出口信用保险公司成立十五周年之际》）中，多处出现服务或落实"国家战略"，但这个"国家战略"有时是指"一带一路"倡议，有时是指中国制造 2025，有时是指外贸供给侧结构性改革，有时是指"走出去"战略等。

② 详见 http：//www. sinosure. com. cn/sinosure/gywm/zzjg/zzjg. html。

宏观上国家有关部门要制定《政策性信用保险中远期发展规划（2020～2050）》，改变当前的多头战略和疲于应付的局面；二是微观上要提升进出口政策性银行战略管理体系的整体效能，以现有的发展战略部门为基点，以打造战略中心型组织为抓手，构建全面对接国家政策性信用保险发展规划的战略管理体系，扎实推进银行战略。

其次，在公共治理上要实现公司治理的体系化和国家治理的现代化。一是微观上中国信保要优化并完善现代公司治理结构，实现"三会一层"的"协调运作、有效制衡"，[1] 以进一步提升治理效能；二是宏观上国家要建立健全包括对政策性保险的立法监督职能在内的现代化国家治理体系，发挥政策性金融体系之于国家治理体系的重要工具和载体作用（中国进出口银行业务开发与创新部课题组，2015），[2] 提升国家的现代化治理能力。

最后，在市场效率上要以全面提升最广大人民的根本利益为中心。一是以建立现代化的公司治理结构为有效落点，通过促进中国信保从人力和资本两个方面的技术进步来全面提升经济效率水平；二是彰显服务国家战略的大国重器——公共金融机构的作用，通过金融服务支持进出口贸易、对外投资和中小微企业等群体，并进一步加强对商业性金融机构积极支持进出口领域的引导作用，最终提升社会全体民众的福利福祉水平。

三、中国出口信用保险公司机制创新模式

要建立以最广大人民根本利益为中心的政策性公共保险制度（policy insurance），就要在宏观和微观两个层面上进行机制创新，在内容上可以抽象地概括为有效战略（effective strategy）、现代治理（modern

---

① 中国出口信用保险公司：中国出口信用保险公司 2015 年报，董事长致辞。
② 中国进出口银行业务开发与创新部课题组：《政策性金融：进出口银行的"中国模式"》，载《当代金融家》2015 年第 7 期。

governance)、人民利益（the interests of the people）和动态平衡（dynamic equilibrium），因此也将此机制创新简称为 ISPEG 模式。应该指出的是，我国是实行人民民主的社会主义国家，政治协商和民主监督也是我国的一项基本制度，因此作者建议在开发性政策性金融的立法监督领域，应充分发挥人大和政协的立法监督职能：宏观上要以成立政策性金融监督委员会为抓手，建立人大和政协对政策性金融常态化的民主监督机制，由全国人大主任委员或全国政协主席兼任政策性金融监督委员会主任；微观上要建立完善的"三会一层"现代公司治理，比如监事会主席要从全国人大副委员长或全国政协副主席中选熟悉政策性保险领域的同志担任，实现民主监督、协商民主和政策性金融立法监管的双向互动。实现中国出口信用保险公司的 ISPEG 模式，关键是其有效战略、现代治理、人民利益和动态平衡四个维度在宏观、微观两个层面实现的系统化的机制创新。具体包括以下几方面：

第一，在有效战略方面。宏观上，一是要制定《国家政策性出口信用保险中远期发展规划（2020～2050）》等；二是要建立明确的衡量出口领域的政策性金融战略动态变化的相关指标，比如出口贷款客户的覆盖率、出口企业的贷款客户数、出口信用保险对于三次产业的贡献率等；三是以前述指标为有效的抓手，实现进出口政策性金融战略的动态推动、调整和监督评估。微观上，中国信保可以建立自身的具有出口信用保险领域特色的战略管理体系，具体包括建立旨在推动出口领域政策性保险的战略管理部门、推进政策性金融战略实施和定期调整相应的战略举措等。

第二，在现代治理方面。宏观上，要构建针对出口信用保险的相对完善的、现代化的国家治理体系，比如在立法监督的职能上，改变当前外派平级或低一级干部到政策性金融机构担任监事会主席的做法，主动提高监事会的监管等级，将对出口政策性保险的监督权交由全国人大委员长或全国政协主席行使，将具体的监督事宜交由全国人大副委员长或全国政协副主席来执行，以形成有效的监督倒逼管理的机制。

第三，在人民利益方面。核心是要建立以提升人民福利福祉为目标的政策性金融的机制流程，重点是提升支持进出口企业和落后区域等强位弱势群体发展的金融服务水平，对内是通过人力和资本两个要素方面的技术进步来全面提升服务人民的效率水平。具体内容见表4－9。

表4－9　　　市场决定视角下中国信保机制创新的 ISPEG 模式

维度	有效战略	现代治理	人民利益	动态平衡
宏观机制创新	制定《国家政策性出口信用保险中远期发展规划（2020～2050）》	建立健全包括立法监督职能在内的现代化的国家治理体系，如人大、政协对政策性金融的监督	彰显大国重器作用，提升支持中小企业和落后区域等强位弱势群体发展的金融服务水平	以人民为中心就要对公共战略、公共治理及市场效率的具体指标和维度进行动态调整
微观机制创新	打造战略中心型组织，构建全面对接政策性保险发展规划的战略管理体系，扎实推进战略	加强董事会战略引导，从人大和政协中选择适当外部监事加强监事会监督	对内通过人力和资本两个要素方面的技术进步来全面提升服务人民的效率水平	不断完善战略管理体系、现代公司治理结构和提升服务人民的效能
落点示例	制定中长期的政策保险发展战略、建立人大和政协对政策性保险常态化的民主监督机制（如由全国人大主任委员或全国政协主席兼任政策性金融监督委员会主任）、建立完善的"三会一层"现代公司治理（如监事会主席由全国人大副委员长或全国政协副主席担任）……			

第五章

政策性金融机构的国家治理机制及实现路径

　　国家治理的现代化被称为继"四个现代化"之后的第五个现代化，它包括治理体系的现代化和治理能力的现代化两个方面。在市场决定视角下，要实现政策性金融机构的有效改革与科学发展，有序推进相关运作机制和模式创新，关键要构建与政策性金融机构改革发展相适应的现代化的国家治理机制。为此，本章首先从制度嵌入性视角，探析国家建设与非市场治理机制对政策性金融机构的规制作用及影响方式、相互关系及形成机理。在此基础上，从政策性金融机构的立法、政策扶持与补偿机制和外部差别监管体制等方面，探讨政策性金融机构改革发展中国家治理机制的实现路径。主要内容包括：研究政策性金融机构法律制度体系的生成基础、表现形式和构造模式，并从社会学视域进行政策性金融机构的立法分析；从财税、货币等方面构建政府对政策性金融机构的政策扶持体系与利益补偿机制，以及相关主体之间的风险共担机制，探讨有效的政策扶持与补偿机制的构建原则与方式；围绕政策性和开发性金融机构的性质特征和实际情况，从原因、原则和构想等方面，提出并探讨如何构建其外部差别监管体制。

第一节 国家治理在政策性金融机构改革发展中的作用机理

一、国家治理的内涵

"治理"一词源于拉丁文和古希腊语的"掌舵"一词，其原意有"控制、引导和操纵"之意。20世纪90年代，西方学者对"governance"赋予了新的含义，从而使得治理（governance）与统治（government）明显区别开来。全球治理委员会（1995）认为，治理是各种公共的或私人的个人和机构管理共同事务的诸多方式的总和。治理理论的代表人物罗茨（Rhodes，1996）认为，治理意味着统治的含义有了新的变化，如作为新公共管理的治理是指将市场的激励机制和私人部门的管理手段引入政府的公共服务，作为善治的治理是指强调效率、法制和责任的公共服务体系。俞可平（2014）认为，治理是一种公共管理活动和公共管理过程，它包括必要的公共权威、管理规则、治理机制和治理方式，目的是最大限度地增进公共利益。可见，治理的实质是建立在市场原则、公共利益和认同之上的合作（俞可平，2015），① 是实现全社会公共利益最大化的帕累托最优过程。组织制度学派认为，国家建设与市场建设是一个互动的、不可分割的过程，国家既是行动主体，也是结构，且对经济生活有重大影响，另外，该学派还十分重视非市场治理机制的作用。从一定意义上说，国家建设与非市场治理是国家治理的另外一种称谓。因此，国家治理是指政府在充分发挥市场化作用的前提下，通过政府与市场和社会的共同治理，实现全社会公共利益最大化的活动过程。

---

① 俞可平：《论国家治理现代化》，社会科学文献出版社2015年版，第25页。

中国共产党十八届三中全会提出"全面深化改革的总目标是完善和发展中国特色社会主义制度，推进国家治理体系和治理能力现代化"。国家治理的理想状态是善治（good governance），"善治"是实现公共利益最大化的社会管理过程，民主和法治是实现善治的基本途径，也是国家治理中最核心的基本原则。俞可平（2014）在综合比较的基础上，提出善治包含十个要素，分别是合法性（legitimacy）、法治（rule of law）、透明性（transparency）、责任性（accountability）、回应（response）、有效性（effectiveness）、公民参与（civic participation）、稳定性（stability）、廉洁（cleanness）和公正性（justice）。[①] 在政府、市场和社会等国家治理子系统中，由于政府对于人类实现善治实质上起着决定性作用，因此善政是善治的前提和基础，更是关键。所谓善政（good government），也即良好的政府，善政包含八个要素，即民主（democracy）、责任（accountability）、服务（service）、质量（quality）、效率（effectiveness）、专业（profession）、透明（transparency）和廉洁（cleanness）。国家治理视角下善治和善政上述若干要素的基本内涵如表5-1所示。

表5-1　　　　　　　国家治理中善治和善政若干要素的基本内涵

善治要素	基本内涵	善政要素	基本内涵
合法性	人们内心认同并自觉服从社会秩序和权威的状态	民主	民主就是执政为民，永远代表人民利益
法治	建立在法律之上的社会秩序，为保护公民自由、平等等基本政治权利	责任	对人民负责，对民众正当要求及时回应
透明性	公民有权获得与自己利益相关的政策信息	服务	强化社会服务功能，提供社会公共品

① 俞可平在2001年总结性地提出善治有六个核心要素，它们分别是合法、透明、责任、法治、回应和有效。详见孙文平、朱为群和曾军平：《现代国家治理理论研究综述》，载《地方财政研究》2015年第7期。

善治要素	基本内涵	善政要素	基本内涵
责任性	公共管理机构和人员为保障公共利益最大化所承担的职责和义务	质量	优质的公共产品、公共服务和公共管理
回应	责任的延伸，指公共管理机构和人员对公民做出及时和负责任的反应	效率	行政效率高，管理成本低
有效性	行政效率高，管理成本低	专业	团队专业化，决策科学化，政治管理职业化
稳定性	社会政治的稳定程度，政策的连贯程度	透明	政治信息公开，保证公民的知情权
公民参与	国家权力向社会的回归，即还政于民		
廉洁	不以权谋私，确保公共利益最大化	廉洁	不以权谋私，确保公共利益最大化
公正性	保障不同群体间政治权利和经济权利的平等		

综合来看，善治的十要素与善政的八要素在各自和相互间都有着内在统一的关系。在善治的十要素中，合法性是善治的前提，只有人们从内心认可相关的社会秩序和制度，国家治理长期稳定才有民众基础，从而才有社会政治的稳定性；而法治是基本保障，只有建立在保护公民平等和自由等基本政治权利的法律之上的社会秩序，才有可能保障社会群体的公平公正性；在法治的基础上，实现善治首先需要为公共利益负责任的公共管理机构和公职人员，以及时、准确回应民众的现实诉求；进一步地就需要廉洁的政府机构和人员，提高政府信息的透明性以鼓励公民积极参与国家治理。在善政的八要素中，民主是根本，国家治理的一切都是为了实现公共利益的最大化，即执政为民，对人民负责；要体现公共利益的最大化，就需要政府提供高效的、高质量的公共服务和产品，以及透明的政策信息；要高效地提供高质量的公共服务首先需要高效、专业和廉洁的政府管理团队与官员。可见，在市场决定的条件下，

善治和善政的诸要素各自及相互间有着内在的有机统一关系。

二、政策性金融机构改革发展与国家治理的内在关系和机理分析

市场决定视角下，政策性金融机构要实现有效的模式创新，其关键是坚持以人民利益为中心，在有效战略和现代治理双向互动中找到并逐步构建动态有效的运作机制和相应的发展路径。国家治理现代化有五个主要标准：一是制度化；二是民主化；三是法治；四是效率；五是协调。而政策性金融机构改革发展的关键着力点是公共战略、公共治理、市场效率和动态调整。政策性金融机构本身作为政府与市场的一个巧妙结合体，服从服务于社会公共利益最大化这一宗旨，国家治理就是通过政府与市场和社会的共同治理，实现全社会公共利益最大化的活动过程，这说明政策性金融机构与国家治理在宗旨性和运作机制上是高度统一的。甚至可以说，政策性金融机构及其高效运作本身就是国家治理在金融领域的一个具体落点，两者是整体与局部的关系。因此总体上，政策性金融机构改革发展与国家治理具有较强的内在一致性。

（一）国家治理的现代化是政策性金融机构发展改革的必要条件

一是通过第三章对中国政策性金融机构效率水平的分析，可以看到，在影响政策性金融机构服务有效性的主要因素中，政府的作用、政策性金融立法和外部监管考评机制三个因素对于政策性金融机构提升对中低收入居民和中小微企业的服务有效性都具有十分显著的影响（详见表3－16）。具体而言，政策性金融立法对需求方（中小微企业）和供给方（政策性金融机构自身）而言都属于第一个主成分——产品创新的主要组成部分；外部监管考评机制对供给方（政策性金融机构自身）而言也属于第一个主成分——产品创新的主要组成部分；政府的作用对供给方（政策性机构自身）而言也属于第四个主成分的主要组成部分，

而对需求方（中小微企业和中低收入群体）而言属于第六个主成分的主要组成部分。因此，提升政策性金融机构的效率水平（包括社会合理性和经济有效性两个层面）就需要加强政府的作用，加快政策性金融立法并完善对政策性金融机构的外部监督考评机制。可见，政策性金融机构改革发展呼唤并依存于国家治理的现代化，这是实现其改革发展的必要条件。

二是在对国外政策性金融组织理论和实践比较借鉴基础之上，笔者发现政策性金融机构在公共战略和公共治理等方面尚有较大的提升空间。首先，在公共战略方面要制定政策性金融的发展规划。美国的农业信贷体系、日本政策性金融公库等政策性金融机构在成立之初就明确了支持农业产业和重点客户等战略定位，并提出了很多操作性较强的支持措施（如支持战略客群的产品数量和金额等），这体现了政府对于社会公众尤其是强位弱势群体应尽的公共责任。因此，战略客群定位上应制度化地覆盖农民生产经营、中小微企业融资、住房金融、教育、环境保护和重点开发区域等细分部门或领域，根据客观实际对所有战略定位客群进行细分，并基于此制定详细、可操作的中国政策性金融战略发展规划。其次，在公共治理方面要提升对政策性金融的监管等级等相关机制，并加强监管、评估和管理。俄罗斯发展与对外经济事务银行和巴西开发银行等机构在公共治理层面的实践（如俄罗斯总理梅德韦杰夫是俄罗斯发展与对外经济事务银行的监事会主席），说明了现代化国家治理的具体实现路径以及其监管规格与级别之于政策性金融机构科学发展的重要性。党中央、国务院、全国人大和全国政协等国家机关可以借鉴此做法，提升政策性金融机构的监管规格，监管部门的负责人由国家总理或全国人大委员长或全国政协主席担任，通过细化和完善在基本政治制度范畴内（如中国共产党领导下的多党合作和政治协商制度）的重要制度机制和相关执行细则，[①] 进一步加大对政策性金融机构执行战略情况的评估、监督和管理。

---

① 俞可平：《论国家治理现代化》，社会科学文献出版社 2015 年版，第 11 页。

（二）国家治理的现代化可提升政策性金融机构改革发展效能

在公共战略的层面，政策性金融机构与国家治理的宗旨目标等具有高度的一致性。善治中的合法性、责任性、稳定性和公正性四个要素以及善政中的民主和责任两个要素集中体现了公共战略的范畴与内容。市场决定视角下政策性金融机构改革发展的目的是要实现公共利益的最大化，这与国家治理的善治和善政的最终目标一致，而要实现这个宗旨就要打造民主政府、责任政府，就要符合合法性机制的要求，确保社会的公平公正和社会公序相对稳定并被民众长期认可。基于此，笔者认为中国迫切需要构建以实现社会公共利益最大化为宗旨的政策性金融发展战略和相应的战略执行机制。

在公共治理的层面，与现代化、高效率的国家治理的实现手段和条件基本一致。善治中的透明性、参与、法治和回应四个要素以及善政中的专业、服务和透明三个要素集中体现了公共治理的范畴与内容。实现政策性金融机构改革发展的公共战略，需要打造保障社会各群体（尤其是强位弱势群体）基本权利（包括金融发展权）的法治环境，在此前提下，由专业的政府服务团队提供透明的政策信息，通过及时准确地回应民众诉求，鼓励公民一起参与，实现公共治理的效能最大化。基于此，笔者认为要实现上述公共战略，我国应该建立体现中国特色的适应政策性金融机构改革发展的公共治理体系，如加快政策性金融立法、完善政策性金融机构的外部考评机制等。

在市场效率层面，有效的社会公共服务和廉洁的政府是提升政策性金融市场效率的必备基础。善治中的有效性和廉洁两个要素以及善政中的效率和廉洁两个要素集中体现了市场效率的范畴与内容。提高政策性金融机构服务的市场效率就是打造效率更高、质量更好的社会公共金融服务和产品——政策性的公共金融产品，尤其是针对农民生产经营、中小微企业融资、住房、教育、环境保护和重点开发区域等，这些都需要高效的政府和真正廉洁的官员。基于此，笔者认为关键是要创新更加高效的公共金融产品，尤其是针对农民、中小微企业、住房、教育、环保和重点开发区域经济发展等薄弱领域。

在动态调整的层面，综合公共战略、公共治理和市场效率三方面的分析，可以发现善治和善政都要求管理者不断地协调公民间、公民和政府间的利益矛盾，使公共利益最大化，这就需要不断调整在公共战略、公共治理等方面的具体实现形式和相应的机制流程，以保证市场效率处于帕累托最佳边界上，最终保障社会公众利益的最大化。另外，从马克思公共产品理论的视域看，社会公共服务和产品的本质是为了满足社会存在与发展的公共利益的实际需要，所以社会公共产品的需求会随社会生产力发展而日益增长（王同新，2015）。[①] 因此，国家治理视角下的社会公共产品供给的动态调整才可能保证实现善政和善治的最终目标。具体如表5-2所示。

表5-2　　国家治理与政策性金融机构改革发展的内在关系

政策性金融核心要素	国家治理		两者的内在关系	改革发展路径要求
	善治要素	善政要素		
公共战略	合法性责任性稳定性公正性	民主责任	市场决定视角下政策性金融机构改革发展的目的是实现公共利益的最大化，这与国家治理的善治和善政的最终目标一致，要实现这一终极目标就要打造民主政府、责任政府，确保社会的公平公正、社会公序相对稳定并被民众认可，即合法性机制的要求	建立以社会公共利益为最终目标的政策性金融发展战略
公共治理	透明性参与法治回应	专业服务透明	实现政策性金融的公共战略，需要打造保障社会公民基本权利的法治环境，并由专业的政府服务团队，提供透明的政策信息，及时准确回应民众诉求，鼓励公民一起参与，实现治理的效能最大化	构建中国特色的政策性金融机构改革发展的公共治理体系

---

① 王同新：《马克思公共产品理论视域下的政府与市场关系新探》，载《学术论坛》2015年第7期。

续表

政策性金融核心要素	国家治理		两者的内在关系	改革发展路径要求
	善治要素	善政要素		
市场效率	有效性廉洁	效率廉洁	提高政策性金融机构的市场效率就是打造更高效率、质量更好的社会公共金融服务和产品——公共金融产品,尤其针对农民生产经营、中小微企业融资、住房、教育、环境保护和重点开发区域等,都需要高效的政府和廉洁的官员	创新公共金融产品,尤其针对农民、中小微企业、住房、教育、环保和区域发展等
动态调整	善治和善政都要求管理者不断地协调公民间、公民和政府间的利益矛盾,使公共利益最大化		不断调整在公共战略、公共治理等方面的具体实现形式和相应的机制流程,以保证市场效率处于帕累托最佳边界上,最终保障社会公众利益的最大化	优化调整公共战略、公共治理等方面的实现形式和相应的机制流程

三、国家治理视角下政策性金融机构改革发展的实现路径

实现国家治理现代化的根本途径就是要构建公平正义的制度体系以及运作机制。现代国家治理体系有三个重要的子系统:一是政府治理;二是社会治理;三是市场治理。为实现社会公众利益最大化的宗旨,三个子系统在形式和结构上需要随机组合以不断优化其功能。在国家治理视角下,要构建与政策性金融机构改革发展相适应的公共治理体系。政策性金融改革发展的实现路径如下:

在公共战略方面,国家层面要制定旨在体现社会公众利益最大化宗旨目标的中长期的政策性金融发展战略;银行机构层面要建立战略管理体系,包括制定政策性银行的发展战略、建立或优化战略管理部门、推进战略实施和定期调整战略举措等。在公共治理方面,要加快全国人大对政策性金融立法步伐;全国人大和全国政协要建立对政策性金融常态化的民主监督机制(比如由全国人大主任委员或全国政协主席兼任政策性金融监督委员会主任);[①] 微观上建立完善的"三会一层"现代公司

---

① 该机制也是十八届四中全会中指出的"完善全国人大及其常委会宪法监督制度"的具体实现形式和手段,也将为其他监督制度的实现提供可资借鉴的范例。

治理结构,对外完善产品、服务流程和组织等。在市场效率方面,国家层面要彰显大国重器的作用,提升支持农村、农民和落后区域等强位弱势群体发展的金融服务水平;微观上通过人力和资本两个要素方面的技术进步来全面提升服务社会公众的效率水平,包括互联网金融在农村、中小微企业融资、住房、教育、环保和重点开发区域经济发展等领域的广泛应用和提升内部的 IT 治理水平等。在动态调整方面,以社会公众利益为中心,就要对公共战略、公共治理及市场效率的具体指标和维度进行动态调整,不断完善战略管理体系、现代公司治理结构和提升服务人民的效能。详见表 5 – 3。

表 5 – 3 国家治理视角下政策性金融机构改革发展的实现路径

	公共战略	公共治理	市场效率	动态调整
核心要求	建立以社会公共利益最大化为最终目标的政策性金融发展战略	构建中国特色的政策性金融机构改革发展的公共治理体系	创新更加高效的公共金融产品,尤其是针对农民、中小微企业、住房、教育、环保和重点开发区域经济发展等	优化调整在公共战略、公共治理等方面的实现形式和机制流程
实现路径	国家层面要制定旨在体现社会公众利益最大化宗旨目标的政策性金融发展战略（2020~2050）；银行层面要建立战略管理体系,包括制定发展战略、建立或优化战略管理部门、推进战略实施和定期调整战略举措等	加快人大的政策性金融立法步伐；人大和政协建立对政策性金融常态化的民主监督机制；建立完善的"三会一层"现代公司治理结构,对外完善产品、服务流程和组织等	国家层面要彰显大国重器的作用,提升支持农村、农民和落后区域等强位弱势群体发展的服务水平；微观上通过人力和资本两要素的技术进步来全面提升服务社会公众的效率,包括互联网金融在农村、中小微企业融资、住房、教育、环保和重点区域经济发展等领域的广泛应用和提升内部 IT 治理水平等	以社会公众利益为中心,就要对公共战略、公共治理及市场效率的具体指标和维度进行动态调整；不断完善战略管理体系、现代公司治理结构和提升服务人民的效能

第二节　依法治国与中国政策性 金融机构立法先行

　　党的十八届四中全会通过的《关于全面推进依法治国若干重大问题的决定》，提出依法治国的总目标，并强调要加强重点领域的立法。日前，国家开发银行、中国进出口银行、中国农业发展银行三家政策性银行的改革方案已获国务院批复同意。推进政策性金融机构改革和研究建立新型政策性金融机构，也被写入党的十八届三中全会通过的《关于全面深化改革若干重大问题的决定》之中，并被列为中央全面改革的重要工作之一。我国政策性金融机构改革发展20多年来，运营中出现的种种问题，归根结底在于政策性金融法律的缺失、缺位及相关立法工作的严重滞后。所以加强并完善政策性金融领域的专门立法，依法治理政策性金融机构，实现我国政策性金融运行、管理的法治化，无疑也是这一依法治国方略的题中应有之义。

一、依法治国与政策性金融机构改革发展的内在关系

　　中国共产党十八届四中全会确立了"建设中国特色社会主义法治体系，建设社会主义法治国家"的总体目标，[1] 而"法律是治国之重器，良法是善治之前提"，[2] 因此构建政策性金融法治体系是建设中国特色社会主义法治体系的重要路径，是我国建设社会主义法治国家的重要一环。从内容上看，法治体系包括法律规范体系、法治实施体系、法治监督体系和法治保障体系等。在依法治国视角下，政策性金融机构改革发展与依法治国的内在关系如下：

　　在法律规范体系方面，针对当前尚缺乏政策性金融立法的背景下，

---

　　①②　中国共产党第十八届中央委员会第四次全体会议公报，2014年10月。

应该首先解决政策性金融机构改革发展的立法问题，为依法治国背景下的政策性金融机构改革发展提供立法基础，做到有法可依。生存权是首要人权，发展权是根本权利，而且随着社会经济发展，人民对"权利"的认知与诉求将从生存层面上升到发展层面，在此过程中，新型的权利正处于不断涌现的状态，因此社会公众对于金融产品的公共性或基础性需求将日渐凸显，金融资源开始逐步惠及普罗大众，所以社会公众的金融发展权日渐重要，尤其是如何保障强位弱势群体的金融发展权的平等赋予和顺畅实现，是新时期的一个新课题，也是政策性金融机构改革的重要方向和实现持续发展的必由之路。因此，政策性金融立法是实现社会公众的金融发展权的基础。

在法治实施体系方面，要极力避免出现有法不依、执法不严、司法不公和监督不力等问题，具体包括政策性金融立法之后的执法、司法和守法等环节，以着重提高政策性金融相关法律的实施效率。尤其是，为了使政策性金融机构在改革发展过程中向农村、农民、农业、中小微企业融资、住房、教育、环保和重点区域经济发展等领域提供足够的社会公共金融产品，以保障全社会群体的基本金融权利的顺利实现，这一整套包括实施流程和机制在内的法治实施体系的构建就显得十分重要。

在法治监督体系方面，由于政策性金融机构的高效运作离不开强而有力的法律监督，因此要通过充分发挥全国人大和全国政协的民主监督作用，着重提高法律对政策性金融机构改革与发展的支撑作用。"社会改革的目标是提供公共服务，这是社会底层所必需的，也就是整个社会应当享有的基本人权。"① 而政策性金融机构提供的基础性的公共金融产品与服务当属社会中的强位弱势群体所必需的、最基本的金融发展权利。因此，法治监督的目的是保障强位弱势群体包括公共金融发展权在内的基本权利的实现。

在法治保障体系方面，我国历来十分重视法治对于社会公平公正的

① 郑永年：《保卫社会》，浙江人民出版社 2011 年版，第 91 页。

监督保障作用,在中国共产党十八届三中全会通过的《中共中央关于全面深化改革若干重大问题的决定》中,提到"公平"的词句共 20 处,提到"平等"的词句共 11 处,提到"公正"的词句共 5 处,可见党中央对于国家在经济不断发展过程中社会群体之间的公平性、公正性和平等性的重视程度之高。因此,要保障社会群体在金融发展权方面的公平与公正,就要实现政策性金融在政府治理、社会自治和市场治理等三个子系统的协调统一(见表 5 - 4)。

表 5 - 4　　　　　依法治国与政策性金融机构改革发展的内在关系

	内在关系	具体着力点
法律规范体系	先解决政策性金融机构改革发展的立法问题,做到有法可依,为政策性金融机构改革发展提供立法基础	构建政策性金融的规范性法律体系,对政策性金融机构单独立法,如《中国农业政策性金融法》和《中国政策性金融监督法》等
法治实施体系	包括政策性金融的执法、司法和守法等环节,着重提高政策性金融相关法律的实施效率,避免出现有法不依、执法不严、司法不公和监督不力等问题	构建政策性金融的法治实施体系。理顺政策性金融机构在战略制定、战略实施、公司治理和提高市场效率等方面存在的法律壁垒,提高运作的有序性、有效性并实现良性互动
法治监督体系	政策性金融机构的高效运作,离不开强而有力的法律监督,通过充分发挥全国人大和全国政协的民主监督作用,着重提高法律的实施效率	构建政策性金融的法律监督体系。对政策性金融机构制定有差别化特征的监督机制和流程,比如从全国人大委员长(副委员长)或全国政协主席(副主席)中推荐熟悉政策性金融机构者担任监督管理的主要负责人
法治保障体系	实现政策性金融在政府治理、社会自治和市场治理等子系统中协调统一,保障社会群体在金融发展权方面的公平与公正	构建政策性金融的保障体系,如建立对政策性金融机构的政策扶持与补偿机制

二、政策性金融机构依法治理的社会学分析

政策性金融资源配置的终极目标是社会合理性,有必要从社会学视

阈分析社会互动、越轨、法律的社会控制作用与政策性金融机构立法之间的逻辑关系。同时,结合社会学及经济社会学理论,探讨政策性金融机构改革发展的具体问题,也是本书的特色及方法之一。我国政策性金融立法的呼声,从业界到学术界一直持续不断,不少专家学者从经济学、金融学和法学的角度,对政策性金融立法的理论依据、结构框架和国际经验等分别进行了先期研究(白钦先、曲昭光,1993;王伟,1994;吴晓灵,2003;段京东,2005;白钦先、王伟,2005;贾康,2010;王吉献,2015)。但是,从社会学视阈进行政策性金融机构的立法分析还比较鲜见。为此,我们运用社会学原理尤其是法律社会学及经济社会学的理论和方法,对我国政策性金融机构立法的社会环境因素、社会控制的法律手段、法制体系及运作机制的构建等进行初步的探究。研究认为:政策性金融机构业务行为的负向互动及越轨既是阻碍其良性发展的关键因素,也是政策性金融法制生成的社会基础;加快政策性金融专门立法,不仅是规范和正向引导政策性金融机构有序运作的有效社会控制手段,而且是实现机构依法监管治理和法治化的前提条件。

(一) 负向互动与越轨是政策性金融机构法制生成的社会基础

社会生活中人与人之间进行着各种各样的互动,社会互动发生在一定的具体情境之中,各行动者处于特定角色位置从而承担了相应的权利和义务,经过对他人采取社会行动和对方做出反应性社会行动两个环节,这一互动过程才结束。而共同认可的价值观、行为规范等构成了制约与影响达到各自目标的外部环境。也就是说,在每一个情境下,各行动者只有在规范提供的相互影响框架内进行社会互动,那么这种互动才能得以持续;而一旦打破了规范,就会表现出负向越轨,互动难以进行,甚至被迫中断。如图 5 – 1 所示。

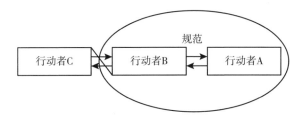

图 5-1 规范与行动者之间的互动

政策性金融领域各主体基于资本供求相互联系，表现出合作和竞争的关系。行动者包括政策性金融机构和中小企业、农村企业等强位弱势群体。其中政策性金融机构是资本的供给方，有通过出借资金获得收益的权力；中小企业等强位弱势群体是需求方，有自由选择低成本获取资金的目的。在政策性金融资源尤为稀缺的条件下，供需双方博弈过程中不断互动，整个政策性金融市场呈现出卖方垄断的特征。供需双方可以选择合作的互动方式，相互配合，为达到共同目的发挥各自的主观能动性，不仅可以共同获利，还会增加正的外部性。政策性金融的倡导与虹吸的基础功能便体现于此。政策性金融机构用直接的资金投放可间接吸引商业性金融机构跟随从事符合国家战略意图的放款，当资金配套时政策性金融机构再转移投资方向，开始新一轮的投资循环；同时，在这一过程中，政策性金融机构的行动无疑释放出信号，表明了政府的扶持决心，这是隐性的国家担保，可以提高商业性金融机构的投资信心，降低其投资风险。两者协同投资的结果便会降低被投资地区和领域对政策性资金的依赖。若博弈双方在互动中形成对立的竞争性关系，基于各自的利益诉求运用各自权力相互排斥，会影响政策性金融资源合理有效的配置与可持续发展。政策性金融机构拥有的政府背景决定了其享有得天独厚的优惠待遇，如资金成本低、财政补贴、税收减免等，一旦偏离政策性目标，无视经营原则，主动与商业性金融机构越位竞争市场正向选择机制下的投资项目，盈利算其业绩，亏损由财政兜底，必然会产生将政策性亏损与经营性亏损人为加以混淆的动机。在这种负向互动下，强位弱势群体的资本需求不仅不会得到满足，资本反而会逐渐流向单一盈利目标下的投资项目。由此可以看出，行动者之间的负向互动与政策性金融的宗旨背道而驰。按照机构设立的初衷，政策性金融机构作为政策性金融功能的主要载体，是国家为弥补商业性金融在宏观经济调控中内在不足的工具。若其经营运作偏离了国家政策性目标，强位弱势群体在市场经济中平等的发展权就难以得到保障。

从更深层次来分析，负向互动也极易导致政策性金融机构出现越轨行为（deviance）。这里的"越轨"特指负向越轨，即破坏社会规范或违反群体与社会期望的行为（谢弗，2006）。与个人越轨相较，组织、机构违反规范的行为即群体越轨对社会规范的破坏更大。社会学家默顿的"手段—目标"理论认为，社会以文化传统方式界定了规范目标，但是在社会结构的安排上缺少以制度设置方式规定的实现其目标的手段。当规范目标与规范手段之间失衡或不一致时，越轨行为或曰偏差行为、反常行为、失范行为就会产生。政策性金融机构因其性质及定位与商业性金融机构有着根本差异，业务范围理应依据明确的规范与之划清界限，充分发挥在各自业务领域中的比较优势，使金融资源的配置兼具效率与公平。尤其在当前改革与转型的重要时期，保持政策性金融机构足够发展动力和良性发展秩序的业务规范更是迫在眉睫。在我国，有的政策性银行的业务活动越位越轨即群体越轨问题相当突出，个别政策性银行凭借其特殊背景和特殊待遇，断章取义、各取所需地将"市场化"与"运作"割裂，将市场化运作的手段同机构自身的根本性质、宗旨与职能割裂，不仅违法违规同商业性金融机构展开不公平、不正当的市场竞争或曰"恶性竞争"，而且还将业务触角逐步延伸、扩张到其他政策性金融机构的业务领域。强调市场化运作是政策性金融机构的"金融性"本义本性，但不能断章取义地割裂政策性金融的宗旨和手段，更不能成为政策性金融机构越轨经营并一以贯之的借口。市场化运作表层之下更亟须深层的制度设计，要解决的不单是"有所为和有所不为"的问题，而是"可为和不可为"的难题，要从根源上防止越轨行为的产生。从约束和规范政策性金融机构行为的角度出发，为尽量减少与其他主体之间的负向互动，需要依赖一种稳定且持续的社会规范所提供的外部制约环境即法律制度。

（二）法律是政策性金融机构规范运作的有效社会控制手段

个人或群体违反其所应遵守的行为规范的行为是越轨行为，缺乏合理规则的竞争是不公平竞争，并可能导致恶性竞争，恶性竞争会直接或间接地破坏社会秩序（王思斌，2010）。社会控制（social control）作为社会制度的一项重要功能，旨在纠正社会成员（包括组织机构）的越轨行为，越轨行为也是社会控制的对象。美国社会学家 E. A. 罗斯（E. A. Ross）在其 1901 年出版的《社会控制》一书中首次从社会学意义上对社会控制一词进行了阐释。社会控制可以理解为社会组织体系运用社会规范及与之相应的手段和方式，对社会成员的价值观念和社会行为进行指导、约束，对各类社会关系进行调节和制约的过程。社会成员基于各自的利益需要，在自身价值观的指导下引发多维度、多方向性的社会行动，同时又会在共同的社会生活中产生各种各样的社会互动。为使互动朝着良性发展，得以持续，价值观与行为方式在某种程度上需要有机统一。社会控制的基本功能便在于此，它为社会成员提供符合社会目标的价值观与相应的行为模式，制约彼此行为，协调互动关系，同时明确规定各自利益竞争范围，调节其利益关系。

社会控制的手段包括习俗、道德、信仰、宗教、政权、法律、纪律、社会暗示、社会舆论和群体意识等。其中，法律作为一种主要的社会控制类型亦即正式控制，在现代社会中占据着越来越重要的地位。美国社会学法学家罗斯科·庞德（Roscoe Pound）在其《通过法律的社会控制》一书中，对社会控制手段及法律在社会控制体系中的地位进行了详细论述，他认为："在某种意义上，法律是发达政治组织化社会里高度专门化的社会控制形式——即通过有系统、有秩序地适用这种社会的暴力而达到的社会控制。"法律之所以成为现代社会中最权威、最严厉、最有效、最普遍的社会控制手段，原因在于法律是由国家立法机关制定，以国家政权做后盾，由强有力的司法机构保证实施的行为规则。这恰是其他社会控制工具不同时具备的。所以，对我国政策性金融机构的社会控制，不仅需要商业道德、组织纪律、社会舆论、群体意识，以及一般的机构条例、规章等来进行规范约束，而且迫切需要尽快上升到法律的最高层次上。法律的真正权威和效力不仅仅在于制裁，关键在于警示。

现代国家不仅越来越多地将社会生活纳入法律的制约范围，而且法律的社会控制这一特点在发达国家政策性金融法律体系的构建中也体现得尤为全面彻底和淋漓尽致，其法律制度中普遍包含了政策性金融机构设立目的、法律性质、经营范围、资金来源、监管机制和法律责任等内容，为政策性金融机构实施内部管理和处理外部关系设定了严格的法律框架。如日本的《中小企业金融公库法》第一条便开宗明义地规定："中小企业发展所需长期资金，一般金融机构难以融通时，本公库予以资金融通。"《日本开发银行法》同样在第一条中明确指出："日本开发银行的目的在于通过提供长期资金，促进产业的开发和社会经济的发展，补充并奖励一般金融机构。"德国《复兴信贷银行法》明文规定了政策性金融机构特殊的公法法人地位，即"德国复兴信贷银行为以公法设立的法人团体"，保障了其政策性本质和经营的自主权。在规范政策性金融机构同商业性金融之间竞争方面，日本《政策投资银行法》第20条确立了不得与商业性金融机构竞争的原则："银行所从事的发放贷款、担保债务、购买公司债券、应政府要求取得资产要求权或进行投资等业务，只有在确认它们能产生利润以保证能够有投资回报的情况下，才能进行"；德国《复兴信贷银行法》规定了复兴信贷银行必须保持补充性与中立性两大原则，既要弥补商业性金融在诸多领域中的缺陷，又不得挟政策支持及政府优惠同商业银行不公平竞争。《日本政策投资银行法》明确建立了稳定的财政拨付援助机制："该银行可以从政府借入资金……可以从其他银行和金融机构借入短期资金，用于满足现金流量需要或财务省规定的其他要求。"针对监管机制，《德国复兴信贷银行法》第12章规定："该银行由联邦政府指定财政部门进行监督，监督当局有权采取一切措施，以确保该银行的业务运作符合有关法律、法规的规定。"法律责任的追究和承担的条款则严厉规定了政策性金融机构负责人和职员的经济和行政处罚，如日本《住宅金融公库法》第 32 条规定："公库的负责人在违反本法、融通法、保险法及基于上述法律发布的政令命令的，主管大臣有权将其解职。"

　　1994 年，根据中共十四届三中全会通过的《关于建立社会主义市场经济体制若干问题的决定》和国务院《关于金融体制改革的决定》，我国组建了国家开发银行、中国农业发展银行及中国进出口银行三家政策性金融机构。然而，在 20 多年的运行过程中，这些机构出现了诸如权力寻租、定位不准、不良贷款规模偏大、政策性金融资源配置分散，甚至出现了超越政策性业务范围主动与商业性金融进行不公平竞争的越轨行为等一系列问题。原因在于，我国政策性金融机构的组织、运行和决策仅依据成立之初的内部章程，缺少专门的法律，使机构运作无序，监管也无法可依。"法者，治之端也"。法律作为稳定、有力的社会控制手段，能够对政策性金融机构的越轨行为予以惩罚，并对规范行为做出正向引导。所以，政策性金融立法的国际惯例与国内立法缺失的历史教训，呼吁我国加快政策性金融立法步伐，高度重视并采用法律这一最为有效的社会控制手段，在法治的引领下推进政策性金融改革，在法治的框架内规范政策性金融改革。

（三）构建政策性金融机构法制体系是实现法治化的前提条件

　　市场经济是法治的经济，法律的指引、评价、预测、强制与教育功能为市场有效运转构建了一个有序的制度平台，同时提供了系统、完善的保障。立法的目的不在于对越轨行为的事后惩戒，而应注重事前的引导与警示。党的十八届四中全会基于社会主义市场经济本质上是法治经济的理念，重申和强调了依法治国的总目标，即建设中国特色社会主义法治体系，建设社会主义法治国家。建设中国特色社会主义法治体系，必须坚持立法先行，发挥立法的引领和推动作用，抓住提高立法质量这个关键。当前，一些市场亟需的基础性法律制度，如相对完善的政策性金融立法等法律制度安排仍然缺位，我国政策性金融现行的制度规则

（主要是政府的政策性文件与政策性金融机构的内部章程）也已滞后于发展实践，专门针对政策性金融机构治理与运行的法律尚不完善，法律的系统性、体系性还不够强。建立健全政策性金融法律制度体系，是保障和实现机构法治的基础，要实行政策性金融机构法治，必须具有完备的政策性金融法制。法治也是法制的立足点和归宿，政策性金融法制的发展前途必然是最终实现政策性金融法治。从实现我国金融领域法治化角度来看，必须不加歧视性地将政策性金融上升到与商业性金融同等的法律地位。因此，当前和今后一个时期，应当重点做好政策性金融等领域的法规层级的完善和提升工作，全新构建政策性金融法律制度体系。

1. 强化政策性金融立法的国家建设与非市场治理机制

影响竞争行为、过程和结果的重要因素是竞争的规则。根据庞德的社会控制理论的利益学说，社会生活中的利益分为个人利益、公共利益和社会利益，社会成员在一定的情境互动中，这三种利益不可避免地会产生竞争甚至冲突，运用法律进行社会控制的关键在于承认、确定、实现和保障利益，即以法律的规定为依据，决定、承认哪些利益，在什么范围内对其进行保障，如何保障。法律的社会控制最终目的便是以最小的成本消耗获得整个社会利益的最大化。因此，政策性金融法律制度的设计要反映出社会公众认可的价值观念和各主体的利益需求，并实现社会的公平合理。这就要求政策性金融立法应该充分发挥政府干预或国家治理的主体性功能作用，通过非市场治理机制公正地协调各方利益，提高政策性金融机构的国家治理能力。为了避免社会风险，在宏观上对社会运行进行控制，既是人们的期望，也常常表现为政府的管理行为。尽管社会控制并不限于国家权力，但实际上，国家是最强有力的社会控制者的代名词。

2. 科学认识政策性金融立法的制度基础和立法宗旨

从认识层面承认政策性金融是纠正政府失灵、兼顾经济发展和社会合理性的特殊的金融制度安排，与商业性金融一样不可或缺。政策性金融制度的宗旨，就是充当政府经济与社会调节管理职能的工具，专门为关乎国计民生的各种形式的强位弱势群体提供资金、担保及保险等方式的金融服务，补充并引导商业性金融，促进这些特殊目标群体的发展与社会进步。政策性金融的性质体现的是一种非营利公共性和社会合理性的属性。经济转型时期，政策性金融机构的改革更应牢牢把握政策性或曰公共性的宗旨目标，所有经营运作手段都要围绕这个中心目标。从功能观点来看，政策性金融不单是政府财政的简单外延，而是具有信用性、有偿性和一定盈利性的金融制度安排，通过资本流动、资金有偿借贷等过程，与商业性金融机构建立平等的合作关系，与"三农"、中小企业、国计民生领域等资金需求方建立平等的借贷关系。

在科学认识政策性金融制度的基础上，明确政策性金融立法的宗旨。立法宗旨是立法者创设法律所预期实现的目的。政策性金融立法，既不能偏离政策性金融制度安排的宗旨和性质，也要体现规范政策性金融机构运作行为和保障政策性金融可持续发展的目的，即权益和责任有机统一。尤其是必须坚持和体现国家政策导向与战略意图，持续发挥政策性金融机构在金融资源配置中的导向作用，履行扶持强位弱势群体的职能，弥补市场失灵。同时，立法还要处理好政策性金融机构已形成的各种利益团体的利益关系，防止它们成为立法进程中的障碍。

3. 界定政策性金融机构的法律地位和法人治理结构

法律地位是法律赋予自然人、单位、组织等以一定的人格，限定其在法律关系中可以独立行使权力和履行义务的范围。政策性金融机构只有明确了法律地位，才能够在法律规定的范围内进行各项活动，越过法律权限必然会受到相应惩罚。从建立目的和改革路径来看，政策性金融机构属于特殊公法法人，应采用公司制，按照职责明确、制衡有效、管理科学的现代企业制度要求，建立起由董事会、监事会和高级管理人员组成的法人治理结构。根据各政策性金融机构履行职能的不同，其中董事会成员可由财政部、商务部、农业农村部、银保监会等有关部委负责人和相关领域的专家组成，行使政策性金融各领域发展改革中对重大事项决策和协调的权力，直接对国务院负责。这种管理体制易于处理好各政策性金融机构同各主管部门的利益关系以及所有者和经营者之间的权责关系，减少行政干预，提高效率。

4. 规范政策性金融机构业务范围和考核制度

政策性金融制度体系是包括政策性银行、保险、担保、信托、投资基金、资产管理等在内的相互补充的机构体系和业务体系。立法中要协调好政策性金融机构与商业性金融机构的经济关系，即明确界定政策性金融机构的业务领域，防止其业务因利益集团的利益而发生偏离，避免政策性业务与商业性业务的交叉重叠。对政策性金融机构绩效考核，要以实现国家政策程度为基础和前提，考核体系指标要从政策性金融机构的财务稳健度和国家政策实现度两方面设计，减少其片面追求盈利的动机和行为。要严格区分政策性金融机构的政策性亏损和经营性亏损，对于政策性亏损的部分，由政府财政予以补贴，经营性亏损部分必须依法追究相关人员的经济与法律责任。

5. 建立健全政策性金融机构问责追责机制

责任追究是法律对越轨行为的惩治，体现了法律的强制性与震慑力。可借鉴日本对政策性金融机构的立法实践，单独增设罚则一章，具体规定政策性金融活动中各责任主体所要承担的行政或刑事处罚等法律后果，理顺各自权责关系。在立法规范和依法监管的基础上，真正形成从终端到源头的问责追责倒逼机制。另外，政策性金融机构是执行政府经济政策的特殊金融机构，因此要对政府决策失误与政策性金融机构执行失误严加判别，建立公平的追责机制也应是依法治理政策性金融机构的应有之义。

三、依法治国视角下政策性金融机构改革发展的路径选择

依法治国视角下政策性金融机构改革发展的具体路径体现在以下四个方面：

（一）明确金融发展权是人权和国家在政策性金融领域的公共责任

郑永年（2010）认为，中国要平衡好国家发展权和社会民生权，

后者是中国社会所高度认同的最基本的权利。[1] 这些基本的权利就是中国古代圣人所描述的大同社会中的理想状态，即老有所依、老有所养、居者有其屋、教有所成等。现实地看，穷人的基本人权尚得不到完全的保障（郑永年，2009）。[2] 也有学者指出，人民的权力不是一成不变的，随着时代的发展宪法赋予的公民权也许在不断充实和丰富。由于金融发展权也是人权，应将公民金融发展权提高到选举权和被选举权、基本政治自由、人身自由、信仰自由、人格尊严和住宅权等相平行、相对等的范畴，在宪法中明确保护公民的金融发展权这个重要基本权利。[3] 因此，建议在《宪法》的"公民的基本权利和义务"这一章节中增加公民的金融发展权，并明确政策性金融机构代表国家有责任向社会公民提供均等化的社会基本公共金融产品和服务，社会全体公民有权公平公正地获得社会公共金融产品和服务，以最终实现社会公众利益的最大化。因为"一个责任政府，不仅要在公民对其提出直接的诉求时被动地有所作为，更要在公民没有直接诉求时主动地有所作为，创造性地履行它对公民所承担的各种责任"，[4] 更何况已有研究表明金融资源的不均衡已经导致社会群体间发展的严重不均等。可见，要在宪法的层面明确国家在政策性金融发展战略中的公共责任和公民应享有的权利义务，为构建具有中国特色的公共金融体系打下制度性基础。

（二）政策性金融立法的原则：夯实基础、单独立法和提高质量

一是夯实政策性金融立法工作的前提和基础。全国人民代表大会及其常务委员会是我国的最高国家权力机关，不但拥有国家的最高立法

---

① 郑永年：《保卫社会》，浙江人民出版社 2011 年版，第 33～34 页。
② 郑永年：《保卫社会》，浙江人民出版社 2011 年版，第 87 页。
③ 在 2004 年 3 月 14 日修正的《中华人民共和国宪法》中有明确约定公民的基本权利包括公民权、选举权、被选举权、基本政治自由、信仰自由、人身自由、人格尊严、住宅权、监督权和劳动的权利等，但并没有明确指出公民的金融发展权。详见中国法制出版社的《中华人民共和国宪法》第 21～30 页。
④ 俞可平：《论国家治理现代化》，社会科学文献出版社 2015 年版，第 228 页。

权，而且拥有最高的监督权。但现实地看，全国人民代表大会及其常务委员会在履行职能过程中存在"制度安排不足"和其组成人员"缺乏必要的专业素质"等问题。[1] 一方面，要加快政策性金融的单独立法工作，必须先行构建一支熟悉政策性金融，能准确有效地对政策性金融的相关法律进行立法、解释、监督和违法审查的人才队伍；另一方面，还要构建与政策性金融立法的工作复杂程度相匹配的制度和流程，为政策性金融立法提供前提和基础。因此，应在法治体系的建设层面完善政策性金融立法工作的体制机制及相关流程，加快政策性金融立法的步伐。

二是政策性金融需要单独立法并按计划推进立法工作。由于政策性金融在不同领域的独特性和复杂性，在具体领域的政策性金融的风险特征、客群特点等都具有很大的差别，因此在相应的立法和监督等机制上需要单独立法。在此基础上，制定政策性金融立法的相关计划，分步骤、单独地、高质量地对政策性金融进行立法，改变当前在没有政策性金融法的情况下先出台政策性金融监督法的做法（2017 年 8 月 28 日中国银监会公布了农发行和进出口银行两家政策性银行的监督管理法），比如考虑到中国的实际情况，[2] 我们应该优先制定《中国农业政策性金融法》和《中国农业性政策性金融监督法》，然后再制定开发性政策性金融法及其监督法等，而且即使是出台监督管理法也应该制定出区别于商业性金融本质属性的监管规定，而不是对资本管理办法的照搬照抄。具体的政策性金融立法计划详见表 5 - 5。

三是以保障强位弱势群体的金融发展权为核心，提高政策性金融的立法质量。要提高政策性金融的立法质量，关键是要加强政策性金融对于社会发展过程中的公共金融支撑和驱动作用，保障社会公民公平、公正地获得基础性的金融产品，尤其是要优先保障"三农"经济、中小微企业融资、住房保障、教育、环保和落后区域经济发展等领域的公共

---

[1] 俞可平：《论国家治理现代化》，社会科学文献出版社 2015 年版，第 221 页。

[2] 在 2017 年 4 月 10 日中国银监会出台的《关于切实弥补短板提升监管效能的通知》的附件中明确指出要制定《国家开发银行监督管理暂行办法》和《政策性银行监督管理暂行办法》。

表 5 - 5　　　　　　　中国政策性金融立法计划

年份	2018~2020 年	2019~2021 年	2020~2022 年	2021~2023 年	2022~2024 年
立法内容	中国农业政策性金融法、中国农业性政策性金融监督法	中国开发性政策性金融法、中国开发性政策性金融监督法、中国中小企业金融法、中国中小企业金融监管法	中国进出口政策性金融（保险）法、中国进出口政策性金融（保险）监督法	中国保障性住房金融法、中国保障性住房金融监督法	中国落后地区振兴金融法，中国落后地区振兴金融监管法
战略客群	三农经济：农村、农民和农业	国家基础设施、高新技术、中小微企业	对国计民生具有重要作用的进出口领域（含信用保险）	城市中低收入人群、外来务工人群保障房	西部、东北等落后区域

金融产品的充足性和有效性，切实提升金融对经济、社会发展的支持效率。另外，只有通过高质量地对政策性金融进行单独立法，才可以进一步理顺政策性金融机构在战略制定、战略实施、公司治理和提高市场效率等方面存在的法律壁垒，提高政策性金融机构运作的有序性和有效性。

（三）优化现有法律并构建完善的政策性金融的法治体系

现有货币金融领域的相关法律多是以商业性金融为对象的法律法规，且在具体条款的约定上趋向于统一化和一致化，很少体现出分类管理、单独立法的亲民性特征，更加难以做到真正的"分类管理"和"定制化"，比如现行的《贷款通则》中对抵押率的硬性约定、商业银行法中更强调商业性银行的共性特征等现象的存在等，现行的监管体制在实操层面也基本趋于一致。① 因此，针对政策性金融，我们需要在宪

---

① 在现有的监管体制下，银监会也负责政策性银行的监管，在实际的运行过程中是银监会的监管四部负责，在省级银监局的层面是政策性银行处负责具体的监管实施，但据业内人士反映，在监管过程中的监管文件、工具、方法基本上都与商业性银行的相关文件制度无太大差异。

法对社会公民的金融发展权的顶层约束下，进一步在操作和执行层面构建服务公共战略客群清晰、公共有效治理运作高效、服务场景具体化的政策性金融的法律规范体系、法治实施体系、法治监督体系和法治保障体系等。

第三节　政府对政策性金融机构的
政策扶持与补偿机制

一、政策性金融机构客户群体的公共战略重要性分析

我国著名的金融学家、政策性金融理论的首倡者白钦先教授早年在研究中小企业政策性金融时就提出了"强位弱势群体"的概念，[1] 又将其提升为一般政策性金融范畴的界定标准，[2] 并认为政策性金融的主要服务对象就是强位弱势群体，具体包括农业、农民和农村等"三农"经济，以及中小企业融资、就业、教育、进出口和落后区域发展等领域或产业。总体来说，这些群体或领域都对国家具有十分重要的战略重要性和意义，也是构建政府对政策性金融机构的政策扶持体系与利益补偿机制的基本依据。下面，我们先就"三农"经济、中小微企业、落后区域等强位弱势群体的客群特点逐一进行分析。

（一）"三农"经济的特点分析

民以食为天，但由于农业自身具有天然的弱质性，粮食问题涉及国家安全，因此农业是重要的战略性产业；农民持续增收关乎社会和政治

---

① 白钦先、薛誉华：《各国中小企业政策性金融体系比较》，中国金融出版社 2001 年版，前言。

② 白钦先、王伟：《科学认识政策性金融制度》，载《财贸经济》2010 年第 8 期。

的稳定；农村持续发展才是社会的全面进步。我们发现，在金融支持农村、农民和农业发展的过程中，以农民为主体的中低收入人群受到因抵押物缺乏、没有熟人介绍等准入性壁垒而无法有效获得金融服务的问题；另外前面章节（尤其是第三章）的研究也深刻表明政策性金融对提高农民收入的支持作用还有待提高。因此，针对政策性金融机构之于"三农"经济的服务，要在弱化抵押物的硬约束和降低金融产品的高门槛两方面加大产品创新。

（二）中小微企业的特点分析

从世界范围看，中小微企业都是经济发展的主要力量，我国中小微企业吸纳就业人数占比高达 75%，纳税总额和国民生产总值占比在 50% 以上，因此中小微企业的发展对于国民经济持续发展和社会稳定都具有重要的战略意义。在对中小微企业的金融服务过程中，企业财务状况不佳和抵押物缺乏是影响其获得有效融资和相关服务的最大障碍，此外中小微企业的管理水平偏低和缺乏熟人介绍也是影响其融资的主要因素。因此，一方面中小企业要提高自身的财务管理水平，另一方面金融机构要逐步弱化和降低抵押物的硬约束和金融产品的高门槛，以进一步加大产品的创新力度。

（三）落后区域发展的特点分析

我国在经济发展过程中，地区差距尤其是东部和西部的差距在逐渐拉大。地区差异的不断加大，不利于社会经济的全面发展和政治的稳定，然而政策性金融机构在促进落后地区经济发展方面，并没有高效地发挥应有的作用，或者说政策性金融机构对落后区域经济发展的支持作用还有待提高。以东北振兴为例，在第三章的研究中我们发现，进出口银行和商业性银行对东北振兴的经济效率是负向的，农发行和国开行对于东北振兴的效率虽都是正向的，但两者在具体的效率上还稍有差异。对此，笔者认为要以政策性金融机构的改革为先导，构建具有正向支持作用的、支持效率相对均衡的公共金融体系。详见表 5 −6。

表 5 - 6　　　　　政策性金融机构客户群体的公共战略性分析

	"三农"经济	中小微企业	落后区域发展
战略客群特征	农业具有天然弱质性，但却是战略性产业，粮食问题涉及国家安全；农民增收关乎社会和政治稳定；农村发展才是社会全面进步	中小微企业吸纳就业人数占75%，纳税和生产总值占50%以上，中小微企业的发展对于经济持续发展和社会稳定有战略意义	东部和西部在经济发展的差距进一步拉大，将加大地区差异，不利于社会经济的全面发展和政治的稳定
金融服务具体问题	农民等中低收入人群面临抵押物缺乏、没有熟人介绍等壁垒；政策性金融对提高农民收入的支持作用有待提高	企业财务状况不佳和抵押物缺乏是影响其融资的最大问题，另外企业的管理水平和缺乏熟人介绍也是主要因素	进出口银行和商业银行对东北振兴效率是负向的；农发行和国开行对于东北振兴的效率虽都是正向，但两者稍有差异
解决措施	在对"三农"经济的服务过程中，在抵押物的硬约束和金融产品的高门槛两方面加大产品创新	提高中小企业的财务管理水平，在抵押物的硬约束和金融产品的高门槛两方面加大产品创新	构建对落后区域经济发展具有正向支持作用的、支持效率相对均衡的公共金融体系

　　除此之外，还有住房保障、教育、环保等重要领域的战略客群的特点分析，限于篇幅，笔者在此不再逐一分析。

二、构建有效的政策扶持与补偿机制的原则与方式

(一) 政策扶持与补偿的核心原则

1. 政策扶持和补偿应坚持公共战略优先考量原则

　　基于"三农"经济、中小微企业、落后区域发展、住房保障、环保、教育等强位弱势群体的战略重要性，在对政策性金融机构提供政策扶持和补偿过程中，应将政策性金融机构与一般性或商业性金融机构明确区分开来，着重引导其对上述群体的公共金融产品的支持与提供，充分发挥政策性金融机构的公共金融职能。具体的原因如下：一是在当前情况下，政策性金融机构的考核指标虽然还主要体现在利润等财务指标

方面,[①] 但政策性金融机构与商业性金融机构的根本不同不在于机构是否能够盈利,而在于服务战略客户群体的不同,政策性金融机构主要服务于国家全面均衡发展、落后地区、农民群体等,这些领域或群体具有国家战略重要性。二是研究已经表明,政策性金融机构对于社会的主要贡献在于其公共绩效,而非财务绩效,比如白钦先教授在 1985 年就提出了政策性金融有"一石二鸟双优化"的特殊功能与效应;[②] 我们在后面通过对政策性金融机构的绩效进行系统全面的对比分析,提出政策性金融机构在经营绩效系统指标方面的权重仅为 26.46%,而在生态系统、社会系统、公共绩效等指标方面的权重高达 73.54%。三是正是由于对于政策性金融的公共金融属性的认识不足以及由此带来的对政策性金融机构公共战略重要性的忽视、漠视,才造成了部分政策性金融机构的异化或盲目转型。因此,政府在对政策性金融机构的补偿和扶持过程中,要优先考虑、计量、考核其公共战略性的发挥,尤其是针对强位弱势群体的金融支持作用。

2. 政策扶持和补偿中应坚持市场化的相机抉择原则

在明确了应该优先对政策性金融机构在公共战略方面进行扶持和补充之后,紧接着,我们必须回答要构建运行有效的政策扶持和补偿机制,应如何进行相机抉择? 对其进行政策扶持和补充的判别标准是什么? 对此,我们认为进行扶持和补充的标准应是基于市场化指标体系下的相机抉择原则。由于政策性金融具有逆市场的调节作用,政策性金融机构"天性"就是提供社会公共金融产品,针对社会各类群体尤其是强位弱势群体补齐应有的金融短板。下面以"三农"经济、中小微企业、落后区域发展等为例来具体说明。首先,我们需要设计一套包括规模和质量两个层次,涵盖了客户、信贷、经济和效率四个具体方面的指标体系,并对每项指标根据实际情况在指标间赋予一定的权重,比如当

---

① 据业内人士透露,中国农业发展银行近年的经营绩效考核的指标体系主要由人均利润等 7 个综合指标和利润计划专项指标构成。

② 白钦先、王伟:《政策性金融概论》,中国金融出版社 2013 年版,第 37 页。

前情况下我们根据专家打分法，初步确定了客户指标占比为 30%，信贷指标为 30%，经济指标为 20%，效率指标为 20%，各类战略客户群体的具体指标的权重根据实际情况可以进一步分解细化，详见表 5-7。

表 5-7 政策性金融机构政策扶持和补偿机制判断指标

	"三农"经济	中小微企业	落后区域发展
客户（30%）	"三农"贷款客户覆盖率 农民客户数及其占比	中小微企业客户覆盖率 中小微企业客户及其占比	落后区域贷款客户覆盖率 东北地区客户数及其占比
信贷（30%）	农村贷款余额及占比 农业贷款余额及占比 "三农"贷款收息率 "三农"贷款不良率	中小微企业贷款及其占比 中小微企业贷款收息率 中小微企业不良贷款率	落后区域贷款及其占比 落后区域贷款收息率 落后区域不良贷款率
经济（20%）	农民收入增幅与 GDP 增幅或城市居民收入增幅比较	中小微企业总产值增长率	落后区域经济增长率是否超过全国平均增长率
效率（20%）	政策性金融对于农民收入增长、农业经济发展和农村区域发展的支持效率	政策性金融对于中小微企业发展的支持效率	政策性金融对于落后区域发展的支持效率

相机抉择的方法如下：如果规模类指标下降 5 个点就应该加大原有的补偿力度；如果质量类指标下降 4 个点就应该加大政策的扶持力度；如果规模类指标下降 5 个点的同时质量类指标也下降超过 4 个点，则应该补偿力度和政策扶持力度都进一步加大；如果上述三种情况都没有发生，就保持当前的政策扶持和补偿力度。具体的指标见表 5-8。

表 5-8 政策扶持和补偿的相机抉择

情形	仅规模指标下降超 5 个点	仅质量指标下降超 4 个点	规模指标下降超 5 个点同时质量指标下降超 4 个点	规模指标下降未超 5 个点且质量指标下降未超 4 个点
相机抉择	加大补偿力度	加大扶持力度	既加大补偿力度又加大扶持力度	保持原有补偿和扶持力度

（二）政策扶持与补偿机制的实现手段

有研究表明，70%多的老百姓认为是社会的不公平导致了政府公信力的下降。[①] 社会的不公平体现在许多方面，但其中最深刻的不公平，是收入分配的不公平。而有研究表明，金融结构不合理以及由此带来的政策性金融、农村合作金融和商业性金融的功能分化是造成农村居民收入增长不高和城乡居民收入差距逐步扩大的显著性原因（孔微巍、秦伟新，2016）。[②] 对政策性金融机构进行政策扶持和补偿的目的是要保障社会群体获取金融发展权的机会均等。鉴于农业、中小微企业等战略性客户的重要性，此时的政策性金融机构相当于一个特别发挥公共金融职能的平台公司，因此既然政策性金融机构是用于提供公共金融产品的公共机构，则理应对该机构进行适当的政策扶持和补偿，因为从"市场化原则"和"穿透性原则"相结合的角度讲，扶持或补贴了政策性金融机构，实质上最终就是扶持和补偿了农业、农民和中小微企业等战略性群体。[③] 王国刚、董裕平（2015）认为，政策性金融机构应寻求政策性目标与市场性目标的均衡方案和机制，其中包括构建风险共担机制、完善的利益补偿机制以及科学合理的绩效评价体系。[④]

根据对国内外政策性金融机构的综合分析，笔者认为政策扶持的实现手段主要体现在财税政策扶持、产品创新、治理与监管等级提升、人员定向合作和商业性金融机构引导等几个方面。具体而言包括以下几方面：

在战略客户层面，建议采用战略客户类别的公示制和降低公共战略客群的风险权重。针对政策性金融机构与商业性金融机构越界争夺客户

---

① 俞可平：《论国家治理现代化（修订版）》，社会科学文献出版社 2015 年版，第 187 页。

② 孔微巍、秦伟新：《三维金融视角下实现高质量就业的对策》，载《学术交流》2016 年第 9 期。

③ 从深刻理解政策性金融机构的公共平台属性的角度看，扶持机构实质上扶持的是农业等弱势群体的客户。

④ 王国刚、董裕平：《中国金融体系改革的系统构想》，载《经济学动态》2015 年第 3 期。

的问题，建议政策性金融机构采用客户准入的公示制度，即只有在公示
期间没有商业银行宣布准入的条件下，政策性金融机构才能够为该类客
户提供服务。针对公共战略客户群体贷款，采取比现行《商业银行资本
管理办法》规定的加权风险系数相对较低的系数，比如由100%调整为
25%。在税收层面，建议减免税或实行弹性税率制。即根据对公共战略
客户的金融服务支持力度的变化（如农村贷款占比提高），采取减免税
或实行弹性税率制。在市场化自主权适度扩大方面，按照市场化机制，
适度扩大政策性金融机构经营自主权、财务支配权和产品准入权等，比
如在产品准入层面，凡是属于战略客户的产品都可以一次性获得监管机
构的批量审批，不必一一审批，或采取战略客户的报备制等。具体扶持
措施见表5-9。

表5-9   政策性金融机构政策扶持措施一览

序号	扶持措施	具体做法	国内外做法
1	战略客户类别的公示制	针对政策性金融机构与商业性金融机构越界争夺客户的问题，建议政策性金融机构采用客户准入的公示制度，即只有在公示期间没有商业银行宣布准入的条件下，政策性金融机构才能够为该类客户提供服务	借鉴国内政策性银行发行金融债券采取市场化定价、市场化确定规模等做法
2	降低公共战略客群的风险权重	针对公共战略客户群体贷款，采取比现行《商业银行资本管理办法》规定的加权风险系数相对较低的系数	法国农业信贷银行采用相对比较低的加权风险系数*
3	减免税或实行弹性税率制	根据对公共战略客户的金融服务支持力度的变化（如农村贷款占比提高），采取减免税或实行弹性税率制（如2002年进出口银行的所得税率是33%，营业税率是5.5%；2015年分别为25%和5%）	菲律宾土地银行接受中央银行监管，但所有的经营活动和财产都免税，免除向中央政府的分红

续表

序号	扶持措施	具体做法	国内外做法
4	人才交流与合作	针对政策性银行战略型人才短缺的问题，与商业银行或相关战略型咨询管理机构开展包括人才交流在内的定向合作	广东农信针对珠三角与非珠三角区域农信社的均衡化发展，提出了包括管理人员交流在内的定向合作方案
5	财政存款的支持	政府财政类存款具有公共性、大额度和低成本特征，获得财政类存款的支持有利于更好地发挥政策性支持的作用	日本农林金库吸收农村存款。泰国中央银行规定商业银行必须把其存款的 20% 投资在农业上，因此可将存款直接存入泰国农业和农业合作社银行
6	商业金融机构业务支持	将一定比例的商业银行存款强制性转存至政策性银行	
7	市场化自主权适度扩大	按照市场化机制，适度扩大政策性银行经营自主权、财务支配权和产品准入权等，比如在产品准入层面，凡是属于战略客户的产品都可以一次性获得监管机构的批量审批，不必一一审批	美国的农业信贷体系
8	引导商业银行支持政策性金融业务	国家强化商业银行对战略性客户的信贷支持力度，如无法支持，就将存款转至政策性银行代为发放	巴西法律规定商业银行必须将农业信贷的一定比例发放给中小企业
9	优化治理机制，提高监管等级	将人大监督和民主监督职能发挥出来，由人大、政协、政府、商业性金融机构和相关部委组成政策性金融机构监事会，以提高政策性金融机构的监管等级和实际的执行效果	美国农业信贷管理局委员会由国会建议并由总统任命**，德国复兴信贷银行的监事会是最高领导和决策机构，其监事会的 7 名成员来自联邦政府、商业银行和工业界代表***
10	定向支持产品（行业、投向）的清单化	明确政策性金融机构需要支持的具体子行业名单或相关的设备或技术，列入政策性金融发展规划，并不断更新	根据日本 1963 年制定的《中小企业近代化促进法》，先由政府确定需要提高国际竞争力的行业，然后经过分析整理出需采购设备和进行研发的方向

续表

序号	扶持措施	具体做法	国内外做法
11	特别会计	针对公共战略领域投放而形成的不良贷款，可通过社会捐赠、税收抵补等方式来快速核销，以提高资产的流动性	日本的特别会计政策

注：＊比如法国农业信贷银行 2012 年的生息资产为 1046.6 亿欧元，但对应的加权风险资产仅为 293.1 亿欧元，平均的加权风险系数大约为 28% 左右，远低于我国的加权风险系数（详见银监会的资本管理办法的相关规定）。数据来源：Takeo Hoshi，Anil K. Kashyap，Will the U. S. and Europe Avoid a Lost Decade? Lessons from Japan's Postcrisis Experience［J］. IMF Economic Review，2015，Vol. 63，No. 1：134 – 135.

＊＊白钦先、徐爱田、王小兴：《各国农业政策性金融体制比较》，中国金融出版社 2006 年版，第 240 页、第 283～285 页。

＊＊＊杨子剑等：《德国复兴信贷银行运作特点及对我国的启示》，载《北方金融》2016 年第 3 期。

在补偿手段方面，主要包括注册资本的补充、利息补贴、新产品创新费用补贴和政策性信用担保基金以及成立专门的补偿委员会等。在注册资本的补偿方面，根据对政策性业务的支持情况，从每年的税收中返还一定数量的资本，作为持续性补偿注册资本。在利息补贴方面，建议针对支持公共战略客户群体所导致的利息少收部分，政府应给予一定的补偿（如低于市场基准利率部分对应的利息补贴），比如日本的政策性信用担保由全国 52 个信用保证协会来执行，该协会对贷款提供部分担保，最终的损失由财政提供补贴资金。[①] 在补偿机制的构建方面，可以成立专门的补偿委员会，即在董事会下设专门的补偿委员会，该委员会由政策性金融机构、政府、央行、商业银行、相关部委负责人构成，制定专门的流程和制度对上述的补贴行为进行最终裁决。具体的补偿手段见表 5 – 10。

---

① 福本智之：《日本中小企业政策性金融及其对中国的启示》，载《国际金融》2015 年第 11 期。

表 5 – 10　　　　　　　　政策性金融机构补偿手段

序号	补偿手段	具体做法	国内外做法
1	注册资本的市场化补充	根据对政策性业务的支持情况，从每年的税收中返还一定数量的资本，作为持续性补偿注册资本	国家开发银行增资
2	利息补贴	针对支持公共战略客户群体所导致的利息少收部分，政府应给予一定的补偿（比如低于市场基准利率部分对应的利息补贴）	—
3	新产品的创新研发补贴	针对特定的战略客群开发适应的产品，其研发费用给予一定的补贴	—
4	成立专门的补偿委员会	在董事会下设专门的补偿委员会，该委员会由政策性金融机构、政府、央行、商业银行、相关部委负责人构成，制定专门的流程和制度对上述的补贴行为进行最终裁决	—
5	政策性信用担保	由财政部门成立专门的政策性信用担保基金，由该基金负责对政策性金融机构的政策性业务承担部分损失，具体的承担比例由市场需求和具体情况最终确定	日本政策性信用担保由 52 个信用保证协会执行，提供部分担保，损失由财政补贴

第四节　政策性金融机构外部差别监管体制的构建

2017 年 4 月 25 日，习近平在中共中央政治局就维护国家金融安全进行的第四十次集体学习时提出要"补齐监管短板，避免监管空白"，以确保金融系统良性运转。银监会发布的《关于切实弥补监管短板　提升监管效能的通知》中，提出了弥补银行业监管制度短板的一系列具体工作任务，其中包括制定《国家开发银行监督管理暂行办法》《政策性银行监督管理暂行办法》，弥补其监管短板问题。2017 年 11 月 15 日，银监会正式制定并公布了《国家开发银行监督管理办法》《中国进出口银行监督管理办法》《中国农业发展银行监督管理办法》。本节主要针对我国政策性和开发性金融机构的实际，提出应该构建外部差别化的政策性金融机构监管体制，并具体分析了其基本的原因、原则和构想。

一、构建外部差别化监管体制的原因分析

所谓差别化监管是指因服务对象或客群的特殊性、差异性和公共性，为使得公共利益最大化，需要政府在监管方式、方法、流程或体制等安排方面，有别于一般的服务对象或客群的制度安排。由于政策性金融机构是针对特定的强位弱势群体提供公共金融产品的金融机构，而这些特定的强位弱势群体又具有极端重要的战略意义，比如农业对于国家粮食安全和社会稳定的重要作用，中小微企业对于国家税收和全民就业的重要影响，落后区域发展对于全国均衡发展的核心意义等。这些都显著区别于一般性商业性金融机构，也是构建有差别的外部监管体制的根本原因。就具体的原因而言，主要体现在第二章中提出的政策性金融机构的公共战略性、公共治理性、市场效率性和动态调整性四个方面。

在公共战略性方面，政策性金融机构以强位弱势群体为最重要的战略客户群体定位，也是区别于商业性金融机构的根本标志，因此在监管上要更多关注政策性金融机构是否专注于强位弱势群体。在公共治理性方面，构建差别化监管体制更多体现在国家治理的层面，比如国家治理包括立法监督、资本补充和国家信用三个方面，对于政策性金融机构在监管体制上要求单独立法、资本补充和基于前两者的差别监管。在市场效率性方面，由于此时的市场效率性并不是指单纯经济有效性视角下的经济效率，而是指经济有效性和社会合理性相结合视角下的市场效率，即不但要关注经济效率的大小，更要关注社会合理的高低，因此在监管上要在资本管理和风险管理层面对加权风险系数进行适当调低，并在组织架构和业务流程等层面适当扩大自主经营权。在动态调整性方面，要

求在公共战略、公共治理和市场效率三个方面不断进行优化调整，实现动态统一，不断调整前述手段的具体比例。具体见表5-11。

表5-11　　　　　　　　构建外部差别化监管体制的原因

机构特征	公共战略性	公共治理性	市场效率性	动态调整性
边界维度	战略定位	国家治理	风险管理和资本管理	—
具体原因	政策性金融机构以强位弱势群体为战略客户群体定位，是区别于商业性金融机构的根本标志	国家治理包括立法监督、资本补充和国家信用，政策性金融机构要求单独立法、差别监管和资本补充	市场效率性并不是指单纯经济有效性的经济效率，而是指经济有效性和社会合理性相结合视角下的市场效率，即不但要关注经济效率，更要关注社会合理	在公共战略、公共治理和市场效率三个方面不断进行优化调整，实现动态统一
监管手段	战略客户定位于强位弱势群体	单独立法、差别监督、资本补充	扩大自主经营权、对加权风险系数进行适当调低	不断调整前述手段的具体比例

二、构建外部差别化监管体制的若干原则

一是公共性原则。政策性金融机构的宗旨是通过向强位弱势群体公平公正地提供公共金融产品与服务，最终实现最广大人民的根本利益这个公共目标，因此这就要求政府在宏观上要对政策性金融机构制定明确清晰的战略定位和发展规划，机构自身在微观上要明确客户定位并制定相关的发展计划，但其中更强调政府对政策性金融发展战略的导向作用，其核心的问题是为谁服务（who）、服务多少（how many）以及如何服务（how）。要实现这个公共性的目标，就需要在监管过程中首先坚持公共性原则，而非营利性原则等其他不能体现政策性金融本质属性的相关原则，即监管的核心是强位弱势群体的金融服务状况改善了多少，是否达到了一个社会平均的服务增长水平，比如农业贷款增长率是否超过了各项贷款的增长率，农民的收入增长率是否超过了城市居民的

收入增长率，等等。

二是差别化原则。对政策性金融机构构建外部差别化的监管体制，突出地体现在以下两个方面。

一方面，政策性金融机构的监管体制明显不同于一般的商业性金融机构的监管体制，这些差异主要体现在以下几个层面：在监管的法律基础上，商业性金融机构是统一的监管办法，而政策性金融机构需要一行一法；在监管主体上，商业性金融机构是统一的监管机构，而政策性金融机构需要分门别类的专业化的监管机构；在考核导向上，商业性金融机构偏向于以利润为中心的考核，而政策性金融机构不以利润考核为中心，而应该以是否提高了强位弱势的公共金融服务水平为中心；等等。具体如表5-12所示。

表 5-12　　　　政策性金融机构与商业性金融机构的差别化

金融机构	法律基础	监管机构	考核导向	国家信用	资本补充	税收政策
商业性	统一法律	同一机构	利润中心	不享有	自我补充	不可减免
政策性	一行一法	独立机构	公共利益	享有	国家补偿	可减免

另一方面，不同类别的政策性金融机构之间的监管体制也明显不同。比如在战略客户群体方面，农业发展银行主要面对的客户是"三农"领域的农业、农民和农村，国家开发银行面对的客户应是经济落后的发展区域（西部或东北等），住房保障银行面临的客户应该是城市低收入群体或务工人员；在国家治理层面，所依据的法律各不相同（进出口银行法或农业发展银行法等），相应的监督管理体制安排也有所差别（监事会的成员分别由熟悉农业或熟悉中小企业融资的人大副主任或政协副主席等组成）；在市场效率层面，在考量社会合理性方面时所重点关注的指标有较大差异，比如中小企业银行主要关注中小微企业的融资总量在全部贷款中的比重或效率，而农业发展银行主要关注农业贷款增长情况、占全部贷款的比例关系以及对农民增收的贡献等。具体如表5-13

所示。

表 5 - 13　　　　　　　政策性金融机构之间的差别化监管一览

机构	战略客群	国家治理	市场效率
农业发展银行	"三农"领域	依据的法律是《中国农业发展银行监督管理法》，其监事会成员由熟悉农业的人大副委员长或政协副主席、农业农村部负责人等组成	关注农业贷款增长情况、比例及对农民增收的贡献等
进出口银行	进出口领域	依据的法律是《中国进出口银行监督管理法》，其监事会成员由熟悉进出口领域融资的人大副委员长或政协副主席、商务部负责人等组成	关注出口战略的执行情况、贡献率高低等
中小企业银行	中小微企业	依据的法律是《中小企业银行监督管理法》，其监事会成员由熟悉中小企业融资的人大副委员长或政协副主席、中小企业协会会长等组成	关注中小微企业的融资总量在全部贷款中的比重或效率
国家开发银行	落后区域	依据的法律是《国家开发银行监督管理法》，其监事会成员由熟悉西部开发或振兴东北的人大副委员长或政协副主席等组成	关注区域发展的均衡情况
住房保障银行	公共住房	依据的法律是《中国住房保障银行监督管理法》，其监事会成员由熟悉住房保障领域的人大副委员长或政协副主席等组成	关注城市低收入人群的住房改善情况

三是动态性原则。在战略客群定位的指导下，随着时间和条件的变化，政策性金融机构对所服务的客户群体不断对做出动态调整，同时内部的组织架构和业务流程也不断优化和调整。另外，从国家治理的层面看，国家治理现代化有五个主要标准，即制度化、民主化、法治、效

率、协调，可见动态协调也是国家治理现代化的必备标准之一。那么，相应的监管体制和监管手段等也都要坚持动态调整的原则，这实际上也是政策性金融机构适应客户、市场环境变化和时代变迁的重要条件。

三、构建外部差别化监管体制的基本构想

薛澜（2014）认为，中国目前很多监管型机构与行政型机构的机制设计没有什么差别，从而使得其监管职能很难充分发挥。[①] 因此，我们应该针对不同的监管对象，确立和制定有针对性强的监管功能定位、监管组织架构、监管运行模式和流程等。就政策性金融机构的监管体制而言，主要的问题有三个，即为谁监管、谁来监管、如何监管。对此，笔者的构想如下。

（一）公共金融战略新架构下的差别化监管体制

从前文的分析可以看出，现行政策性金融机构监管体制的监管效能不高，其根本原因有二。一是实践中，在国家战略层面，缺乏国家级的长期的、系统化的、统一的政策性金融发展战略的整体规划和指导。二是理论上，我们对于金融本质的认识尚不到位[②]。笔者认为金融的本源或本质其实就是公共性，即金融从来就是为大众服务的，发展金融的目的是为了提升社会群体的福利福祉，尤其是通过提高强位弱势群体的金融服务水平，从而促进全社会福利福祉水平的提高。在这样的视角下，笔者进一步认为，关于政策性金融机构的差别化的监管体制首先是基于公共金融整体战略规划之下的监管体制，即在国家统一的公共金融整体

---

① 薛澜：《顶层设计与泥泞前行：中国国家治理现代化之路》，载《公共管理学报》2014 年第 4 期。

② 2017 年 3～4 月，银监会连发十多份通知（如《关于开展银行业"监管套利、空转套利、关联套利"专项治理工作的通知》《关于开展银行业"不当创新、不当交易、不当激励、不当收费"专项治理工作的通知》等），要整治金融乱象，查处不当行为，多份文件要求银行业要回归本源，但文件却没有说明本源究竟是什么。

战略规划之下，根据公共战略客户的具体情况，制定客户定位针对性强的政策性金融子规划，而具体的差别化监管体制，是从属于这个政策性金融子规划系统的。具体如图 5-2 所示。

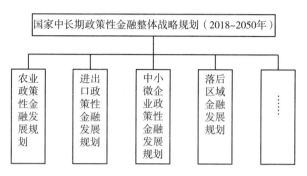

图 5-2　国家中长期政策性金融整体战略规划（2018~2050 年）

（二）差别化监管体制的整体架构

"三会一层"是现代公司治理的基本架构，作为政策性金融机构，其"三会一层"理应具有明显的差别化特征。不同领域政策性金融机构的治理架构虽有一定差别，但总体来讲具有稳定的相似性。因此，下面将以农业政策性金融机构为例，重点说明差别化的监管体制的整体架构。首先，处于"三会一层"之最高层的是农业政策性金融机构的股东大会，它是国家全体农民利益的代表；其次，在股东大会之下是董事会和监事会，董事会由来自国务院分管农业的副总理、政策性金融机构的职工董事、农业农村部代表、财政部代表和商业性金融机构代表构成，监事会由全国人大副委员长或政协熟悉农业的副主席、政策性金融机构的职工监事、农业农村部代表、财政部代表和商业性金融机构代表构成；最后，在董事会下面是经营管理层，下设战略管理部门、风险管理部门、财务管理部门和产品创新部门等。具体的架构详见图 5-3。应该指出的是，由于不同领域的政策性金融业务具有较强的专业性，因此针对不同的政策性金融机构，在董事会和监事会的人员构成方面应该凸显出专业性的特点，比如中小企业政策性金融机构的董事会和监事会的成员应从全国中小企业协会的会长或副会长中遴选，进出口政策性金融机构的董事会和监事会的成员应从商务部的相关领导中遴选。

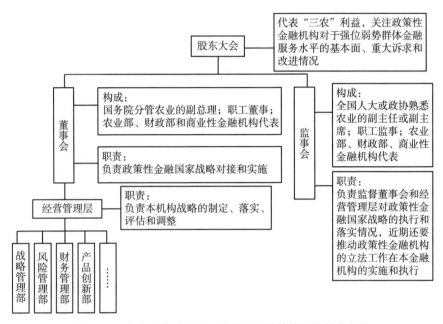

图 5 - 3　农业政策性金融机构差别化监管体制的整体架构

（三）差别化监管体制的监管模式和流程

在明确了基本的监管架构的基础上，需要构建完善的监管模式和流程。总结前面章节的相关内容，现以"三会一层"为主体，具体分析适合政策性金融机构实际的监管模式和流程。

政策性金融机构的股东大会主要关注政策性金融机构对于强位弱势群体金融服务水平的基本面、重大诉求和改进情况等。董事会主要负责政策性金融的国家战略在本金融机构的实施和执行，尤其是针对强位弱势群体的金融服务水平的提升情况。监事会主要负责监督董事会和经营管理层对政策性金融国家战略的执行和落实情况，近期还要推动政策性金融机构的立法工作。经营管理层负责本机构战略的制定、落实、评估和调整，其中，战略管理部是政策性金融机构的日常战略管理部门，负责本机构战略的牵头、推进和评估等；风险管理部负责政策性金融机构的风险管理工作，尤其是针对特定的战略客户群体的加权风险系数动态调整机制和资本补充机制的落实；财务管理部负责政策性金融机构的财务管理工作，尤其是针对特定的战略客户群体相关业务的利息补抵、创新基金、财政贴息和税收减免等政策的落实，将相关的政策扶持和补偿机制扎扎实实构建并有效运行起来①；产品创新部负责产品创新，尤其是针对战略客户群体的产品的研发、定制和推广等。

在具体的监管工具上，可以中国政策性金融服务发展指数为中心，构建政策性金融发展的指标体系。针对不同的领域，制定不同的指数体系，比如针对"三农"经济，制定农村金融发展指数、农民金融发展指数、农业金融发展指数；针对中小微企业，制定中型企业金融发展指数、小型金融发展指数、微型金融发展指数。这些政策性金融服务发展指数可以包括政策性金融产品占机构全部金融产品之比、政策性金融贷款余额占比、抵押贷款占比、农村区域的自助设备（柜员机）占比、贴息占比等。比如，农村金融发展指数包括政策性金融机构的农村金融产品占其全部金融产品的比例，该机构的农村政策性贷款余额的占比、农村政策性抵押贷款占比和农村区域的自助设备（柜员机）占比等。而中小微企业发展指数、住房金融发展指数等都可依此类推。

四、中国特色开发性金融机构监管制度的构建

在上述一般分析的基础上，结合外部差别化监管的要求，也需要对

---

① 虽然 1997 年 10 月 23 日财政部颁布的《国家政策性银行财务管理规定》第二章"资本金和资本筹集"中的第七条明确规定，"根据国家规定，在一定期限内将实际上缴的部分税收予以返还，用于充实资本金"，但从实际的情况看，这个税收—资本的补偿机制运作并不顺利和高效，比如进出口银行成立运营 20 年来注册资本仅在 2000 年从 33.8 亿元追加增长至 50 亿元，之后就是 2016 年 7 月 20 日国家外汇管理局通过投资平台公司梧桐树向其注资 450 亿美元，从而使进出口银行的资本增加 1450 亿元达到 1500 亿元。

于特殊的政策性金融机构或开发性（政策性）金融机构即国开行的监管体制进行特别的研究和探讨。我们认为，构建我国开发性金融机构监管制度或体制机制，既要参考借鉴国外先进经验，也要体现其本土特色。当务之急是要从监管的法律依据、监管的主体结构和监管考评指标体系等方面来考虑，如加快开发性金融机构的专门立法，明确监管主体和构建有中国特色的外部差别监管体制，抓紧研究设计具有中国特色的开发性金融机构监管考评指标体系等。

（一）加快开发性金融机构的专门立法

开发性、政策性金融立法，是政策性金融实现可持续发展的基本途径及显著特征，也是国际惯例、普遍经验和共同做法，更是落实和实现党的十八届四中全会提出的依法治国总目标的重要内容。党的十八届四中全会通过的《关于全面推进依法治国若干重大问题的决定》，提出依法治国的总目标，并强调要加强重点领域的立法。加强并加快开发性金融机构的专门立法，依法治理开发性金融机构，实现我国开发性金融运行、管理的法治化，无疑也是这一依法治国方略的题中应有之义。从监管的角度来看，进行开发性金融机构立法，是实现依法监管的基本前提和保障及法律依据，也有益于防止政府失灵、机构运作无序、内部人控制和设租寻租现象等，更好地实现开发性金融的宗旨目标。当然，在开发性金融机构法律条文中，也包括"监管机制"的条款。如《韩国产业银行法》第五章即为"监督"①；在 2015 年 5 月 20 日最终修订的《日本政策投资银行股份有限公司法》第三章中也有监管措施的具体规定；在 2013 年 7 月 4 日修订的《德国复兴信贷银行法》第十二条"法律监督"中，规定"监管当局有权采取所有必要措施以保证德国复兴

---

① 对于我国开发性金融机构而言，是用"监督"还是用"监管"一词也值得商榷。因为开发性金融机构是官方或半官方或准官方机构，是具有政府背景的特殊公法法人，本身就是"官"或政府的一部分，不存在一个政府机构居高临下地对另一个政府机构的全面监管，而是依据特殊的单一的开发性金融机构法形成一种特殊的监督机制和权力结构。但鉴于中国开发性金融机构业务的综合性特点，似乎用适于一般金融的"监管"一词也有合理之处。

信贷银行（KfW）的业务行为符合法律、章程和其他法规的规定。"

　　国外开发性金融机构大都是一个机构有一部法律，因为开发性金融机构的专业性比较强，而且是先立法后建机构，或立法与组建机构同步进行，并具有法律动态调整性的特点。如1951年4月20日成立的日本开发银行，就是依据同年3月31日颁布的《日本开发银行法》而组建的，并在1999年之前先后进行了十多次修改与完善；后来演进并于1999年10月1日重组成立的日本政策投资银行（DBJ），也是依据同年6月6日日本国会通过的《日本政策投资银行法》而组建，并仍然定位为政策性金融机构（policy-based financing institution）。1948年成立的德国复兴信贷银行（KfW），被德国人称为"一个健康的开发银行"，也是依据同年颁布的《德国复兴信贷银行法》而组建，并依法运营、依法监管。韩国产业银行（KDB）自依据1953年12月30日颁布的《韩国产业银行法》于次年4月1日建立以来，该法进行了19次修订。克罗地亚重建和开发银行（HBOR）也是根据1992年的《克罗地亚重建信贷银行法》成立的，这部法律在其后也经历了几次修改和调整。

　　相比之下，我国的国开行组建运营20多年来，相关立法一直滞后，使得监管无法可依、绩效考评无据，究竟是到位还是越位缺位、孰是孰非都无法明断，"公说公有理婆说婆有理"。所以，当前要尽快出台《国家开发银行法》，使监管有法可依。据悉，目前我国PPP立法进展顺利，未来国务院将采取先出台PPP领域的条例，再出台PPP领域法律的路径。然而，毕竟法律效力比条例、规定之类的行政法规更具严肃性、权威性、规范性、公正性和约束力，所以，在前期已有相关行政法规及多年来开发性金融实践和理论研究的基础上，直接颁布《国家开发银行法》也是水到渠成、合情合理合法。在该法律条款中，不仅要对机构的组织结构，如法律地位、法律性质、职责权限、组织形式、内部机构设置、人事安排、机构变更、终止的条件与程序、权利与义务、法律责任与处罚、监管或监督机制等做出规定，而且还要对机构的业务范围、资产与负债业务、经营原则、财务与会计、外部关系等问题做出规范与限定。当然，这一法律也要做到与时俱进，在适当的时候进行修订、补充和完善，使本国的开发性金融法也具有一定的动态调整性，真正体现出权威的监管法律依据。

（二）明确监管主体，构建有中国特色的外部差别监管体制

我国的开发性金融机构不同于商业性金融机构，也有别于政策性金融机构，其监管主体结构及体制机制也应该有所不同，体现差别化特点。我们认为，开发性金融机构的监管主体可分为宏观和微观两个层次，并体现为不同的监管机制和治理结构。宏观层次的监管主体，是国家或政府通过授权其职能部门或设立专门机构的方式，对开发性金融机构的一种直接监管；微观层次的监管主体，是通过由国家元首或政府首脑直接任命开发性金融机构董事会或理事会主要领导的方式，对机构的一种间接监管。

国外开发性金融机构的监管机制和结构也包括了这两个层次。在微观层次的监管主体中，都普遍设立了董事会或理事会；而在宏观层次的监管主体中，由于机构大多秉持政策性金融宗旨，所以政府财政部门的监管主导性地位就比较明确，而且一般不受中央银行的监管。如日本政策投资银行受政府财务省的监管，财务大臣在认为必要时，可以对银行业务经营发出指令。DBJ 不受日本银行和金融厅的监管，也不受其针对商业银行的普通法律的制约。德国复兴信贷银行的董事会主席，原则上由政府授权的财政部部长担任；银行也不受德国央行即德意志联邦银行的监管，针对商业性金融机构和金融市场的《德国银行法》和其他商法典也不适用于德国复兴信贷银行。

在我国，虽然按照现行金融监管部门的职责及统计口径，仍然将国开行划入政策性银行监管之列，但从决策层的一系列文件以及国开行的自身定位来看，则是将开发性金融和政策性金融相互分开和并列。所以，未来的开发性金融机构监管主体结构的设计，也应该考虑到这些影响因素。关键是要围绕我国开发性金融机构性质、职能定位和业务特征，来考虑其外部差别监管体制的构建。目前，国开行已经有董事会的间接监管主体，但仍需加强董事会治理能力建设，优化董事会成员结

构，参照国外相关经验，尽可能广泛地由业务相关的政府职能部门、金融机构和商业界的代表以及学术机构的专家等有关人员共同参与组成。至于宏观层次的直接监管主体，结合中国国情和金融监管实际，以及国开行业务范围比较广泛、商业性和政策性业务兼而有之的综合性业务特点，笔者更倾向于由银保监会作为国开行的宏观监管主体，但也需要单独创新性设计开发性金融机构的绩效考评与标准化监管指标体系和计分模型，而不能再继续仅仅"比照"或"参照"商业性金融机构的监管考核模式。

在开发性金融机构立法及监管中，还要明确监管主体对机构"业务准则"或"经营原则"的依法监管。在《日本开发银行法》第3章第22条中明确规定：禁止同商业银行和其他金融机构竞争。依据《德国复兴信贷银行法》规定，KfW业务范围必须是商业性金融机构因无利可图不愿意做，或自身能力不及而做不了的业务（subsidiarity，补充性原则）；同时还规定，该银行在金融市场上必须保持中立，不能与商业性金融机构竞争（neutrality，中立原则）。国外开发银行也普遍不进行社会揽储，以免同商业银行争抢存款。因为开发性金融机构有政府背景和国家信用作为后盾，如果支持或允许其参与市场竞争揽储抢业务，不仅有悖于公平竞争的市场经济法则，而且无异于商业性金融机构，自身也就没有存在的价值和必要性。所以，无论是从理论逻辑及法理上，还是从汲取国外经验教训上，我国的开发性金融机构都需要引以为戒，并在依法监管中有所体现，规范和保障机构的依法运营。在市场逆向性选择中充分发挥市场决定资源配置的作用，切实贯彻十八届三中全会有关政府和市场关系的重要精神。

（三）抓紧研究设计具有中国特色的开发性金融机构监管考评指标体系

有效监管与科学考评密不可分，对开发性金融机构监管也是建立在对机构有一套专门而有针对性的绩效评价体系并据此进行考核评价之上。虽然开发性金融不同于政策性金融，但鉴于我国开发性金融机构特有的社会责任感强烈、社会责任业务突出、政策性融资业务居多，两者也可相互借鉴、共同发展。

从国外开发性、政策性金融机构绩效考评的经验可以看出，绩效的度量是最为复杂的部分之一。英国政府对其相关机构不仅有明晰的法律保障和有效的监管体系，而且在机构绩效评价工作中遵循 4E 原则，即"经济性（economy）、效率性（efficiency）、有效性（effectiveness）和公平性（equity）"原则，在这些原则的基础上再设计具体的评价指标。尤其是公平性指标关注服务的接受者，特别强调强位弱势群体是否享受到公平待遇。日本的相关绩效评价也主要体现了经济性、效率性、有效性、公平性和优先性等特点，并在实际操作中根据不同开发性、政策性金融机构的不同情况，设计编制不同的具体指标体系。日本还在总务省的行政评价局内，设立了主要由社会专家、学者和一些企业家组成的"政策评价与独立行政法人评价委员会"，并将审定后的政策评价报告书向社会公众公布。相对而言，美国对待开发性、政策性金融机构，更加侧重于通过社会专业机构进行绩效评价工作，利用这些专业机构的人力资源和专业知识，为绩效评价获得更加科学、更加全面的绩效数据。

目前，我国的开发性、政策性金融机构绩效考评机制还不配套完善乃至空缺，存在着指标体系的科学性和有效性尚需改进，配套的宏观制度环境、法律架构和监督环境需要建立健全，考评的方法和体系尚需统一完善等亟待研究和解决的突出问题。中国开发性金融机构的经营业绩考核工作，可以考虑以银保监会内设的专门机构为绩效评价的实施主体，并辅之以"第三方"专业评估机构来开展具体的绩效评估。在机构监管考评指标体系的设计上，应该以社会责任业务实现度评价为重点，从社会、经济、生态环境三个系统和公共绩效、经营绩效两个维度，设计开发性金融机构的绩效考评与标准化监管指标体系。通过建立科学分类、分层次的指标体系，使投入、产出、结果、效益、不确定因素等方面得到定性或定量的衡量。在方法步骤上，可以考虑首先基于相关经验并采用专家评议法确定最初的指标体系，然后通过对最初指标体系进行合理性、有效性、相关性和鉴别力的检验，筛选出开发性金融机构的绩效评价体系框架，并运用层次分析法对指标体系的权重进行计算，最后进一步设计出符合我国国情的开发性金融机构绩效评价体系的计分方法。在构建评价体系的过程中，要对指标进行效度、相关性以及鉴别力的分析，使得指标体系的构建更具科学性与合理性。在实践操作中，还要立足于发展的眼光，综合考虑不同的经济发展阶段、不同的项目目标，与时俱进地对绩效评价指标体系进行微调，以防止信息扭曲，使指标具备长期性和连贯性。同时要建立事前、事中和事后的全面的绩效评价制度，变单纯的绩效评价为系统的绩效管理。通过科学考评和有效监管，积极保障并最终实现开发性金融机构的长期可持续发展。

第六章

政策性金融机构
绩效评价指标体系设计

　　构建科学合理的政策性金融机构绩效评价指标体系，是实现政策性金融可持续发展的重要内容，也是推进政策性金融机构改革的必要环节。本章在界定政策性金融机构绩效评价的内涵特点和分析绩效评价指标体系构建思路及原则的基础上，以彰显社会合理性的政策实现度评价为重点，从社会、经济、生态环境三个系统和经营绩效、公共绩效两个维度，对评价指标进行初步的预选。然后，经过两轮专家调查并结合变异系数检验，对初选指标进行了严格的筛选以及相应的删除、修改和添加等，最终确定了修正后的绩效评价指标体系。同时，进一步采用层次分析法对此评价指标的权重进行相应设置，并对专家咨询的意见进行可靠性检验，以此来完善该绩效评价指标体系。最后，对绩效评价指标体系的构建和评价标准做了进一步的说明，并归纳出一般的研究结论。鉴于篇幅关系，本章不再展开对政策性金融机构绩效评价指标体系应用的实际分析，未来将另以专著的形式进行专门的系统性研究。

第一节　政策性金融机构绩效评价
指标体系构建的原则

一、政策性金融机构绩效评价的含义及特点

绩效应用的学科领域非常广泛，不同的学科领域对其理解是有差异的。经济学将其理解为员工对组织的承诺，它与组织对员工的承诺即薪酬是相对等的；管理学将其理解为组织为实现其目标而展现的不同层面上的有效输出；社会学将其理解为社会成员按社会分工所确定的角色承担的职责。

尽管绩效的实践早已蓬勃展开，但目前理论界有关于"绩效"的内涵仍未能达成一致的看法。对于绩效的界定，我们会发现一个规律性的问题，就是始终围绕着绩效是表示"行为或过程"还是表示"结果"来展开讨论的。笔者认为，从绩效的本质来看，绩效是表示结果。"绩效"是"绩"与"效"的结合，表示"业绩、成绩"和"效率、效果"，用来衡量一项活动实施的成果。在英文含义中，可以被解释成执行、表现、成效和成绩。"表现""成效"和"成绩"表示的都是结果。而"执行"虽然表示的是行为和过程，但其是由一系列子过程的结果构成的。比如要考察银行员工对某项业务的执行情况，是否在规定的时间内完成全部的规定步骤。从业务办理的全部流程来看，这是对业务办理中的某一流程的执行效果的考察，事实上，银行员工是否"在规定的时间内完成全部的规定步骤"本身就是员工的执行结果。本书所阐述的政策性金融机构完成的目标任务是"绩"，完成的目标任务所带来的社会正面效应是"效"。

政策性金融机构绩效评价是指以政策性金融制度宗旨和业务性质为依据，按照一定的标准或指标，采用定量和定性相结合的方法，对所属机构经营目标的实现度进行综合的评价管理，实现其内部运行的有序动

态调整，促进政策性经营效率和效能的提高，保证政策性经营活动的有效开展，优化社会公共资源的合理性配置，以此来确保国家政策意图的完成。随着我国经济发展步入"新常态"，政策性金融机构要想生存和可持续发展，就必须具有战略眼光并塑造核心竞争力，这样才能排解各种问题和迎接新挑战。同时，亟须建设与之相匹配的绩效评价体系。

我们所要构建的政策性金融机构绩效评价指标体系必须要与其实际的发展状况和经营目标相符合。同时，在对政策性金融机构进行绩效管理时，应该更多地将相关的社会效益考核指标纳入进来，以此来体现政策性金融机构的公共性质，这与商业性金融机构利润最大化的考核目标有明显的区别；该机构虽然不以营利为目的，但也要坚持保本微利的经营原则，这又同完全基于社会效益考虑的公共财政有了进一步的区别。具体特点如下：首先是绩效考核突出性。政策性金融机构是利用国家的信用手段实现资金的融通，以此来扶植国家因政策需要而发展的相关弱势产业或项目，并为其提供优惠、长期的有偿贷款。这样可以克服政府财政部门无偿拨款所带来的资金使用的低效率，存在帕累托改进的情况下，政策性金融手段恰好为其弥补弊端，既实现国家政策目标又提高资金使用效率，并带来了很好的社会效益，故将政策性金融机构的相关社会效益指标纳入绩效考核是非常重要的，这样才能够充分体现出政策性金融机构的本质属性和功能。其次是绩效考核特殊性。政策性金融机构的特殊性主要表现为其政策性，集中体现在国家对强位弱势范畴内的地区、产业、项目或群体的金融支持和扶植，以此来实现政策目标，故该政策目标的实现程度也就体现了对其评价的特殊性。最后是绩效考核全面性。为了保证绩效考核的全面性和准确性，要求对其绩效考核既不能像商业性金融机构完全以经营绩效为核心，也不能像国家财政无偿拨款完全以公共绩效为导向，应该兼顾两者绩效考核的多维度融合，合理分配其绩效评价指标的权重，彰显政策性金融机构建立的初衷和目标，并促进地区协调发展和产业结构合理回归，实现国家的政策意图。

综合上面所论述的政策性金融机构绩效评价的特点，我们对本书所构建的评价指标体系有了更清楚的认知，这样所安排的绩效框架更为合理、有效，所选择的绩效指标更为精准、恰当，能够充分体现政策性金融机构绩效评价指标体系设计的科学性和合理性。

二、政策性金融机构绩效评价指标体系构建的基本思路和原则

政策性金融机构绩效评价指标体系是一种特殊的指标评价体系。针对我国政策性金融机构绩效评价现状及存在的问题，政策性金融机构绩效评价指标体系在构建的过程中，既要符合一般指标体系建立的思路和原则，也要符合此类机构特有的指标体系运用的思路和原则。

（一）绩效评价指标体系构建的基本思路

政策性金融机构作为特殊的金融企业，虽然不以营利为目的，但其所发挥的政策性职能效果是非常值得考量的。对该机构实施有效的绩效评价，既关系到公共金融资源的合理配置，又关系到国家长治久安重要战略目标的实现。由此可见，当下亟须构建政策性金融机构绩效评价体系并加以科学应用，这既是新常态下政策性金融可持续发展的必然选择，也是现阶段"白热化"金融市场环境下所有金融机构遵循市场发展规律的必经之路。当前适逢我国政策性金融改革的"窗口期"，建立科学合理的绩效评价体系对其实现可持续发展显得尤为重要。

然而，在我国政策性金融机构发展的20多年中，国家始终没有出台一套与其自身发展相匹配的绩效评价体系，基本上借用了商业性金融机构的绩效考核机制，或者是套用企业绩效评价模型，这样做显然是不妥当的，与政策性金融机构建立的初衷是相悖的。商业性金融机构主要是以追求利润最大化为目的，并以最大利益所图为导向，同时承担较小的社会责任，向社会输出商业性资本源泉。相反，政策性金融机构以强位弱势群体金融需求为主要服务对象，发挥着重要的政策性职能，并以追求社会福利效用最大化为目的，主要承担社会责任，向社会输出政策性资本源泉。由此可见，若将这两种初衷不同的金融机构的考核机制混

为一谈，会导致绩效考核失真，会偏离原有的初衷，甚至会使政策性金融机构与商业性金融机构产生恶性竞争。同时，商业性金融机构绩效评价体系多注重财务效益指标的衡量而轻社会效益指标的使用，但是政策性金融机构的绩效评价却恰恰相反，以社会效益为主、财务效益为辅，突显社会效益。因此，采用商业性金融机构绩效评价机制来评价政策性金融机构绩效是不合理的，需要进一步构建与政策性金融机构自身发展相匹配的绩效评价体系。

回顾我国政策性金融 20 多年的发展历程，其取得的相关成果是非常可喜和令人瞩目的。截至 2015 年末，三家政策性银行的总资产达到196363.05 亿元，贷款达到 143588.93 亿元，利润达到 1626.73 亿元。现阶段，政策性金融改革到了"深水区"，国家也在不断强化政策性金融的职能和作用，这些也都给政策性金融的发展带来了新的机遇和挑战。具体的实施情况和效果如何非常值得考量，这时候最需要的就是有效绩效评价指标体系，利用这些指标为政策性金融的目标实现度做出合理评判，以此来调整政策性金融的改革发展方向。具体的政策性金融机构的绩效评价指标体系的构建思路如图 6-1 所示。

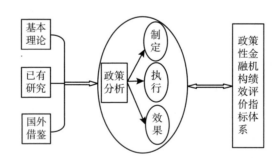

图 6-1　政策性金融机构绩效评估指标体系构建思路

（二）绩效评价指标体系构建的原则

1. "3E"原则论

20 世纪 80 年代以来，以经济性、效率性和有效性为代表的"3E"

原则在绩效评价指标体系的构建中发挥着重要的指导作用。其中，经济性原则是指以最低的资源消耗达到最佳的状态，其实现需要借助一定的约束机制，从而实现公共管理过程中的公共支出活动资金的节约；效率性原则是指政策性投资项目中投入与产出之间的对应比例程度，如果投入较少且产出较大，就可以说其投资效率较高；有效性原则是指利用人力、物力和财力等资源而取得最终结果的具体体现，它是完成目标行为和达到目标结果的量化指标，是在多种因素影响下整体目标的实现程度，在衡量时通常需要将长远利益和当前利益考虑在内。其构成示意图见图 6 - 2。在政策性金融机构综合绩效评价中，必须考虑经营活动的经济性、效率性和有效性，考虑经营活动在经济性、效率性和有效性的前提下所能实现的最佳状态，保证绩效评价结果公平、公正和合理。

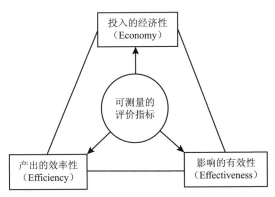

图 6 - 2　"3E"绩效评价指标设立原则示意图

2. "5E"原则论

虽然"3E"原则包含了经济性、效率性和有效性，但其更多强调的是成本的节约和资源使用的合理性，即过于追求经营活动的经济性。之所以会出现这种现象，一方面是因为追求经营活动的经济性可以降低成本、节约资金，有利于西方国家渡过经济萧条时期，这也是西方国家政府推行绩效评价的根本目的；另一方面是因为绩效评价体系推行的初期，缺乏与之相配套的评价制度和方法，其评价体系的构建处于探索之中，相应的机制和体制并不完善。随着经济的不断发展，人们对物质生活质量和精神生活质量的要求越来越高，越来越关注社会福利、收入分配以及生态环境等方面的发展，这时政策性投资项目的地位被提升到了一个新的战略高度，其实行的绩效评价也更应该注重对社会、自然生态环境方面的影响，即考核在社会性、生态性方面的绩效。在这些原则的基础上，增加公平性（equity）和生态性（ecology）两原则，以突出对政策性投资项目在社会发展、生态环境方面的绩效评价。它们与经济性、效率性和有效性一起构成了一个相互联系、相互影响的评价指标构建的原则框架，即"5E"原则。这里对新增的公平性和生态性原则做进一步解释：公平性原则强调"权利"，不仅包括资源与环境上共享的公平，还包括财富分配公平，是社会的公平程度。政策性投资项目作为国家政策战略的支持者和响应者，理应在其绩效评价中考虑公平性指标，从社会层面考察政策性投资项目对社会公平的影响。生态性（环保性）原则强调"环境的可持续"，不仅包括政策性投资项目对环境的影响，还包括政策性投资项目与环境的统一。生态性指标衡量政策性投资项目对环境的影响程度，是投资项目安全性、环保性以及可持续性的表现，是政府在政策性投资项目决策中所必须考虑的重要因素之一。由此可以看出，由"3E"原则演变为"5E"原则后，对政策性投资项目绩效评价更为全面和科学。而政策性金融机构作为政府公共金融方面的投资支持方，其绩效评价指标体系的构建也要牢牢依据该原则，这样才能保证该绩效评价指标体系的科学性和权威性。

3. 全面性与总体性相结合原则

总的来讲，我国政策性金融机构综合绩效不仅包括对经济系统、社会系统和生态系统的考核，还包括对经营绩效和公共绩效的考核。同时，公共绩效的考核力度也要大大高于前者，这也是政策性金融机构实施其政策性功能的最重要体现，是其自身可持续发展的潜在保障。因此，要对该机构进行绩效评价，就必须坚持全面性与总体性原则，将对三个系统（经济、社会和生态）和两个维度（经营绩效和公共绩效）的考核进行多层面的结合，这样才能保证所得评价结果的准确性和科学性。在政策性金融机构发展的过程中，体现在三个系统（经济、社会和生态）和两个维度（经营绩效和公共绩效）方面的作用和地位是不同的，经营绩效是该机构实施公共职能投资的基础，也是赖以生存的长期经营前提条件，若出现大量的经营亏损，就难维持该机构继续生存；公共绩效是政策性金融机构实施政策性职能综合效果的表现，包括对公共基础设施、进出口贸易、三农和弱势群体等的支持力度，这些都是政策性金融机构最初组建的目的之所在；经济系统绩效是政策性金融机构对经济增长方面的影响，包括对地区的 GDP 和收入等方面的影响，是其综合绩效考核的必要部分；社会系统绩效是政策性金融机构对社会发展方面的影响，包括对教育、就业和利益相关者满意等方面的影响，是其综合绩效考核的必要部分；生态系统绩效是政策性金融机构对生态环境方面的影响，包括对资源利用效率、工业三废处理和空气质量等方面的影响，也是其综合绩效考核的必要部分。综上所述，本书所构建的政策性金融机构绩效评价指标体系必须遵循全面性与总体性的原则，才能更好地反映该机构综合绩效的真实情况。

4. 静态评价与动态评价相结合原则

静态评价反映事物现阶段的广度发展水平，而动态评价反映事物深度的变化趋势，两者结合才能达到有效绩效评价的目的。同时，运用两者进行评价也要兼顾短期绩效与长期绩效相结合的原则，这样所构建的政策性金融机构绩效评价体系才更为科学合理。因为政策性金融机构向相关企业投放的贷款利率是较为优惠的，并且贷款周期是较为长久的，这就要求短期的经营不能亏损，才能实现可持续的长期经营。而长期政策性功能目标的实现则是较为滞后的，也是最为重要的，包括公共基础设施建设、棚户区改造和精准扶贫等投资项目所反馈的政策性效果都要经历较长的过渡期，故长期实现的目标效果一定要纳入进来。显然，在考虑构建政策性金融机构绩效评价指标体系时，必须基于评价体系动态化的特点，兼顾上述短期利益与长期利益的融合，这样才能实现综合绩效考核的真正目的。因此，我国政策性金融机构绩效评价体系必须体现短期绩效财务指标与长期绩效政策指标两者相结合的理念，这样才能实现静态、动态评价的有效结合。

5. 定量评价与定性评价相结合原则

在对政策性金融机构进行绩效评价时，应该体现两个方面的考核：一方面是定量考核，最直接的体现是侧重于财务指标的经营绩效方面；另一方面是定性考核，侧重于非财务指标的社会绩效方面，包括对经济、社会和生态系统的影响以及对公共职能部门建设和弱势群体扶持的公共绩效考核。绩效的定量分析是利用计量模型对相关的财务数据进行实证分析，可以提高其评价结果的准确性。而绩效的定性分析也是必不可少的，有些评价指标不能够量化，但是在评价指标体系中又非常重要，故可以对其进行模糊评价分析，增加绩效评价结果的权威性。因此，对于我国政策性金融机构绩效评价应该注意两种方法的结合，这样才能够保证其构建的科学性和合理性。

6. 科学性与统一性相结合原则

评价指标体系构建的科学性与统一性主要表现在以下几个方面：一是在指标选取方面，要选择那些能够真实客观反映评价对象情况的指标，明确指标选择的目标性和准确性，避免出现模糊或不清晰的情况；二是指标选择要保持统一性，同一评价体系内部的指标在内涵、方法、计算口径等方面应该是统一的，并要求与外部相对应的统计、计划等指标保持一致；三是评价体系中指标的选择要考虑到各层级之间的逻辑结构和联系，能够综合、全面地体现出各层级指标之间的内在联系和数量关系，反映出各指标之间的横纵联系，使之与总体系的构建目标相吻合。政策性金融机构绩效评价体系是一个复杂、有机的网络系统，设计的要素指标种类繁多，而且各个要素之间相互作用、相互影响，因此，在具体的评价指标设计和遴选过程中，必须坚持科学性与统一性的双原则属性，这样才能使所构建评价指标彼此的关联性和作用性更强。

7. 可比性与可操作性相结合原则

政策性金融机构绩效评价就是将该机构的现有综合经营状况同以往的综合状况进行横纵的比较来判断现阶段所取得的成就和进步。在指标口径设计和方法采用上要实现空间、国际和历史等多维度动态视角的比较，这样才能使获得的评价结果更为科学和准确。同时，可比较指标的前提必须具有可操作性，如果将可操作性较差的指标进行比较，得出评价结果显然意义不大。所谓的可操作性指标就是要求其概念通俗易懂、计量标准明确、数据容易收集等。在此背景下设计的指标体系更为广泛和科学。

8. 系统性与战略性相结合原则

容易绩效评价指标体系的构建是一个全面系统分析和有效战略实施相结合的过程。系统性原则就是要求对评价指标进行最大限度的优化处理，保证指标设计的合理性和有效性，其中包括指标重要程度的区分、关联度的识别、合理构成度的判断和权重比例的设置等。战略性原则就是将企业自身的战略思想融入评价指标当中，通过评价结果获得的反馈信息来促成企业战略目标的实现。故在构建政策性金融机构绩效评价指标时，系统性与战略性原则是必不可少的，只有这样建立起来的评价体系才能更为准确和科学。

9. 价值取向与目标导向相结合原则

绩效评价的目的并不是简单地对被评价对象做出绩效优劣和排名顺序的判断，而是更好地导引该评价对象如何接近策略目标。政策性金融机构作为国家的公共政策职能部门，其目标的实现程度主要由绩效评价指标来衡量，故所构建的指标体系必须要反映政府在公共金融方面支出的经济性、有效性、公平性和生态性等具体要求，这样才能体现政府部门和金融监管当局的价值取向。同时，还要注意通过政策性金融机构的绩效评价结果引导和控制其经营行为，并强化绩效评价的目标导向作用。

第二节　政策性金融机构绩效评价指标体系的初步建立

一、政策性金融机构绩效评价指标的借鉴

政策性金融机构绩效评价指标的借鉴是一个非常重要的参考过程。

通过对相关的文献进行查阅和浏览，我们很难发现一个较为完整的政策性金融机构绩效考核体系，只能找到一些支离破碎的见解和建议。但是事物之间是有内在联系的，通过捕捉一些共性的特征，我们可以寻找一些相近意义上的绩效评价指标体系，以此来作为对绩效评价指标的借鉴，完善绩效评价体系的构建。

本书借鉴的现有绩效考核指标主要来源于两个渠道：一部分是来源于权威机构；一部分是来源于专家和学者。

权威机构来源包括：中国人民银行 2000 年颁布的《国有独资商业银行考核评价办法》和 2014 年颁布的《商业银行内部控制指引》；中国银监会 2004 年颁布的《股份制商业银行风险评级体系（暂行）》和 2005 年颁布的《商业银行风险预警操作指引（试行）》；财政部 2002 年颁布的《商业银行绩效评价指标体系》和 2009 年颁布的《金融类国有及国有控股企业绩效评价实施细则》、2011 年颁布的《金融企业绩效评价办法》和 2016 年颁布的《金融企业绩效评价办法（修订）》，及 2015 年颁布的《国家开发银行可持续发展报告》等。

专家和学者来源包括：弗瑞德等（Fried et al.，1993）的《美国信用联盟绩效评价》、乔安娜·雷格伍德（2000）的《小额金融信贷手册：金融业和公司运作的透视与展望》、李建军（2004）的《国有商业银行公共性绩效评价体系》、朱晓旸（2010）的《多重目标的国有企业绩效评价体系》、刘子赫（2012）的《我国政策性银行绩效评价指标体系的构建》、杨锡春（2012）的《公共投资项目绩效评价体系》、邱兆祥和孙建星（2012）的《日本农业政策性银行绩效评价方法分析及经验借鉴》、陈小丽（2015）的《湖北省民族地区扶贫绩效指标评价体系》、景杰和杜运伟（2015）的《政府生态管理绩效评价体系》、林春和王伟（2015）的《基于财务视角对政策性银行经营效率的研究》、李鹏（2013）的《中国财政投融资资金运用绩效评价体系》、文宁（2014）的《我国中小企业对外直接投资绩效评价指标体系》、肖翔和洪欣（2014）的《普惠金融指数的编制研究》、李栋林（2016）的《财政支持新型城镇化建设绩效评价体系》、林春（2016）的《基于 DEA -

Malmquist 指数的中国政策性银行效率评价》、王海净等（2016）的《扶贫社经济性（可持续发展）评价指标体系》、吴新叶（2016）的《农村社会治理的绩效指标体系》、王伟和金春红（2016）的《经济有效性视角下中国政策性银行效率水平测度与评价》、高霞（2016）的《当代普惠金融理论及中国相关对策研究》、田晋等（2017）的《民族地区村级精准扶贫绩效评价指标体系构建研究》等。

（一）经济系统指标借鉴

经济系统是指相互联系、相互作用的若干经济元素所组成的具有特定功能的有机整体。本书从广义上（物质和非物质生产系统）和狭义上（社会再生产过程中的生产、交换、分配等各环节）进行了具体区分。政策性金融是我国金融系统的重要组成部分，而金融系统又是国民经济系统的核心组成部分。由此可以看出，政策性金融机构综合经营状况的好坏会直接影响到我国经济系统的运行效率，若经营状况良好会加速对经济系统的运行效率，否则会阻碍对经济系统的运行效率。故在衡量政策性金融机构经营状况时，可以考虑将对经济系统的作用效果作为综合绩效评价的"一定比例"部分（见表6-1）。

表6-1　　　　　　　　　　经济系统方面指标借鉴

	具体指标参考
经济系统方面	地区生产总值、全社会固定资产投资、人均地方财政预算收入、人均农村经济总产值、规模以上工业增加值、人均 GDP 增长率、物价状况、人均地区生产总值、人均财政收入、三次产业占比、财政总支出、产业结构升级、国际收支状况、城镇居民人均可支配收入、农民人均收入、产业结构优化、地方公共财政预算收入、收入分配状况、劳动生产率、单位面积粮食产量、人均财政支出、农民人均纯收入、财政总收入、人均经济林面积、农民人均固定资产原值、技术进步效益、时间成本、促进国民经济发展程度、对居民收入的影响、促进地区经济发展、单位投资的就业效果、产业结构合理程度、经济发展系数、财政收入增长率、可持续发展能力、服务水平提高、降低营运成本、旅客时间节省、减少交通事故、行政成本下降率、业务处理效率提高率、对当地经济发展环境及交通运输压力的影响等

（二）社会系统指标借鉴

社会系统是指出于某种共同价值观或社会意愿等多种原因而组织在一起的较为复杂且重要的系统，通过自身的知识和文化向社会环境提供系统资源以供系统内部生产产品或服务，实现其社会价值功能。与其他无生命的系统相比而言，该系统更具有若干特殊的情况和性质，显得更为复杂。[1] 而政策性金融机构作为我国公共金融机构的职能部门，国家通过向该部门投入政策性资金来输出政策性金融产品，发挥对弱势群体的政策性扶植功能，以此来实现其政策目标。弱势群体在社会中占有很大的比例，其政策职能发挥对社会各类组织的福利水平具有重要的提升作用，能够强化金融服务社会实体的吻合度，推进整个社会发展进程。故在衡量政策性金融机构经营状况时，可以考虑将对社会发展的作用效果作为综合绩效评价的"一定比例"部分（见表6-2）。

表6-2　　　　　　　　　　社会系统方面指标借鉴

	具体指标参考
社会系统方面	教育经费投入、居民安全饮水率、政府满意度、对当地人民生活的影响、人均受教育水平、教育水平、居民满意度、就业效益、对社区基础设施的影响、医疗保险、基础设施状况、弱势群体满意度、城镇化状况、对文化事业的影响、社会保障状况、项目与项目区生活条件的关系、社会治安状况、享受社会保障人口比重、适龄儿童入学率、对当地人民文化娱乐的影响、农村剩余劳动力转移比率、各类企事业单位满意度、对民族团结的影响、对当地宗教信仰的影响、女性就业比重及变化程度、对当地人民风俗习惯的影响、对当地政府和管理机构的影响、对控制人口的影响、当地政府和民众对项目的态度、对社区居住条件的影响、少数民族满意度、对社区基础设施的影响、对社区福利的影响、对社区社会保障的影响、服务对象满意度、对社会贡献度、卫生条件、生活水平、提升形象等

（三）生态系统指标借鉴

生态系统是指生物与环境在自然界的一定空间内相互影响、彼此制

[1]　董淑英：《一般社会系统的定义及系统决策》，中国系统工程学会决策科学专业委员会学术年会材料，2007。

约达到一种稳态时构成的整体。这是一个更为广义的概念，随着人们社会生活水平的提高，生态系统被延伸为更具体的经济、文化、政治、社会等视角下的生态系统。本书的"生态系统"特指"经济生态系统"，考虑的是社会上发生的经济活动对环境的影响，政策性金融机构作为现代金融经济体的重要组成部分，在从事政策性金融业务时，如果偏重于对环保节能、清洁及可再生能源利用等政策性项目的贷款支持，则会对周围生态环境的改善产生较大的正面影响。这与金融发展依赖于环境又影响着环境的结论不谋而合。早期白钦先（1989）在《比较银行学》中提出的"金融运转环境"[①] 和后期周小川（2004）提出的"金融生态"[②] 以及徐诺金（2007）提出的"金融生态环境"[③] 等都为政策性金融机构经营活动对生态系统的重要影响提供了例论支持和佐证。故在衡量政策性金融机构经营状况时，可以考虑将对环境改善的作用效果作为综合绩效评价的"一定比例"部分（见表6-3）。

表6-3　　　　　　　　　　生态系统方面指标借鉴

	具体指标参考
生态系统 方面	城市水污染防治项目、环境保护行政投入、生态环境建设投入、空气质量指数、二氧化硫排放量、氮氧化物排放量、有效灌溉面积比重、污水处理率、工业固体废物综合利用率、人均绿地面积、生态省市县面积占比、自然保护区面积占比、单位 GDP 能耗、ISO 1400 环境认证数量、区域大气污染防治项目、生活垃圾资源化和无害化处置、危险废弃物和医疗废物处置、园林绿化、流域水污染防治项目、环境综合性治理项目、林业和荒漠化治理及退耕还林、区域发展规划的生态环境目标、自然保护区、化学需氧量排放量、燃煤电厂脱硫工程、工业污染治理、资源再生及综合利用、耕地受灾面积比例、工业搬迁及技术改造升级、火电节能建项目、森林覆盖率、节能减排新技术研发和产业化示范项目、贷款项目环评率、节能减排专业设备制造、节能环保服务业、农户沼气池普及率、节能环保企业流动资金类项目、生活垃圾处理率、清洁及可再生能源利用项目、氨氮排放量等

---

① 白钦先：《比较银行学》，河南人民出版社 1989 年版。
② 周小川：《完善法律制度，改进金融生态》，载《金融时报》2004 年 12 月 7 日。
③ 徐诺金：《金融生态论》，中国金融出版社 2007 年版。

（四）经营绩效指标借鉴

经营绩效是指企业经过营运管理最终所反映出的经营效果，该经营效果直观反映在企业的整体财务状况和经营成果方面。其主要依据是报表中的资产负债表、现金流量表、利润表及其附注等。它反映的是一种以客观性和真实性为目的的静态评价，不带有任何的主观色彩，能够非常准确地反映现阶段企业的真实经营状况，并以此为依据对企业经营策略进行战略性的调整，实现企业最大经营效益目标。政策性金融机构作为一种不以营利为目的、坚持保本微利经营原则的特殊企业，其经营绩效也一定要得到注重，财务上必须是稳健的，这是可持续发展经营的前提条件，只有这样才能保证政策性金融机构良好的经营状况，进而促进政策性目标的实现。故在衡量该机构的综合绩效时，经营绩效可以作为其考核的重要组成部分（见表6-4）。

表6-4　　　　　　　　　　　经营绩效方面指标借鉴

	具体指标参考
经营绩效方面	资金成本收入比、营业自足率、资产利用率、资产回报率、总资产存款比率、操作成本收入比、资产增长率、净利润增长率、贷款额增长率、贷款笔数增长率、员工平均利润率、资本充足率、利息收回率、资产收益率、非流动资产周转率、资本利润率、综合效率比率、支付利息满足率、总资产、贷款余额、贷款拨备率、发行债券余额、净利润、股东权益资产收益率、净资产收益率、流动比率、速动比率、现金比率、现金流量比率、产权比率、利息保障倍数、现金流量债务比、长期资本负债率、应收账款周转率、存货周转率、流动资产周转率、资产负债率、营运资本周转率、不良贷款率、总资产周转率、销售净利率、权益净利率、市盈率、市净率、市销率、权益乘数、总债务存量比、营运资本等

（五）公共绩效指标借鉴

公共绩效评价是指对公共支出活动所取得的社会经济效益进行综合性评价的一种活动，其核心是强调管理中的目标与结果及结果有效性的关系。公共支出的绩效同一般的企业绩效不同，因其具有公共属性等特征，故在评价时更多倾向于对社会效益的考核。政策性金融机构作为我国公共机构部门，主要承载着政策性业务和社会责任，虽然创造的微观经济效益较少，但却实现了国家的战略规划目标。这些政策性、社会性职责的履行直接或间接地促进了公共基础设施、三农、进出口贸易、棚户区改造、公益性活动、医疗卫生等社会公共项目的完善，并对整体社会福利制度的完善和水平的提高具有重要的促进作用。而公共项目所反映出来的效果恰恰是政策性金融机构最主要的社会效益展现，故公共绩效应该作为政策性金融机构综合绩效最主要的考核部分（见表6-5）。

表6-5　　　　　　　　　　公共绩效方面指标借鉴

	具体指标参考
公共绩效方面	贫困人口、小微企业贷款获得率、扶贫资金、整村推进、重大水利工程贷款、扶贫搬迁、异地扶贫搬迁贷款、水利过桥贷款、小微企业储户数与总储户数间的比率、支农贷款、贫困发生率、有贷款余额或授信额度的小微企业比例、扶贫对象、"一带一路"贷款、低保对象、在正规金融机构开立账户的小微企业比例、农田建设贷款、中西部贷款发放额、外币贷款余额、小微企业贷款余额与总贷款余额间的比例、棚户区改造贷款发放额、小微经营者平均贷款利率、棚户区改造贷款累计惠及人数（万人）、助学贷款发放额、东北老工业基地振兴贷款发放额、助学贷款累计覆盖人数（万人次）、贷款余额的小微企业数与贷款总笔数间的比例、应急贷款发放额、林业利用开发性和政策性金融贷款、城市基础设施贷款发放额、绿色小额贷款发放额、公益捐款、小微企业户均贷款额、农户贷款户均贷款额、小微企业转贷款、节能环保项目与服务贷款等

二、政策性金融机构绩效评价指标筛选的基本要求

政策性金融机构绩效评价指标筛选的宗旨是能够真实、有效、客观地对评价对象进行评价和反馈，明确工作的目标以及考核的标准，对机构和员工的经营过程和结果进行价值判断，并以此为基础，提出相应问题的解决方案，完善评价体制，以此促进该机构管理水平的提高。同时，也要满足该机构的本质属性特征，体现其长期发展规划的战略发展目标。具体要求如下：

第一，目标导向性。政策性金融机构绩效的评价涉及的方面较广

泛，包括经济系统、社会系统、生态系统、经营绩效和公共绩效等。评价指标体系的构建必须体现该机构发展的本质属性要求，并对未来的发展规划目标起到一定的导向作用。

第二，测量针对性。政策性金融机构绩效评价体系构建的关键环节是选择能够反映其特色、真实情况并且具有针对性的指标，其目的在于能够准确地反映政策性金融机构的经营发展状况。同时，有针对性的指标能够准确反映其机构业务的特色，例如中小微企业融资、棚户区改造、精准扶贫、支持三农、"一带一路"建设等相关数据都反映政策性金融机构的特色性指标，从而为更全面、准确的绩效评价指标体系的构建奠定基础。

第三，实用操作性。构建评价指标体系的主要目的是为了能够准确评价中国政策性金融机构的实际经营效果，这要求所构建的绩效评价指标体系必须有实际的可操作性，故所选择的评价指标也一定要有实用的价值性，这样在其绩效测量和评价中更容易发现问题，通过对问题的修补和完善，进一步促进政策性金融的良性发展。

第四，动态适应性。政策性金融机构是处于不断发展变化之中的，为了体现其动态性，其绩效评价指标也需要具有动态性，能够动态、客观地反映政策性金融机构的真实情况。该评价的最终目的就是评判一种金融制度创新的成效性，通过对自身发展的不断深化和改善，形成适合其生存的竞争力机制，提高整体的运营水平。因此，政策性金融机构绩效评价指标的选取，既要符合当前的国际形势和国家政策，也要符合我国特殊的发展国情，并能够适应未来的变化发展情况。

三、政策性金融机构绩效评价指标体系的初步预选

在政策性金融和绩效评价的基本理论指导下，笔者对大量文献进行了梳理与回顾，分析了已有的学术研究成果，并同相关领域的资深专家进行了深入探讨。另外，笔者还对当地的政策性金融机构（国开行辽宁省分行、农发行辽宁省分行、进出口行辽宁省分行和中国信保辽宁分公

司）和商业性金融机构（中国建设银行辽宁省分行、中国农业银行辽宁省分行、华夏银行沈阳分行、中信银行沈阳分行、中国民生银行沈阳分行、中国人民财产保险股份有限公司辽宁省分公司、中国人寿保险股份有限公司辽宁分公司）进行了实地考察，并与相关的管理人员和从业人员进行了座谈、咨询和访问，进一步对收集的建议进行了系统性、全面性的甄别和筛选，最终拟定了政策性金融机构的初步绩效评价指标体系。该体系包括 5 个一级指标、13 个二级指标、46 个三级指标。具体指标选择说明如下：

在经济系统方面，这里主要设四个指标，分别从经济总量、产业结构、投资水平和收入水平四个方面来考察政策性金融机构投资项目对经济系统的影响。经济总量方面：地区生产总值主要考察该机构投资项目对地区经济发展水平的影响；人均地区生产总值主要考察该机构投资项目对人民生活水平的影响。产业结构方面：产业结构升级水平用第三产业增加值占第二产业来表示，衡量该机构投资项目对产业结构调整的纵向影响；产业结构优化水平用第二、第三产业增加值之和占 GDP 的比重来表示，衡量该机构投资项目对产业结构调整的横向影响。投资水平方面：全社会固定资产投资主要考察该机构投资项目对投资规模的影响；规模以上工业增加值主要考察该机构投资项目对大型工业企业在经济中的占比和影响；投融资转化水平主要考察该机构所投入资金总量对所融资金总量的影响。收入水平方面：农民人均纯收入主要考察该机构投资项目对农村居民增收的影响；城镇居民人均可支配收入主要考察该机构投资项目对城镇居民增收的影响。

在社会系统方面，这里主要设两个指标，分别从社会发展和利益相关者满意度两个方面来考察政策性金融机构投资项目对社会系统的影响。社会发展方面：基础设施建设覆盖面主要考察该机构投资项目对大型公共基础设施建设（交通、水利等）的影响；教育状况主要考察该机构投资项目对教育状况的影响；城镇化水平主要考察该机构投资项目对推进城市化进程的影响；社会保障水平主要考察该机构投资项目对社会保障程度提升作用的影响。利益相关者满意度方面：政府满意度主要考察该机构作为政府的代理人所执行的政策目标是否让政府满意；弱势群体满意度主要考察该机构对相关弱势群体的扶持是否达到所预期的效果；金融监管当局满意度主要考察该机构在执行政策目标时是否严格服从金融监管所要求的原则；社会群众监督满意度主要考察该机构在实施政策目标时是否完全接受社会群众的监督。

在生态系统方面，这里主要设两个指标，分别从资源利用和环境影响两个方面来考察政策性金融机构投资项目对节能减排的生态系统影响。资源利用方面：能源利用率主要考察该机构投资项目对能源（煤、石油和天然气）使用效率的影响；土地资源利用率主要考察该机构投资项目对土地资源使用效率的影响；水资源利用率主要考察该机构投资项目对水资源使用效率的影响。环境影响方面：生态环境建设投入主要考察该机构投资项目对生态环境建设的影响；工业三废排放量主要考察该机构投资项目对工业三废（废水、废气和废渣）排放量的影响；空气质量指数主要考察该机构投资项目对雾霾等粉尘颗粒污染减少的影响。

在经营绩效方面，这里主要设三个指标，分别从安全性、盈利性和管理能力三个方面来考察政策性金融机构投资项目对经营状况的影响。安全性方面：不良贷款率主要考察该机构对贷款质量的控制；贷款利息收回率主要考察该机构的贷款利息收入占总利息收入的比重，即体现该机构的经营成果及收益水平；资本充足率主要考察该机构抵御风险的能力。盈利性方面：资产利润率考察该机构在一定时间内实现的利润占当期资产的比重，该指标能够反映该机构的经营管理情况和经济效益；人均利润率从劳动力角度考察该机构的盈利能力，是机构在一定时期内利润总额与全体员工之间的比率；成本收益率从成本角度考察该机构的盈利能力，是单位成本所获得的利润。管理能力方面：信贷效率主要考察该机构贷款审批和放贷的效率；信贷风险控制水平主要考察该机构贷款风险的控制能力；创新能力主要考察该机构对客户所需求产品的创新力度。

在公共绩效方面，这里主要设三个指标，分别从社会福利水平和公共项目支持两个方面来考察政策性金融机构投资项目对公共职能完善的影响。社会福利水平方面：民生改善状况主要考察该机构投资项目对人民生活质量改善状况的影响；脱贫效果反馈情况主要考察该机构投资项目对精准扶贫效果的影响；社会责任承担表现主要考察该机构投资项目所承担社会主要责任的情况；社会保障系统完善度主要考察该机构投资项目促进社会保障的完善程度；社会公益事业参与度主要考察该机构投资项目对社会公益事业（圆梦助学计划）的影响。公共项目支持方面：中小微企业贷款发放额主要考察该机构投资项目对中小微企业的支持程度；棚户区改造贷款发放额主要考察该机构投资项目对棚户区改造的支持程度；支持三农贷款发放额主要考察该机构投资项目对三农（农业、农村和农民）的支持程度；扶贫贷款累计发放额主要考察该机构投资项目对扶贫的支持程度；助学贷款发放额主要考察该机构投资项目对实施助学圆梦计划的支持程度；基础设施建设贷款发放额主要考察该机构投资项目对基础设施建设的支持程度。

综合上述指标的具体预选说明，最终形成了初始预选的政策性金融机构绩效评价指标体系（见表6-6）。

表6-6　中国政策性金融机构绩效评价指标体系（初始预选表）

	一级指标	二级指标	三级指标
中国政策性金融机构绩效评价指标体系	经济系统	经济总量	地区生产总值
			人均地区生产总值
		产业结构	产业结构升级水平
			产业结构优化水平
		投资水平	全社会固定资产投资
			规模以上工业增加值
			投融资转化水平
		收入水平	农民人均纯收入
			城镇居民人均可支配收入

续表

	一级指标	二级指标	三级指标
中国政策性金融机构绩效评价指标体系	社会系统	社会发展	基础设施建设覆盖面
			教育水平
			城镇化水平
			社会保障水平
		利益相关者满意度	政府满意度
			弱势群体满意度
			金融监管当局满意度
			社会群众监督满意度
	生态系统	资源利用	能源利用率
			土地资源利用率
			水资源利用率
		环境影响	生态环境建设投入
			工业三废排放量
			空气质量指数
	经营绩效	安全性	不良贷款率
			贷款利息收回率
			资本充足率
		盈利性	资产利润率
			人均利润率
			成本收益率
		管理能力	信贷效率
			信贷风险控制水平
			创新能力

续表

	一级指标	二级指标	三级指标
中国政策性金融机构绩效评价指标体系	公共绩效	社会福利水平	民生改善状况
			脱贫效果反馈情况
			社会责任承担表现
			社会保障系统完善度
			社会公益事业参与度
		公共项目支持	中小微企业贷款发放额
			棚户区改造贷款发放额
			支持三农贷款发放额
			扶贫贷款累计发放额
			助学贷款发放额
			基础设施建设贷款发放额
			绿色贷款发放额

第三节　政策性金融机构绩效评价指标体系的确立

一、第一轮专家意见法指标筛选

专家意见法（Delphi method，又称德尔菲法）主要是指调查者按照既定的程序，征询专家小组成员的意见，而专家小组成员之间不发生任何联系，采用匿名的方式提交意见。经过几轮征询，使意见趋于一致，最终获得对市场发展趋势的预测。

（一）专家意见法的基本内涵

专家意见法主要应用于公司治理和企业管理中，用以解决企业发展过程中遇到的管理问题。本书研究的是中国政策性金融机构绩效评价指标体系的构建，为了获得不同专家的意见来进行绩效测评，以期使研究过程更规范，故参考专家意见法的询问方式。

为了更好地应用专家意见法，在选择专家时应遵循以下几点：（1）意见独立性。专家小组的专家应具有脱离于企业和其他机构力量的独立性，在意见征询过程中，应保证其能坚持己见，不受其他力量干扰，避免意见出现"趋同"现象。（2）专业性。专家小组的专家应具有其要评价体系的专业知识，应能提供专业评价和见解。本书旨在评价中国政策性金融机构的整体绩效状况，应从多角度进行测评，为了保证专家意见的全面性，专家小组成员应包括学术领域的学者、金融领域的工作人员和监管机构的监管人员等。（3）知识全面性。知识全面性是指专家既要拥有所测评领域的专业性技能和专业性知识，也要知晓所测评领域的未来发展状况。同时，专家小组的成员也应对测评所使用的方法有所了解，并进行积极的配合。

（二）第一轮专家意见法基本情况

在使用专家意见法进行测评时，专家人数越多，所提供的意见越全面，测评结果的精准度越高，可以说专家小组成员的人数对测评结果有很大的正向影响。一般来说，在进行问询时，专家小组成员数应不少于10人，这样得到的测评结果较为精准，但当人数大于20人时，对测评结果精准度影响不大。在普通规模的专家测评中，专家小组成员数保持在10~16人，就可以得到较为满意的精准度。因此，本书根据上述情况，将第一轮的专家组成员数定为16人（人员分布具体情况见表6-7），发出意见征询函16份，收到14份有效回复，回收率为87.5%。

表6-7 第一轮专家基本情况

		第一轮问询	
		人数	占比（%）
学者	副教授	3	18.75
	教授	6	37.50

| | | 第一轮问询 | |
		人数	占比（%）
金融机构从业人员	政策性金融机构	3	18.75
	商业性金融机构	1	6.25
金融机构监管人员	人民银行	2	12.50
	银监局	1	6.25

（三）第一轮专家问询结果

本书采用了李克特量表对拟定指标进行评分加总测量统计，主要对各项指标的存在是否合理进行了相应的打分。采取"完全合理""合理""一般""不合理""完全不合理"五种回答，分别记分为 5 分、4 分、3 分、2 分、1 分。最后对所得到的相关反馈数据进行整理和统计，计算出每个指标的算术平均值和离散系数，从而进行评分，因为离散系数反映了该得分数值的偏离程度，如果系数小，则说明得分数值间隔小，其得分的平均值更具意义。具体操作说明如下：第一轮专家咨询结束就会进入相应的问卷数据整理阶段，在 Excel 表格中录入各专家的基本情况和具体指标的打分情况，采用 SPSS 11.0 统计软件计算各指标的算术平均值和变异系数，并进行首次筛选。首先要计算各指标的评分值，其计算公式如下：

$$y = \mu = \frac{\sum_{i=1}^{n} c_i a_i}{N} \qquad (i = 1, 2, \cdots, 5)$$

其中，y 是指标评分值，μ 为赋值均数，c_i 为评分等级赋值，a_i 为评分赋值为 i 时的人数，N 为参加评价的总人数。根据专家问卷上所反映出的具体情况，本书将计算出的赋值均数 $\mu \geq 3.5$ 视为有效，并暂时保留，其余的进行剔除。然后根据赋值均数计算变异系数，作为衡量各指标变异程度的统计量，其计算公式如下：

$$CV = \frac{\sigma}{\mu}$$

$$= \frac{\sqrt{\frac{1}{N}\sum_{i=1}^{N}(x_i - \mu)^2}}{\left(\frac{1}{N}\sum_{i=1}^{N}x_i\right)}$$

其中，σ 为标准差，x_i 为专家对各指标的打分值。N 为参加评价总人数，此时的 N = 16。筛选分析时，由于备选指标的评分量纲一致并且取值区间较小，所以在分别计算指标的变异系数后，仅保留变异在 0.1 和 0.2 之间的指标，即：将计算出的变异系数 $0.1 < CV < 0.2$ 视为有效，暂且保留，否则剔除。上述计算均通过 SPSS 11.0 来完成，通过对问卷结果的统计分析，得到表 6 - 8。

表 6 - 8 　　　　　　　　第一轮专家意见法一级指标得分结果

一级指标	平均值	标准差	变异系数	最小值	最大值	结果
经济系统	4.250	0.683	0.161	3	5	√
社会系统	4.375	0.619	0.141	3	5	√
生态系统	4.125	0.806	0.195	3	5	√
经营绩效	4.063	0.772	0.190	3	5	√
公共绩效	4.625	0.500	0.108	4	5	√

注："√"代表"保留"。

从表 6 - 8 可以看出，5 个一级指标得分的平均值均超过 3.5，其变异系数也均小于 0.2，即专家（学者）对于该一级指标的选取意见比较接近，修改意见栏也未提出任何异议，故符合作为一级指标的基本要求。同时，公共绩效的得分平均值最高且波动较小，而经营绩效的得分平均值最低，也进一步彰显了政策性金融机构发挥公共职能的重要性。

从表6-9可以看出，13个二级指标得分的平均值均超过3.5，其变异系数也均小于0.2，即专家（学者）对于该二级指标的选取意见比较接近，修改意见栏也未提出任何异议，故符合作为二级指标的基本要求。同时，社会福利水平、公共项目支持的平均值得分最高，可见，专家（学者）再次对政策性金融机构公共职能定位的肯定。

表6-9　　　　　　　　第一轮专家意见法二级指标得分结果

二级指标	平均值	标准差	变异系数	最小值	最大值	结果
经济总量	4.063	0.680	0.167	3	5	√
产业结构	4.375	0.500	0.114	4	5	√
投资水平	4.063	0.772	0.190	3	5	√
收入水平	4.313	0.602	0.140	3	5	√
社会发展	4.375	0.619	0.141	3	5	√
利益相关者满意度	4.000	0.730	0.183	3	5	√
资源利用	4.063	0.680	0.167	3	5	√
环境影响	3.938	0.772	0.196	3	5	√
安全性	4.063	0.772	0.190	3	5	√
盈利性	3.625	0.719	0.198	3	5	√
管理能力	3.938	0.772	0.196	3	5	√
社会福利水平	4.438	0.727	0.164	3	5	√
公共项目支持	4.438	0.629	0.142	3	5	√

注："√"代表"保留"。

从表6-10可以看出，44个三级指标得分的平均值和变异系数出现了较大的差异。其中，规模以上工业增加值和生态环境建设投入的得分平均值均小于3.5，规模以上工业增加值、投融资转化水平、社会保障水平和生态环境建设投入的变异系数也均大于0.2。同时，专家（学者）对三级指标的设定给予了大量修改建议。

表 6 - 10   第一轮专家意见法三级指标得分结果

三级指标	平均值	标准差	变异系数	最小值	最大值	结果
地区生产总值	3.875	0.619	0.160	3	5	√
人均地区生产总值	3.938	0.680	0.173	3	5	√
产业结构升级水平	4.313	0.704	0.163	3	5	√
产业结构优化	4.250	0.775	0.182	3	5	√
全社会固定资产投资	3.875	0.719	0.185	3	5	√
规模以上工业增加值	3.438	0.892	0.259	2	5	×
投融资转化水平	3.689	0.793	0.215	3	5	○
农民人均纯收入	3.875	0.719	0.185	3	5	√
城镇居民人均可支配收入	4.063	0.680	0.167	3	5	√
基础设施建设覆盖面	4.188	0.750	0.179	3	5	○
教育水平	4.063	0.772	0.190	3	5	√
城镇化水平	4.063	0.772	0.190	3	5	√
社会保障水平	4.125	0.957	0.232	3	5	×
政府满意度	3.625	0.719	0.198	3	5	√
弱势群体满意度	3.875	0.719	0.185	3	5	√
金融监管当局满意度	4.125	0.806	0.195	3	5	√
社会群众监督满意度	4.063	0.772	0.1901	3	5	√
能源利用率	4.188	0.750	0.179	3	5	√
土地资源利用率	4.188	0.750	0.179	3	5	√
水资源利用率	4.250	0.775	0.182	3	5	√
生态环境建设投入	3.483	0.894	0.255	2	5	×
工业三废排放量	3.938	0.772	0.196	3	5	○
空气质量指数	3.938	0.680	0.173	3	5	√
不良贷款率	3.563	0.629	0.177	3	5	√
贷款利息收回率	3.500	0.516	0.147	3	4	√
资本充足率	3.875	0.500	0.129	3	5	√

续表

三级指标	平均值	标准差	变异系数	最小值	最大值	结果
资产利润率	3.625	0.500	0.138	3	4	√
人均利润率	3.625	0.619	0.171	3	5	○
成本收益率	3.625	0.619	0.171	3	5	○
信贷效率	3.563	0.629	0.177	3	5	√
信贷风险控制水平	3.563	0.629	0.177	3	5	√
创新能力	3.625	0.619	0.171	3	5	○
民生改善状况	4.500	0.730	0.162	3	5	×
脱贫效果反馈情况	4.625	0.619	0.134	3	5	√
社会责任承担表现	4.250	0.683	0.161	3	5	×
社会保障系统完善度	4.438	0.512	0.115	4	5	○
社会公益事业参与度	4.375	0.719	0.164	3	5	○
中小微企业贷款发放额	4.125	0.619	0.150	3	5	√
棚户区改造贷款发放额	4.375	0.719	0.165	3	5	√
支持三农贷款发放额	4.250	0.775	0.182	3	5	√
扶贫贷款累计发放额	4.313	0.704	0.163	3	5	√
助学贷款发放额	4.563	0.629	0.138	3	5	√
基础设施建设贷款发放额	4.563	0.629	0.138	3	5	√
绿色贷款发放额	4.188	0.834	0.199	3	5	√

注："√"代表"保留";"○"代表"修改";"×"代表"删除"。

（四）指标体系修改

根据第一轮专家意见法的调研结果，综合考虑实际情况，对预选的政策性金融机构绩效评价指标进行了相应的删除与调整。

1. 指标删除部分

对于预选指标，经过计算离散系数判定和对专家（学者）的反馈修改意见进行综合考虑，主要删除了"规模以上工业增加值""社会保障水平""生态环境建设投入""社会责任承担表现""民生改善状况"五个三级指标。专家（学者）反馈信息如下："规模以上工业增加值"的增加值不是衡量投资的，故建议删除掉；"社会保障水平"这个指标和后面的"社会保障系统完善度"较重复，故建议删除掉；"生态环境建设投入"这个指标不是单纯反映环境影响，和后面的环境影响指标不一致，故建议删除掉；"社会责任承担表现"与社会公益事业参与度重复，故建议删除掉；"民生改善状况"指标与社会福利水平下的其他三级指标存在重复的可能，故建议删除掉。

2. 指标修改部分

通过对调查问卷反馈信息的查阅和整理，发现专家（学者）对预选指标提出了很多的修改建议，包括所设计的指标内容过于笼统、指标内涵不一致等问题。具体修改如下："投融资转化水平"指标，专家（学者）指出这个指标和单纯的投资指标——全社会固定资产投资是不一样的，并且这两个指标的内涵也不一致，故放在一起不合适。笔者结合修改建议和查阅相关资料，最后将其修改为投资效率水平。"基础设施建设覆盖面"指标，专家（学者）指出该指标较笼统，需要进一步量化。笔者结合修改建议和查阅相关资料，最后将其修改为公共基础设施建设覆盖面。"工业三废排放量"指标，专家（学者）指出工业三废的计量单位不统一，故废水、废气、固体废弃物三类需要分开。笔者结合修改建议和查阅相关资料，最后将其修改为三个三级指标，分别为废水排放量（万吨）。废气排放量（亿标立方米）和废渣排放量（万吨）。"人均利润率"指标，专家（学者）指出该指标在衡量盈利性时不够准确，可以将其更具体化。笔者结合修改建议和查阅相关资料，最后将其修改为人均净利润。"成本收益率"指标，专家（学者）指出该指标在衡量盈利性时也同样不够准确。笔者结合修改建议和查阅相关资料，最后将其修改为资本净利率。"创新能力"指标，专家（学者）指出该指标较为笼统，应具体指出是哪些方面的创新。笔者结合修改建议和查阅相关资料，最后将其修改为产品和服务创新能力。"社会保障系统完善度"指标，专家（学者）指出该指标较笼统，社会保障系统范围太过宽泛，需要具体量化。笔者结合修改建议和查阅相关资料，最后将其修改为社会医疗、养老等保障系统覆盖度。"社会公益事业参与度"指标，专家（学者）认为应说明该指标具体指什么以及如何体现福利水平。笔者结合修改建议和查阅相关资料，最后将其修改为教育文化事业参与度。

3. 指标添加部分

结合专家（学者）的反馈意见和政策性金融机构现阶段的发展趋势，并考虑到设计指标的全面性和动态性，笔者进一步添加了新的绩效评价指标，具体如下：将"农村固定资产投资"添加为投资水平指标下的三级指标，以便与全社会固定资产投资指标进一步区分。将"城乡收入对比"添加为收入水平指标下的三级指标，缩小城乡收入差距一直是国家关注的宏观政策目标，也是解决三农问题的重要着眼点。同时，政策性金融机构也一直致力于此宏观政策目标的实现，故将城乡收入对比指标纳入进来，使指标更为全面和合理。将"劳动力就业水平"添加为社会发展指标下的三级指标，较好的劳动就业率是社会稳定的重要条件，政策性金融机构在促进社会就业方面做出了应有的贡献，故劳动力就业水平是社会发展不可或缺的部分。将"企业满意度"添加为投资水平指标下的三级指标，政策性金融机构主要服务于国家政策发展需要的强位弱势群体，故企业满意度对政策性金融机构的考核是非常重要的。将"'一带一路'建设贷款发放额"添加为公共项目支持下的三级指标，"一带一路"建设特别是基础设施项目资金投入大、建设周期长且风险较高，需要灵活高效、丰富多样的金融支持，而政策性金融具有的独特性质和优势，使其在支持"一带一路"建设中发挥了不可替代的作用。

综合第一轮的专家（学者）反馈意见，笔者对相关的绩效评价指标做了相应的修改与完善，并将修正的政策性金融机构绩效评价指标体系在第二轮专家意见法的调研中进行了进一步确认。

二、第二轮专家意见法指标筛选

(一) 第二轮专家意见法基本情况介绍

在第一轮专家意见法进行调研的基础上，得到了 14 位来自不同专业领域的专家的反馈，在此基础上，我们对这 14 位专家又进行了第二次访问（人员分布具体情况见表 6 – 11），得到了 14 位专家的有效反馈，反馈率为 100%。

本轮调研的主要目的有以下几点：（1）再次打分，通过统计筛选指标；（2）确认指标的可得性；（3）根据合理化建议对指标体系进行修正。

表 6 – 11   第二轮专家基本情况

		第二轮问询	
		人数	占比（%）
学者	副教授	2	14.29
	教授	5	35.71
金融机构从业人员	政策性金融机构	3	21.43
	商业性金融机构	1	7.14
金融机构监管人员	人民银行	2	14.29
	银监局	1	7.14

(二) 第二轮专家问询结果

本书继续采用李克特量表对拟定指标进行评分加总测量统计，主要对经过第一轮筛选后指标的存在是否合理进行了相应的打分。采取"完全合理""合理""一般""不合理""完全不合理"五种回答，分别记分为 5 分、4 分、3 分、2 分、1 分。最后对所得到的相关反馈数据进行整理和统计，计算出每个指标的得分情况（算术平均值和变异系数）。算术平均值和变异系数的计算操作方法同第一轮一致，这里不再具体阐述。筛选要求也仍然同第一轮筛选要求保持高度一致。笔者再次根据专家问卷的反馈信息，筛选出第二轮可用的预选指标。

根据第一轮专家意见法的结果可以看出，专家们对 5 个一级指标和 13 个二级指标的设立准确性和有效性基本看法是一致，故不做修改，在对第二轮的专家打分中直接对修改和添加后的三级指标进行打分，具体情况见表 6－12。

表 6－12　　　　　　第二轮专家意见法三级指标得分结果

三级指标	平均值	标准差	变异系数	最小值	最大值	结果
地区生产总值	3.857	0.663	0.172	3	5	√
人均地区生产总值	4.000	0.679	0.169	3	5	√
产业结构升级	4.286	0.726	0.169	3	5	√
产业结构优化	4.143	0.770	0.186	3	5	√
全社会固定资产投资	3.929	0.730	0.186	3	5	√
农村固定资产投资	3.786	0.699	0.184	3	5	○
投资效率水平	4.000	0.784	0.196	3	5	√
农民人均纯收入	3.929	0.730	0.186	3	5	√
城镇居民人均可支配收入	4.143	0.663	0.160	3	5	√
城乡收入对比	3.786	0.699	0.184	3	5	√
公共基础设施建设覆盖面	4.143	0.770	0.186	3	5	√
教育水平	3.929	0.730	0.186	3	5	√
城镇化水平	4.000	0.784	0.196	3	5	√
劳动力就业水平	4.071	0.73	0.180	3	5	√
政府满意度	3.643	0.633	0.174	3	5	√
企业满意度	3.786	0.699	0.184	3	5	√
弱势群体满意度	3.786	0.699	0.184	3	5	√
金融监管当局满意度	3.857	0.663	0.172	3	5	√

三级指标	平均值	标准差	变异系数	最小值	最大值	结果
社会群众监督满意度	4.000	0.784	0.196	3	5	√
能源利用率	4.143	0.770	0.186	3	5	√
土地资源利用率	4.286	0.726	0.169	3	5	√
水资源利用率	4.214	0.802	0.190	3	5	√
废水排放量（万吨）	3.929	0.73	0.186	3	5	√
废气排放量（亿标立方米）	3.643	0.633	0.174	3	5	√
废渣排放量（万吨）	4.214	0.699	0.166	3	5	√
空气质量指数	4.000	0.679	0.170	3	5	√
不良贷款率	3.643	0.633	0.174	3	5	√
贷款利息收回率	3.429	0.514	0.150	3	4	√
资本充足率	3.786	0.426	0.112	3	4	√
资产利润率	3.643	0.497	0.137	3	4	√
人均净利润	3.714	0.611	0.165	3	5	√
资本净利率	3.857	0.77	0.199	3	5	√
信贷效率	3.643	0.633	0.174	3	5	√
信贷风险控制水平	3.643	0.633	0.174	3	5	√
产品和服务创新能力	3.714	0.611	0.165	3	5	√
脱贫效果反馈情况	4.571	0.646	0.141	3	5	√
社会医疗、养老等保障系统覆盖度	4.357	0.497	0.114	4	5	√
教育文化事业参与度	4.357	0.745	0.171	3	5	√
中小微企业贷款发放额	4.071	0.616	0.151	3	5	√
棚户区改造贷款发放额	4.357	0.745	0.171	3	5	√
支持三农贷款发放额	4.214	0.802	0.190	3	5	√
扶贫贷款累计发放额	4.357	0.745	0.171	3	5	√
助学贷款发放额	4.571	0.646	0.141	3	5	√
基础设施建设贷款发放额	4.500	0.650	0.144	3	5	√

三级指标	平均值	标准差	变异系数	最小值	最大值	结果
绿色贷款发放额	4.000	0.679	0.170	3	5	√
"一带一路"建设贷款发放额	4.000	0.784	0.196	3	5	√

注："√"代表"保留"；"○"代表"修改"。

（三）指标体系修改

在第二轮的专家意见法中，不难发现，专家（学者）的打分情况基本一致，所要求的平均值得分和变异系数均可以通过筛选原则，但这里在指标建议栏中，对于上一轮修改的农村固定资产投资指标专家给出了不同的看法，有的专家认为这个指标和全社会固定资产投资有所重叠，故建议删除，笔者也查阅了相关资料并与导师组进行了商讨，最终决定将其删除掉。

三、政策性金融机构绩效评价指标体系呈现（修正）

最终的中国政策性金融机构绩效评价指标体系如表6-13所示。

表6-13　中国政策性金融机构绩效评价指标体系（最终修正表）

	一级指标	二级指标	三级指标
中国政策性金融机构绩效评价指标体系	经济系统	经济总量	地区生产总值
			人均地区生产总值
		产业结构	产业结构升级水平
			产业结构优化水平
		投资水平	全社会固定资产投资
			投融效率水平
		收入水平	农民人均纯收入
			城镇居民人均可支配收入
			城乡收入对比

续表

	一级指标	二级指标	三级指标
中国政策性金融机构绩效评价指标体系	社会系统	社会发展	公共基础设施建设覆盖面
			教育水平
			城镇化水平
			劳动力就业水平
		利益相关者满意度	政府满意度
			企业满意度
			弱势群体满意度
			金融监管当局满意度
			社会群众监督满意度
	生态系统	资源利用	能源利用率
			土地资源利用率
			水资源利用率
		环境影响	废水排放量（万吨）
			废气排放量（亿标立方米）
			废渣排放量（万吨）
			空气质量指数
	经营绩效	安全性	不良贷款率
			贷款利息收回率
			资本充足率
		盈利性	资产利润率
			人均净利润
			资本净利率
		管理能力	信贷效率
			信贷风险控制水平
			产品和服务创新能力

续表

	一级指标	二级指标	三级指标
中国政策性金融机构绩效评价指标体系	公共绩效	社会福利水平	脱贫效果反馈情况
			社会医疗、养老等保障系统覆盖度
			教育文化事业参与度
		公共项目支持	中小微企业贷款发放额
			棚户区改造贷款发放额
			支持三农贷款发放额
			扶贫贷款累计发放额
			助学贷款发放额
			基础设施建设贷款发放额
			绿色贷款发放额
			"一带一路"建设贷款发放额

第四节 政策性金融机构绩效评价指标体系权重设计

一、政策性金融机构绩效评价指标体系权重设置及检验

(一) 层次分析法基本思路

层次分析法（AHP）是在美国政府部门研究电力分配如何与各工业部门对国家福利贡献大小相匹配的背景下由美国匹兹堡大学的萨蒂（Saaty）教授在 20 世纪 70 年代初提出来的。它是一种定性分析和定量分析相结合的、运用多因素分级处理来确定因素权重的决策分析方法，应用领域非常广泛，协助处理了很多社会、经济和技术等方面的复杂决

策问题，包括经济发展方案的比较、资源规划和分析、人员素质测评和科学技术成果的评比等，并取得了良好的成效。同时，该方法在评价指标的权重设置方面也表现出其他权重设置方法不具有的实用性和有效性优势，成为评价指标权重设置最常用的一种测算工具，并深受各国相关决策部门的重视。

层次分析法的特点主要表现在以下三个方面。一是可以将系统分析人员的思维过程进行系统化和模型化处理，使其分析思路更为明了和清晰；二是适用性非常强，可以有效解决多准则、多目标的复杂决策问题，并给出可信度较高的价值性判断；三是对其决策方案中可参考的定量数据要求较低，可以大大降低投入数据采集的成本，提高了给出判断结果的效率。层次分析法的基本思路就是评价者把较为复杂的相关决策问题分解成若干层次下的若干要素，将同一层次的各要素按支配关系进行有效的分组来形成有序的递阶层次结构，在此基础上，通过两两比较的方式判断所在层次上的各因素的相对重要性，并依据这些综合判断来确定各因素在决策中的相对权重，即体现为分解→判断→综合的决策思维过程。具体操作流程如图6-3所示。

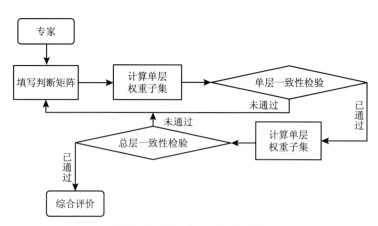

图6-3 层次分析法具体流程

（二）政策性金融机构绩效评价模型的建立

1. 评价指标模型建立

本书将按照上述层次分析方法原理确定中国政策性金融机构绩效评价指标权重。其流程见图 6-4。

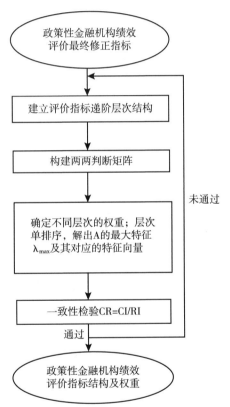

图 6-4 基于 AHP 法政策性金融机构综合绩效评价指标权重确定流程图

根据初步构建的中国政策性金融机构绩效评价指标体系，画出递阶层次结构模型，如图 6-5 所示。模型共计四层，假设目标层为 A、准则层为 B、子准则层为 C、方案层为 D。

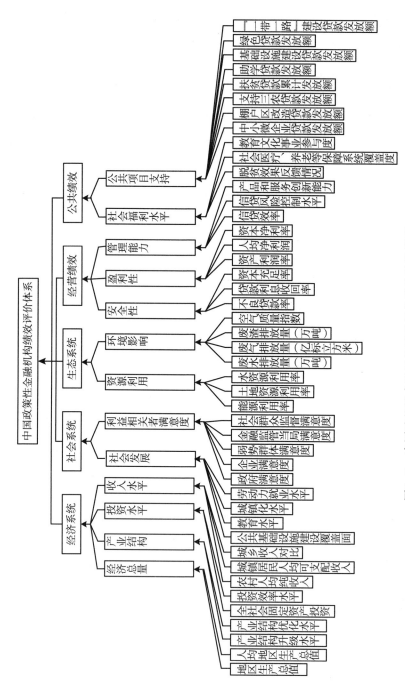

图6-5 中国政策性金融机构绩效评价递阶结构模型

目标层：中国政策性金融机构绩效评价体系（A）。

准则层：经济系统（B_1）、社会系统（B_2）、生态系统（B_3）、经营绩效（B_4）、公共绩效（B_5）。

子准则层：经济总量（C_1）、产业结构（C_2）、投资水平（C_3）、收入水平（C_4）、社会发展（C_5）、利益相关者满意度（C_6）、资源利用（C_7）、环境影响（C_8）、安全性（C_9）、盈利性（C_{10}）、管理能力（C_{11}）、社会福利水平（C_{12}）、公共项目支持（C_{13}）。

方案层：地区生产总值（D_1）、人均地区生产总值（D_2）、产业结构升级水平（D_3）、产业结构优化水平（D_4）、全社会固定资产投资（D_5）、投资效率水平（D_6）、农民人均纯收入（D_7）、城镇居民人均可支配收入（D_8）、城乡收入对比（D_9）、公共基础设施建设覆盖面（D_{10}）、教育水平（D_{11}）、城镇化水平（D_{12}）、劳动力就业水平（D_{13}）、政府满意度（D_{14}）、企业满意度（D_{15}）、弱势群体满意度（D_{16}）、金融监管当局满意度（D_{17}）、社会群众监督满意度（D_{18}）、能源利用率（D_{19}）、土地资源利用率（D_{20}）、水资源利用率（D_{21}）、废水排放量（万吨）（D_{22}）、废气排放量（亿标立方米）（D_{23}）、废渣排放量（万吨）（D_{24}）、空气质量指数（D_{25}）、不良贷款率（D_{26}）、贷款利息收回率（D_{27}）、资本充足率（D_{28}）、资产利润率（D_{29}）、人均净利润（D_{30}）、资本净利率（D_{31}）、信贷效率（D_{32}）、信贷风险控制水平（D_{33}）、产品和服务创新能力（D_{34}）、脱贫效果反馈情况（D_{35}）、社会医疗、养老等保障系统覆盖度（D_{36}）、教育文化事业参与度（D_{37}）、中小微企业贷款发放额（D_{38}）、棚户区改造贷款发放额（D_{39}）、支持三农贷款发放额（D_{40}）、扶贫贷款累计发放额（D_{41}）、助学贷款发放额（D_{42}）、基础设施建设贷款发放额（D_{43}）、绿色贷款发放额（D_{44}）、"一带一路"建设贷款发放额（D_{45}）。

2. 构造判断矩阵

如图 6-5 所示，中国政策性金融机构绩效评价指标体系分为四个层级，确立了四级指标体系，确定了绩效评价指标体系内部各个指标之间的隶属关系，并以各个指标之间的隶属关系为基础构建判断矩阵。

根据中国政策性金融机构绩效评价指标体系模型，本书一共构建了19 个判断矩阵，由专家和学者对指标的相对重要性进行评价，即建立矩阵判断权重小组，通过共同讨论的方式来构造指标两两重要性比较值的判断矩阵。我们以矩阵 1 为例，如表 6 – 14 所示，根据 1 ~ 9 标度法，表中第一行的 1 代表 B_1 和 B_2 同等重要，第一行的 3 代表 B_1 比 B_3 稍微重要。

表 6 – 14　　　　　　　　B_1、B_2、B_3、B_4、B_5 的判断矩阵

A	B_1	B_2	B_3	B_4	B_5
B_1	1	1	3	1/3	1/5
B_2	1	1	3	1/3	1/5
B_3	1/3	1/3	1	1/4	1/6
B_4	3	3	4	1	1/2
B_5	5	5	6	2	1

3. 一致性检验

针对中国政策性金融机构绩效评价指标体系，在构造的判断矩阵基础上，采用 yaahp 6.0 软件对其指标进行权重设计。通过 yaahp 6.0 软件运算得出最大特征值 λ_{max}、权重向量 W 和一致性比率 CR，依据随机一致性指标 RI 值，计算出一致性指标 $CI = CR \times RI$，如表 6 – 15 所示。如果 $CR \leq 0.1$，则认为判断矩阵符合满意的一致性标准，层次单排序的结果是可以接受的；反之则不符合满意的一致性标准，不接受层次单排序结果，须重新构建判断矩阵，直到通过检验为止。最终得到中国政策性金融机构绩效评价指标体系中各指标的权重，并进一步得出各个指标对整体指标体系的权重。

表 6 – 15　　　　B_1、B_2、B_3、B_4、B_5 相对重要性值的两两比较及权重结果

A	B_1	B_2	B_3	B_4	B_5	W_i
B_1	1	1	3	1/3	1/5	0.1082
B_2	1	1	3	1/3	1/5	0.1082

续表

A	B₁	B₂	B₃	B₄	B₅	Wᵢ
B₃	1/3	1/3	1	1/4	1/6	0.0523
B₄	3	3	4	1	1/2	0.2646
B₅	5	5	6	2	1	0.4666

一致性检验：$\lambda_{max} = 5.1276$，$CR = 0.0285 < 0.1$，$CI_A = 0.0319$。

由表 6 – 15 可知，$CR = 0.0285 < 0.1$，五个一级指标（经济系统、社会系统、生态系统、经营绩效和公共绩效）的判断矩阵的层次单排序结果是可以接受的。

以此类推，对中国政策性金融机构绩效评价指标体系的所有判断矩阵完成上述操作，将会得到中国政策性金融机构绩效评价指标体系所有判断矩阵的层次单排序的权重及一致性检验，具体操作过程省略，其两两比较及权重结果如表 6 – 16 ~ 表 6 – 33 所示。

表 6 – 16　　　　C₁、C₂、C₃、C₄ 相对重要性值的两两比较及权重结果

B₁	C₁	C₂	C₃	C₄	Wᵢ
C₁	1	2	4	5	0.4978
C₂	1/2	1	2	4	0.2753
C₃	1/3	1/2	1	3	0.1552
C₄	1/5	1/4	1/3	1	0.0716

一致性检验：$\lambda_{max} = 4.0728$，$CR = 0.0273 < 0.1$，$CI_{B_1} = 0.0243$。

表 6 – 17　　　　C₅、C₆ 相对重要性值的两两比较及权重结果

B₂	C₅	C₆	Wᵢ
C₅	1	2	0.6667
C₆	1/2	1	0.3333

一致性检验：$\lambda_{\max} = 2$，$CR = 0 < 0.1$，$CI_{B_2} = 0$。

表 6 – 18 C_7、C_8 相对重要性值的两两比较及权重结果

B_3	C_7	C_8	W_i
C_7	1	1/2	0.3333
C_8	2	1	0.6667

一致性检验：$\lambda_{\max} = 2$，$CR = 0 < 0.1$，$CI_{B_3} = 0$。

表 6 – 19 C_9、C_{10}、C_{11} 相对重要性值的两两比较及权重结果

B_4	C_9	C_{10}	C_{11}	W_i
C_9	1	4	3	0.6250
C_{10}	1/4	1	1/2	0.1365
C_{11}	1/3	2	1	0.2385

一致性检验：$\lambda_{\max} = 3.0183$，$CR = 0.0176 < 0.1$，$CI_{B_4} = 0.0092$。

表 6 – 20 C_{12}、C_{13} 相对重要性值的两两比较及权重结果

B_5	C_{12}	C_{13}	W_i
C_{12}	1	1/2	0.3333
C_{13}	2	1	0.6667

一致性检验：$\lambda_{\max} = 2$，$CR = 0 < 0.1$，$CI_{B_5} = 0$。

表 6 – 21 D_1、D_2 相对重要性值的两两比较及权重结果

C_1	D_1	D_2	W_i
D_1	1	1/2	0.3333
D_2	2	1	0.6667

一致性检验：$\lambda_{max} = 2$，$CR = 0 < 0.1$，$CI_{C_1} = 0$。

表 6 - 22 D_3、D_4 相对重要性值的两两比较及权重结果

C_2	D_3	D_4	W_i
D_3	1	1	0.5000
D_4	1	1	0.5000

一致性检验：$\lambda_{max} = 2$，$CR = 0 < 0.1$，$CI_{C_2} = 0$。

表 6 - 23 D_5、D_6 相对重要性值的两两比较及权重结果

C_3	D_5	D_6	W_i
D_5	1	2	0.6667
D_6	1/2	1	0.3333

一致性检验：$\lambda_{max} = 2$，$CR = 0 < 0.1$，$CI_{C_3} = 0$。

表 6 - 24 D_7、D_8、D_9 相对重要性值的两两比较及权重结果

C_4	D_7	D_8	D_9	W_i
D_7	1	1	1/2	0.2500
D_8	1	1	1/2	0.2500
D_9	2	2	1	0.5000

一致性检验：$\lambda_{max} = 3$，$CR = 0 < 0.1$，$CI_{C_4} = 0$。

表 6 - 25 D_{10}、D_{11}、D_{12}、D_{13}相对重要性值的两两比较及权重结果

C_5	D_{10}	D_{11}	D_{12}	D_{13}	W_i
D_{10}	1	1	1/2	1/4	0.1210
D_{11}	1	1	1/2	1/4	0.1210
D_{12}	2	2	1	1/3	0.2196
D_{13}	4	4	3	1	0.5385

一致性检验：$\lambda_{max} = 4.0206$，$CR = 0.0077 < 0.1$，$CI_{C_5} = 0.0069$。

表 6 – 26　　D_{14}、D_{15}、D_{16}、D_{17}、D_{18} 相对重要性值的两两比较及权重结果

C_6	D_{14}	D_{15}	D_{16}	D_{17}	D_{18}	W_i
D_{14}	1	1/4	1/6	1/4	1/3	0.0497
D_{15}	4	1	1/2	1/2	1/2	0.1403
D_{16}	6	2	1	4	3	0.4408
D_{17}	4	2	1/4	1	2	0.2107
D_{18}	3	2	1/3	1/2	1	0.1585

一致性检验：$\lambda_{max} = 5.3039$，$CR = 0.0678 < 0.1$，$CI_{C_6} = 0.0760$。

表 6 – 27　　D_{19}、D_{20}、D_{21} 相对重要性值的两两比较及权重结果

C_7	D_{19}	D_{20}	D_{21}	W_i
D_{19}	1	4	3	0.6337
D_{20}	1/4	1	1	0.1744
D_{21}	1/3	1	1	0.1919

一致性检验：$\lambda_{max} = 3.0092$，$CR = 0.0088 < 0.1$，$CI_{C_7} = 0.0046$。

表 6 – 28　　D_{22}、D_{23}、D_{24}、D_{25} 相对重要性值的两两比较及权重结果

C_8	D_{22}	D_{23}	D_{24}	D_{25}	W_i
D_{22}	1	2	4	1/5	0.2039
D_{23}	1/2	1	3	1/3	0.1488
D_{24}	1/4	1/3	1	1/7	0.0581
D_{25}	5	3	7	1	0.5892

一致性检验：$\lambda_{max} = 4.1779$，$CR = 0.0666 < 0.1$，$CI_{C_8} = 0.0593$。

表 6 – 29   **D_{26}、D_{27}、D_{28} 相对重要性值的两两比较及权重结果**

C_9	D_{26}	D_{27}	D_{28}	W_i
D_{26}	1	1/2	1/3	0.2583
D_{27}	2	1	1/2	0.1047
D_{28}	3	2	1	0.6370

一致性检验：$\lambda_{max} = 3.0092$，$CR = 0.0088 < 0.1$，$CI_{C_9} = 0.0046$。

表 6 – 30   **D_{29}、D_{30}、D_{31} 相对重要性值的两两比较及权重结果**

C_{10}	D_{29}	D_{30}	D_{31}	W_i
D_{29}	1	3	1/3	0.2583
D_{30}	1/3	1	1/5	0.1047
D_{31}	3	5	1	076370

一致性检验：$\lambda_{max} = 3.0385$，$CR = 0.0370 < 0.1$，$CI_{C_{10}} = 0.0193$。

表 6 – 31   **D_{32}、D_{33}、D_{34} 相对重要性值的两两比较及权重结果**

C_{11}	D_{32}	D_{33}	D_{34}	W_i
D_{32}	1	1/2	1/5	0.1220
D_{33}	2	1	1/3	0.2297
D_{34}	5	3	1	0.6483

一致性检验：$\lambda_{max} = 3.0037$，$CR = 0.0036 < 0.1$，$CI_{C_{11}} = 0.0019$。

表 6 – 32   **D_{35}、D_{36}、D_{37} 相对重要性值的两两比较及权重结果**

C_{12}	D_{35}	D_{36}	D_{37}	W_i
D_{35}	1	3	5	0.6483
D_{36}	1/3	1	2	0.2297
D_{37}	1/5	1/2	1	0.1220

一致性检验：$\lambda_{max} = 3.0037$，$CR = 0.0036 < 0.1$，$CI_{C_{12}} = 0.0019$。

表 6 – 33 　　D_{38}、D_{39}、D_{40}、D_{41}、D_{42}、D_{43}、D_{44}、D_{45} 相对
重要性值的两两比较及权重结果

C_{13}	D_{38}	D_{39}	D_{40}	D_{41}	D_{42}	D_{43}	D_{44}	D_{45}	W_i
D_{38}	1	1/2	1/4	1/2	1	1/5	2	1/4	0.0548
D_{39}	2	1	1/2	1	2	1/3	3	1/2	0.1000
D_{40}	4	2	1	2	5	1	4	1	0.1989
D_{41}	2	1	1/2	1	2	1/2	4	1/2	0.1125
D_{42}	1	1/2	1/5	1/2	1	1/5	1/7	1/5	0.0385
D_{43}	5	3	1	2	5	1	6	2	0.2523
D_{44}	1/2	1/3	1/4	1/4	7	1/6	1	1/3	0.0662
D_{45}	4	2	1	2	5	1/2	3	1	0.1768

一致性检验：$\lambda_{max} = 8.6929$，$CR = 0.0702 < 0.1$，$CI_{C_{13}} = 0.0990$。

本书所构建的中国政策性金融机构绩效评价指标体系的 19 个判断矩阵 CR 值均小于 0.1，说明这一指标体系所有判断矩阵均通过了层次单排序一致性检验。从 yaahp 6.0 软件测算出的中国政策性金融机构绩效评价指标体系最终权重（见表 6 – 34）可知，其均通过了一致性检验。

二、政策性金融机构绩效评价指标体系权重确认与结果分析

（一）政策性金融机构绩效评价指标体系权重确认

本书运用层次分析法（AHP），并通过 yaahp 6.0 软件的测算验证，最终确定了中国政策性金融机构绩效评价指标的权重（见表 6 – 34）。

表 6 - 34　　中国政策性金融机构绩效评价指标体系最终权重表

	一级指标	最终权重（%）	二级指标	最终权重（%）	三级指标	最终权重（%）
中国政策性金融机构绩效评价指标体系	经济系统	10.82	经济总量	5.39	地区生产总值	1.80
					人均地区生产总值	3.59
			产业结构	2.98	产业结构升级水平	1.49
					产业结构优化水平	1.49
			投资水平	1.68	全社会固定资产投资	1.12
					投资效率水平	0.56
			收入水平	0.77	农民人均纯收入	0.19
					城镇居民人均可支配收入	0.19
					城乡收入对比	0.39
	社会系统	10.82	社会发展	7.21	公共基础设施建设覆盖面	0.87
					教育水平	0.87
					城镇化水平	1.58
					劳动力就业水平	3.89
			利益相关者满意度	3.61	政府满意度	0.18
					企业满意度	0.51
					弱势群体满意度	1.59
					金融监管当局满意度	0.76
					社会群众监督满意度	0.57
	生态系统	5.23	资源利用	1.74	能源利用率	1.11
					土地资源利用率	0.30
					水资源利用率	0.33
			环境影响	3.49	废水排放量（万吨）	0.71
					废气排放量（亿标立方米）	0.52
					废渣排放量（万吨）	0.20
					空气质量指数	2.06

续表

一级指标	最终权重（%）	二级指标	最终权重（%）	三级指标	最终权重（%）
中国政策性金融机构绩效评价指标体系					
经营绩效	26.46	安全性	16.54	不良贷款率	2.70
				贷款利息收回率	4.91
				资本充足率	8.92
		盈利性	3.61	资产利润率	0.93
				人均净利润	0.38
				资本净利率	2.30
		管理能力	6.31	信贷效率	0.77
				信贷风险控制水平	1.45
				产品和服务创新能力	4.09
公共绩效	46.67	社会福利水平	15.55	脱贫效果反馈情况	10.08
				社会医疗、养老等保障系统覆盖度	3.57
				教育文化事业参与度	1.90
		公共项目支持	31.11	中小微企业贷款发放额	1.71
				棚户区改造贷款发放额	3.11
				支持三农贷款发放额	6.19
				扶贫贷款累计发放额	3.50
				助学贷款发放额	1.20
				基础设施建设贷款发放额	7.85
				绿色贷款发放额	2.06
				"一带一路"建设贷款发放额	5.50

（二）政策性金融机构绩效评价指标体系权重结果分析

1. 一级指标权重结果分析

根据建立的政策性金融机构绩效评价指标体系可知，5 个一级指标的权重排名如下：公共绩效指标的权重为 46.67%；经营绩效指标的权重为 26.46%；经济系统指标的权重为 10.82%；社会系统指标的权重为 10.82%；生态系统指标的权重为 5.23%。从其权重排名来看，公共绩效排名第一位的，比排名第二位的经营绩效考核高出 20.21%。这表明了专家的综合意见结果，对于政策性金融机构来说，要重点考核它的公共绩效，其次再考虑它的经营绩效，最后再考虑它对经济、社会和生态系统的影响。政策性金融机构建立的最初目的也是为贯彻国家政策向弱势群体提供金融服务的，故不能偏离它的公共政策目标的实现。而当下金融改革面临深水区，政策性金融改革也毫不例外，有人认为政策性金融应该进行商业化改革，也有人认为政策性金融应该市场化运作，众说纷纭。诚然，政策性金融机构如果得不到恰当的改革，就会出现对政策目标的偏离，严重干扰政策性金融功能的发挥。对此国家高层也给予了足够的重视，并再次强调政策性金融机构职能的定位，让其回归职能本位，以此来保证政策性金融机构目标的有效实现。

2. 二级指标权重结果分析

从其权重排名来看，居于前三位的考核指标分别是公共项目支持、安全性和社会福利水平。由此可以看出，专家们再次肯定了政策性金融机构的公共绩效指标考核的重要性，即公共项目服务支持和社会整体福利提升两个方面。同时，对其经营绩效指标下的安全性考虑也放在了很重要的位置，这也是官方首度明确提出将对三大政策性银行采取"资本约束机制"的原因所在。丝路基金董事总经理王建业（2015）认为，建立资本充足率约束机制既可以提高其抗风险能力，又有助于降低政策性银行的资金成本。紧随其后的是社会发展、管理能力和经济总量这三个二级指标。政策性金融机构对社会发展和对经济增长的贡献是有目共睹的，包括促进社会就业稳定、提供社会相关保障服务和促进地区国民生产总值的增加等。管理能力指标也突出强调了政策性金融机构相关管理的重要性，包括人员的考核机制、分支机构的办事效率等。盈利性指标的权重占比居于二级指标的中间位置，这也符合政策性金融机构坚持保本微利的经营原则。利益相关者满意度和环境影响两个指标权重占比相差不大，对于政策性金融机构利益相关者的满意度考核也是非常重要的，能够直接对政策性金融的执行效果给予主观上的反馈；随着近年来环境污染的加剧，政策性金融机构为相关政府部门提供了大量、长期的优惠贷款，以进行环境治理，造福各方人民。产业结构调整是新常态下经济转型必须跨越的鸿沟，政策性金融作为落后、偏远地区的主要资金支持者，为这些地区的产业合理调配做出了应有的贡献。排名最靠后的三个指标分别是资源利用、投资水平和收入水平，其中，鉴于三大能源使用的有限性，政策性金融机构对三大资源利用效率的支持每年也都有所增加。但该机构因受国家政策导向的影响，其整体投资水平不高，故权重相对较低。而对于整体收入的影响，政策性金融显得更为薄弱，它主要是为弱势群体提供服务，故其权重较小也更为合理。

3. 三级指标权重结果分析

考虑到三级指标较多，笔者不能对每一个指标权重结果进行具体解释，只能将其划为合理区间，根据区间段来解释。权重区间在 10%～11% 的是脱贫效果反馈情况指标，也是三级指标权重唯一超过 10% 的指标，充分体现了政策性金融机构扶植弱势群体实现金融资源有效配置的合理性目标，故权重最大。权重区间在 8%～10% 的是资本充足率指标，说明政策性金融机构在提供长期、优惠的有偿贷款的同时，必须要考虑其资金的安全性，因为这是维持该机构长期经营发展的前提条件，故权重较大。权重区间在 7%～8% 的是基础设施建设贷款发放额指标，体现了政策性金融机构对国家基础设施、基础产业和支柱产业的重要支持，国开行在这方面表现最为突出，故权重较大。权重区间在 6%～7% 的是支持三农贷款发放额指标，体现了政策性金融机构对农业发展的大力支持，农发行在这方面表现最为突出，故权重较大。权重区间在 5%～6% 的是"一带一路"建设贷款发放额指标，体现了政策性金融机构对国家"一带一路"政策的支持，进出口行和中国信保在这方面表现最为突出，故权重较大。权重区间在 4%～5% 的是贷款利息收回率、产品和服务创新能力两个指标，体现政策性金融机构坚持保本微利的原则和产品开发同客户需求的同步性，故权重较大。权重区间在3%~4%的是劳动力就业水平、人均地区生产总值、社会医疗、养老等保障系统覆盖度、扶贫贷款累计发放额、棚户区改造贷款发放额5个指标，政策性金融机构业务的覆盖对地区的就业、人均经济总量、社会养老福利都有很好的影响，精准扶贫和棚户区改造也是近几年政策性金融机构的主要服务对象，故权重也相对较大。权重区间在2%~3%的是不良贷款率、资本净利率、绿色贷款发放额、空气质量指数4个指标，近些年，政策性金融机构的不良贷款控制和投入资本盈利性也在逐年提升，绿色金融业务不断开展，并对减少雾霾改善空气质量的项目给予有力的支持，故权重相对较小。权重区间在1%~2%的是教育文化事业参与度、地区生产总值、中小微企业贷款发放额、弱势群体满意度、城镇化水平、产业结构优化水平、产业结构升级水平、信贷风险控制水平、助学贷款发放额、全社会固定资产投资、能源利用率11个指标，政策性金融机构业务的覆盖对地区的教育、文化、经济、产业、投资、能源利用等都会产生一些相应的正向影响，包括缓解中小微企业融资、帮助贫困学子圆梦等，故权重相对较小。权重区间在0%~1%的是资产利润率、教育水平、公共基础设施建设覆盖面、信贷效率、金融监管当局满意度、废水排放量、社会群众监督满意度、投资效率水平、废气排放量、企业满意度、城乡收入对比、人均净利润、水资源利用率、土地资源利用率、废渣排放量、农村人均纯收入、城镇居民人均可支配收入、政府满意度18个指标，政策性金融机构所开展的政策性金融业务也会对节能减排、利益相关者的满意程度、资源的使用效率、城乡收入情况产生不同程度的正向影响，包括国家倡导的节能减排项目、惠民工程项目、促进农民增收就业项目、提高不可再生资源的利用效率项目、提高整体的社会满意度项目等都离不开政策性金融的参与，但是效果可能不如对其他指标的影响明显，故权重相对更小。

三、专家咨询的可靠性分析

(一) 专家调查问卷的信度和效度检验

信度是指衡量检测结果可靠程度的指标，一般可将信度分为三类：重测信度、复本信度和内在一致信度。评价内在一致信度的首选信度系数是 Cranbach's α 系数，它考察测验内部项目之间的一致性，如果该信度系数在 0.8 以上，表明问卷是可以接受的。本书对专家咨询进行测量，得出以上三轮专家咨询的总体 Cranbach's α 系数分别为 0.8032、0.8685 和 0.8876，信度系数均在 0.8 以上，可见这三轮专家咨询都是可信的，具有较好的内部一致性。效度是测量测验的有用性指标，本书采用因子分析法对三轮专家咨询的结果进行效度测量，结果表明三轮测量的因子载荷值均属于中高程度，且只有一个公因子，可见调查问卷结构效度较好。

(二) 专家积极系数检验

专家积极系数可表明专家对调查问卷的认可程度和关注程度，本书采用问卷回收率来衡量。以上研究共进行 3 轮专家咨询。第一轮专家咨询问卷发放 18 份，回收 16 份，回收率 87.5%；第二轮专家咨询问卷发放 14 份，回收 14 份，回收率达到 100%；第三轮专家咨询问卷发放 14 份，回收 14 份，回收率达到 100%。结果表明专家对调查问卷具有较高的关注程度和参与度，保证了调查数据的可靠性。

(三) 专家权威程度检验

专家权威程度 C_r 一般通过计算专家判断依据 C_a 和熟悉程度 C_s 的平均值来得到。专家判断依据按常规分为 4 项，分别是理论分析、实践经验、参考国内外资料、直观选择，其影响程度的量化见表 6-35。专家熟悉程度分为 5 个等级并分别进行量化赋值，将非常熟悉量化赋值为 0、熟悉量化赋值为 0.2、一般量化赋值为 0.4、不熟悉量化赋值为 0.8、非常不熟悉量化赋值为 1，并按公式 $C_r = \dfrac{(C_a + C_s)}{2}$ 进行计算，得到各专家权威系数分别是 0.8633、0.8712、0.8957，均大于 0.7，表明专家都对问卷调查内容很熟悉，具备权威性。

表 6 – 35 专家判断影响程度分值表

专家判断依据	分值大	分值中	分值小
理论分析	0.3	0.2	0.1
实践经验	05	0.4	0.3
参考国内外资料	0.1	0.1	0.05
直观选择	0.1	0.1	0.05

（四）专家意见协调程度检验

专家协调系数 W 是用来衡量专家意见协调程度的，它是用来检验专家意见存在分歧和一致程度的，该系数越大，专家意见越统一，其协调程度也越高。其计算公式如下：

$$W = \frac{12 \sum d_j^2}{m^2(n^3 - n) - m \sum T_i}$$

其中，m 表示专家人数，n 表示指标个数，d_j 为离均差，表示指标 j 的得分与各项指标得分均数的差值，$T_i = \sum (A_i^3 - A_i)$，A_i 是每位专家给出的打分结果相同的指标个数。本书采用 SPSS 计算协调系数（见表 3 – 36）。

表 6 – 36 专家协调系数

专家咨询轮数	W 值	χ^2 值	P 值
第一轮专家咨询	0.153	433.264	0.000 ***
第二轮专家咨询	0.479	764.183	0.000 ***
第三轮专家咨询	0.493	758.231	0.000 ***

注：* 、 ** 、 *** 分别表示在 10%、5%、1% 的水平上显著。

由表 6 – 36 可知，绩效评价指标预选两轮专家系数由第一轮的
0.153 变为第二轮的 0.479，说明协调程度有大幅度的增加，绩效评价
指标确定权重的专家系数为 0.493。在表 5 – 26 中，专家协调系数的显
著性由 P 值表示，若 P < 0.05，则可认为协调系数显著，表明评价结果
具有一致性；否则，结果是不可取的。三轮的 P 值均为 0.000，均在
1% 水平上显著，说明显著性较好。根据相关文献的研究表明，经过
2 ~ 3 轮的专家咨询之后，我们发现第二轮专家协调系数为 0.479，第三
轮专家协调系数为 0.493，均在 0.4 ~ 0.5 区间浮动，表明专家的意见趋
于一致性，故专家意见协调程度较好。

第五节　有关政策性金融机构绩效评价
指标体系的进一步说明

一、关于指标体系构建说明

目前的金融机构绩效评价基本分为定性和定量研究两大主体部分。
定性部分偏重于评价思想、理论上的分析和判断，而定量部分偏重于指
标数据的测量和计算。本书结合了两者的优势，并针对我国政策性金融
机构发展现状和其绩效评价体系存在的不足之处，分别从三个系统（经
济、社会和生态）和两个维度（经营绩效和公共绩效）来构建我国政
策性金融机构绩效评价体系。该绩效评价体系既涵盖了一部分比较容易
捕捉的定量信息，又涵盖了一部分难以捕捉的定性信息。而定性信息是
体现政策性金融机构所发挥特殊功能最重要的部分。纵观现有国内政策
性金融机构绩效评价相关文献，我们不难发现，专家和学者们针对构建
该绩效评价体系的想法和建议不断积累，并且逐年深入，但始终没有形
成一个完整的"质变"绩效评价框架。故此，本书的研究也是在这样
背景下展开的，并力求为新常态下政策性金融改革的实施建言献策。

本书的绩效评价指标体系是从三个系统（经济、社会和生态）和两个维度（经营绩效和公共绩效）展开的，采用定量与定性相结合的分析方法，其主体构建思想同前期专家和学者们的研究贡献保持了高度的吻合，并在本项目取得部分前期成果的依托下完成的。鉴于各指标的考核在评价体系中的重要程度是有所差异的，故需对其进行相应的权重赋值，以使其更为合理和科学。这样既扩大了其应用范围性，又提高了其应用价值性。

二、关于指标体系评价标准的说明

（一）评价标准的细分

衡量客观事物的标尺或准绳被称为标准。我们将具有公共性质的政策性金融机构的绩效评价标准分为定性和定量两大标准部分，定性是定量的基本前提，没有定性的定量是一种盲目的、无意义的定量，而定量会促使定性得出的结论更加科学和准确。我们进一步根据标准取值范围的不同将其细分，具体说明如下：

1. 计划标准

计划标准就是将政策性金融机构投资项目的指标计划数据作为其绩效评价的标准，通过与其实际数值的参照比较，来反映计划目标的实现情况，对项目完成情况、经营业绩以及存在的问题等进行反馈，找出问题产生的原因。计划数值科学、合理，是实施计划标准的关键，这样才能够真实有效地反映出政策性金融机构投资项目的绩效水平，并从中找出解决问题和调整机制的方法，提高政策性金融机构营运能力和公司治理水平。

2. 行业标准

行业标准就是以某个行业数据作为参照。具备一个完备的行业资料数据库，是实施行业标准的前提。但是我国目前并没有相关的行业数据库，这就限制了以某个行业数据作为参照而进行测评的可能性。因此，应建立健全该行业资料的相关数据库，为绩效的测评提供可参考的行业标准。

3. 历史标准

历史标准是以历史数据作为评判的尺度。通过政策性金融机构投资项目的实际数据与历史数据的比较，观察该项目的完成情况。历史标准是项目过去的历史数据，可以是上年数据、上个季度数据等，也可以是同比数据、环比数据，还可以是历史上最差或最好的数据。在使用历史标准评判测评结果时，为了得到一个客观公正的评价，要将那些不可量化、不能比较的因素考虑在内，避免出现主观误判的情况。

4. 经验标准

经验标准是指具有丰富金融经验的专家和学者根据实际经验和社会经济发展规律，得出的一系列能通过实际检验的标准或规范，该标准或规范可以用来指导和评价项目的绩效水平，通常使用在缺乏行业标准的情况下。

（二）评价标准的测定

评价标准作为评价工作的基本准绳，是对评价对象进行客观判断的价值尺度和界限。根据其实现的载体不同，可以将评价标准分为定量标准和定性标准。

1. 定量标准

如果载体所依据的指标是可以通过数据计算分析得到的，则可运用统计学的方法对相关数据资料进行整理、赋值以及计算，从而得到相应的指标值。本书将指标值设置为以下五个等级："完全合理""合理""一般""不合理""完全不合理"或"优""良""中""差""很差"。

2. 定性标准

如果载体所依据的指标不能通过数据计算分析得到，则需要对评价对象进行客观描述和分析，从而对政策性金融机构综合绩效情况进行评判，一般采用评语的方式来评价其结果。在绩效评价中，存在着一些重要的但难以量化的指标，我们就需要对其进行定性判断，并尽量减少笼统和模糊的描述，以提高其精准度。定性标准的基本思路是"往下细分"，将定性指标细化为若干个可定量的具体方面，再根据这些具体方面制定有关标准。同时，定性标准和定量标准应有一致的考核维度，以便进行综合评分加总。

（三）评价标准的选用

政策性金融机构绩效评价体系是由若干个考核指标组成的，这些考核指标因其性质特点不同而具有不同的适用标准，因此，在进行评价标准选择时，应全面考虑各指标的本质、属性、内容、特点等因素，科学合理地选择行之有效的评价标准。例如我们可以采用平均标准来衡量投入类指标，可以采用计划标准来衡量产出类指标。可见，绩效评价体系是一个系统性、多维度、多层次的有机整体，评价标准也应是系统性、多维度、多层次的。

三、研究结论

政策性金融机构改革是国家十三五规划深入金融体制改革的重点研究对象，其在新常态下服务实体经济的公共职能作用也表现得越来越为突出。基于此背景，本章从政策性金融机构的政策目标实现度出发，对其绩效评价指标体系进行了深入的思考与探讨，并得到如下研究结果：

第一，政策性金融机构绩效评价指标体系构建。本书依托于政策性金融、政策性金融机构以及政策性金融机构绩效评价前期有效研究成果，以三个系统（经济、社会和生态）和两个维度（经营绩效、公共绩效）确立绩效评价指标体系的基准框架，并以此来展开对评价指标体系的构建。进一步通过基本理论、已有研究和国际经验对具体评价指标进行初步的预选，并通过两轮专家问卷调查对该预选指标进行严格筛选，再依据专家的建议和变异系数检验对预选指标进行删除、修改和添加，最终确定了包括 5 个一级指标、13 个二级指标和 45 个三级指标在内的政策性金融机构绩效评价指标体系。

第二，政策性金融机构绩效评价指标权重的确立。本书从政策性金融机构的本质公共属性特征出发，来确定综合绩效各个评价指标的权重。一级指标权重：公共绩效为 46.66%；经营绩效为 26.46%；经济系统为 10.82%；社会系统为 10.82%；生态系统为 5.23%。由此可以看出，公共绩效指标权重占比将近总体的一半，注重对其政策实现度的考核，促进公共政策职能的发挥，符合政策性金融机构的本质发展要求。二级指标权重：公共项目支持为 31.1%；安全性为 16.54%；社会福利水平为 15.55%；社会发展为 7.22%；管理能力为 6.31%；经济总量为 5.39%；盈利性为 3.61%；利益相关者满意度为 3.61%；环境影响为 3.49%；产业结构为 2.98%；资源利用为 1.74%；投资水平为 1.68%；收入水平为 0.78%，同样符合政策性金融机构的本质发展要求。三级指标因数目较多，故其权重不在这里一一陈述，也同样符合政策性金融机构的本质发展要求。笔者进一步对权重结果进行具体分析，结论是本书设定的评价指标权重具有准确性和合理性。

第七章

国外政策性金融组织理论与
实践发展

他山之石，可以攻玉。本章在对国外有关政策性金融组织的基本理论思想、政策实践及最新动向进行全方位、多角度比较研究的基础上，归纳提炼和总结分析了国外政策性金融组织改革发展的主要特点，以期从中找到可以为我国政策性金融机构改革发展所借鉴的重要启示和经验教训。

第一节　国外政策性金融组织的基本理论思想

政策性金融范畴及理论体系虽然是具有中国特色的本土原创，但国外既有有关政策性金融的理论思想，也有有关政策性金融组织机构的实践及理论研究。截至目前，距离 20 世纪 80 年代人类第一次将研究的焦点对准"政策性金融"，刚刚过去 30 余个春秋，且由于各国历史、经济、文化、语言和习惯存在差异，不同的国家或民族关于政策性金融的概念研究和功能定位等组织理论的认知都存在一定差异。整体而言，国外对于政策性金融组织理论的研究主要包括概念认知和理论体系两方面。

一、国外对政策性金融机构的概念认知不尽统一

有的学者经过初步考证后提出，国外最早的政策性金融机构可能出现在意大利，即 1462 年在意大利帕鲁奇亚市开业的 Monti di Pietà 银行，这是世界上第一家由政府组建的专门向穷人贷款的低利率的"公立银行"（王伟，1996）。也有学者（贾康等，2010）认为，1852 年诞生在法国的 Crédit Foncier 和 Crédit Mobilier 是现代意义上较为规范的政策性金融机构的先驱。[①]

国外对于政策性金融机构概念的称谓并不完全统一。从国内外政策性金融理论研究文献的检索情况看，严格意义上使用"政策性金融机构"这一概念的国家主要是中国、韩国、日本和老挝等国家。比如，在日本的政策性金融体系中历经数次改革的日本政策金融公库，在公司网站主页的 logo 中赫然写着该公司是"100% 政府出资的政策性金融机构"。[②] 韩国产业银行自 1954 年成立以来，经过半个世纪已经"成为韩国首屈一指的政策性银行"。[③] 在老挝的金融体系中，中央银行是老挝人民民主共和国银行的一级金融机构，而包括老挝政策银行在内的银行机构和非银行金融机构是二级金融机构。[④] 在中文译本的国外文献中，多将政策性金融译为"公共金融""政府金融""开发金融""发展金融""公库""共同基金"等。在英文文献中，多将政策性金融称为 policy-based finance（Tasuku Takagaki，2002）、policy-based directed credit 或 directed credit program。在 2016 年 12 月 13 日由中国开发性金融促进会和中国社会科学院世界经济与政治研究所主办的"开发性金融法治国际研讨会"上，日本政策投资银行（DBJ）国际政策合作部经理

---

① 贾康等：《中国政策性金融向何处去》，中国经济出版社 2010 年版，第 29 页。

② 详见 https://www.jfc.go.jp/.

③ 中国开发性金融促进会、北京大学国家发展研究院联合编写组：《全球开发性金融发展报告（2015）》，中信出版社 2016 年版，第 73 页。

④ 康未来：《老挝农村金融研究》，吉林大学博士学位论文，2012 年，第 35 页。

原田文代（Fumiyo Harada）将政策性金融译为 policy-based finance，将政策性金融机构译为 policy-based financing institution。这可能是截至目前对政策性金融机构一词比较规范、地道的英文翻译。

在对政策性金融机构范畴及功能的界定上，国外也有不同的理解和诠释。如国际货币基金组织（IMF，2004）将政策性银行定义为政府控股或持有经营权的银行，是为了实现公共目的等特定目标而成立的（Fiechter et al.，2004）。美国国会（1916）将农业政策性金融机构即农业信贷机构定义为能够为农民提供优惠利率的农业贷款的公共金融机构（W. Stull Holt，1924）。韩国产业银行（2014）半个多世纪以来一直是将自身定位为政府自己的银行，是全球化市场中唯一一家以市场友好方式服务众多政策性商业企业的、具有竞争力的政策性金融机构。国外对政策性金融机构功能作用的研究主要集中在日本，并从 20 世纪 80 年代中后期逐步盛行。在政策性金融的效果或效应（包括直接的和间接的两种效果或效应）研究中，小椋吉野等（1984）最早提出了政策性金融机构的主要功能是结构调整功能。在日本最早提出政策性金融诱导（功能）效应的，是东京大学的日向野（1986），此后，堀内大滝（1987）、堀内随（1994）、花崎蜂须贺（1994）、福田（1995）等从信息产品的特点、信息不对称角度，对开发银行融资的诱导效应进行了大量的实证研究。日本大多数研究者包括相关的政府部门都认为，社会资本形成应是政策性金融（财政投融资）机构最重要的功能之一。

二、国外关于政策性金融组织理论体系的基本内容

在新政策性金融观的视角下，笔者认为国外对政策性金融组织理论的研究主要集中在政策性金融组织的公共战略、公共治理、市场效率和动态调整等几方面。

（一）国外对政策性金融组织理论的公共战略性认知

国外对政策性金融组织的公共战略理论研究主要集中在战略定位和

战略规划两方面，其中战略定位包括公共战略、客群定位和客户定位等，战略规划包括发展规划和实施举措等。

第一，在战略定位方面，国外表述不一，但大多数国家将战略定位集中于政府金融手段、社会公共产品等领域，而将客群和客户定位为社会全体公民，尤其是农业、中小微企业等强位弱势群体。

首先，在公共战略层面。美国最高法院大法官马歇尔（John Marshall）早在 1819 年就提出支持国会授权建立第二国民银行，一定程度上是因为（该）银行是联邦政府管理自己金融事务的手段。亚克尔（Larry Yackle）提出农业信贷法案是为公共利益而服务的社会公器。美国国会在 1916 年提出农业信贷机构是为了向农民提供优惠利率的农业贷款而创造的公共金融机构。日本学者小浜裕久（Dimitri Vittas）和奥田英信（Akihiko Kawaura）提出政策性金融是为实现产业政策等政策目标而采取的金融手段。IMF 货币和资本市场部门的负责人费希特（Jonathan Fiechter）将政策性银行定义为政府控股或持有经营权的银行，是为了实现公共目的等特定目标而成立。

其次，在客群定位和客户定位层面。美国国会参议员卡明斯（Albert Cummins）在 1916 年提出，新的联邦特许银行（即联邦土地银行）通过持有政府公共基金并帮助政府管理金融事务从而能够更好地为农业服务。斯蒂格利茨（Joseph E. Stiglitz）依据不完全竞争市场理论提出了面向特定部门融资的政策性金融有效论。世界银行提出有针对性的政策性融资有助于提高发展中国家供水和排水行业的服务质量。美国国会在 1916 年的《联邦农业信贷法案》中要求贷款对象只能是农业客户而非其他产业，且单户贷款不能超过 1 万美元（相当于我国国内 5 万元左右的农户小额贷款，笔者注），年利率不能超 6%，期限是 5~40 年。

第二，在战略规划层面。Farm Credit 为增强农业信贷体系的服务能力，在 1980 年特别启动了针对年轻、起步以及小农场生产者项目（YBS）。老挝学者康未来在 2012 年分析了政府组建的专门为 47 个最贫困乡村提供小额信贷服务的老挝政策性银行。韩国产业银行半个多世纪以来一直是将自身定位于政府自己的银行，是全球化市场中唯一一家以市场友好方式服务众多政策性商业企业的、具有竞争力的政策性金融机构。日本政策性金融公库（2015）提出了 2015～2017 年的业务发展规划，明确在中小企业、农业和国民生活等方面重点支持的客户类别和相应数量。

（二）国外对政策性金融组织理论的公共治理探索

国外对政策性金融组织的公共治理理论可以分为公司治理和国家治理两方面。其中，公司治理包括股权、治理权和信息披露等；国家治理包括立法监督、资本补充和国家信用等。

首先，在公司治理层面。在股权结构方面，联邦土地银行成立之初的 900 万美元的启动资金全部由财政部拨付，之后的 1947 年联邦土地银行将政府股本归还给政府，全部股份由借款人持有，并于 1971 年和 2005 年两次提升和完善了借用者所有制（borrower-ownership & borrower-owned status）。在治理架构方面，2014 年韩国政府为进一步发挥韩国产业银行的政策性银行的功能作用，调整了韩国产业银行的股权结构，由原先政府—金融公司—金融集团—韩国产业银行的多层级、间接持股架构，优化为政府—韩国产业银行的单一的、直接的持股架构。在信息披露方面，保罗（Paul）在 1998 年提出，由于政策性银行的亏损最后由政府承担，那么政策性银行运作中发生道德风险的概率就会加大，外部监管部门又不能及时有效地发现问题，因此需要完善的治理结构。布鲁克斯（Ray Brooks）在 2006 年提出，需要对政策性银行的监管有明确的规定，这应该是一个独立的监管机构，有权获得政策性银行的信息，可以对银行进行调查。

其次，在国家治理层面。在立法方面，第一任联邦农业信贷委员会主席、被誉为美国农业信贷法案之父的麦卡杜（William G. McAdoo）深信对农业信贷立法是必要的且适当的，因为贷款银行如此之贪婪，对于农业按揭贷款的利率如此之高，以至于成百上千的农业社区的人民生活在永恒的恐惧和贫困之中。巴克利（Robert J. Buckley）提出政府通过联邦立法（即《联邦农业信贷法案》）使得农民免于贪婪的私人银行的盘剥，并确保了对事农者适当的金融支持。在资本补充方面，有些学者（Take Hoshl and Anil K. Kashyap）在 2015 年提出，金融危机后，一方面日本、美国和欧洲的政府对包括政策性银行在内的银行救助迟缓，另一方面在强制银行补充附属资本方面，美国的监管力度相对较大，而欧洲（德国除外）与日本的监管决心都不太大。

（三）国外对政策性金融组织理论的市场效率分析

在政策性金融与创新效率方面，马西亚斯（Matthias）在 2003 年采用非参数匹配方法来研究政策性金融促进自主创新的总体效应。巴斯（Barth）在 2004 年提出政府特殊银行对金融制度和经济发展也有负面影响。亚克尔（Larry Yackle）在 2013 年提出美国在进步时代的新金融制度安排（即政策性金融制度）促进了农业方面的各类创新。韩国学者金明植 2013 年通过比较认为，针对政策性开发银行的无用论、财政包袱论等至少不适于德、日、韩、三国。在业务流程方面，金延恩在 2008 年提出日本将 8 个政策性金融机构重组为 1 个政策金融公库，[①] 是为了达到政策性金融机构的经营合理化等。

（四）国外对政策性金融组织理论动态调整性的认识

国外政策性金融组织的动态调整实际上体现在公共战略的客户定位、公共治理等股权结构调整和市场效率的业务流程变化等若干方面。在政策性金融机构功能定位与改革方面，施罗德（Mark Schroeder）在 2011 年研究了被誉为办得成功的"健康的政策性银行"德国复兴信贷银行（KfW）在不同时期和阶段有效配合联邦政府的政策性功能。尤其是 KfW 配合联邦政府的政策，为中小企业和民主德国的发展提供了大量资金。汉森（Hanson）在 2003 年研究发现政策性金融机构根据国别和经济情况的不同而出现不同的变化。在发展模式的动态调整方面，金

---

① 日本政策性金融公库官方的信息显示是四个政策性金融机构合并而成，详见日本政策金融公库的官方主页（网址为 http：//www. jfc. go. jp/）。

永实在 2004 年将政策性金融机构的发展类型归为以下六种，即综合金融集团化型、功能强化型、母公司派生子公司型（Spin-off 型）、民营化型、功能转换型、清算或关闭型。在治理结构方面，戴维（David）在 2006 年提出了一个完善的治理结构是政策性银行良性运作的保障，政策性银行治理结构不是一成不变的，应该根据不同发展阶段逐步完善。

第二节　国外政策性金融组织改革发展的实践及最新动向

关于国外政策性金融组织发展的实践分析，理论界一般从国别视角或某种分类视角（如农业、中小企业和进出口等）进行单一的研究。鉴于政策性金融机构的多元性和复杂性，同时也考虑到国外政策性金融机构数量众多、差异较大等现实，为了更加科学、全面和准确地研究国外政策性金融组织发展的实践情况及其最新动向，在本节中，笔者将从国别的跨机构分析及专题性专业性比较和综合的多维度分析两个视角分别论述。前者包括对具有典型性、代表性的美国、英国和其他国家政策性金融组织体系的跨机构分析，以及对日、韩政策性金融机构商业化改革及其止步回归的专题性比较，对日本出口信用保险与 NEXI 最新发展的专业性比较；后者主要是从公共战略、公共治理、市场效率和动态调整等维度，比较分析国外政策性金融组织改革发展的实践及最新动向。最后，从一般的角度，归纳和总结分析了国外政策性金融组织改革发展的主要特点。

一、国别视角下国外政策性金融组织的发展实践及动向

（一）美国政策性金融机构的发展实践

以威尔逊总统 1916 年 4 月 17 日签署的构建联邦土地银行体系为起

点，美国农业信贷体系将走过了一百余年的历史，是美国现存的政策性金融体系中历史最为悠久的农业政策性金融机构，也是美国最早的政策性金融机构。美国的政府农业信贷机构是永久性的机构。美国经过半个世纪的发展与完善，到 20 世纪中叶形成了涵盖农业、住房、教育、中小企业和进出口等重要部门或领域的政策性金融体系。

美国的农业信贷体系在建立之初由政府全额出资，1947 年联邦土地银行将政府股本归还给政府，全部股份由借款人持有。1953 年的《农业信贷法案》要求，农业信贷体系归属农业信贷委员会监督管理，并使得农业信贷体系成为一个独立性机构。为增强农业信贷体系的放贷能力，1971 年的综合新法案完全更新了新型的借用者所有制（borrower-ownership）。1980 年农业信贷体系进一步增强了服务能力，特别启动了针对年轻、起步以及小农场生产者项目（YBS）。① 2005 年农业信贷系统偿还了联邦政府在危机期间提供的最后资金，全面回归至借用者所有制②。截至 2014 年，美国农业信贷系统提供了 2170 亿美元的贷款给本地农业，超过全美农业信贷需求总量的 1/3，服务的客户群体（借用所有者）近 50 万个。

美国政策性住房金融体系包括联邦住房信贷银行体系、联邦国民抵押协会（房利美）、联邦住房信贷抵押公司（房地美）和金融公司（FICO，成立于 1987 年）。其中，联邦住房信贷银行体系由 11 家住房信贷银行组成，这些住房信贷银行的股权由来自全美的 7300 家作为会员（金融机构）的股东所有，包括储蓄与信贷协会、商业银行、信用联盟和保险公司等，这种自筹资本模式（self-capitalizing）的住房金融制度一来增加了放贷规模，二来作为会员可以获得成本较低的融资以及

---

① YBS 的全称是 Young, Beginning, and Small Farm Program，具体是指 35 岁及以下的农业从业者、经营农业经验不足 10 年的起步农场（主）和年产值不足 25 万美元的小农场，三者满足任何一个均可。资料来源于美国农业信贷体系的客户介绍，网址为 http://www.farmcreditnetwork.com/about/overview/customers。

② 本段文字中的历史沿革详见美国农业信贷体系的百年历史，网址为 http://www.farmcreditnetwork.com/about/history。

获得相应股权的分红①。房利美在 1938 年成立之初是由政府出资 1000
万美元的联邦政府托管企业，1954 年通过修改特许经营法案，使得房
利美可以向私营机构发行普通股，1970 年为防止房利美对住房抵押贷
款市场的垄断，特地成立了房地美以形成住房抵押贷款的二级市场，
2008 年次贷危机爆发，美国政府对房利美和房地美注资救市失败之后，
接管了这两家机构。

美国进出口银行的前身是华盛顿进出口银行，该银行根据罗斯福总
统的行政命令始建于 1934 年 2 月 2 日，其目的是为了支持对苏联的出
口，同年 3 月 9 日，为便于向从古巴进口用于铸币的银提供金融支持，
建立了华盛顿第二进出口银行。1945 年颁布《进出口银行法》，将华盛
顿第二进出口银行的业务并入华盛顿进出口银行，要求华盛顿进出口银
行应成为一个独立的机构（包括管理人员的独立性与机构的独立性两方
面），以促进本国产品出口、增加就业和提高人民的实际收入水平为宗
旨。1954 年的进出口银行修正法案要求该行设立全日制的董事会，成
员不得由政府官员兼任，同时设立由生产、商业、金融、农业、劳工等
行业的民间代表组成的 9 人顾问委员会，从而使自身从作为执行政府行
政机构的政策工具中解放出来。②美国总统奥巴马 2010
年提出五年出口倍增计划以来，美国进出口银行受到奥巴马政府的格外
重视，并被其列为"出口内阁"机构的核心成员，主要负责向中小企
业提供出口融资。美国进出口银行的特许经营权本该在 2015 年 6 月 30
日到期，但在 2015 年的年初就得到了众议院的再次授权。

在美国的中小企业信贷体系中，发挥着重要的政策性金融作用的是
成立于 1953 年的美国联邦小企业署（SBA）。联邦小企业署对中小企业
信贷的支持并不主要是发放贷款，而是主要为那些不能从商业银行获得

---

① 　资料来源：https：//en. wikipedia. org/wiki/Federal_Home_Loan_Banks.
② 　闫卫军：《美国进出口银行立法的历史发展及其对完善我国进出口银行制度的启示》，
载《理论与现代化》2012 年第 5 期。

贷款的中小企业提供担保，从而由商业银行发放贷款，1990～2010 年的 20 年间，联邦小企业署共发放或担保发放了 2420 亿美元的贷款。首先，它在具体的业务办理过程中，对担保比例、责任、费率以及业务流程坚持商业化原则。比如在担保方面，贷款金额在 15 万美元及以下（相当于我国国内的小企业贷款 100 万人民币左右）的担保比例不超过 85%，15 万美元以上的担保比例不超过 75%，担保的最高额度为 200 万美元，担保比例最低为 50%。2008 年以来，由次贷危机演化而来的国际金融危机给美国经济带来沉重打击，美国小企业的处境更是雪上加霜。为了解决小企业融资难问题、加速美国经济复苏，2010 年 9 月美国国会通过了《2010 年小企业就业法案》（下称"小企业就业法案"）。该法案强化了美国联邦小企业署的传统贷款项目，并推出两个新的融资项目：各州小企业信贷计划（SSBCI）和小企业贷款基金（SBLF）。法案实施以来，各种融资项目有力扶持了美国小企业发展，取得了良好的社会、经济效果，也对解决我国中小企业融资难、助力中小企业发展具有很好的借鉴作用。此外，小企业署还不允许贷款机构对除去小企业署担保的部分外向借款人要求额外的抵押物或其他担保，担保比例可能随经济形势的变化而逆向调整。其次，对合作的商业性放款机构进行分层授权管理。比如按照合作贷款机构的实力进行分类授权，第一级别的优先贷款机构可以代表中小企业署决定是否放贷，第二级别的认证贷款机构有部分授权，但须三天内答复，第三级别的是普通贷款机构需经过严格的审批流程。

另外，美国还于 1973 年在教育领域成立了政策性金融机构——学生信贷市场协会（Sallie Mae），也称"萨利美"，它于 1995 年通过立法归还了政府赞助，成为一个完全私人的营利性机构。在过去的 40 多年中，该协会累计服务了超过 3000 万个客户，亦成为美国教育领域排名第一的金融服务公司。①

---

① 详见 https://www.salliemae.com/about/who-we-are/.

（二）英国政策性金融组织结构及最新动向

英国是一个市场经济高度发达的资本主义国家，也存在着非常清晰的政策性金融组织体系。英国政府基于对政策性金融发展重要性的认识，以及在立法、监管与资金等方面给予的不少合理而有效的支持和保障，使得此类机构在帮助国家实现宏观调控目标的基础上又不会成为政府财政的负担。英国政策性金融机构虽然规模不大，但涵盖了农业、进出口、中小企业、住房保障、绿色环保等关乎国计民生的特定领域，并发挥了不可或缺的关键作用。如 1919 年成立的英国出口信贷担保局，至今仍然在进出口方面给予企业重要的政策性资金支持。英国目前主要的政策性金融机构有农业支付署、出口信贷担保局、中小企业管理局以及国家住房互助协会等。除了这些历史悠久和传统的政策性金融机构外，英国政府又于 2012 年新成立了第一家政策性银行即绿色投资银行（Green Investment Bank，GIB）。近年来，政策性金融机构适时调整了资金投向，并加强反腐、信息披露及碳金融支持等工作。政策性金融机构对特定金融领域（尤其是中小企业信贷领域）的支持也在一定程度上缓解了市场失灵所带来的危害，为英国经济健康平稳发展打下了良好的基础。

1. 英国政策性金融机构体系机制的特点

（1）政府重视，机构历史悠久。英国政府历来重视政策性金融制度安排，不仅较早地建立了世界上第一家进出口政策性金融机构，作为政策性住房金融机构的国家住房互助协会也成立和运作了一二百年。与此同时，英国政府还紧密配合国家发展战略和经济社会发展的迫切需要，适时组建了涉及农业、中小企业、绿色环保等领域新的政策性金融机构，政策性金融体系日趋健全和完善，在尊重市场机制作用的前提下，政策性金融机构对金融市场的补充完善性功能作用得到有效发挥。

（2）明晰的法律保障。无论对于政策性金融机构还是商业性金融机构来说，完善的法律制度都是其生存的基石，也是英国等国家金融机构成功运营的原因之一。如英国对于进出口信贷担保局设立了专门的

《进出口担保和海外投资法案》。而对于某些政策性金融机构则统一适用一般法律，如《政府资源与账户法案》同时适用于农业支付署与中小企业服务局，其中都规定了政府部门对资金的使用权利。这在一定程度上保证了此类政策性金融机构经营管理自主权，在一定程度上能够防止政策性金融成为政治斗争工具，也能够防止政府过度地干涉其经营管理以及寻租现象的出现。

（3）有效的监管体系。英国高度发达的政策性金融体系不仅有完善的法律做保障，还有有效的对政策性金融机构的监管，这是因为促进经济的发展不仅需要资金的流动和配置，更重要的是资金使用效率的高低。如图7-1所示，仅英国住房互助协会的住房抵押贷款业务就受"三方"监管——金融服务管理局、英格兰银行以及财政部。其中，英格兰银行主要负责管理货币市场，其作为最后贷款人的目的是确保贷款机构有充足的货币需求量。财政部制定抵押贷款服务业及其监管的相关政策制度，并对住房整体的情况进行相应的调控。金融服务管理局则对贷款的机构进行监管，以保护借款人利益，维持住房抵押贷款市场的秩序。而"三方"之间也相互制约、相互监督，使得监管机制更加有效。

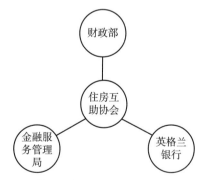

图7-1 英国住房互助协会与"三方"关系图

（4）较高的资本充足率以及风险敏感程度。资本充足率反映了银行抵御风险的能力，也是支持其规模扩张的前提。在资本充足率方面，住房互助协会虽为政策性金融机构，但其资本充足率也依据巴塞尔协议的资本计量和资本标准来计算。表 7 - 1 显示了 2012 年和 2013 年英国住房互助协会核心资本、一级资本、二级资本以及加权风险资产的数额。其中 2013 年度核心资本率为 12. 27% ，较上年度低了 0. 3% ，但仍远远高于巴塞尔协议规定的 4% 。2013 年度资本充足率达到了 20% ，较上年度增加 1% ，超出协议巴塞尔规定的 8% 。总偿付率（total solvency ratio）截止到 2013 年末达到了 19. 1% ，抗金融风险能力不断提高。

表 7 - 1　　　　　　　2012 ~ 2013 年英国住房互助协会资产状况

	2013 年	2012 年
核心资本（百万英镑）	5454	5936
核心资本充足率（%）	12. 27	12. 5
一级资本（百万英镑）	6894	7581
二级资本（百万英镑）	8496	8996
资本充足率（%）	20	19
总加权风险资产（百万英镑）	44440	47474
偿债能力比率（%）	19. 1	18. 9

资料来源：Pillar 3 2013 on your side，nationwide.

英国住房互助协会还利用在险价值（value at risk，VaR）、压力测试以及敏感度分析等手段严格从市场风险、信用风险、零售风险等方面进行风险暴露测算与管理，对风险的敏感程度相当高。表 7 - 2 显示的是基于巴塞尔内部评级法（internal ratings-based approach）的优级零售贷款风险暴露表，虽然暴露值 2013 年度比 2012 年度增加了 72. 64 亿英镑，平均违约损失率（average loss given default，LGD）却由 21. 0% 下降到了 14% ，完善的计量分析使得住房协会能够尽可能准确地把握住市场风险，因此违约率以及违约损失也在不断下降。

表 7 - 2   优级零售贷款风险资产暴露表

违约概率范围	在险价值（百万英镑）		平均加权违约损失率（%）	
%	2013 年	2012 年	2013 年	2012 年
0.00 ~ 0.019	30916	28268	7.5	5.9
0.02 ~ 0.029	28462	26577	10.2	10.1
0.03 ~ 0.049	18581	17552	10.4	12.1
0.05 ~ 0.099	19773	18472	12.9	17.0
0.10 ~ 0.49	13117	12870	12.4	17.0
0.50 ~ 0.99	510	475	9.6	11.0
1.00 ~ 2.99	2893	2772	13.5	16.6
3.00 ~ 9.99	562	486	11.9	13.7
10.00 ~ 19.99	444	521	13.9	14.9
20.00 ~ 99.99	419	434	12.3	12.7
100.00	350	336	14.2	21.0
合计	116027	108763		

资料来源：Pillar 3 2013 on your side，nationwide.

而利率波动对金融机构资产以及负债的影响则用 VaR 来衡量，如表 7 - 3 所示。VaR（99%/10 - day）说明了在置信度为 99% 的前提下，住房互助协会在未来 10 天平均损失数额为 80 万英镑。英国住房互助协会根据《巴塞尔协议Ⅰ》对资本进行严格规范管理，按时进行信息披露，提高了公众对住房互助协会的经营信心，也大大加强了机构抵御金融风险的能力。

表 7 - 3   利率风险下 VaR 测试

利率波动风险	2012 ~ 2013 年		
	平均	最高	最低
在险价值 VaR（99%/10 - day）	0.8	1.8	0.1
敏感度分析	0.0	0.1	0.1
压力测试	7.9	22.3	16.2

资料来源：Pillar 3 2013 on your side，nationwide.

2. 英国政策性金融机构的最新实践动向

（1）将环保与政策性金融相结合。其中最突出的是英国政府于

2012 年投资 30 亿英镑成立了绿色投资银行，加大了对环保方面的支持
力度。这是英国第一家政策性银行，也是世界上唯一一个以绿色投资发
展为业务的投资银行。该银行是为了实现 2008 年英国议会法案中承诺
的英国温室气体的排放在 2050 年要下降 80% 的目标设立的，目的是让
英国转变成为低碳经济的国家，并努力实现一系列减少温室气体排放的
目标来缓解英国经济的衰退。除英国政府初始注入的 38 亿英镑外，绿
色投资银行通过吸收私人资金向高于 10 亿英镑的大型或 200 万英镑的
中型企业提供贷款来资助其购买环保设备和发展绿色项目。图 7 - 2 显
示了 2013 ~ 2014 年度全英绿色投资项目（仅包括海上风力项目和生物
能源项目）中绿色投资银行出资所占比例，从 2013 年 9 月份起绿色投
资银行投资比例不断增加，截止到 2014 年 4 月，绿色投资银行投资占
总投资比重为 56%，相比于上一年度增加了 13 个百分点。从投资效果
来看（见表 7 -4），投资的项目总数也由 2012 ~ 2013 年度的 8 个增加到
2013 ~ 2014 年度的 18 个。截止到 2014 年 4 月，总资金流通为 25 亿英镑，
相比上年度增加了 2.82 亿英镑，净收益也上涨到了 1400 多万英镑。绿色
投资银行的投资获得了显著的环保效果，2013 ~ 2014 年度总温室气体排
放数量减少了 260 万吨，相当于 120 万辆小型轿车一年的排放量。

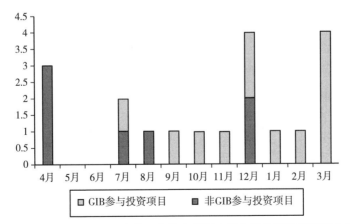

图 7 - 2　2013 ~ 2014 年度全英绿色投资项目中绿色投资银行出资所占比例

数据来源：UK Green Investment Bank plc Annual Report and Accounts.

表 7 - 4 　　　　　　　　　2012 ~ 2014 年度绿色投资银行投资效果

	2013 ~ 2014 年度	2012 ~ 2013 年度
项目数量（个）	18	8
承诺资金（万英镑）	66.8	63.5
私人资本（万英镑）	187.9	163.0
总资金调动（万英镑）	254.7	226.5
投资净收入（万英镑）	1466.1	38.9

资料来源：UK Green Investment Bank plc Annual Report and Accounts 2013 – 2014.

（2）在进出口方面，调整资金分配，加强反腐措施。英国议会 2014 年最新提议，出口信贷担保局应减少对火力发电项目、化石燃料能源开采、采矿设备项目的资金支持，以减少污染环境项目工程，实现节能减排。另外，根据全球公共建设反腐中心（Global Infrastructure Anti-Corruption Centre，GIACC）的提议，英国出口信贷金融机构应当承担对商务领域的腐败风险评估，遵循经济合作与发展组织制定的反贿赂政策（anti-bribery policies），目的是保证资金能够投放到有效市场项目中去。

（3）在农业方面，定期信息披露。为了使农民能够更多地了解到农业支付署以及农业最新市场信息，农业支付署决定定期公开信息，依据《信息保护法案》（Data Protection Act）、《信息自由法案》（Freedom of Information Act）以及《环境信息管理条例》（Environmental Information Regulations），定期对农产品市场价格波动、农业补贴具体项目以及补贴金额进行信息披露，以减少信息不对称所带来的经济损失。

（三）日本、韩国政策性金融机构商业化改革及其止步回归现状与经验教训

在日本和韩国这两个国家的政策性金融组织体系中，日本政策投资银行（Development Bank of Japan，DBJ）和韩国产业银行（Korea Development Bank，KDB）既是开发性政策性银行，也分别是各自国家规模及实力最大、最具代表性的政策性金融机构，在本国政策性金融组织体

系中具有较强的政策性金融示范性和引领性地位与特殊功能作用。因此，这里主要以 DBJ 银行和 KDB 银行为例，剖析其商业化改革的背景、进程及回归政策性金融机构的基本原因。

1. 日本、韩国政策性金融机构商业化改革及回归进程

（1）日本 DBJ 银行商业化改革的背景、进程与回归现状。日本 DBJ 银行前身是于 1951 年成立的日本开发银行，最初成立的目的是为战后经济重建，促进煤炭、钢铁、海洋运输和其他重点工业合理化现代化发展，如川崎钢铁有限公司、丰田汽车有限公司以及九州电力公司均为日本开发银行于 20 世纪 50 年代初期资助成立。日本开发银行在战后重建中为许多企业的资金来源提供了强大的保障，并把资金集中引导至各个时期的关键工业部门，充分发挥了政策性金融在服务国家发展战略和支持强位弱势行业中的作用。随着战后日本经济不断发展，日本的金融体系包括政策性金融体系出现了一系列问题：政策性金融机构体系过于庞大、与商业银行的业务交叉和不公平竞争引致业界的普遍不满、资金供求关系逆转以及政策性金融机构运转效率低下等。在 20 世纪末、21 世纪初改革的呼声中，日本政府决定对相关的政策性金融机构进行合并，其中，1999 年 6 月 6 日，日本国会通过《日本政策投资银行法》；9 月 30 日，经国会批准，日本政府宣布将有近 50 年历史的日本开发银行与北海道东北开发金融公库合并，成立日本政策投资银行（DBJ），并拟于 2015 年彻底实现 DBJ 银行的私有化，由此启动了日本政策投资银行的商业化改革。其改革进程如表 7 - 5 所示。

表 7 - 5　　　　　　　　日本 DBJ 银行私有化改革进程

时间	2007 年以前	2007～2015 年	2015 年以后
股票持有人	政府 100% 控股	政府 100% 控股	根据市场经济状况以及《日本投资银行法（修订案）》决定政府控股比例
法律依据	旧《日本政策投资银行法》	新《日本政策投资银行法》	
资金来源	政府担保债券，财政贷款，独立筹资	独立筹资，政府担保债券，财政投资贷款机构债券	

资料来源：2014 Current Overview Of Development Bank of Japan.

但 1999 年的改革并未解决政策性金融不断对民间金融经营领域的挤占。日本各政策性金融机构依靠二战后建立起的庞大的财政投融资体系①，利用其相对较低的资金成本给商业银行以及其他民间金融机构造成了巨大的竞争压力。国际清算银行 2001 年年报（2002，第 133 页）指出，日本银行业盈利水平低下的一个重要因素是来自政策性金融机构的激烈竞争。因此，为削弱政策性金融机构对商业性金融机构的负面影响，日本政府于 1999 年 12 月制定并公布了"财政投融资制度的根本性改革方案"，2005 年日本对由财政投融资体系提供资金来源的邮政公社实行了民营化改革和股份制改造。由于邮政民营化的改革使政策性金融机构的资金来源失去了保障，日本政策性金融改革也势在必行。小泉首相在 2005 年 9 月自民党众议院选举获胜后的演讲中提出，作为政府资金"入口"的邮政民营化改革与作为资金"出口"和特殊法人的政策性金融机构改革要同时全面进行。2006 年 6 月，日本国会通过了《行政改革推进法》（Administrative Reform Promotion Act），确定了 DBJ 银行和商工组合中央金库商业化改革，其中规定两机构于 2008 年 10 月起实行股份公司化，并且政府需在 2016 年 3 月前将其所拥有的股份全部卖出。2007 年 6 月日本国会上议院颁布了新《日本政策投资银行法》，并将此法案作为《行政改革推进法》的一部分。

然而，随着 2008 年秋金融危机席卷全球，日本经济也遭受重创，汽车行业与 2007 年相比新车销售量大幅减少，全球最大汽车制造商丰田公司也出现了 1950 年以来的首次亏损。2009 年初，房地产行业也出现大幅缩水，东京、大阪、名古屋以及神户等主要经济圈房价出现连续下跌，企业经营家普遍对经济前景信心不足，加之又受紧随经济危机的欧债危机影响，最终日本国会于 2009 年 6 月颁布了《日本投资银行法（修订案）》，将 DBJ 银行全面私有化改革从 2008 年 6 月推迟至 2012 年

---

① 财政投融资体系专为日本政策性金融机构提供资金保障，而投融资活动资金来源主要为邮政储蓄、养老金体系和各种保险中的结余资金，大藏省（后来改为财务省）的信托资金运用部（TFB）将其资金分配给政策性金融机构，以国家信用为担保，并通过各政策性金融机构最终将资金贷放给中小企业或公共团体等有关国计民生的特殊群体、产业和领域。

3 月，延期 4 年。在此期间 DBJ 银行与商工组合中央金库等政策性金融机构大约发放了 2 万亿日元贷款，买入约 3500 亿日元商业票据向各类企业提供金融支持，为日本摆脱经济危机做出了重要贡献。2011 年 3 月日本发生里氏 9.0 级的东日本大地震，并且造成了福岛第一核电站核泄漏。此次地震灾害对日本经济冲击巨大，造成日本股市全线下跌，灾区企业损失严重。对此，日本国会在 2011 年 5 月审议通过了《关于为处理东日本大地震的特别财政援助法》，并以此为基础对《日本政策投资银行法》进行重新修订，法案中规定，由于考虑到市场经济的现状，股权的所有转让将自 2012 年 4 月 1 日起向后延迟 5～7 年，在此期间仍然保持政府持有 100% 股份。

　　2014 年 5 月，向政策性银行回归后的 DBJ 银行制定了第三个中长期管理计划（the third medium-term management plan），该计划从四个方面明确了 DBJ 银行的目标：（1）促进企业发展。为增强日本公司在国际市场上的竞争力，DBJ 银行向日本企业提供夹层融资、咨询服务以及专业知识方面的援助来提高中小企业在国际市场上的主动权。（2）基础设施和能源建设。DBJ 银行将为国家交通运输网安全性建设提供资金上的帮助，并且计划能够在 2020 年东京奥运会举办之前努力提高城市宜居性。（3）满足各地区不同的经济复兴需求。由于 DBJ 银行的近一半客户为地区性的企业，为实现地区性的可持续发展，DBJ 银行对创新企业发展、社区建设以及基础设施更新方面提供低息贷款。（4）强化安全网建设。DBJ 银行将更加快速有效地应对自然和经济危机。为增加企业应对危机的弹性力度，DBJ 银行准备提高企业灾后重建定额贷款计划（enterprise disaster resilience rated loan program）中资金的支持力度，以增加企业防灾应急能力和业务的连续性。

　　（2）韩国 KDB 银行商业化改革的背景、进程与回归现状。韩国 KDB 银行是依据《韩国开发银行法》于 1954 年由政府出资建立，通过向相关产业提供贷款以及管理产业资金来促进韩国工业以及战后国民经济的发展。由于 KDB 银行的资金援助，其国内企业在国际市场上的竞争力不断提高，其中包括三星集团、现代集团和 LG 等知名企业。尤其在应对 1997

年韩国金融危机中，KDB 银行对韩国经济复苏更是起到了不可替代的作用。面对 20 世纪 90 年代中后期韩国经济增长速度不断下滑以及金融机构不良贷款规模急剧扩张，韩国 KDB 银行果断增加投资数量以及金额，持续扩大投资，有效稳定金融市场，推动了企业和金融结构调整。

为增强应对经济危机的能力，韩国几家主要商业银行分别增大了其资产规模，这导致了 KDB 银行资产规模排位下降，并且随着中长期贷款领域被商业银行不断挤占，KDB 银行不得不开始选择其他商业业务以增加收益，因此其政策性业务与商业性业务开始混淆冲突。最终，2008 年韩国政府决定对 KDB 银行实行商业化改革。

在李明博总统上台后，2008 年 6 月，韩国政府发布 KDB 银行的商业化改革方案，9 月 KDB 银行开始实行商业化改革，2009 年 4 月，李明博政府通过了修改后的《KDB 银行改正法案》。据时任 KDB 银行发展委员会委员长的金明植博士（2013）介绍，推行韩国产业银行的民营化方针，也是由于李明博总统对产业银行的个人恩怨并施加压力的结果，他过去担任现代集团 CEO 时曾与韩国产业银行发生过节。以总统府为主的权力部门以不实行民营化就"对韩国产业银行实施 30% 的裁员"进行要挟和施压。因此，在政策性银行的商业化改革决策中，不同利益集团的博弈也起了关键性作用，在某种程度上具有决定性作用。当时虽然恰逢经济危机，韩国金融委员会主席全光宇仍表明放松金融监管以及私有化仍将继续，并且还会通过金融松绑以及加速部门间的再分割来扩大 KDB 银行竞争力和自主权，减少政府干预，最终实现 KDB 银行商业化改革。2009 年 KDB 金融集团控股公司正式成立，新成立的韩国政策金融公社接管了 KDB 银行的政策性业务，预计 5 年完成 KDB 银行商业化改革，KDB 银行正式走上商业化、私有化的改革道路。

由于金融危机不断蔓延，金融市场出现剧烈震荡，韩国经济停滞不前，越来越多的企业面临资金问题，破产的恐慌情绪不断滋生。KDB 银行不得不一边商业化改革，一边扩大对企业的资金支持，以稳定当地金融市场和恢复经济发展。当时 KDB 银行首席执行官闵裕圣意识到 KDB 银行必须在经济危机中尽快承担起市场安全网的角色，以推动公司投资及增加就业。2009 年 4 月，KDB 银行通过快速通道项目（fast-track program），计划对 70 家出现暂时资金紧张的中小企业提供 539 亿韩元的资助。韩国政府还通过 KDB 银行对六大主要政府战略部门（促进经济绿色增长部门、扩大经济增长动力部门、支持服务产业部门、研究与发展部门、地区经济发展和强化社会责任部门）提供 7 万亿韩元的资助。这些措施有力地推动了韩国经济的恢复和发展，也让韩国政府开始意识到 KDB 银行在政策性金融方面发挥作用的重要性。

由于商业化进程中的 KDB 银行与新成立的韩国政策金融公社之间金融产业领域划分较为混乱，并且在对企业大规模资金供应上韩国政策金融公司与进出口银行之间也产生了竞争，加之国会对 KDB 银行民营化的反对，原本应当在 2012 年上市的 KDB 银行不得不搁浅了此计划。2013 年 2 月，朴槿惠总统上台，并且明确提出了 KDB 银行必须走"为国家重点项目提供政策性贷款"的道路。在撤回运行了 4 年的 KDB 银行商业化改革方案之后，政府制定了 KDB 银行回归政策性银行方案，2013 年 8 月 KDB 银行重新被定位为政策性银行。同时，为避免政策性金融机构业务的重复和分散，2014 年 1 月 24 日韩国政府通过了《2014 年度公共机构制定案》，其中规定 KDB 银行与韩国政策金融公社合并，作为公用机构重新接受韩国政府管控，并于 2015 年 1 月开始实行，届时 KDB 银行将重新百分之百由韩国政府所有。

在全球金融危机之后，KDB 银行明确提出要坚持"为国家重点项目提供政策性贷款"的战略定位，成为政府管理的银行，并制定了回归政策性银行的具体举措。为进一步发挥韩国产业银行的政策性银行的功能作用，韩国政府调整了韩国产业银行的股权结构，至 2014 年底由原先政府—金融公司—金融集团—韩国产业银行的多层级、间接持股架构，优化为政府—韩国产业银行的单一的、直接持股架构。截至 2014 年底，韩国产业银行在全球有 102 个分支机构，贷款余额 1388034. 32 亿韩元。①

---

① 本段文字中，分支机构数量的数据来源于 https：//www. kdb. co. kr/ih/simpleJsp. do，贷款余额数据来源于韩国产业银行的 2014 年年报。

至此，KDB 银行也结束了其商业化道路。而回归后的 KDB 银行将重点放在了资助中小企业以及海外投资方面。在 2015 年 4 月 KDB 银行成立 61 周年庆祝大会上，官方表示 KDB 银行会继续加强政策性银行的职能，以支持政府实现新的经济目标。银行启动了 New Start KDB 最惠利率贷款项目（New Start KDB Prime Rate Loan），这项特殊贷款计划为中小企业（SMEs）提供 2 兆韩元（约 18 亿美元）的贷款，并且把韩元最大利率削减定为 1%，而美元、日元和欧元等其他货币最大利率削减可达到 0.4%，以促进中小企业的发展，提高就业率。在海外投资方面，2015 年 5 月 KDB 银行与国家海洋渔业部门签署了谅解备忘录，通过合作的方式来支持海外港口投资，加强国内建筑公司和港口运营商与海外市场的联系，以便在世界市场中挖掘和开发新的港口项目。

2. 日本、韩国政策性金融机构商业化改革计划搁浅及回归的原因与经验教训

日本政策投资银行与韩国产业银行的商业化改革计划搁浅，并且最终又回归到了政策性银行及政策性金融范畴，其主要原因在于市场经济体制下政策性金融不可或缺与不可替代的特殊功能和作用、两家政策性银行与商业银行的业务摩擦和不公平市场竞争、国家发展战略与市场失灵引致强位弱势群体对政策性金融服务的需求等，可以说是内因外因、主观客观诸多因素交织一起，而导火索则是 2008 年席卷全球的金融风暴。

从政策性金融在市场经济发展中不可或缺、不可替代的特殊功能和作用来看，日、韩两国的政策性金融理念及其实践堪称典范，也是 KDB 银行与 DBJ 银行商业化改革计划不得不搁浅并回归政策性银行的根本原因。二战后的日本取得"经济奇迹"的原因，尽管不能归于一个或几个因素的作用，但是，日本在战后逐步建立起来的独具特色、最具典型性的政策性金融体系对其经济高速增长所起的重要助推作用却是不可低估的，这也是一条举世公认的经验。其中，日本开发银行及其重组再构造后的政策投资银行更是扮演了关键角色，成为同期世界许多国

家创办的开发性政策性银行中的佼佼者。所以日本对政策性金融一直情有独钟，这是 DBJ 银行最终回归政策性银行的历史根源。有舆论认为，维持政策性金融实际是在减轻国民负担，即便是出现赤字也必须保持政策性金融的存在。日本政府同时强调，精简政策性金融机构虽然必要，但其本身所发挥的作用也是无法替代的。政策性金融实际上是在民间难以经营的领域维持着剩余劳动力的充分使用，因而有其重要的存在价值。

KDB 银行自 1954 年成立以后，不仅在战后韩国实现经济持续、高速增长的"汉江奇迹"过程中起着十分特殊的历史作用，而且在该国经济发展的各个历史阶段都扮演了重要的角色，在 2008 年开始商业化改革以前的各年都较为出色地完成了政策性金融业务。不可否认，正是通过 KDB 银行的不懈努力，韩国才从一个贫穷的国家发展成为今天这样的发达国家。KDB 银行同时也实现了政策性目标与自身可持续发展的有机统一和"双赢"，是世界上开发性政策性银行办得成功的典型例子之一。韩国产业银行从小到大、从国内发展到国外，已经成为实力非常雄厚的银行，并在本国金融体系中充当领导者的角色，通过其审查项目的权威性和信誉对其他金融机构进行导向。所以，KDB 银行的重要地位和特殊功能，决定了其理应中止商业化改制而回归到政策性银行的定位上来。

在日本和韩国，一直存在着国家发展战略与市场失灵引致强位弱势群体对政策性金融服务的需求，因而客观上需要 KDB 银行与 DBJ 银行回归其政策性金融属性。例如，中小微企业作为经济主体的重要组成部分影响着一个国家总体经济的发展，但融资难、融资贵和风险抵抗能力差成为制约其发展的重要因素。日、韩两国都需要、事实上也存在着相应的政策性金融机构来支持国内中小微企业的发展。尤其在应对 2008 年金融风暴的过程中，韩国 KDB 银行与日本 DBJ 银行对这些企业重点提供资金以及其他方面的援助，以帮助其渡过经济危机，有力地推动了经济恢复和发展。如韩国政府通过 KDB 银行转贷（On-Lending）的方式重点对抗金融风险能力较弱的中小企业（MSEs）进行资金上的支持。

从图 7-3 中可看出，韩国 KDB 银行 2010~2014 年通过转贷的方式对企业的支持力度大体上是不断增加的，在 2014 年总共有 4209 家企业收到了约 6272.1 亿韩元的贷款，其中 76.3% 用于支持中小企业，41.8% 用于支持地区性的企业，而这些企业大多属于商业银行不愿提供贷款的强位弱势群体。

图 7-3　韩国 KDB 银行的转贷规模

资料来源：Financial Engine of Korea's Growth Global KDB Annual Report 2014.

　　而日本 DBJ 银行在日本东大地震后也不断增加对企业的贷款数量，从 2010 年的 3.111 兆日元增加到了 2014 年的 5.387 万亿日元，项目支持数量也增加到了 1123 个（见图 7-4）。该银行不断发挥其公共性职能，对日本经济领域的强位弱势群体提供资金上的优惠和支持，不以盈利最大化为目标。在 DBJ 银行第三个中长期管理计划中，2013 年实际总营业收入为 2046 亿日元，高于 2016 年计划营业收入 1600 亿日元，2016 年目标净收入降至约 700 亿日元，与 2013 年实际净收入相比减少 532 亿日元，资产收益率和净资产收益率目标分别下降为 1.1% 和 3%。如表 7-6 所示。

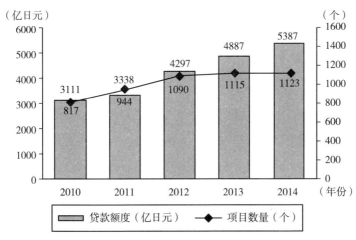

图 7 - 4　日本 DBJ 银行应对危机贷款额度及项目数量

资料来源：2014 Annual Report & CSR Report of Development Bank of Japan.

表 7 - 6　　　日本 DBJ 银行 2013 年实际与 2016 年计划运营数据

年份	2013 年实际	2016 年计划
总营业收入（亿日元）	2046	1600
净收入（亿日元）	1232	700
资本充足率（%）	15	16
资产收益率（%）	1.3	1.1
股本回报率（%）	5	3

数据来源：2014 Current Overview of Development Bank of Japan.

日本 DBJ 银行和韩国 KDB 银行无论是商业化改革还是回归政策性银行，都是起因于日本和韩国两国的政府一直没有恰当地处理好政策性业务与商业性业务的关系，对政策性银行的规模控制、职能调整不合理，政策性银行与商业银行之间业务领域划分混乱，导致业务摩擦与不公平市场竞争，引起商业银行及业界的普遍不满。《日本开发银行法》在第 3 章第 22 条"禁止同金融机构竞争"中规定，鉴于其宗旨和目的，日本开发银行"不得通过业务经营，与银行及其他金融机构竞争"。但由于后来经济环境的变化，DBJ银行业务走向多元化，开展了一些民间领域的业务，与商业银行的竞争领域也逐渐增多。同样，成立后的KDB银行由于在金融市场份额与影响力日益扩大，与商业银行也不断发生业务冲突。特别是在克服1997年金融危机以后，该行逐渐开始强调盈利，从过去回避与商业银行竞争的消极经营方式逐渐转变为积极的经营方式。然而，尽管DBJ银行和KDB银行能够密切配合国家发展战略而与时俱进地相应调整其业务职能，但由于政府仍然没有及时有效地调整和界定两大政策性银行的政策性业务和商业性业务，导致了DBJ银行和KDB银行凭借其自身较低的资金成本对其他商业性金融机构产生了巨大而不公平的竞争压力。在日本，有舆论认为，如果政策性金融机构都能够实现大幅度盈利，也就失去了存在的必要性，而应该将其交由民间来经营。所以，为了提高运营效率以及追求更高的收益率，两国开始逐步实行政策性金融机构民营化改革以及业务调整。

但商业化改革中的日本DBJ银行和韩国KDB银行在政策性银行与商业银行之间业务领域划分和职能调整方面依旧混乱，特别是KDB银行，尽管通过民营化拆分了其政策性功能和商业性功能，政策性功能由新成立的韩国政策金融公社负责，商业性功能由韩国产业银行负责，但新成立的韩国政策金融公社与商业化的KDB银行之间的业务始终没有划分清楚，这样反而会降低金融机构运作效率，出现资金以及人力资源上的浪费，也导致KDB银行商业化进程缓慢。同时，由于各自职能调整，在对企业大规模资金供应上，韩国政策金融公司与进出口银行之间也产生了业务不协调，加之金融危机的不断蔓延，韩国国内反对KDB银行商业化改革的呼声也越来越高。而2013年上任的朴槿惠总统也偏向于民营化终止论，在颁布了"政策性金融机构重整方案"后撤回了KDB银行商业化改革方案，韩国KDB银行最终又重新回归到了政策性银行。当然，DBJ银行和KDB银行仍然需要通过明确界定政策性金融和商业性金融两类性质不同的业务，才能彻底回归到真正的政策性银行和政策性金融轨道上来。

日本政策投资银行（DBJ）与韩国产业银行（KDB）的商业化改革

计划搁浅，并且最终又回归到了政策性银行范畴，其导火索则是 2008 年席卷全球的金融风暴。在这场危机中，美国的两大政策性金融机构房地美和房利美（简称"两房"）成为引发金融风暴的重要因素。而有政府信用背景的"两房"之所以引燃此轮国际金融危机，根本原因在于其商业化改制及其经营导向完全市场化和过度参与市场竞争与扩张业务，最终埋下了次贷危机的"种子"。虽然"两房"最终得到政府的援助①，但这并未阻止其破产和资金链断裂对美国金融市场造成的恶劣影响，而美国的金融体系又直接影响了国际金融市场。日、韩两国在此次金融危机中也未能幸免，尤其对于两国抵御风险能力较弱的中小型企业影响较大。2008 年第四季度日本出口较之前缩减了近一半，股市平均股价全年跌幅达到了 42%。而美国次贷危机导致大型金融机构破产倒闭，同样也给韩国的金融机构造成了不小的损失。据统计，2008 年韩国金融机构在雷曼公司的投资损失达到了 7.2 亿美元，出口需求下降，韩元出现贬值压力，首尔综合股价指数也出现了暴跌。

而此时日本 DBJ 银行和韩国 KDB 银行正处于商业化初始阶段，为遏制金融危机的肆虐，日本 DBJ 银行首先对资金困难企业提供了 31110 亿日元的资助，增加对其的担保限度。韩国 KDB 银行则提供 9.4 万亿韩元来扩大企业对设备投资的需求，以推动国内经济恢复和发展。因此，受到经济危机的影响，日本 DBJ 银行和韩国 KDB 银行商业化进程都受到了不同程度的阻挠。两大政策性银行都在恢复国内经济发展方面起到了关键性的作用，这也让政府意识到了政策性银行的不可替代、不可或缺的重要性。2009 年日本国会通过《日本投资银行法（修订案）》，将 DBJ 银行私有化进程推迟 4 年至 2012 年。而由于新建的韩国政策金融公社不足以克服金融风暴，韩国政府也开始反思 KDB 银行商业化改革是否合理。

---

① 当然，像"两房"这样商业化转型后的政策性金融机构是否继续享有国家信用等优惠待遇，所出现的经营失败的损失由政府以某种形式继续为其"埋单""兜底"是否公平合理等问题，也值得我们深刻反思和亟待探讨解决。

除经济危机的影响造成日本 DBJ 银行商业化搁浅以外，2011 年 3 月的东日本大地震也是造成其商业化推迟的另一个重要原因。此次大地震为里氏 9.0 级，地震引发的海啸以及福岛第一核电站核泄漏造成了大量人员伤亡且财产损失严重。地震也使得日本的金融市场出现了剧烈震荡，2011 年 3 月 14 日，即震后第一个交易日，开盘不久后股价出现了暴跌，短短两个交易日累计跌幅达到了 14.8%，国内需求也急剧下降。为恢复国内经济发展，日本 DBJ 银行为地震灾区设立了"东日本大地震重建基金"以支持灾后企业重建（如表 7-7 所示）。日本国会还通过了《关于为处理东日本大地震的特别财政援助法》，并以此为基础对《日本政策投资银行法》进行重新修订，法案中规定了 DBJ 银行股权的所有转让将自 2012 年 4 月 1 日起向后延迟 5~7 年，在此期间仍然保持政府持有 100% 股份。

表 7-7　　　　　　DBJ 银行东日本大地震重建基金数据

名称	Iwate GenkiIppai 基金投资有限合伙公司	Fukushima Booster 基金投资有限合伙公司	Miyagi Reconstruction Bridge 基金投资有限合伙公司	Ibaraki Kizuna 基金投资有限合伙公司
基金数量	50 亿日元	50 亿日元	50 亿日元	50 亿日元
建立日期	2011 年 8 月	2011 年 8 月	2011 年 8 月	2011 年 8 月
普通合伙企业	Tohoku Fukko 股份合作有限公司			SFG 股份合作有限公司
有限合伙企业	DBJ 银行和岩手县银行	DBJ 银行和日本东邦银行	DBJ 银行和 77 银行	DBJ 银行和日本卓越银行
时间	投资周期为 3 年（如有必要可延长至 5 年）			
项目数量（截至 2014 年 3 月）	18 个	11 个	7 个	7 个

资料来源：2014 Annual Report &CSR Report of Development Bank of Japan.

因此，日本 DBJ 银行和韩国 KDB 银行在 2008 年经济危机肆虐时对本国经济的恢复及发展起着不可替代的作用。在经历了 2008 年全球金融危机的洗礼和全球市场的动荡之后，两国政府认识到政策性金融以专业知识和经验成为维护市场安全网的重要性与必要性，DBJ 银行和 KDB 银行回归政策性金融机构也已势在必行。应该说明的是，虽然私有化是日本政策性金融机构改革的具体路径之一，但是从实际的改革情况看，日本的政策性金融机构主体上还是以政府持股为主，私有化的进程依然未取得实质性进展。首先，多数的政策性金融机构是以国有持股为主。比如日本政策金融公库是 100% 政府出资的政策性金融机构（原话就出现在该公库网站主页的 logo 中）；而曾经作为市场份额最大的住宅金融支援机构（原住宅金融公库）6706 亿日元的资本金截至 2013 财年还是政府全额捐资的，其在管辖上属于国土交通厅的住宅局以及财务省共同管理，且主管大臣保留了在紧急情况下的有权要求该机构必须采取必要措施的权力①，更不必说该机构的主要资产业务实际上与改制前并没有太大差别（主要是增强了对巨灾等紧急情况的金融支持力度），而主要差别是资金来源与改制前不同（由财政性融资转为债券中心融资为主和同业贷款为辅）。② 其次，少数政策性银行股份私有化的进程数次延期，未有实质进展。日本政策投资银行已经数次推迟股份私有化的改革进程，③ 到目前为止还是 100% 政府持股。当然，2015 年最新修改后的法案要求在 2025 年前完成部分股权（1/3 ~ 1/2）的私有化，未来的私有化动态还有待进一步关注。

从日本 DBJ 银行和韩国 KDB 银行商业化改革到最终搁浅并不断强化政策性金融运营机制的实践来看，它们证明了政策性金融对于日韩当

---

① 见《独立行政法人住宅金融支援機構法施行令》，http：//law. e-gov. go. jp/htmldata/H19/H19SE030. html。

② 见 http：//www. dbj. jp/co/info/privatization. html 中的民营化情报部分。

③ 第一次是计划于 2012 ~ 2014 年完成全部股份的民营化，但是由于 2008 年开始的全球金融危机进而将第二次计划推迟至 2012 年 4 月 1 日之后的 5 ~ 7 年完成，之后又由于 2011 年东日本出现的大地震需要政策性金融的大力支持，第三次将计划推迟至 2015 年 4 月 1 日之后的 5 ~ 7 年完成，未来的民营化进程结果如何还有待观察。详见 https：//ja. wikipedia. org/wiki/日本政策投资银行/完全民营化の见直し。

前经济发展有着举足轻重的作用。发达国家尚且如此，而中国作为发展中国家更应当重视政策性金融对实现经济发展目标的重要性。只要发展市场经济，就离不开政策性金融；在市场经济体制下，政策性金融机构商业化改革既不是权宜之计，也不是长远目标，而是始终不能推行商业化转型。这是日、韩两国政策性金融机构改革发展的经验教训之一。

经验教训之二是，需要紧密配合与满足国家在新时期新阶段的不同发展战略与强位弱势领域、地区、产业和群体对政策性金融服务的需求，通过不断开辟新的政策性金融业务及创新产品，最大限度地减少同商业性金融的业务摩擦与竞争。回归后的日本 DBJ 银行和韩国 KDB 银行，在近几年努力拓展新的业务领域范围，减少与商业性金融机构的竞争，并且努力寻求对外合作。DBJ 银行除了为国内企业提供资金援助外，还提供创新方面的服务。2013 年 4 月，DBJ 银行组织创办了大手町开放式创新服务中心（Otemachi Innovation Hub），目的在于通过开放式创新服务中心为企业创造新的价值提供参考，在企业、政府机构以及社会团体（包括大学和普通市民）之间寻求更广泛的合作，为企业在发展中所遇到一系列的障碍提供帮助，努力提供一个平台来传播合作性的创新商业理念，促使不同地区之间加强合作，最终推动经济的发展。DBJ 银行还建立了女性企业家中心（DBJ – WEC），专为女性商业家提供广泛的帮助，其中包括资金援助以及创业专业知识服务，为女性创业家提供的初始资金最高额度达到 1000 万日元。而韩国 KDB 银行则在 2014 年首次实行跨国援助，有组织地对亚洲以及环太平洋地区的非韩国客户提供了高达 3.7 亿美元的帮助，不仅为中国平安提供了资金上的支持，还与世界其他顶尖银行合作，为非洲进出口银行（Afreximbank）、印度斯坦石油公司（HPCL）以及远东宏信（Far East Horizon）提供辛迪加贷款（syndicated loans）。并且在 2014 年中国进出口银行的付款担保下，KDB 银行通过提供韩国国内资本市场的资产抵押商业票据筹集到了 1 亿美元，用于支持国内企业发展。在 2015 年展望书中，KDB 银行明确表明在新的一年中将加强其作为政策性银行的公共性和政策性，作为风险承担者继续寻求新的商业机遇，推动商业环境健康发展，并加强国家安全网的建设，以保证未来经济增长。

经验教训之三是，需要建立稳定成熟的政策性金融机构资本筹集机制并按照国际惯例进行资本管理。DBJ 银行和 KDB 银行无论是在商业化改革前还是回归后都有着成熟的资本筹集机制，而且还在不断优化与完善。日本 DBJ 银行资金主要通过发行国内和国际债券或者直接从地区银行或政府进行借贷，对政府的财政支持依赖较小。其中大约 70% 债券在国内资本市场发售，30% 在国际市场上发售，包括美元、英镑以及欧元债券，而且近几年随着美国经济恢复及发展，DBJ 银行不断增加美元债券发行量，如图 7－5 所示。而韩国 KDB 银行除发行本国货币债券以外，在国际市场上还发行美元、欧元和日元债券，近几年还新增了新西兰元、澳元以及瑞士法郎债券。2014 年 KDB 银行总共发行了 4.1 万亿韩元的债券，并在 2015 年试图建立弹性筹资制度以减少筹资成本。日、韩两大政策性银行在商业化改革进程中还适当增加了一些私人存款，以扩大资金来源。由于有稳定的资金来源，DBJ 银行和 KDB 银行的资本充足率一直保持在较高的水平（见图 7－6），两行的核心资本充足率远高于巴塞尔协议要求的 4%，并且定期进行资产风险评估，有着较高的规范性。

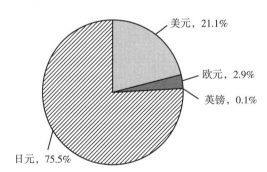

图 7－5　2014 年 3 月日本 DBJ 银行不同货币债券发行比例

资料来源：2014 Current overview of development bank of Japan.

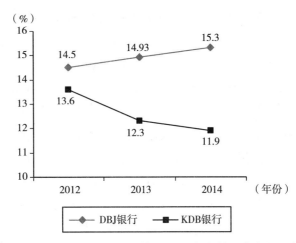

图 7-6 日本 DBJ 银行和韩国 KDB 银行核心资本充足率

资料来源：2014 KDB Bank Annual Report，2014 Current overview of development bank of Japan.

经验教训之四是，政策性金融机构的改革与可持续发展必须要有相应法律的保障作为前提。日本 DBJ 银行和韩国 KDB 银行无论是商业化改革还是推迟改革及回归政策性银行，都有相应的法律作为保障。如 DBJ 银行在商业化改革之前依照的是旧的《日本政策投资银行法》，在 2008 年进行改革之前又颁布了新《日本政策投资银行法》（New DBJ Act）作为参照。当日本遭遇经济危机和大地震时，DBJ 银行的私有化计划不得不暂停，日本国会先后在 2009 年 6 月和 2011 年 5 月对《日本政策投资银行法》进行修订，颁布了《日本政策投资银行法（修订案）》（Revised DBJ Act），将私有化或推迟了 5~7 年。而韩国 KDB 银行在商业化改革前对《韩国开发银行法》进行了修订，在朴槿惠总统上台后暂停了商业化改革并且颁布了《2014 年度公共机构制定案》，将 KDB 银行重新定位为政策性银行。由此可以看出两国在对待政策性金融机构法律上基本都遵循"一行一法"。

（四）日本出口信用保险与 NEXI 的最新发展

日本的出口信用保险组织在扩大出口以及促进日本公司在海外活动

和长远发展等方面发挥了不可忽视的重要作用。这里，我们运用比较与
历史分析的方法，在分析日本出口信用保险体制变迁的基础上，以具有
一定代表性的日本出口和投资保险组织（Nippon Export and Investment
Insurance，NEXI）为例，重点探讨其机构定位宗旨和近年来的改革与
发展情况及其效果。

1. 日本出口信用保险组织定位和改革发展

（1）日本 NEXI 的机构定位及宗旨。2001 年 4 月组建的日本出口和
投资保险组织（NEXI），由成立于 1930 年的日本通产省进出口保险课
演进和重组而来。NEXI 遵循政策性金融（保险）机构的职能定位，从
维护和保障公众利益的角度出发，将实现其作为一个有利于国家稳定和
经济社会健康发展为目标的注册管理机构作为成立宗旨，以此为出发点
来开展和经营业务。

NEXI 在具体的经营管理活动中，从出口企业的角度出发，时刻遵
循客户至上的原则。为了给出口信用保险客户提供更高质量的服务，
NEXI 通过不断提高其专业技能，这些努力不仅提升了出口信用保险需
求企业的满意程度，还同这些出口企业之间建立了强有力的客户相互信
任关系。NEXI 还从其长远可持续发展目标角度出发，持续、系统和物
尽其用地利用其可操作的资源，在其可承保的范围内定性、定量地控制
风险的增加，通过适当而有效的风险管理来保证实现其长期及未来的发
展目标。为了将公众利益、客户关系以及长远发展相结合，NEXI 更是
从其自我发展规模的协调角度出发，加强人力资源的发展，提高自身素
质，用更加专业的队伍来充实自己，以更好地发挥政策性金融机构职
能，因此机构人员以缓慢的速度适当增加，当经营规模扩张到一定程度
后则尽可能地精减人员，提高员工工作效率，严格控制管理成本。截止
到 2015 年 4 月 1 日，日本出口和投资保险组织的员工人数为 145 人。

（2）NEXI 的机构改革及最新发展情况。日本出口和投资保险组织
创建以来，在日本政府的宏观规划与日本贸易政策的指导下取得了不可
忽视的成就。在当今世界经济飞速发展的背景下，NEXI 没有沉溺在曾
经取得的成绩里，而是通过修改信保法案，对机构的保险产品、宣传手

段、运行模式等方式进行创新改革，目的是始终领先于其他国家，使本国出口贸易在出口信用保险的保驾护航下进一步发展。

2013 年 12 月，政府对 NEXI 进行了基本注册管理机构改革，具体政策是将 NEXI 过渡到一个特殊的由政府全资拥有的组织，而不再是由政府全资投资的组织，并将其贸易再保险特殊账户取消。政府对 NEXI 进行资金支持政策的改革之后，日本政府将维持其参与并继续支持 NEXI 的态度，且 NEXI 保险业务依然基于政府的信用开展。这一资金改革措施确保了政府对 NEXI 补充保障渠道始终通畅，加强了日本出口和投资保险组织的政策性金融职能，运用全资资本支持的方式，也为今后对于政策性保险领域的进一步支持打下坚实基础。

日本 NEXI 近年来的改革发展举措，具体主要表现在以下几个方面：

一是日本首次修订贸易投资保险法案，剑指新兴市场。2014 年 6 月，自 NEXI 成立以来第一次修订《贸易和投资保险法》，该项经过修订的法案在同年的 10 月进入运行程序并发挥效力。修订这一法案最根本的促使因素是：新兴经济体和一批发展中国家经济增长强劲，发展潜力不断释放，在贸易萎缩的世界经济中给日本出口企业带来了重要机遇。庞大的新兴市场的人口、经济总量、贸易总量分别占全球的 45.6%、21.2%、21.6%，这一利益市场自然受到各个国家的争抢，各国都意图放手一搏抓住海外新兴市场这一新的机遇。然而高收益必然伴随着高风险，新兴市场的政治、商业环境风险较高，世界格局与政治格局也并不平稳，企业在海外所面临的风险也随之逐年增加，如恐怖主义、政治暴乱等。这些风险一旦发生，对贸易影响很大，为了保障容易受这些特定风险影响的日本企业的海外市场，该项法案的修订将日本出口和投资保险组织的保险覆盖范围进一步扩大，其中包括由于恐怖主义或战争而导致的日本承包商被迫停止其项目所遭遇的损失这种以往出口信用保险未能覆盖到的风险范畴，该举措大大降低了企业遭遇政治风险后的损失程度。与此同时，新修订的法案在企业的海外市场资金交易方面也有进一步的保障与促进举措。该法案准许 NEXI 将日本企业的海外子公司在其经营的国家或其他国家的交易相关风险纳入保险覆盖范围。总体来看，新法案通过提高日本企业海外行为的保障程度这一积极的承保政策来促进海外企业的持续发展，重点发挥了出口信用保险在保障收汇安全方面所发挥的作用，有助于增强出口企业的信心，从而激励日本企业的海外发展热情。

对于企业来讲不可忽视的生命力来源——竞争力方面，新法案更是通过独特的视角和切入点来提高日本企业的海外竞争力。一般情况下，出口信用保险主要是为有出口信用保险需求的企业、从国家利益为出发点意图促进的行业提供保险支持，而新法案则是准许 NEXI "支持"国外的项目，当然这些海外项目必须符合特定的条件。NEXI 只支持外资银行提供贷款和短期资金给那些海外项目中包含日本企业投资与支持的项目。这种通过为海外的日本企业创造"市场"的方式来提高海外市场对日本企业的需求量的做法，其视角特别并且极度有效，因为对于任何项目来讲，资金链都是举足轻重的生命线，资金的平稳性是保障各个企业开展项目、投资项目成功的前提，因此，NEXI 这一支持方案将使得日本企业受到海外当地企业的青睐。在世界经济动荡、竞争日益激烈的今天，需求量不足困扰着每一个在海外的企业，NEXI 通过创造"需求"来提供保障的新视角，为出口信用保险行业提供了新的发展途径与前景。

二是 NEXI 加强了对海外市场的本国中小企业的关注和支持。2008年 9 月，雷曼兄弟（Lehman Brothers）银行倒闭，引发了大规模的全球性金融危机，这一经济震荡导致出口市场大幅萎缩，对于以出口为主要贸易方向的中小型企业来说，其影响是巨大的。产量过剩、产品滞销等一系列情况导致危机中的中小企业面临资金链断裂而破产的险境。面对危机的发生，NEXI 反应迅速，在 2009 年 1 月立刻出台新的投融资保险产品方案，向日本企业的海外业务提供投融资方面的支持。在发生金融危机之前，该保险产品商业风险覆盖的比例大约为 50%，在危机发生后这一覆盖比例提高到了 90% 的水平。NEXI 为出口企业提供了更高程度的融资保障，以提供充足的资金助其平稳度过这一危机。新方案一经面世便引起了日本中小企业的高度关注，截至 2014 年 9 月，对这一类保险的认购总额大约是 1.0242 万亿日元（约合人民币 534.6 亿元）。NEXI 通过扩大保险产品的商业风险覆盖率的方式，及时为中小企业提供经济危机中的相关保障，为经济动荡中处于强位弱势的中小企业提供了有效支持。

同时，NEXI 为了定向定点地向有需求的中小企业提供更有效的服务，主动建立起合作平台，与银行之间开展委托合作，将部分业务委托给那些与中小企业业务来往频繁的银行，以此创建相关业务服务网络，来更加精准地为需要出口信用保险的企业提供相对应服务。2012 年，NEXI 与包括横滨银行在内的 19 家地方银行开展业务合作，支援中小企业开拓海外市场。同时，与 NEXI 开展业务合作的部分地方银行同其依次签订了出口信用保险业务相关的委托合同，其中包括横滨银行、千叶银行、秋田银行、东邦银行、北越银行、南都银行等。NEXI 通过将部分符合中小企业的保险业务委托给各家银行，提供点对点式的服务，来促进中小企业有效利用能够覆盖重大海外交易风险的出口信用保险。NEXI 这种增加新的合作方的创新型运营模式，提高了信息收集力、发送力，对意图进军海外市场的中小企业提供了有效支援。

三是 NEXI 加大对基础设施出口保险项目的重视，促进"科技兴贸"战略的实施。2013 年，随着世界经济开始一步步走向复苏，日本本土经济中日元走弱，并且在安倍政府经济政策的效应作用下，日本企业提高了其在全球市场的竞争力。新兴国家对基础设施建设的需求增长，促使日本企业加快参与国外大规模基础设施项目的进程。在这样的大背景之下，日本政府将基础设施出口作为经济增长战略的核心内容，提出了海外订单金额从 2010 年的约 10 万亿日元（约合人民币 5170 亿元）到 2020 年扩大为约 30 万亿日元（约合人民币 15510 亿元）这一目标。NEXI 为了配合政府实现这一战略目标，通过使用一些得到日本政府支持的促进措施来鼓励基础设施出口，包括在一个讨论关于促进基础设施出口以及经济合作的部长级相关会议中宣布建立"出口基础设施战略系统"。在 2013 财政年度，NEXI 致力于通过为各个项目提供保险，以在竞争日益激烈的全球市场中进一步提高日本企业的竞争力，这其中包括位列日本出口和投资保险组织中第三大规模的保险项目——越南宜山炼油和石化综合项目。从支持向新兴国家出口基础设施贸易的地理分布看，出口信用保险在支持企业保持传统市场出口优势的同时，为本国开拓了新兴市场。此举使得出口贸易的地理分布更加多元化，并且通过"科技兴贸"这一日本出口贸易优势渠道，促进了高科技含量的新型出口贸易增长，这一不依赖于传统出口模式的出口方向，节约了资源、能源、土地、环境等有形要素的大量投入，优化了出口市场结构与贸易方式结构。

四是 NEXI 不断简化其投保申请步骤，高效率引领高投保率。NEXI 在 2013 年以来采取了很多措施来提高运营效率，将更多的出口信用保险产品提供给有需求的企业。例如，NEXI 对贷款和投资方面的保险项目进行了改善——简化客户提交申请投保的文档和步骤。做出这一改革的根本原因是：投保出口信用保险的申请时长和审核周期是影响出口企业投保积极性的重要因素。因为对于出口企业而言，国际贸易局势瞬息万变，时间是影响交易最重要的因素之一，如果把时间浪费在等待审核的过程中，会导致出口企业错过机会而造成不必要损失，这一不良后果大幅度削弱了出口企业的投保积极性。在大多数的情况下，出口企业会选择冒着不确定的风险来抢得商机，从而放弃投保，因为投保的过程让它们等待太久。冗长而繁琐的过程不仅对于投保企业有危害，对出口信用保险机构内部而言，过长的周期也会增加企业自身的办公和经营费用。因此，NEXI 这一改进措施恰恰改善了以上问题，从而能够为外经贸企业提供高质量、高效率的服务和便捷的程序以留住企业，提高了投保率。

五是商业性宣传手段为政策性保险所用，强化了宣传普及效果。2014 年度，NEXI 积极推广出口信用保险，希望通过产品被更广范围的民众所接受和使用，来扩大政策性金融的保障范围。为了达到理想的推广状态，NEXI 运用先进信息推广技术，创新采用了商业化的运营方式，如网络传播与电视广告宣传。NEXI 在 2014 年 8 月重新设计了其针对中小企业用户的网页,并首次采用了极具商业性的广告推广方式,于2015年3月第一次登上了国家电视广播频道。广告的强大宣传力度,在强化企业形象以及提高产品社会认可度方面所发挥的功效在过去已被商业性企业所验证,并且这一新改革面向的主要是某些保险观念淡薄、没有风险意识的起步不久的中小型出口企业,因此应用广告宣传对这些企业普及出口信用保险知识与投保必要性能达到超出预想的效果。可见,政策性金融机构可将商业性企业的经验直接借鉴过来,为政策性金融机构所用。同时,这一新型推广方式颠覆了以往政策性保险机构的宣传被动性,从等待客户来主动了解产品,变为主动出击,主动大面积地进行"商业"推广,来寻找需要政策性保险保障的客户,主动接近企业,紧密联系市场。最终,新措施、新方法、新"商业"理念有效提高了参保率,扩大了政策性保险的保障规模。

2. 日本出口信用保险体制改革的效果

在一系列的出口信用保险改革政策之下,日本出口企业的经营环境有了显著的改善。2013年,日本出口总量重新大幅度上涨,反弹至约70.9万亿日元(约合人民币3.7万亿元),比上一个财政年度增加了10.8%。在这次出口增长中,汽车和化工产品等的出口增加值占据了大部分比重。在海外市场上,NEXI采取的一系列提高出口竞争力的措施成效显著,2014年对亚洲的出口同比增长5%,达到约4.03万亿日元(约合人民币2108亿元),其中作为亚洲贸易大国的中国占其中贸易额的30%。此外,出口到美国和欧盟的贸易总额同比增长了7.6%,出口总额约7.7万亿日元(约合人民币4027亿元)。2014年企业经营环境进一步改善得益于两方面的因素:一方面是日元进一步贬值,降低了日本企业的汇率成本和经营成本,企业利润持续提高;另一方面是NEXI的一系列改革提高了投保率,更好地保障了本国出口企业,总体环境改善致使日本出口总量提高。2014年度,日本的出口总值达到74.6万亿日元(约合人民币3.9万亿元),比上一财年增长了5.4%。如表7-8所示。

表 7 - 8　　　　　　日本 2010～2014 年出口总额与保费收入变动

年份	2010	2011	2012	2013	2014
日本出口总额（10 亿日元）	67788.838	65288.487	63939.981	70856.464	74670.320
同比变动率（%）	14.9	3.7	2.1	10.8	5.4
NEXI 保费收入（10 亿日元）	34.4	37.7	36.2	40.6	74.6
同比变动率（%）	-9.9	9.6	-4.0	12.3	83.7

资料来源：NEXI、日本财政部贸易统计。

NEXI 的出口信用保险业务量及相应的净保费持续增长。自 2001 年 NEXI 成立以来，2014 年 NEXI 净保费成果最引人瞩目，比上一财年的净保费多出一倍多。由于对保险产品进行了有效的改革并且 NEXI 承保了多个大型项目，海外贷款保险及支持中小企业的海外投资保险也实现了其自成立以来最佳的保障效能，同时其他保险产品的性能也同样发挥稳定。综合来看，出口信用保险业务大量增加，使得净保费在数值上呈现大幅度上涨的趋势，可见 NEXI 的保险产品改革与创新高度迎合了企业最迫切的需求，数据也客观反映了出口企业的投保热情和对 NEXI 出口信用保险产品的高度认可。同时，保费总额与保险覆盖率和投保率之间具有正向变动关系，迎合企业需求，比降低投保门槛更有效地提高了投保率。NEXI 的改革成效也说明了出口信用保险公司应实时关注世界经济动态，及时对出口信用保险产品做出适当调整和改革，以改进和完善保险产品的方式，真正实现支持、促进和保障本国企业出口贸易的最终目的。

在采取了一系列重大改革发展举措之后，日本出口和投资保险组织 2014 年度总利润达到 252.56 亿日元（约合人民币 13.2 亿元），比上一年度总利润额提高了 63.7%，这一提高幅度大大超过往期利润提高幅度。随着 NEXI 的不断发展，经营规模持续扩张，总资本金也不断提高，截止到 2014 年末，NEXI 资本金总额达到了 1044 亿日元（约合人民币 54.5 亿元）。数据证明，这一系列举措有效地促进了日本出口信用保险的发展，尽管作为政策性金融机构并不是以追求高利润为首要运作目标，而是以其政策性职能的发挥程度和促进强位弱势群体的发展作为主要运营宗旨，以保护本国的出口商、发展本国出口贸易为主要经营目的，但是，利润总额的提高可以综合地体现出资金使用效率以及公司运营架构的科学性、改革举措的有效性。因此，以总利润反映的盈利水平，既是政策性金融机构作为企业实现其经济有效性的基本要求，也可以看作是评价政策性保险机构实现其政策性保障职能情况的重要参考标准。

（五）其他国家政策性金融机构的最新发展实践

德国的政策性金融机构通过多种模式，积极参与德国经济建设甚至欧洲经济复兴计划。进入 21 世纪以来，德国复兴信贷银行通过多种模式创新在支持科技型中小企业方面发挥了重要的作用。第一，通过公私合作模式积极支持科技型小企业。自 2005 年以来，与德国联邦经济技术部、博世、博朗等大企业一起成立了德国高科技创业基金，向 350 余家新建科技型小企业投资了大约 5.7 亿欧元，并带动了第三方的后续融资 6 亿欧元。第二，直接负责管理欧洲复兴计划框架下的企业启动基金。成立于 2004 年的企业启动基金，面对的主要是刚度过种子期的科技型小企业，对企业规模有明确要求（如人数少于 50 人、年营业额不高于 1000 万欧元等），以确保其科技型小企业的属性，同时要求被投资企业除定期向德国复兴信贷银行披露企业信息之外，必须有一家主导投资者，且其高管必须投资入股。十多年来，该基金已经支持了 450 家企业。第三，按照市场原则创新支持中小企业的融资方式。德国复兴信贷银行可直接向中小企业提供贷款资金支持，也可向中小企业贷款银行提供 2%～3% 的利息补贴。前者提供的贷款还可以作为企业的净资产，暂缓支付利息，用于改善企业融资结构；后者的贷款银行可以申请一定比例的债务免除以及向当地担保公司申请辅助担保。

此外，南美国家智利的政策性金融在平衡市场经济和社会公平方面也发挥了积极的作用。一是智利在市场经济方面，所有制上实行国有和非公有共存的混合经济，市场运行机制上实行土地自由流转且价格由市场决定，对外经济关系方面则积极参与经济全球化；二是实施了向公平倾斜的社会政策，尤其在政策性金融政策的应用方面，鉴于土地自由流转后小农户在多方面处于弱势地位，智利向耕地面积小于 12 公顷的小农户（约占全国农户总数的 85%）提供贴息贷款，且专门成立了向小农户提供政策性金融支持的政府机构，以更好地向他们提供农业生产服务。

二、综合视角下国外政策性金融组织发展实践及动向

在综合视角下，笔者着重研究了全球比较有代表性的十家政策性金融机构，比如美国的农业信贷系统、德国复兴信贷银行、韩国开发银行和日本政策金融公库等。下面将从公共战略、公共治理、市场效率和动态调整等维度逐一进行比较研究和深入分析。

（一）国外政策性金融组织的公共战略实践

通过对 10 家政策性组织的公共战略实践进行分析，发现国外政策性金融组织在公共战略方面的实践活动主要体现在客群战略和战略规划两个维度上，在分析过程中，又将分析的颗粒度细分为客群定位、客户举例、发展规划和规模比较四个指标，具体情况详见表 7 - 9。

1. 国外政策性金融组织的客群战略分析

从 10 家具有代表性的国外政策性金融机构的客群战略看，政策性金融组织都具有十分清晰的客群战略，即作为公共使命的非营利性的金融机构，服务于国家或全社会在发展过程中的强位弱势群体。比如，北莱茵威斯特法伦州银行在公司网站的投资者介绍栏目中明确表示，"北威州银行作为一家国有发展银行，它有着明确的公共使命任务，它不注重最大化利润"[①]。德国复兴信贷银行的使命是作为"一家公共法律机构"。[②]"巴西开发银行是一家国有银行，是与巴西国家开发部、工业部

---

① 详见 http：//www.nrwbank.com/en/investor-relations/Presentations.html。
② 中国开发性金融促进会、北京大学国家发展研究院联合编写组：《全球开发性金融发展报告（2015）》，中信出版社 2016 年版，第 51 页。

表7-9

国外部分政策性银行公共战略实践

银行名称	客群战略		战略规划	
	客群定位	客户举例	发展规划	规模比较（亿美元）
德国复兴信贷银行（1948年）	中小企业、住房、环保、教育、出口	汉莎航空、德国电信、摩洛哥太阳能电厂	战后重建（1950年）、中小企业（1970年）、气候与环境保护（2014年）	5923.00（2014年），相当于国内股份制银行规模
北莱茵威斯特法伦州银行（2002年）	经济发展、结构调整、社会民生、住房、气候环保	新兴企业（36%）、住房与民生（48%）、发展与保护政策（16%）	住宅开发、中小企业扶持、扶持开发总额97亿欧元（2015年）	1742.00（2013年），相当于国内城商行规模
法国储蓄托管机构（1816年）	中小企业发展、社会住房、教育、气候变化	建立了新公共投资银行Bpi-france；通过法国创新署（oseo）发放中小企业贷款；CNP保险子公司	地方发展贷款（1822年）、退休金计划（1910年）、战后重建、义务、建筑集资金计划（1945年）、荣丰十年计划（1950~1980年）、ELAN2020战略（2007年）	21.71（2014年），相当于国内农信社规模
日本政策投资银行（1999年）	进出口、技术创新、基础设施、环境保护、设备改造、赈灾事业	与岩手银行合作成立东日本基金	钢铁、煤炭工业（1950年）、战后重建（2011年）	1584.79（2014年），相当于国内城商行规模
日本政策金融公库（2008年）	中小企业、农林渔业、小微企业、救灾	2015财年中小企业贷款余额59126亿日元	业务管理规划2015~2017（2014年）、业务管理规划2016~2018（2015年）	2165.48（2015年），相当于国内城商行规模
韩国产业银行（1954年）	中小企业、新型企业和基础设施	制造业创新计划3.0支持1万家制造业企业设立智能工厂	基础设施（1950年）、重化工业（1960年）、投资银行（1980年）	2451.25（2013年），相当于国内城商行规模

续表

银行名称	客群战略		战略规划	
	客群定位	客户举例	发展规划	规模比较（亿美元）
俄罗斯发展与对外经济事务银行（2007年）	商业银行无法承担长期项目融资：中小企业、基础设施、经济特区、环保和出口等	优先投资国防领域，布伦瑞克铁路、俄罗斯塔和GSR能源等	中小企业项目（2007年）	1007.44（2014年），相当于国内城商行规模
哈萨克斯坦开发银行（2001年）	改善和提高公共投资的效率，发展工业基础设施和加工行业，提高国内外部投资促进经济发展	企业直接融资，通过基础设施投资促进地区或集群发展，通过银行同贷款为分支机构融资	2020年战略规划：第一阶段为国家重点战略项目和贸易融资提供贷款；第二阶段着重在非项目领域吸引社会资本等	71.6（2014年）相当于国内农信社规模
巴西开发银行（1952年）	促进可持续和竞争性发展，创造就业机会，减少社会和地区不平等	工业（40%）、基础设施（36%）、农业综合企业（17%）、外贸和服务（7%）	制定实施国家经济开发政策（1952），支持企业国际化和进出口（1971）工业和基础设施融资（2004）	1909.27（2014年），相当于国内城商行规模
美国农业信贷体系（1916年）	农业生产者、农业合作社、农业的全球发展，为农业提供水、电信等服务的企业	年轻、起步和小农场生产者项目（1980年），100年来服务的客户群体近50万个	年轻、起步和小农场生产者项目（1980年）	n. a

说明：（1）数据来源。表格中的内容如无特别说明，均来源于中国开发性金融促进会、北京大学国家发展研究院联合编写组：《全国开发性金融发展报告（2015）》，中信出版社 2016 年版。德国复兴信贷银行的部分信息来源于杨子剑，王伟：《德国复兴信贷银行的运作特点及对其启示》，载《北方金融》2016 年第 3 期；日本政策金融公库的相关信息来源于 https://www.jfc.go.jp/；美国农业信贷体系的相关信息来源于 http://www.farmercreditnetwork.com/。

（2）银行名称栏括号中的年份为银行成立的年份；发展规划栏括号中的年份是指推出战略计划或规划的起始年份；为了更形象地说明这差国外政策性银行的规模大小，规模比较栏实际上包括总资产规模与国内的股份制银行、城市商业银行（简称"城商行"）、农村信用社（简称"农信社"）规模的比较。

和贸易部紧密关联的联邦公共公司"。①

由于不同国家或地区的发展阶段等国情不同，其在具体的客户定位上稍有差异，比如德国复兴信贷银行的重点在中小企业、住房金融、环保、教育和出口等领域，而日本政策投资银行则重点在进出口、技术创新、基础设施、环境保护、设备改造、赈灾事业等方面。但无论其在客户定位如何千差万别，其核心的客群战略却都是将政策性金融机构作为公共服务机构，紧紧地将其核心战略定位于服务强位弱势群体，这一点从其过往曾服务的战略客户举例中可以得到有力的印证。

2. 国外政策性金融组织的战略规划分析

首先，国外的政策性金融组织在战略规划方面体现了一定的动态调整性特征。从表 7 - 8 中可以发现，国外政策性金融组织随着本国或地区经济社会的发展或产业转型，其在战略规划方面都表现出了较强的动态的规划性特征。比如德国复兴信贷银行在成立之初积极服务于联邦德国战后重建中的金融支持，20 世纪 70 年代进入稳定发展期后开始加大对创新领域中小企业的金融支持，近年来不断扩大服务领域，积极关注气候和环保领域，比如该行在 2013 年向摩洛哥太阳能电厂提供了 1.39 亿美元的贷款支持。②

其次，相当数量的政策性金融组织都具有一定的战略规模。从发展的规模看，在 10 家政策性银行中，除了美国联邦农业信贷体系没有数据之外，资产规模超过 1000 亿美元的有 7 家，最大的是德国复兴信贷银行，规模将近 6000 亿美元，相当于我国商业银行体系里中等股份制银行的规模，与我国三大政策性银行中规模最小的中国进出口银行规模基本持平；有 6 家银行的规模在 2000 亿美元左右，比如日本政策投资银行规模近 1600 亿美元，相当于我国商业银行体系里的大型城市商业银行的规模（比如江苏银行、南京银行等）。具体见表 7 - 9。

---

① 中国开发性金融促进会、北京大学国家发展研究院联合编写组：《全球开发性金融发展报告（2015）》，中信出版社 2016 年版，第 112 页。
② 中国开发性金融促进会、北京大学国家发展研究院联合编写组：《全球开发性金融发展报告（2015）》，中信出版社 2016 年版，第 56~57 页。

（二）国外政策性金融组织的公共治理实践

10 家政策性金融机构的公共治理实践主要表现在以下四个方面：一是在股权上，多数为完全的国家所有或与地方政府共同所有，而只有美国的农业信贷体系是借用者所有制（与我国的农村合作金融体系中的农村信用社由社员入股相似）。二是在治理监督上，一般由股东会、董事会、监事会和经营层构成，它们各司其职，所不同的是，有的国家的政策性金融机构的监管部门的级别较高，相应监事会的责权较大，如俄罗斯发展与对外经济事务银行的监事会主席由俄总理担任，而法国储蓄托管机构的监管部门是法国议会；而有的国家的政策性金融机构的监管部门是内部的监管部门，实际的控制权在董事会，相应的董事会主席的配备级别较高，如巴西开发银行的董事会成员全部都由总统最终任命。三是在立法方面，都有相应的独立的法律支持以保障政策性金融机构的合法性。四是在国家信用的享有方面，多数国家的政策性银行享有国家信用，但有的机构或享有地方政府的信用担保，或有条件地享有政府的专项担保。详见表 7 - 10。

表 7 - 10 　　　　　国外部分政策性银行公共治理实践

银行名称	股权	治理与监督	立法	国家信用
德国复兴信贷银行（1948 年）	80% 联邦、20% 州	监事会、董事会	德国复兴信贷银行法	享有政府担保
北莱茵威斯特法伦州银行（2002 年）	国有	执行委员会、监管委员会和唯一担保人（北莱茵—威斯特伐利亚州）	关于北莱茵威斯特法伦州公有银行重组法律关系的法案	由北莱茵—威斯特伐利亚州明确提供担保
法国储蓄托管机构（1816 年）	完全国有	处于法国议会的监管和担保之下，并由监管委员会负责审查	法国历史上第一部金融法	享有政府担保

续表

银行名称	股权	治理与监督	立法	国家信用
日本政策投资银行（1999 年）	完全国有	处于日本财务省控制之下，财务大臣有监督权	日本政策投资银行法案	对境外债券提供一定金额担保
日本政策金融公库（2008 年）	中央政府出资100%	处于日本财务省控制之下，财务大臣有监督权	日本政策金融公库法	
韩国产业银行（1954 年）	完全国有	韩国企划财政部负责监管实务	韩国产业银行法	政府为债券提供担保
俄罗斯发展与对外经济事务银行（2007 年）	国有	设有管理委员会负责日常运营，其主席由总统任免；同时设有监事会和董事会，监事会是最高管理机构，监事会主席由俄总理担任	发展与对外经济事务银行法	承担提供和执行俄联邦政府担保的功能，但俄联邦不对该银行负债负责
哈萨克斯坦开发银行（2001 年）	国家全资持有	股东会是最高权力机构，董事会是管理机构，执行机构是管理委员会，监督机构是内部审计，免于哈萨克斯坦国家银行的监管	哈萨克斯坦开发银行法	遇到财务困难，政府将提供及时、特殊的支持
巴西开发银行（1952 年）	国有	顾问委员会是最高管理机构（含多名部长），董事会负责日常运营（成员由总统任命），审计委员会负责审计	根据巴西政府1628 号法令成立	是联邦的公共公司，巴西国库支持低成本融资
美国农业信贷体系（1916 年）	借用者所有	农业信贷管理局负责监管，其负责人由总统任命	关于建立联邦土地银行体系的法案	农业信贷保险公司提供保险服务

说明：表格中的内容如无特别说明，均来源于中国开发性金融促进会、北京大学国家发展研究院联合编写组：《全国开发性金融发展报告（2015）》，中信出版社 2016 年版。德国复兴信贷银行的部分信息来源于杨子剑、梁栋、郑before文、王伟：《德国复兴信贷银行的运作特点及其启示》，载《北方金融》2016 年第 3 期；日本政策金融公库的相关信息来源于 https：//www.jfc.go.jp/；美国农业信贷体系的相关信息来源于 http：//www.farmcreditnetwork.com/；北莱茵威斯特法伦州银行的部分信息来源于 http：//www.nrwbank.com/en/investor-relations/Pres-entations.html。

（三）国外政策性金融组织的市场效率实践

从 10 家国外代表性政策性金融机构的情况看，国外政策性金融组织在市场效率方面体现在以下三方面：一是盈利性指标总体上不高，甚至有的政策性银行的部分指标是负数。如表 7 – 11 的盈利指标栏所示，多数政策性银行的资产利润率不足 1%，资本利润率不足 10%，与国内商业性银行相比盈利性普遍不足，这也恰好印证了其在公共战略中的战略愿景和使命，即成为不以营利为目标的公共机构。同时，多数银行的盈利指标虽不高但为正这一客观事实，有力地回应了政策性金融就一定要亏损这一观点。二是在组织架构和业务流程方面，一般是坚持市场化原则，进行组织架构的调整、业务产品的设计和优化。三在资本管理方面，一般都有联邦和州政府的担保、支持和保证。详情见表 7 – 11。

表 7 – 11　　　　国外部分政策性银行市场效率实践

银行名称	盈利指标（ROA/ROE）	组织架构	产品服务	资本管理
德国复兴信贷银行（1948 年）	0.31%/7.01%（2014 年）	集团化，4 个业务本部和 5 个子公司	资本市场再融资、与商业银行等机构合作	联邦提供所有债务的担保
北莱茵威斯特法伦州银行（2002 年）	0.01%/0.09%（2014 年）	前中后台共计 14 个业务和管理部门，及 4 个条线的团队中心	资本市场融资、零售业务、批发业务	由北莱茵—威斯特伐利亚州明确提供担保
法国储蓄托管机构（1816 年）	1.49%/6.78%（2013 年）	—	—	享有政府担保
日本政策投资银行（1999 年）	0.33%/2.02%（2014 年）	10 家分行、9 家办事处和 3 家附属机构	组合投资和贷款服务	对境外债券提供一定金额担保
日本政策金融公库（2008 年）	0.23%/1.05%（2015 年）	152 家国内分行，2 家海外代表处	中小企业贷款、小微贷款、农林渔业贷款	

续表

银行名称	盈利指标（ROA/ROE）	组织架构	产品服务	资本管理
韩国产业银行（1954年）	-1%（2013年）/5.4%（2012年）	80家国内外分行、5家子公司、5家海外附属机构	政策金融：包括证券、投资、资产管理、基础设施和人寿保险等	政府为债券提供担保
俄罗斯发展与对外经济事务银行（2007年）	n.a	—	项目融资、发行证券、引导借贷资金、出口信贷支持、参与中小企业信贷融资计划	承担提供和执行联邦政府担保功能，但俄联邦不对该行负债负责
哈萨克斯坦开发银行（2001年）	0.86%/3.60%（2014年）	全资的附属租赁公司	零起点项目融资、中长期大型项目融资、出口融资、担保贷款	遇到财务困难，政府将提供及时、特殊的支持
巴西开发银行（1952年）	1.03%/13.05%（2014年）	有三家子公司	工业和基础设施的长期融资，对农业、文化和环保及保护特殊群体提供金融服务，国际贸易	巴西国库支持低成本融资
美国农业信贷体系（1916年）	n.a	由农业合作社组成，资金通过近80个农业信贷协会从 AgFirst、AgriBank、CoBank and Farm Credit Bank of Texas 融资	长期不动产贷款、短期或中期农业生产者贷款、对合作社的贷款	农业信贷保险公司提供保险服务

　　说明：（1）表格中的内容如无特别说明，均来源于中国开发性金融促进会、北京大学国家发展研究院联合编写组：《全国开发性金融发展报告（2015）》，中信出版社2016年版。德国复兴信贷银行的部分信息来源于杨子剑、梁栋、郑斯文、王伟：《德国复兴信贷银行的运作特点及其启示》，载《北方金融》2016年第3期；日本政策金融公库的相关信息来源于 https：//www.jfc.go.jp/；美国农业信贷体系的相关信息来源于 http：//www.farmcreditnetwork.com/。

　　（2）盈利指标栏中的 ROA/ROE 分别指资产利润率和资本利润率，括号中的年份是指其对应的年份，其中日本政策金融公库的 ROA/ROE 是根据其年度报表计算而得。

（四）国外对政策性金融组织的动态调整实践

无论从国别视角下的政策性金融组织的实践分析，还是从上述公共战略、公共治理和市场效率等方面看，国外政策性金融组织的动态调整性都十分明显。一是从成立的时间上可以看出，政策性金融机构处于不断的成立、调整、重组和优化的动态调整过程中。少数机构如法国储蓄托管机构、美国的农业信贷体系存续的时间已经达一两个世纪，多数机构如德国复兴信贷银行和韩国开发银行等也达半个世纪，也有几家机构如俄罗斯发展与对外经济事务银行、日本政策金融公库（经优化重组）成立的时间尚不足 10 年。二是国外政策性金融组织随着本国或地区经济社会的发展或产业转型，其在战略规划方面都表现出了较强的动态规划性特征。比如成立于 1816 年的法国储蓄托管机构，在 1822 年重点发放支持地方发展的贷款，在 1910 年启动了义务退休金计划，二战结束后启动了战后重建筹集资金计划，在 1950～1980 年发起了光荣三十年计划，2007 年启动了 ELAN2020 战略。

三、国外政策性金融组织改革发展的特点

综观国内外对政策性金融组织的研究与实践，不难发现，总体上国外偏重于实践过程中的问题导向研究，且以个案研究为主，旨在解决客观实践中的问题，如面对市场失灵，如何向全社会提供公共金融产品和服务，抑或如何为农业、中小企业解决有效融资和担保的问题等。因此，国外虽然对政策性金融的理论尚没有进行系统化和整体性的梳理与研究，但在问题导向的研讨过程中，通过比较分析可以相对清晰地看到，其主要围绕政策性金融的功能定位、股权结构、公司治理、组织架构、业务流程和立法监督等方面重点进行了研究与讨论，可能由于讨论问题和对策的具象性及实操性，反而在一定程度上支持了其政策性金融改革创新的发展。这些都十分值得进行深入研究和总结，并从中获得宝贵的启示。具体

而言，国外政策性金融组织改革发展的特点体现在以下几方面：

一是明确的战略定位。国外的政策性金融组织具有鲜明的战略定位，即主要是作为公共金融机构，以特定的强位弱势群体为重点服务对象，以改善和提高本国或本地区的社会经济发展水平和全体民众的福利福祉。这是政策性金融机构存在和发展的基础。

二是不断的动态调整。在战略客群定位的指导下，随着时间和条件的变化，政策性金融机构对所服务的客户群体不断做出动态调整，与此同时内部的组织架构和业务流程也不断优化和调整。这是政策性金融机构适应外界环境变化和时代变迁的必备条件。

三是高效的公共治理。要实现既定战略定位下的动态调整，实现时间和空间两个维度上的持续发展，政策性金融机构需要强而有力的公共治理，尤其是其中的监管环节。国外的多数政策性金融机构的监管部门（包括负责人和主要组成人员）多由国家总理担任或总统提名。这是保障政策性金融机构实现自身持续发展和战略持续达成的重要一环。

四是平衡的市场效率。为实现政策性金融机构在上述公共战略、动态调整和公共治理等方面的内在协调与动态平衡，政策性金融机构还必须实现商业上的可持续性，即虽不以利润最大化为目标，但在产品服务的提供、业务流程的构建和组织架构的设计等环节要体现市场效率性。这是政策性金融机构实现可持续发展的内在要求。

第三节　启示与借鉴

通过上述对国外政策性金融组织理论、政策及最新动向的比较分析，可以得到若干深刻启示。

一、要客观、全面、深刻地认识国外政策性金融组织的发展

与国外相比，国内对于政策性金融组织具有较强的、系统化和整体

性的理论研究，特别是针对政策性金融的概念、功能、特征等形成了较为完善的理论体系，为政策性金融机构改革与发展奠定了一定的理论基础。但在指导政策性金融机构改革与发展的过程中，由于在某些情况下研究者所关注和讨论的问题并不是实践部门的重点关切，提出的建议并不能特别有效地转化为实践部门的有效措施，导致政策性金融的理论与实践未能做到有效对接和耦合，以至于整体上对问题的理解和分析停留在若干概念的争论和探讨阶段，没有加速越过或暂时搁置争议并继续向前或深入地探求政策性金融更加一般性的、客观存在着的规律。在这方面，最明显的例子就是关于政策性金融机构的市场化操作或商业化或私有化改革的讨论。争论的各方在没有进一步解析市场化、商业化或私有化具体内涵或特指的情况下，较早地表达了各自认为的政策性金融市场化、商业化或私有化是否可行的定论。

事实上，国际上著名的政策性银行如日本政策投资银行、韩国产业银行和德国复兴信贷银行，截至 2015 年底还是政府百分之百持股的、专注于政策性金融业务的银行。特别应该指出的是，日本政策投资银行已经数次推迟股份私有化的改革进程，退一步讲，即使将来日本政策投资银行实现了部分股权的私有化，也不能认为该银行就背弃了政策性金融的宗旨和定位，甚至认为转型为商业银行。因为私有化是一般性的词语，它隐含着多重概念和方法，其实施目标也是多元化的，比如用于实现财政的可持续、改善业绩、增加私人融资、恢复近期已经国有化的资产以及意识形态等。而且私有化的模式不是唯一且固定的，其实现的方式包括完全出售或剥离、部分出售、租赁或特许、资本化以及恢复等（安东尼奥·伊斯塔什、鲁尔德·特鲁希略，2011）。私有化对绩效的提升也只是居于中等偏上的水平，而所有制结构以及公司治理都是影响经济绩效的重要因素（约瑟夫·斯蒂格利茨、热拉尔·罗兰德，2011）。更不消说，从全球政策性银行最新的发展实际看，2008 年金融危机之后各国的政策性金融的功能定位实则进一步加强。因此，我们要更加客观、全面、深刻地认识国外政策性金融组织的发展。

二、要以理论联系实际为原则更加科学地认识政策性金融机构的相关边界和范畴

我国著名经济金融学家白钦先教授早在 20 世纪 90 年代初就提出了政策性金融的概念及相关理论，之后随着我国政策性金融的分离分立及政策性金融机构的改革，政策性金融的科学内涵一度被人有意无意地曲解、错解和滥解。有人将国外极个别政策性金融机构在业务领域的商业化改革认为是政策性金融机构改革和发展的标准范例，甚至有人认为政策性金融就是政府指令的金融、就是没有金融机构自主选择权的金融、就是亏损金融。面对 2008 年以来的各类危机，世界范围内的政策性金融再次发挥了在巨灾、危机面前的重要支撑作用，业界和学界也重新认识到了政策性金融对经济发展、社会进步的重要性。但即使如此，在如何界定政策性金融机构及其与其他金融机构存在的相互关系时，不免存在一些概念模糊和错漏之处。

通过国际视角的比较研究，笔者认为界定政策性金融机构的科学内涵实际上需要从战略定位、公司治理、组织架构、业务流程、风险管理、资本管理以及立法监督等层面来分析：第一，政策性金融机构在战略定位上首先要以强位弱势群体或薄弱环节领域为服务对象。第二，政策性金融机构在公司治理上分为股权和治权两个层面，股权的民营化和私有化并不一定意味着政策性金融的变性，而关键在于战略定位以及治权在谁的手里，即为谁服务和谁在服务；与其说影响政策性金融的因素在于资本的所有权属性，不如说影响政策性金融执行效果的因素在于是否在股权与治权之间建立了制衡有效的公司治理结构，从而使政策性金融组织能够发挥其应有的社会合理性和经济有效性相平衡的作用。第三，政策性金融机构在组织架构、业务流程上与其他的商业性金融、合作性金融没有太大差异，主要是以市场效率为原则，并非如有人指出的政策性金融机构没有具体客户的选择权，这实际上是一种僵化的认识。第四，在风险管理、资本管理和立法监督三个环节，政策性金融机构重点突出政府在支持强位弱势群体、薄弱环节或区域均衡发展方面的国家信用、增信与担保、法律保障

与监督以及市场纪律强约束等重要职能作用。从政府和市场的关系看，政策性金融机构在上述几方面是政府和市场两种力量的有机组合或巧妙结合体：在战略定位方面，较大程度上注重发挥政府的作用；在组织架构和业务流程方面，注重发挥市场的竞争、激励等重要作用；而在公司治理、风险管理、资本管理和立法监督方面，则注重政府和市场两种机制的组合作用，在某种意义上组合的概率分布是随机的，但这个分布本身又具有明确的期望和方差，它们由战略定位和市场效率共同决定。

三、要以提高全社会福利福祉为根本扎实推进中国政策性金融机构改革发展

截至 2018 年末，银行业本外币金融资产为 268 万亿元人民币，约是 GDP 的 3 倍，发展速度之快令人难以想象，但从改革的层面看，由商业性金融、政策性金融和合作性金融构成的三维金融体系尚未能发挥应有之效果。一是商业性金融机构唯利是图，大举退出了农村金融市场，在金融资源富集的领域和区域商业性金融资源的边际产出很低甚至为负（王伟、秦伟新，2015）。二是部分政策性金融机构逆势而为，坚持商业化改革，农业政策性金融机构的存量企业客户数大幅减少（秦伟新，王伟，2014）。三是合作性金融机构不断加速向商业性金融机构转型和转制，使得原本就缺乏金融资源的农村区域更加"雪上加霜"，而有研究已经证实农村信用社向农村商业银行的转制对支农绩效的提高会产生负面效应。这与商业银行减少普通柜台数量、增加"高大上"的 VIP 尊贵理财室及柜位数，从而使得普通民众等待时间过长并一定程度引起普通民众对社会不满等一系列问题①的做法如出一辙，说明包括政策性金融资源在内的金融资源都在进一步集中，广义地看，社会民众在

---

① 比如，2013 年 9 月 27 日发生在南方某农信社的病重老人亲自取钱猝死事件，2013 年 10 月 26 日的央视《新闻联播》节目对此事进行了报道，详见 http://news.cntv.cn/2013/10/26/VIDE1382788682317545.shtml。

金融资源的公共性、公平性以及平等性等方面的基本权益受到极大挑战。可以说，经过 20 多年发展我国形成的 1.0 版本的政策性金融体系还有很多地方需要完善和优化。金融是经济的核心，由于货币是固定地充当一般等价物的特殊商品，而金融作为一种特殊的战略性资源，如何让市场能在金融资源的配置中发挥决定性的作用，其关键是要明确中国金融体系未来发展方向的战略性定位，即金融发展最终的目的是什么。社会主义的本质是共同富裕，因此社会主义国家金融发展的最终目的是满足人们日益增长的金融需求，最终实现共同富裕。金融结构决定金融功能，单点的金融结构只能满足少数群体的金融需求；链式的金融结构也只能发挥线性的金融功能，并满足少数部门或条线的金融需求；而立体式的金融结构能够发挥三维的金融功能，满足全社会最大多数群体的基本金融需求。因此，从长期看，我们要建立以人民为中心的政策性金融体系。

四、打造更具中国特色的 2.0 版本的政策性金融组织体系

在国外政策性金融机构近百年的发展历史中，其战略定位具有鲜明的全面覆盖、客户细分和动态规划等特点，因此我国的政策性金融机构发展也应该在战略定位上做深做透，以打造 2.0 版本的更具中国特色的政策性金融组织体系，实现组织由有向优、效率由低到高的升级转型。具体而言：

一是在现有战略客群的基础上，制度化地覆盖农民生产经营、中小微企业融资、住房金融、教育、环境保护和重点开发区域等细分部门或领域。在这方面，最为典型的例子就是政策性金融机构功能定位或客户选择。例如，美国的农业信贷体系在 100 年前创立时就通过立法明确了支持农业贷款的投向、额度、利率和期限等具体要素（Larry Yackle，2013）；日本政策性金融公库在 2015～2017 年的发展规划中明确指出了支持的重点客户对象以及支持的具体数量（日本政策性金融公库发展规划，2015），且根据实际情况不断调整优化（日本政策性金融公库发展规划，2016），而从长期看，其具体支持的对象和投向也处于动态调整中（Farm Credit，2015）。

二是根据客观实际对所有战略定位客群进行细分，并基于此制定详细的具有可操作性的中国政策性金融战略发展规划，在规划中要明确国家对农业、农民、中小企业等领域的公共服务边界（如提供的担保责任份额）等，并鼓励各省根据自身实际，制定针对性更强的政策性金融发展规划，比如广东可以制造业金融中心（2016～2020 年）—产业金融中心（2021～2025 年）—公共金融中心（2025 年以后）为发展路径制定广东省的政策性金融发展规划。

三是全国人民代表大会要切实提升对政策性金融立法的步伐和效率，将上述战略定位、发展规划提升到国家法律的高度给予保障、支持和约束；在法律上保障和支持国家对政策性金融战略客户（农民发展经营、中小微企业融资等）的资本补充、担保和增信等行为；党中央、国务院、全国人大和政协等国家机关可以借鉴俄罗斯发展与对外经济事务银行等机构的做法，提升政策性银行的监管层次，监管部门的负责人由国家总理、全国人大委员长或全国政协主席担任，[①] 进一步加大对政策性金融机构执行战略情况的评估、监督和管理。

四是政策性金融机构要在组织架构和业务流程上进一步强化市场机制的重要作用，按照市场效率原则，开发更具市场前景的产品和服务，优化现有的组织结构和考核机制等，比如在渠道建设上要善于利用现有合作性金融体系在农村的众多网点，通过市场化的外包服务解决自身的基层组织缺失问题。

五是科学认识金融的本质属性是公共性这一重要论断。我国是社会主义市场经济体制国家，建设具有中国特色的社会主义公共金融体系是完善和发展社会主义市场经济体制的重要组成部分。具体到金融领域，建设具有中国特色的公共金融体系则是中国金融改革的重要方向。具有明显公共性特征属性的政策性金融机构，在构建这种公共金融体系中，应该充分发挥其主动性、先导性和主体性的积极作用。

---

① 实际上，由政协主席担当政策性金融机构的监事会主席的做法，反过来也有利于进一步完善民主监督的政治协商制度，是实现民主监督的有效落点。

第八章

我国政策性金融机构改革创新的
政策选择及建议

创新是一个民族进步的灵魂。在上述各章从理论、实证及国际比较等方面探究政策性金融组织问题的基础上,本章探讨如何进一步推进我国政策性金融机构改革和创新发展。首先,运用 PEST - SWOT 法分析我国政策性金融机构面临的宏观环境因素和发展态势。其次,基于多维度综合比较视角,对政策性金融机构改革发展的不同方案进行比较和分析。最后,在市场决定理论视角下,从不同的方面,并结合国家提出要研究建立住宅政策性金融机构等新型政策性金融机构的重大战略决策,探讨并提出推动我国政策性金融机构改革发展的若干政策建议。

第一节 我国政策性金融机构面临的
宏观环境和发展态势

一、我国政策性金融机构宏观环境的 PEST 分析

就政策性金融机构面临的宏观经济社会环境而言,在实践层面,从笔者在第二章的论述中也可以看出,经济社会中的各经济主体实际上对

理性经济人出现了过度的解读，比如个别商人逐步失去道德底线，不断强调"在商言商"的商业信条，相当部分的个人也逐步开始信奉"人不为己，天诛地灭"的人生信条，包括政策性金融机构在内的企业过度强调盈利、利润等短期目标的重要性，从而导致各类资源尤其是金融资源的配置出现严重分化（如城乡账户开户率的比例失衡、弱势群体金融服务可得性依然很低以及中小企业贷款难等）。而在理论上也存在一定的认知偏差，学界对经济、金融的研究不断强调所谓理性经济人（自私自利）的方面，这不但背弃了经济学原有的价值判断，而且越来越偏离经济社会发展对社会合理性重要维度的应有关注，从而导致在部分领域或环节与社会理性渐行渐远。为全面、系统地分析政策性金融机构所面临的宏观环境，笔者采用 PEST 分析方法进行了全面系统的分析。在 PEST 分析方法中，P 是政治（politics），E 是经济（economy），S 是社会（society），T 是技术（technology），下面将围绕以上四个方面进行分析。

（一）政治上高度重视金融及政策性金融改革与金融安全工作并创造了良好的发展环境

党中央高度重视经济金融对国家全局工作的重要性，同时包括金融领域在内的反腐工作不断走向深入，为政策性金融机构改革发展营造了良好的政治环境氛围。一方面，党的十八届三中全会明确提出要"发挥市场在资源配置中的决定性作用"，以及"推进政策性金融机构改革"。党的十八届四中全会明确提出要"坚持法治国家、法治政府、法治社会一体建设，实现科学立法、严格执法、公正司法、全民守法，促进国家治理体系和治理能力现代化"。习近平 2017 年 4 月在中共中央政治局第四十次集体学习时强调，"金融安全是国家安全的重要组成部分，是经济平稳健康发展的重要基础"，以及"完善定期研究金融发展战略、分析金融形势、决定金融方针政策的工作机制，提高金融决策科学化水平"。① 另一

---

① 习近平主持中共中央政治局第四十次集体学习，2017 年 4 月 26 日，http：//www. gov. cn/xinwen/2017 – 04/26/content_5189103. htm。

方面，近几年来反腐工作不断走向深入。党中央多次重申，不论什么人，不论其职务多高，只要触犯了党纪国法，都要受到严肃追究和严厉惩处。党的十八大以来，立案审查中管干部 240 人，处分 223 人，移送司法机关 105 人。仅 2016 年一年，纪检监察机关共接受信访举报 253.8 万件次；立案 41.3 万件，增长 25%；处分 41.5 万人，增长 24%，其中处分省部级干部 76 人、厅局级干部 2781 人、县处级干部 1.8 万人、乡科级干部 6.1 万人。2016 年，全国共处分乡科级及以下干部 39.4 万人，增长 24%，其中处分村党支部书记、村委会主任 7.4 万人，增长 12%。[①]

（二）经济增长中的结构性问题可能对政策性金融机构的深化改革产生影响

党的十八届五中全会通过的《中共中央关于制定国民经济和社会发展第十三个五年规划的建议》明确提出要"加快金融体制改革并提高金融服务实体经济效率"，"健全商业性金融、开发性金融、政策性金融、合作性金融分工合理、相互补充的金融机构体系"，以及"平等、绿色、共享、协调、创新"的发展理念。改革开放 40 年来，经济社会获得快速进步，尤其在经济方面取得了举世瞩目的成就，2016 年中国国民生产总值为 74.4 万亿元（折合 11.13 万亿美元），增速 6.7%，占世界经济生产总值的 14.84%，是全球第二大经济体。但在经济增长为全面改革提供物质基础的同时，从产业、区域、社会群体等结构性角度看，农村经济增长滞后、小微企业融资难、农民增收缓慢、区域间发展不均衡等问题凸显，这些问题反过来又会影响经济的可持续发展，也对政策性金融机构的改革与发展提出了新的要求。

另外，以自私自利和利润最大化为主要特征的市场原教旨主义渐渐成为众多研究者的基本思维逻辑和潜在的判别标准，真可谓"随风潜入

---

① 中共中央纪律检查委员会：《十八届中央纪委第七次全会工作报告》，2017 年 1 月 20 日，http://www.ccdi.gov.cn/xxgk/hyzl/201701/t20170120_93095.html。

夜，润物细无声"；与研究者倡导的"利润最大化"相呼应，在经济领域中相当数量的中小企业家在日常管理中贯彻了丧失道德底线的"在商言商"的商业信条；而普通民众在一定情况下也认为"人不为己，天诛地灭"是适应当前商业社会和市场经济的基本行为准则。这些不利因素不仅影响政策性金融机构改革的深化，而且将最终影响经济的可持续发展能力以及社会稳定。

（三）社会群体的两极分化问题严重并急需公共金融产品的逐步缓释

改革开放 40 年来，在经济总量不断增长的同时，在局部或在部分领域的社会问题却日益凸显。从近年来发生的惨案可以看出，我国在经济社会发展的过程中，虽然经济总量不断发展壮大，但由于资源尤其是金融资源配置不均衡等原因，导致少数社会底层民众不能及时共享社会经济发展带来的积极成果，从而接二连三地出现惨案。西南财经大学中国经济研究中心举办的家庭金融调研数据表明，2012 年，中国家庭的基尼系数已经高达 72%。另外，2014 年 11 月中国人民银行公布的数据显示，全国范围内 50 万元以下的账户占全部账户数的 99.63%，也即只有 0.37% 的账户超过了 50 万元。[①] 而根据业内人士的分析和估计，0.37% 的账户拥有的金融资产占全部账户金融资产的比例可能已超过了40%，也即 99.63% 的个人账户所占的金融资产不足 60%。这些问题都急需政策性金融机构发挥对强位弱势群体的直接扶植作用，以及对商业性金融机构的首倡引导作用，逐步形成金融对公共战略客户的有效机制与流程，使当前社会群体撕裂以及群体板结化等社会问题得到缓解。

（四）"互联网+"等技术进步将为政策性金融机构创新提供更广阔的空间

"互联网+"是创新 2.0 下的互联网发展的新业态，是知识社会创

---

① 中国人民银行：《中国人民银行关于存款保险条例（征求意见稿）的说明》，2014 年11 月 30 日。

新 2.0 推动下的互联网形态演进及其催生的经济社会发展新形态。"互联网 +"并不是与传统行业的简单相加,而是利用信息通信技术以及互联网平台,让互联网与传统行业进行有效重整,通过充分发挥互联网在社会资源配置中的优化、整合和集成作用,将互联网的创新成果深度融合于经济、社会各域之中,提升全社会的创新力和生产力,形成更广泛的以互联网为基础设施和实现工具的经济发展新形态。它具有跨界融合、创新驱动、重塑结构、尊重人性、开放生态和连接一切等特征,作为"互联网 +"的重要组合形式之一的互联网金融,在过去几年取得了突飞猛进的发展。以微众银行为例,该行成立于 2014 年底,截至 2016 年末,各项贷款余额达到 308 亿元,同比增加 269 亿元,增幅 697%,尤其在消费信贷方面,其拳头产品"微粒贷"主动授信超过 7000 万人,开通用户超过 1500 万人,覆盖面达 31 个省份、567 座城市;累计发放贷款近 1987 亿元,管理贷款余额 517 亿元,有效地服务了普罗大众的小额资金需求。[①] 可见,互联网等技术的进步和金融科技广泛而深入的应用,将有效改善政策性银行纯技术效率水平不高的现实(如第三章分析,22 年间三家政策性银行的平均纯技术效率水平为 0.996,处于纯技术效率水平的前沿生产曲面之下),进一步为政策性金融机构的产品创新提供更加广阔的市场前景和地域空间。

二、我国政策性金融机构发展态势的 SWOT 分析

关于政策性金融机构面临的发展态势的分析,笔者主要采用 SWOT 分析方法,其中 S(strengths)是优势、W(weaknesses)是劣势,O(opportunities)是机会,T(threats)是威胁。下面按顺序详细分析。

一是政策性金融机构的发展初步具备了市场的规模优势。比如,截至 2015 年末,三家政策性银行的资产总额达 19.84 万亿元,占银行业

---

① 深圳前海微众银行股份有限公司:深圳前海微众银行股份有限公司 2016 年年报,第 8 页,行长致辞。

金融机构资产总额（199.35 万亿元）的 9.95%；贷款余额达 14.80 万亿元，占银行业金融机构贷款余额（99.35 万亿元）的 14.90%。这为政策性金融机构的发展奠定了初步的规模优势。

二是政策性金融机构自身在发展过程中还在战略执行、公司治理和效率水平等方面存在劣势。在战略执行方面，机构的战略客群定位和发展规划制定相对比较滞后，有待于进一步明确战略客户群体的定位，并制定具体的支持发展对象的规划目标；公司治理架构不够完善；效率水平比较低，三家政策性银行的技术进步的效率水平都处于前沿生产曲面之下，尤其是在社会合理视角下的市场效率水平还比较低。这些问题详见第四章的政策性金融机构的分析部分，在此不再赘述。

三是构建中国特色的公共金融体系是政策性金融机构面临的重要发展机遇。金融安全越来越成为重要的课题，金融安全的前提是回归金融的公共性这个本质属性，回归金融机构的公共金融产品提供者和服务者的这个最本质的要求，摒弃短期利润最大化这个不可持续的发展目标，在此过程中政策性金融机构要以更大的政治勇气，充分发挥首倡引导作用，引导金融机构积极向公共金融服务者的本质身份回归，切实将战略客户群体实质性转向农民、农村、中小微企业和落后区域等公共金融客群，积极探讨公共金融客群视阈下的金融风险管理技术，实现支持公共客群和财务可持续的平衡发展。

四是如何实现社会合理性的逐步提高是政策性金融机构面临的最大威胁。伴随着经济获得突飞猛进的发展，农村经济增长滞后、小微企业融资难、农民增收缓慢、区域间发展不均衡以及社会群体等结构性问题进一步凸显，"改革已经进入攻坚期和深水区"，[1] 如果这些问题得不到妥善解决，可能会严重影响经济的可持续发展态势、社会的安定团结，甚至政治大局的稳定，这就需要政策性金融机构在此背景下，充分发挥

---

① 详见习近平在 2013 年 3 月 5 日参加两会上海代表团时的讲话，http：//news. cntv. cn/2013/03/05/ARTI1362481784158508. shtml；另外在央视纪录片《改革进行时》（第一集）中，也引用习近平的话："中国改革经过 30 多年，已经进入深水区，好吃的肉都吃掉了，其余的都是硬骨头。"

国之重器的作用，以更大的政治责任感承担起基础性公共金融服务的职责和使命，为农村经济增长慢等结构性问题和薄弱环节注入新的持续性的驱动力。

而满足上述这些要求，不但需要政策性金融机构自身的改革发展，更需要市场化的商业性金融机构的强力支持，更加离不开良善、高效和廉洁的国家治理机制的支撑。

第二节　政策性金融机构改革发展
不同方案的比较和评析

在市场决定理论的指引下，笔者认为政策性金融机构具有公共战略性、公共治理性、市场效率性和动态调整性的基本特征；结合近年的实践，笔者进一步推论出政策性金融机构改革发展的有效模式应该集中体现在有效战略、现代治理、人民利益和动态平衡四个方面。据此，笔者也将主要基于战略客群、治理水平和综合比较（尤其是与社会经济效率水平的比较）等视角，对政策性金融机构改革发展的不同方案进行比较和分析。

一、战略客群视角下政策性金融机构改革发展的不同方案比较

（一）两种不同战略客户群体的方案

在战略客户群体的视角下，政策性金融机构有两组可以选择的战略客群：一组是公共客群，即三农经济、中小企业融资、住房保障融资、落后区域发展和环保等领域或产业；另一组是私人客群，即那些短期能产生现实的商业经济利益的群体，比如城市中的商业房地产项目或拥有较大的社会关系资本的个人客户等群体。如果重点支持公共客户群体，

则在社会合理性方面，通过提高强位弱势群体从而最终提升整体利益，能够体现政策性金融的科学性、合理性，符合政策性金融的宗旨；在经济有效性方面，通过提升公共客群效率水平也将持续提升整体经济效率水平。而如果重点支持私人客户群体，在社会合理性方面，社会群体因资源的集中配置进一步加剧了社会分化，长期中较难实现共同富裕，同时也不符合政策性金融理论的科学性、合理性和宗旨；在经济有效性方面，短期内虽然能在一定程度上提升经济效率，但长期中因社会群体的进一步分化，社会阶层进一步"撕裂"并积累大量的"社会郁结"，①从而使得经济持续发展丧失社会稳定的基础，最终导致经济增长乏力和效率水平的低下。由于支持不同的客户群体将在社会合理性和经济有效性方面产生迥然不同的整体效果，因此社会群体也就具有不同的评价结果。详见表8－1。

表8－1　　　不同战略客群视角下的政策性金融机构改革方案比较

战略客群	客户群体	社会合理性	经济有效性
公共客群战略	三农经济、中小企业融资、住房保障、落后区域发展和环保等	提升公共群体利益从而最终提升整体利益；符合政策性金融的科学性、合理性和宗旨	通过提升公共客群效率持续提升整体经济效率
私人客群战略	那些能在短期内产生现实的商业经济利益的群体	社会分化加剧，较难实现共同富裕；不符合政策性金融的科学性、合理性和宗旨	短期内提升经济效率，长期中因社会分化造成经济增长乏力，效率降低

（二）对两种不同客群方案的比较

两种客群视角下政策性金融机构改革方案的比较如图8－1所示。

---

① 详见央视采访香港特首林郑月娥，网址 https：//v. qq. com/x/page/u0521y16gpz. html，2017－08－21。

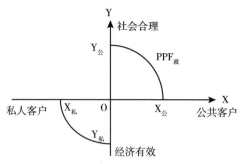

图 8 - 1 不同战略客群视角下的政策性金融机构改革方案评析

在图 8 - 1 中，Y 轴是效率轴，向上是社会合理，向下是经济有效；X 轴是战略客群轴，向左是公共客户，向右是私人客户。PPF$_政$ 是政策性金融机构的生产可能性边界。现将基于不同战略客群视角下政策性金融机构改革方案说明如下：

一是政策性金融机构支持公共客户群体的方案分析。该方案发生在图 8 - 1 坐标区域的第一象限。其中，OX$_公$ 是指政策性金融机构支持公共客户群体的数量，OY$_公$ 是政策性金融机构通过对公共客户的金融支持使社会整体利益增进的数量，曲线 Y$_公$ X$_公$ 是政策性金融机构的生产可能性边界（PPF）。该方案在没有降低社会其他群体福利的情况下，仅仅通过增加公共客户的金融供给，最终，使得社会整体利益得以净增加，属于社会福利的帕累托改进，即社会福利净增加的量是 OY$_公$。由于随着政策性金融机构对公共客户投入数量和效率水平的持续增加，PPF 将不断向右侧移动，因此社会福利净增加的量 OY$_公$ 也将不断增大，实现社会全体利益的最大化，最终达到帕累托最优状态，也即马克思所讲的人的全面自由。

二是政策性金融机构支持私人客户群体的方案分析。该方案发生在图 8 - 1 坐标区域的第三象限。其中，OX$_私$ 是指该金融机构支持私人客户群体的数量，OY$_私$ 是该金融机构通过对私人客户的金融支持使私人利益增进的数量，曲线 Y$_私$ X$_私$ 是该金融机构的生产可能性边界（PPF）。该方案是将本属于支持公共客户的金融资源用于满足私人客户群体的金融需求，就机构而言虽然在短期内得到了经济利润，但没有增加社会全体成员的整体利益，因此不属于帕累托改进，而且进一步导致了社会分化的可能和隐患。实际上，这是一个商业性金融机构的行为（实践中的国家开发银行等政策性银行的商业性业务即是如此），[①] 曲线 $Y_私 X_私$ 也正是商业性金融机构的生产可能性边界。可以肯定的是，随着该机构对私人客户投入数量 $OX_私$ 的不断增加，PPF 将不断向左侧移动，$OY_私$ 也就不断增大，从而社会的净损失也不断增大（虽然金融机构短期的经济利润在不断增加）。

二、治理水平视角下政策性金融机构改革发展的不同方案比较

（一）两种不同的方案

在国家治理水平的视角下，政策性金融机构也有两组可以选择的治理方案：一组是强国家治理方案，包括国家信用背书、政策性金融立法支持、税收优惠与减免、市场化的资本补偿机制、强国家监管以及商业性金融机构业务支持等。另一组是弱国家治理方案，包括不能享有国家信用背书、政策性金融立法支持不足、税收优惠与减免力度小、弱国家监管以及市场化的资本补偿机制不健全等。两者的差别主要体现在政策性金融的立法、政策扶持与补偿机制等具体事项的推进速度、强度和力度等方面。强国家治理方案有助于社会合理性的改善与提高，因为善治和善政都有助于政策性金融机构提高社会公共金融产品的广度和深度，法治政府和责任政府为全体人民所高度认可；同时在经济有效性方面，高效、专业、透明和廉洁的治理也有利于提高经济运行效率。弱国家治

---

① 在中国银监会 2016 年 8 月 1 日公布的《中国银行业监督管理委员会 2015 年报》中明确称："截至 2015 年，我国银行业金融机构包括 3 家政策性银行、5 家大型商业银行、12 家股份制银行……" 详见 http://www.cbrc.gov.cn/chinese/home/docViewPage/110007.html，第22 页。

理方案在社会合理性方面，没有体现出民主、法治、责任和公正等核心治理要素，也不利于政策性金融机构向公共客户及全体民众提供社会公共金融产品；同时在经济有效性方面，治理效率低和廉洁政府缺失等将增大经济运行的成本，不利于包括政策性金融机构在内的市场主体的运行效率的提高，从而不利于提高整体经济运作效率。详见表8-2。

表8-2   不同治理水平视角下的政策性金融机构改革方案比较

国家治理	治理措施	社会合理性	经济有效性
强国家治理方案	政策性金融立法支持、国家信用强背书扶持政策力度大、补偿机制健全且幅度大	善治和善政都有助于政策性金融机构提高社会公共金融产品的广度和深度，法治和责任政府为全体人民所认可	高效、专业、透明和廉洁的治理有助于提升政策性金融机构效率从而提高整体经济效率
弱国家治理方案	政策性金融立法支持不足，扶持和补偿机制不健全，缺乏国家信用背书	没有体现出民主、法治、责任和公正等核心治理要素，不利于政策性金融机构提供社会公共金融产品	治理效率低和廉洁政府缺失等将增大经济运行的成本，不利于提高整体经济效率

（二）两种不同治理方案的比较

两种治理水平视角下政策性金融机构改革方案的比较如图8-2所示。

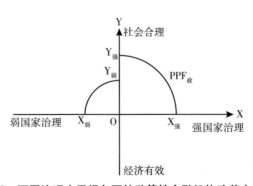

图8-2   不同治理水平视角下的政策性金融机构改革方案评析

在图 8 - 2 中，Y 轴是效率轴，向上是社会合理，向下是经济有效；X 轴是治理轴，左轴是强国家治理，右轴是弱国家治理。PPF政 是指政策性金融机构的生产可能性边界。现将基于不同治理水平视角下政策性金融机构改革方案说明如下：

一是政策性金融机构在强国家治理条件下的方案效果分析。该方案发生在图 8 - 2 坐标区域的第一象限。其中，OX强 是指政策性金融机构在支持公共客户群体时受到的国家治理强度，OY强 是在强国家治理条件下政策性金融机构通过对公共客户的金融支持使社会整体利益增进的数量，曲线 Y强 X强 是政策性金融机构的生产可能性边界（PPF）。该方案在没有降低社会其他群体福利的情况下，仅仅通过增强国家治理的强度从而增加公共客户的金融供给，最终使社会整体利益得以净增加，属于社会福利的帕累托改进，即社会福利净增加的量是 OY强。由于随着政策性金融机构对公共客户投入数量和效率水平的持续增加，PPF 将不断向右侧移动，因此社会福利净增加的量 OY强 也将不断增大，实现社会全体利益的最大化，最终达到帕累托最优状态，也即实现马克思所讲的人的全面自由以及人占有自身的全部。

二是政策性金融机构在弱国家治理条件下的方案效果分析。该方案发生在图 8 - 2 坐标区域的第二象限。其中，OX弱 是指政策性金融机构在支持公共客户群体时受到的国家治理强度，OY弱 是在弱国家治理条件下政策性金融机构通过对公共客户的金融支持使社会整体利益增进的数量，曲线 Y弱 X弱 是政策性金融机构的生产可能性边界（PPF）。该方案在没有降低社会其他群体福利的情况下，通过弱国家治理从而增加公共客户的金融供给，最终使得社会整体利益得以净增加，属于社会福利的帕累托改进，即社会福利净增加的量是 OY弱。应该指出的是，从图 8 - 2 中可以看出，该方案的实际效果要比在强国家治理条件下方案的效果小，即 OY强 > OY弱，其关键的原因在于国家治理的强度较小，即 OX强 > OX弱，比如国家信用是否强背书、政策性金融立法是否支持、税收优惠与减免能否实现、市场化的资本补偿机制是否健全等，这些都是造成其效果较小的原因。

三、综合视角下政策性金融机构改革发展不同方案的评析

(一) 四种不同的方案

从客群战略和国家治理两个维度共同对社会效率水平的影响看，共有四种不同的结果，现将四种不同方案的结果分析比较如下：一是公共客群战略和强国家治理共同作用的方案。由于公共客户的福利不断提升，从而引起社会合理性不断提高，进而使得整体经济效率也持续提升，最终达到帕累托最优的状态，实现全体民众的福利最大化。二是公共客群战略和弱国家治理共同作用的方案。由于该方案中的国家治理无论是在力度还是在强度上都比较弱，因而导致对公共客户福利的改善程度相对较小，进而导致对社会合理性和经济效率的作用都相对较小，即属于帕累托改进。三是私人客群战略和强国家治理共同作用的方案。该方案在强国家治理的支持下，不断加大对私人金融资源的转移和支持，进而使得社会合理性走向极端不合理，随着支持力度和时间的推移，经济有效性在短期内有效，但在长期无效。四是私人客群战略和弱国家治理共同作用的方案。由于弱国家治理的影响，虽加大对私人金融资源的支持，但毕竟力度没有方案三那样大，这会使社会合理性会走向不合理但不会走向极端不合理，经济有效性在短期内有效，但在长期无效。因此，综合来看，方案一是最优的方案，次优方案是方案二，方案三和方案四都属于社会福利净损失型的方案，而方案四是最差的方案，是典型的与民争利。详见表8-3。

表8-3　　综合视角下政策性金融机构改革发展方案的比较

	公共客群战略	私人客群战略
强国家治理	帕累托最优 （社会合理，长期经济有效）	既非帕累托最优也非改进 （社会极不合理，长期经济无效）
弱国家治理	帕累托改进 （社会合理，长期经济有效）	既非帕累托最优也非改进 （社会不合理，长期经济无效）

（二）四种不同方案的效果评析

从图8-3中可以看出，Y轴是效率轴，向上是社会合理，向下是经济有效；X轴是战略客群轴，向左是公共客户，向右是私人客户；Z轴是治理轴，前轴是强国家治理，后轴是弱国家治理，三条处于不同平面的弧线 $Y_{社}X_{公}$、$Z_{强}X_{公}$ 和 $Y_{社}Z_{强}$ 共同形成了政策性金融机构的一个生产性可能边界 $PPF_{政}$。

从上面的方案比较中可以看出，最优的方案是方案一，即在政策性金融机构重点支持公共客户战略的前提下，又有国家信用背书作用、立法支持、税收优惠、资本补偿机制健全等强国家治理的支撑，其改革的社会效果最佳。在三维坐标中，它集中地体现在 $X_{公}Y_{社}Z_{强}$ 的三维曲面上，曲面上的每一个点都是一个最佳方案，它们集中在一起构成了一个集合，即政策性金融机构改革发展的最优方案集。不同的政策性金融机构在自身不同的预算约束内，可以在曲面上找到一个相切的点，那个点就是该政策性金融机构的最佳改革方案。[①]

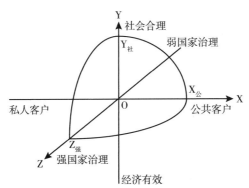

图8-3　综合视角下的政策性金融机构改革方案评析

[①]　针对不同的政策性金融机构如何确定自身的最优改革点问题，鉴于篇幅，笔者在此不再进一步展开，大概的思路是从支持公共客户的数量和类别以及国家治理支持的举措和强度等几个方面分别确定。

第三节　改革和发展我国政策性金融机构的政策建议

本节在以上理论研究、实证分析和国际比较的基础上，围绕政策性金融宗旨并基于二维视角，探讨并提出推动我国政策性金融机构改革发展的若干政策建议和基本对策；同时，本节还结合国家提出的要研究建立住宅政策性金融机构等新型政策性金融机构的重大战略决策进行了理论探讨，并提出了相关对策建议。

一、围绕宗旨推动政策性金融机构改革发展的政策建议

在 2016 年中国银行业发展论坛暨第四届银行综合评选颁奖典礼上，农发行荣获"最佳政策性银行"。这标志着我国政策性金融机构开始不断强化其政策性职能和政策性金融宗旨理念，但还需要向着办成真正的政策性金融机构改革目标继续努力，因为走得再远，也不能忘记为什么要出发。党的十八届三中全会通过的《中共中央关于全面深化改革若干重大问题的决定》提出要"推进政策性金融机构改革"，其出发点和落脚点也是在强调和体现政策性金融的宗旨目标。所以，我们需要围绕政策性金融制度的宗旨，来推动和深化我国政策性金融机构的改革与可持续发展。

政策性金融，简而言之，就是穷人的金融，是针对金融排斥问题的一种包容性金融；政策性金融学则是穷人的金融学，也是具有中国特色的原创性哲学社会科学。2016 年是红军长征胜利 80 周年，红军是为穷人打天下，政策性金融则是为穷人提供融资服务。尽管古今中外一直存在着政策性金融实践活动，但由中国人于 20 世纪 80 年代末率先从理论上发现、发掘这一普遍现象和经济规律，并提出政策性金融范畴及学科理论体系，也只有短暂的 20 多年。如今，政策性金融日益得到国内外

学者和决策层的认同。从 2004 年至今的中央一号文件，每年都有对政策性金融的强调与要求。习近平总书记在 2016 年 5 月 17 日哲学社会科学工作座谈会上指出，要"结合中国特色社会主义伟大实践，加快构建中国特色哲学社会科学"。中国政策性金融发展的历史悠久，可以追溯到先秦时期向贫民、小手工业者和小商贩等弱势群体进行赊贷业务的官方信用机构"泉府"。虽然我国专门的政策性金融机构组建和运营时间不长，但是成效比较显著，无论是开发性政策性金融实践，还是农业政策性金融、进出口政策性金融的实践，无不具有鲜明的中国特色，因而政策性金融学也是一门亟待加快构建的中国特色哲学社会科学。所以，不能说外国人鲜有政策性金融或政策银行这一提法，中国人就不能开创性地提出，更不能不加分析地将政策性金融片面地统称为传统政策性金融，不加区别地将政策性银行划入旧模式开发银行。对政策性金融的很多误解，再次说明了抓紧中国特色政策性金融学研究的必要性和紧迫性。

科学而规范意义上的政策性金融，是指在一国政府的支持与鼓励下，由金融机构及其他不同融资载体，直接或间接地为强位弱势群体提供贷款、保险和担保等多种政策性融资服务的金融制度安排。由此，政策性金融的宗旨，就是为关乎国计民生的强位弱势群体提供各种形式的金融服务，促进这些特殊目标群体的经济增长与社会进步。政策性金融的性质，则体现出非营利公共性和社会合理性的属性。这里的"强位"，是指服务对象关系到国计民生，符合政府特定的社会经济政策或政治意图，在经济和社会发展中具有特殊战略性的重要地位。"弱势"是指服务对象由于自身的、历史的和自然的原因，造成它在一定的经济环境条件下、在激烈的市场竞争中处于融资方面的相对劣势或特别弱势的状态；弱势也反映了政策性倾斜的目的及目标。"群体"则是一个内涵和外延都相对广泛的社会学范畴，不仅是指人群集合体，也包括具体的产业、地区、领域、项目等次级社会群体或次属群体，以及企业等正式组织群体。

政策性金融的界定标准，主要体现在政策性金融的宗旨及业务对象是否符合"强位弱势群体"这一基本特性。对强位弱势群体的融资倾斜和扶植服务，既是政策性金融"政策性"的集中体现，也是政策性金融与主要服务于强势群体（优质客户）的商业性金融的根本区别，是区分政策性（金融）业务和商业性（金融）业务的基本标准。关于弱势群体的衡量标准，经济学家、社会学家、法学家、政治学家等都从不同的视角和立场，提出了不同的划分方法和标准。政策性金融倾向于采用经济学的标准，即收入和消费水平比较低、徘徊在贫困线边缘以及竞争力不足等特定的弱势群体。至于哪些属于需要政策性金融扶持的贫困人群、落后地区和弱势的产业、企业以及境外项目等，则需要以政府在不同时期、不同阶段制定的具体相关政策规定和划定的标准为准。

政策性金融作为一种制度安排，是由机构组织体系和融资业务体系两部分所构成的一种政策性金融体系。政策性金融机构虽然是政策性金融制度的主要承载体，也是我们通常意义上所说的政策性金融或者狭义的政策性金融，且时下的政策性金融改革也主要针对政策性金融机构改革，但严格地、准确地说，政策性金融不是或不同于政策性金融机构等制度载体，两者是内容和形式的关系，是制度安排的稳定性和制度载体多元性的关系。也就是说，政策性金融业务既可以由政府专门组建的政策性金融机构专营，也可以由其他金融机构兼营。所谓政策性金融机构，是指由政府创立或控股的，专门为贯彻、配合政府有关强位弱势群体的社会经济政策或意图，在国家信用保障和专门法律规范下，在特定的业务领域内，直接地从事政策性融资活动的非营利性公共金融机构。按照现行金融监管部门的职责及统计口径，目前，我国的政策性金融机构体系包括"三行两保"，即主要由中国农业发展银行、中国进出口银行和国家开发银行三家政策性银行，以及中国出口信用保险公司、国家农业信贷担保联盟公司两家政策性非银行金融机构所构成。政策性融资包括社会责任融资以及 PPP、公益信托等一系列特殊的资金融通。其中，社会责任融资业务作为政策性金融的范畴及本义，也是政策性银行基本的职能和职责所在，所以政策性金融机构不必像商业性金融机构那样，每年单独发布社会责任报告，但可以在年度报告里有所体现。

如何实现政策性金融宗旨问题，也是当前政策性金融机构改革发展面临的问题。商业银行等非政策性金融机构开展一些政策性金融业务，无论出于什么目的、采取什么方式都无可厚非，然而，作为政府所有或控股并享有国家信用等显性隐性特殊背景和政策待遇的政策性金融机构，不仅机构数量要少而精、业务规模要小而专，以充分发挥市场配置金融资源的决定性作用，而且应该全心全意地只做并做好单一的政策性金融业务，而不能也不该脚踏两只船，出于自身局部利益，既做政策性金融业务，也做诸如证券投资等营利性的商业性金融业务。因此，推进政策性金融机构改革和实现其可持续发展，首先应该是围绕政策性金融宗旨，依据市场决定理论，实现机构的目标（真正的政策性金融机构）、手段（市场化运作）和保障（专门立法）"三位一体"。

市场决定理论就是党的十八届三中全会提出的"使市场在资源配置中起决定性作用和更好发挥政府作用"的政府和市场关系理论。习近平总书记在主持政治局第十五次集体学习时进一步强调，"看不见的手"和"看得见的手"都要用好，努力形成市场作用和政府作用有机统一、相互补充、相互协调、相互促进的格局。为了充分发挥和体现市场在资源配置中的决定性作用，政府就应该只做市场做不到的事情，而不做市场能做到的事情。这种逻辑关系体现在政策性金融机构的职能上，则是政策性金融机构基于其特有的市场逆向性选择与首倡诱导性功能，只做商业性金融机构做不到的政策性金融业务，而不做商业性金融机构能做到的一般金融业务。所以，政策性金融机构是有选择地适度介入市场，并补充商业性金融市场不足即补短板，这同金融深化论中所谓政府对金融的过多干预和行政管制的金融抑制是两码事。事实上，过度的金融监管、不可持续的商业性金融及其设租寻租等，也有可能产生金融抑制和影响经济发展。从金融发展的历史来看，政策性金融机构首先产生于发达国家，而且迄今仍然大量存在于发达国家，但却没有造成金融抑制，反而进一步促进了社会经济的可持续发展。美国就是一个典型例子，对待政策性金融，美国是只做不说，在法律上将其农业政策性金融机构定位为"永久性法人机构"。所以，政策性金融与金融抑制之间并不存在必然的因果关系。

政策性金融机构改革的最终目标，应该是办成真正的政策性金融机构。判定一个政策性金融机构是否规范且名副其实，按照科学的政策性金融理论与国外政策性金融组织的实践经验，至少应达到如下的基本标准：（1）具有政府背景和享有国家主权信用待遇并充分体现公共性的政策性金融本质属性；（2）融资对象必须是不能或不易或无力从商业性金融机构获得资金的强位弱势群体；（3）有专门的立法和独立的监管体制及考评指标体系；（4）不主动与商业性金融机构展开不公平市场竞争；（5）适度有限的市场化运作与保障财务稳定及可持续发展的非主动竞争性盈利机制；（6）有自动而稳定的政策扶持体系与利益补偿机制。因此，我国政策性金融机构的改革，无论是现在进行时还是将来完成时，都应该遵循真正的政策性金融机构的六大基本标准，朝着这个最终目标不断努力。

市场化运作是政策性金融机构微观业务运营的基本手段，因为政策性金融也是金融，是一种有偿的信用活动，而不是无偿的财政、慈善的民政和社会捐助。市场化运作也不是向商业银行转型的市场化改制，而是强调不能主动参与市场竞争、与民争利的适度有限的商业化运营手段。美国次贷危机前后政策性金融的异化和回归实践，也促使国内外学界、政界在不断反思政策性金融的市场化转型改革取向。

加快政策性金融立法步伐，既是解决我国政策性金融机构职能缺位与越位并存和经营无规、竞争无序、监管无据等问题的重大而基本的战略决策，也是借鉴国外相关经验做法并与其同步发展的大势所趋。国外政策性金融机构大都是一个机构有一部法律，因为政策性金融机构的专业性比较强，业务领域不同，而且是先立法后建机构，或立法与组建机构同步进行。所以加快政策性金融专门立法并实施标准化监管，应成为推进我国政策性金融机构改革与可持续发展的重要突破口。当务之急，我们需要汲取古今中外的相关经验和教训，抓紧研究制定和颁行政策性金融法。亡羊补牢犹未迟也。

此外，联合国于 2005 年正式提出的包容性金融（inclusive finance）①，其出发点和落脚点或重点也是针对弱势群体的金融排斥（排除）问题而言的，这与政策性金融则是异曲同工、殊途同归，因而两者可以耦合支撑、互为载体、共同发展。政策性金融机构的改革发展也可以考虑同目前正在开展的普惠金融试验区建设有机地结合起来。

时代呼唤"最佳政策性银行"，但更需要真正的或名副其实的政策性银行和政策性非银行金融机构。政策性金融机构无论怎么改革、如何发展，也不要偏离政策性金融的宗旨。不忘初心，方得始终。只有牢记宗旨，不辱使命，才能办成真正的政策性金融机构。

二、基于二维视角推动政策性金融机构改革发展的基本对策

经过上一节的比较分析可知，基于市场决定理论的最优的政策性金融机构改革与发展方案，除了紧密围绕政策性金融宗旨实现"三位一体"外，还应该坚持两个关键基本点：一是坚持服务公共客户群体的有效战略；二是在此基础上实行强国家治理机制。下面将围绕这两个维度，就政策性金融机构改革发展的基本政策思路和具体对策展开分析。

（一）坚持优先服务公共客户群体的有效战略

1. 总体上须确立以服务公共客户群体为目标的政策性金融发展战略

市场决定视角下，政策性金融机构改革发展的目标是要提升社会公

---

① 国内一般将体现其本义的包容性金融译为普惠金融。在国际上，更多地使用包容性增长（inclusive growth）、包容性发展（inclusive development）及相应的包容性金融（inclusive finance）概念。

众整体的福利福祉。总体上，政策性金融机构要彰显大国重器的作用，建立以人民为中心、以提升社会公共利益为最终目标的政策性金融发展战略，关键是要提升支持农村、农民和落后区域等强位弱势群体发展的金融服务水平。在宏观的国家层面，要制定旨在体现社会公众利益最大化宗旨目标的中远期的政策性金融发展战略（2020~2050年）；在微观的机构层面，要建立战略管理体系，包括制定发展战略、建立或优化战略管理部门、推进战略实施和定期调整战略举措等；在产品创新方面，要提供更加高效的政策性公共金融产品，尤其是针对农民、中小微企业、住房、教育、环保和重点开发区域经济发展等；通过人力和资本两要素的技术进步来全面提升服务社会公众的效率，包括互联网金融在农村、中小微企业融资、住房、教育、环保和重点区域经济发展等领域的广泛应用和提升内部 IT 治理水平等。

2. 服务公共客户群体金融发展战略的落地应体现差异化原则

在落实服务公共客户群体金融发展战略的过程中，不同的政策性金融机构应体现出不同的、差异化的落地举措。针对农发行的改革发展现实，在宏观层面，要制定《中国农业政策性金融中远期发展规划（2020~2050年）》，并建立有指标衡量、有推动执行、有督导评估和有动态调整的"四有"国家战略体系；在微观层面，要建立战略管理体系，包括制定银行战略、建立战略管理部门、推进战略实施和定期调整战略举措等。针对进出口银行的情况，宏观上要全面梳理进出口金融领域的国家战略，制定《中国进出口政策性金融中远期发展规划（2020~2050年）》等；微观上要构建全面对接国家进出口政策性金融发展规划的战略管理体系，扎实推进自身机构的战略。而国家开发银行应该在宏观上回归开发性政策性金融的公共属性，并制定《国家开发性政策性金融中远期发展规划（2020~2050年）》；微观上应尽快组建战略规划局，构建全面对接国家开发性政策性金融发展规划的战略管理体系，扎实推进战略，优化存量商业性贷款。中国信保应制定《国家政策性保险中远期发展规划（2020~2050年）》，打造战略中心型组织，构建全面对接政策性保险发展规划的战略管理体系，扎实推进战略。详见表 8 - 4。

表 8 - 4 服务公共客户群体有效战略的建议

	宏观建议	微观建议
总体	要彰显大国重器的作用，提升支持农村、农民和落后区域等强位弱势群体发展的金融服务水平； 建立以人民为中心、以提升社会公共利益为最终目标的政策性金融发展战略； 国家层面要制定旨在体现社会公众利益最大化宗旨目标的中远期的政策性金融发展战略（2020～2050 年）	银行层面要建立战略管理体系，包括制定发展战略、建立或优化战略管理部门、推进战略实施和定期调整战略举措等； 产品方面要创新更加高效的政策性公共金融产品，尤其是针对农民、中小微企业、住房、教育、环保和重点开发区域经济发展等； 通过人力和资本两要素的技术进步来全面提升服务社会公众的效率，包括互联网金融在农村、中小微企业融资、住房、教育、环保和重点区域经济发展等领域的广泛应用和提升内部 IT 治理水平等
农发行	建立有指标衡量、有推动执行、有督导评估和有动态调整的"四有"国家战略；制定《中国农业政策性金融中远期发展规划（2020～2050 年）》等	建立战略管理体系，包括制定银行战略、建立战略管理部门、推进战略实施和定期调整战略举措等
进出口行	全面梳理进出口金融领域的国家战略，制定《中国进出口政策性金融中远期发展规划（2020～2050 年）》等	构建全面对接国家进出口政策性金融发展规划的战略管理体系，扎实推进银行战略
国开行	回归开发性政策性金融的公共属性，制定《国家开发性政策性金融中远期发展规划（2020～2050 年）》	组建战略规划局，构建全面对接国家开发性政策性金融发展规划的战略管理体系，扎实推进战略，优化存量商业性贷款
中国信保	制定《国家政策性保险中远期发展规划（2020～2050 年）》	打造战略中心型组织，构建全面对接政策性保险发展规划的战略管理体系，扎实推进战略

（二）构建服务公共客户群体战略的强国家治理体系

构建公共客户群体战略的强国家治理体系，包括政策性金融的立法与监督、扶持措施和补偿机制等几方面。总体目标是构建中国特色的政策性金融机构改革发展的公共治理体系，实现路径包括：全国人大应加快政策性金融的立法步伐；全国人大和全国政协应建立对政策性金融机构的常态化的民主监督机制，尤其是在公共客户的金融服务方面；政策性金融机构自身要建立完善的"三会一层"现代公司治理结构，对外应逐渐完善政策性金融产品、服务流程和组织等。详见表 8 – 5。

表 8 – 5 　　　　强国家治理视角下政策性金融机构改革发展的建议

	核心要求	实现路径
总体目标	构建中国特色的政策性金融机构改革发展的公共治理体系	加快人大的政策性金融立法步伐； 人大和政协建立对政策性金融常态化的民主监督机制； 政策性金融机构自身要建立完善的"三会一层"现代公司治理结构，对外完善产品、服务流程和组织等
立法与监督	以三农经济、中小微企业、住房、环保等为战略客群，在 2025 年前构建相对完备的适合政策性金融机构改革与发展的中国政策性金融法律体系	2018～2020 年完成中国农业政策性金融法、中国农业政策性金融监督法； 2019～2021 年完成中国开发性政策性金融法、中国开发性政策性金融监督法、中国中小微企业银行法； 2020～2022 年完成中国进出口政策性金融法、中国进出口政策性金融监督法； 2021～2023 年完成中国保障性住房金融法、中国保障性住房金融监督法； 2022～2024 年完成中国落后地区振兴金融法，等等
	提升对政策性金融机构的监管水平和效率	明确政策性金融机构需要支持的行业或技术名单，并动态地列入政策性金融发展规划； 优化国家治理机制，由全国人大、全国政协、农业农村部、环保部、中小企业协会等的相关负责人来政策性金融机构参与监管及评价其国家战略的执行情况，通过提高监管等级来提高监管效率和水平

续表

	核心要求	实现路径
扶持措施	宏观层面，要建立适合政策性金融机构实际的扶持政策和措施	特别财务会计政策，如降低公共战略客群风险权重；减免税或实行弹性税率制；财政存款的支持；针对政策性金融业务提供国家信用担保；商业金融机构对特别存款（政策性债券）、政策性贷款等业务的支持，引导商业银行支持政策性金融业务
	微观层面，要贴合政策性金融机构的发展需求	高层次金融人才的交流与合作；市场化自主权适度扩大；国家定期定向公布需要支持的公共客户（产品、行业、投向）的清单
补偿手段	逐步构建并完善适合政策性金融机构实际的补偿机制	注册资本的市场化补充；针对政策性金融业务的利息补贴；新的政策性公共金融产品的创新研发补贴；成立专门的政策性金融业务的补偿委员会

在立法与监督方面，核心要求是以三农经济、中小微企业、住房、环保等为战略客群，在 2025 年前构建相对完备的适合政策性金融机构改革与发展的法律体系，并且分年度逐步完成农业、进出口、保障性住房以及落后区域振兴等领域的政策性金融立法工作。在监督措施方面，要明确政策性金融机构需要支持的行业或技术名单，并动态地列入政策性金融发展规划；不断优化国家治理机制，由全国人大、全国政协、农业农村部、环保部、中小企业协会等的相关负责人来政策性金融机构参与监管与评价其国家战略的执行情况，通过提高监管等级来提高监管效率和水平。

在扶持措施方面，宏观上的扶持措施包括以下一些：特别财务会计政策，如降低公共战略客群加权风险资产权重；减免税或实行弹性税率制；财政存款的支持；针对政策性金融业务提供国家信用担保；商业金融机构对特别存款（政策性债券）、政策性贷款等业务的支持，引导商业银行支持政策性金融业务等；微观上的扶持措施包括以下一些：商业性金融机构与政策性金融机构中的高层次金融人才的交流与合作；政策性金融机构的市场化自主权适度扩大；国家定期定向公布需要支持的公共客户（产品、行业、投向）的清单。

在补偿手段方面，应逐步构建并完善适合政策性金融机构实际的补偿机制，具体包括：成立专门的政策性金融业务的补偿委员会、注册资本的市场化补充；针对政策性金融业务的利息补贴；新的政策性公共金融产品的创新研发补贴，等等。

三、关于新建政策性住房保障银行的思考与建议

2014年是我国全面深化改革的开局之年，也是我国三大政策性银行组建20周年，研究建立住宅政策性金融机构等新型政策性金融机构，也被写入党的十八届三中全会通过的《中共中央关于全面深化改革若干重大问题的决定》及《国家新型城镇化规划（2014~2020年)》等一系列中央文件之中，并被列入2014年全面改革的重要工作之一。住宅政策性金融机构是遵循政策性金融制度宗旨，专门为缓解中低收入家庭住房困难、促进实现住有所居和社会公平正义目标而提供贷款、担保、保险和其他政策性金融服务的专业性金融机构，是一国政策性金融机构体系的组成部分。

据悉，中国版的政策性"住房银行"——国家住房保障银行即将成立，国家开发银行、住建部均有意牵头成立，双方也已分别向高层提交了几个版本的方案。多年来，学术界有关政策性住房保障银行的构建及运营问题，也是众说纷纭，争论不休，迄今尚无定论。笔者认为，在政策性金融日趋回归的今天，应该依据科学的政策性金融理论，按照科学规范的、真正的政策性金融机构规则标准，构建一个有别于现有政策性银行的名副其实的、真正的政策性国家住房保障银行。当务之急是做好以下工作：

第一，由国务院协调、住建部牵头，整合住房公积金管理中心与国开行住宅金融事业部两个机构及其相关人员，挂牌成立国家住房保障银

行。目前，我国大部分城市都建立了住房公积金中心，这些拥有一定专业经验及大量资金的机构的存在为政策性住房银行的设立打下了相对完备、可以依托的基础。住建部也早在三年前就已开始为其属下的公积金管理中心向政策性银行的转型做好了准备，而国开行也有一定的民生金融业务实践，所以，由两个机构重组构建政策性住房银行，成本低、可操作性强、优势也明显。国家住房保障银行的定位是遵循政策性金融制度的宗旨，专门为缓解中低收入家庭住房困难、促进实现住有所居和社会公平正义目标而提供贷款、担保和其他政策性金融服务的政策性银行。发放的贷款包括针对中低收入群体的购置住房贷款、新建自住房贷款、旧房改造贷款、住房租赁和担保等其他相关贷款，重点是支持低收入购房者获得自有住房。资金来源以住房公积金资金为主，并采取市场化方式发行住宅金融专项债券，向邮储等金融机构和其他投资者筹资。为提高政策性住房资金的安全性，还应建立健全与我国政策性住房金融风险转移相适应的住房抵押贷款寿险和住房抵押贷款信用保险等相关主体之间的风险共担机制。银行还可以代表政府管理控制全国住房金融体系，参与相关的社会事业活动。

第二，先立法，而后成立国家住房保障银行，实现依法运营、监管和考评。通过对政策性住房金融体制及运行机制的国际比较可以看出，在住房问题解决得比较好的国家，大多都有专门的政策性住房金融法，而且是先立法、后建机构或立法与组建机构同步进行。如日本依据《住宅金融公库法》于1950年6月设立住宅金融公库，美国依据《1932年住房贷款银行法》建立了联邦住房贷款银行体系，还有英国的《住房协会法》、德国的《民房建设资助法》、韩国的《住宅建设促进法》等。相关法律对政策性住房金融机构的创设目的、法律地位、资金运用和业务范围、资金来源、融资原则、国家信用支持和优惠政策、组织体制、监督检查机制、法律责任等方面进行了法律规范和规定。学习和借鉴国外先进的经验和普遍做法，我国应抓紧制定和出台《国家住房保障银行法》及相应的银行章程，做到"兵马未动，粮草先行"，少走弯路，避免重犯政策性银行立法一直缺失的历史性错误。一部政策性住房银行法并非一开始即完美无缺，需根据国家的形势、政策和经济金融环境的变化，与时俱进，在一定的发展阶段，适时地进行修订、补充和完善，这是各国政策性金融法律动态调整性特点的要求。同时，围绕政策性住房保障银行的性质特征，构建其外部差别监管体制，并以政策实现度评价为重点，从社会、经济、生态环境三个系统和经营绩效、公共绩效两个维度，设计国家住房保障银行绩效考评与标准化监管指标体系和计分模型，实现依法监管和有据可评。

第三，按照党的十八届三中全会通过的《中共中央关于全面深化改革若干重大问题的决定》精神，实现住宅政策性金融机构的可持续发展。党的十八届三中全会提出，经济体制改革是全面深化改革的重点，核心问题是处理好政府和市场的关系，使市场在资源配置中起决定性作用，更好发挥政府作用。中共中央总书记习近平在主持政治局第十五次集体学习时强调，在市场作用和政府作用的问题上，要讲辩证法、两点论，"看不见的手"和"看得见的手"都要用好，努力形成市场作用和政府作用有机统一、相互补充、相互协调、相互促进的格局，推动经济社会持续健康发展。处理好政府和市场的关系，简而言之，笔者认为应该是政府只做市场做不到的事情，而不做市场能做到的事情。这种职能逻辑关系体现在住宅政策性金融上，则是国家住房保障银行只做商业性金融做不到的政策性住房保障业务，而不做商业性金融能做到的一般金融业务。市场逆向性选择与首倡诱导性功能是政策性金融的特有功能，也是充分发挥市场在资源配置中的决定性作用的基本要求和重要体现，因而是实现住宅政策性金融机构规范运作与可持续发展的功能性制度保障。针对国家住房保障银行，更好地发挥政府作用，就是要强调在政策性住房金融立法、监督、绩效评价、补偿机制等方面的国家职责，强化政策性住房保障银行的国家建设与非市场治理机制，提高政策性银行的国家治理能力。

第四，在国家住房保障银行组建方案正式颁行前，应先广泛征求社会意见，尤其是相关研究领域专家学者的建议，以保障重大决策的科学性和公正性。建议高层决策者汲取以往政策性银行改革方案闭门造车的经验教训，集思广益，在公开多方征求社会公众和该领域权威专家学者意见和中肯建议的基础上，进一步修改完善，然后正式出台颁布国家住房保障银行法及其机构实施方案，而后再正式挂牌成立和运营国家住房保障银行。在国家住房保障银行董事会（理事会）成员的构成中，也要有一两位相关权威专家的参与。这也是各国政策性金融机构监督机制与特殊权力结构的特点之一。

附录一

政策性金融机构服务有效性调查问卷

（政策性金融机构①填写）

您好！

非常感谢您在百忙之中参与本次问卷调查工作。本次问卷调查目的是了解我国政策性金融机构改革发展的影响因素，本研究来源于国家社科基金项目"市场决定视角下政策性金融机构改革创新研究（14BJY193）"。请基于您所在机构的实际情况以及您个人的真实感受来认真如实地填答，资料信息仅供科研统计使用，按照《统计法》的有关规定，您的个人信息和回答将被严格保密，请不必有任何顾虑。

填答问卷时，您只要在相应的选项中打"√"即可。问卷结果反馈有两种方式：一是电子邮箱回复，请您将填好的问卷发到邮箱×××；二是纸质版收回，邮寄地址：×××，邮编×××。两种方式可任选其一。

一、基本信息

1. 贵单位属于下列政策性金融机构中的哪一家？

A. 中国农业发展银行　　　　　B. 国家开发银行

C. 中国进出口银行　　　　　　D. 中国出口信用保险公司

2. 贵单位所处的区域（①东部地区包括：辽宁、河北、北京、天津、山东、江苏、浙江、上海、福建、广东、海南；②中部地区包括：

---

① 本问卷的政策性金融机构主要指中国农业发展银行、中国进出口银行、国家开发银行、中国出口信用保险公司。

黑龙江、吉林、山西、河南、安徽、湖北、湖南、江西；③西部地区包括：内蒙古、陕西、甘肃、宁夏、青海、新疆、西藏、四川、重庆、广西、贵州、云南）：

A. 东部地区　　B. 中部地区　　C. 西部地区

3. 贵单位的员工总数：

A. 100 人以下　　　　　　　　B. 100～200 人

C. 200～500 人　　　　　　　D. 500 人以上

二、问卷

1. 贵单位在服务国家战略目标与实现政策性金融机构持续发展目标上的实际效果如何？

A. 很好　　　　B. 好　　　　C. 较好　　　　D. 一般

E. 不足

2. 贵单位认为政策性金融机构在服务国家战略目标过程中的主要优势体现在哪些方面？（可多选）

A. 国家信用支撑　　　　　　　B. 覆盖面广泛

C. 人才储备　　　　　　　　　D. 资产规模大

E. 管理能力高　　　　　　　　F. 产品创新能力强

G. 其他_____

3. 贵单位认为政策性金融机构提供的产品和服务的优势主要在于哪些方面？（可多选）

A. 期限长　　　　　　　　　　B. 稳定性高

C. 费用低　　　　　　　　　　D. 快捷

E. 手续简单　　　　　　　　　F. 免担保

G. 容易获得　　　　　　　　　H. 前瞻性

I. 其他_____

4. 贵单位存量客户中主要的客户群体是哪些？（可多选）

A. 政府平台企业　　　　　　　B. 国有企业

C. 民营企业　　　　　　　　　D. 城市中低收入群体

E. 农民   F. 其他_____

5. 贵单位近几年支持的主要客户群体的客户数量变化趋势怎样？

A. 增加超过 10%   B. 增加不足 10%

C. 基本不变   D. 减少不足 10%

E. 减少超过 10%

6. 贵单位认为政策性金融机构还应该在哪些领域进一步加大支持力度？（可多选）

A. 三农   B. 城市基础设施建设

C. 经济开发   D. 环境治理

E. 就业   F. 教育

G. 中小微企业   H. 竞争性行业

I. 其他_____

7. 贵单位在服务国家重要战略客户过程中遇到的外部瓶颈主要是什么？（可多选）

A. 国家立法缺失   B. 外部信用环境较差

C. 客户信用评级较低   D. 政府支持不足

E. 有效的国家治理缺失 F. 监管考评机制不完善

G. 理论研究不足   H. 其他_____

8. 完善的政策性金融立法对政策性金融机构服务有效性的提升作用有多大？

A. 很大   B. 大   C. 较大   D. 一般

E. 没作用

9. 完善的监管考评机制对政策性金融机构服务有效性的提升作用有多大？

A. 很大   B. 大   C. 较大   D. 一般

E. 没作用

10. 除立法之外，政府在支持政策性金融机构提升服务有效性方面的作用有多大？具体体现在哪些方面_____。

A. 很大   B. 大   C. 较大   D. 一般

E. 没作用

11. 外部信用环境对政策性金融机构服务有效性的影响程度有多大？

A. 很大　　　　B. 大　　　　C. 较大　　　　D. 一般

E. 没影响

12. 客户信用评级对政策性金融机构服务有效性的影响作用有多大？

A. 很大　　　　B. 大　　　　C. 较大　　　　D. 一般

E. 没作用

13. 有效的国家治理对政策性金融机构服务有效性的影响有多大？

A. 很大　　　　B. 大　　　　C. 较大　　　　D. 一般

E. 没影响

14. 当前国内政策性金融理论研究对支持政策性金融机构自身发展和提升服务水平的实际推动作用如何？

A. 很好　　　　B. 好　　　　C. 较好　　　　D. 一般

E. 不足

15. 贵单位在服务国家重要战略客户过程中遇到的内部因素主要是什么？（可多选）

A. 资本限制　　　　　　　　B. 人才缺乏

C. 公司治理效能不高　　　　D. 绩效考核导向不明确

E. 产品创新不足　　　　　　F. 其他_____

16. 资本不足对政策性金融机构服务有效性提升的影响有多大？

A. 很大　　　　B. 大　　　　C. 较大　　　　D. 一般

E. 没影响

17. 人才缺乏对政策性金融机构服务有效性的约束有多大？

A. 很大　　　　B. 大　　　　C. 较大　　　　D. 一般

E. 没作用

18. 公司治理对政策性金融机构服务有效性的影响有多大？

A. 很大　　　　B. 大　　　　C. 较大　　　　D. 一般

E. 没影响

19. 完善的绩效考核对政策性金融机构服务有效性的导向作用有多大？

A. 很大　　　　B. 大　　　　C. 较大　　　　D. 一般

E. 没作用

20. 金融产品和服务创新对政策性金融机构服务有效性的影响有多大？

A. 很大　　　　B. 大　　　　C. 较大　　　　D. 一般

E. 没影响

21. 营销人员素质对政策性金融机构服务有效性的影响作用有多大？

A. 很大　　　　B. 大　　　　C. 较大　　　　D. 一般

E. 没影响

22. 政策性金融机构下一步的改革方向是什么？（可多选）

A. 只做政策性业务的金融机构

B. 既做政策性业务又做商业性业务的金融机构

C. 回归政策性金融的机构

D. 向商业性金融转型的机构

E. 效法国开行，向开发性金融机构转型

F. 股权多元化

G. 提升公司治理效能

H. 按市场原则设计业务流程

I. 进入商业性竞争领域

J. 创新产品和服务

K. 其他_____

附录二

政策性金融机构服务有效性调查问卷

（中小微企业填写）

您好！

非常感谢您在百忙之中参与本次问卷调查工作。本次问卷调查目的是了解我国政策性金融机构改革发展的影响因素，本研究来源于国家社科基金项目"市场决定视角下政策性金融机构改革创新研究（14BJY193）"。请基于您所在机构的实际情况以及您个人的真实感受来认真如实地填答，资料信息仅供科研统计使用，按照《统计法》的有关规定，您的个人信息和回答将被严格保密，请不必有任何顾虑。

填答问卷时，您只要在相应的选项中打"√"即可。问卷结果反馈有两种方式：一是电子邮箱回复，请您将填好的问卷发到邮箱×××；二是纸质版收回，邮寄地址：×××，邮编×××。两种方式可任选其一。

一、基本信息

1. 贵单位所处的区域（①东部地区包括：辽宁、河北、北京、天津、山东、江苏、浙江、上海、福建、广东、海南；②中部地区包括：黑龙江、吉林、山西、河南、安徽、湖北、湖南、江西；③西部地区包括：内蒙古、陕西、甘肃、宁夏、青海、新疆、西藏、四川、重庆、广西、贵州、云南）：

A. 东部地区　　B. 中部地区　　C. 西部地区

2. 贵单位注册类型：

A. 国有企业　　　　　　　　B. 集体企业

C. 私营企业　　　　　　　　D. 股份合作企业

E. 联营企业　　　　　　　　F. 个体经济

G. 有限责任公司　　　　　　H. 股份有限公司

I. 外商投资企业　　　　　　J. 其他（请注明）：＿＿＿＿＿＿

3. 贵单位的行业分布：

A. 农业　　　　　　　　　　B. 食品加工

C. 矿产、石油产品　　　　　D. 纺织产品

E. 木材制品　　　　　　　　F. 金属制品

G. 设备制造　　　　　　　　H. 非金属制品

I. 化学及纸质品　　　　　　J. 建筑

K. 电、气、水供应　　　　　L. 贸易服务

M. 其他（请注明）：＿＿＿＿＿＿

4. 贵单位注册资本：

A. 10 万元以下　　　　　　　B. 10 万～50 万元

C. 50 万～100 万元　　　　　D. 100 万～500 万元

E. 500 万元以上

5. 贵单位的从业人员总数：

A. 100 人以下　　　　　　　B. 100～200 人

C. 200～500 人　　　　　　　D. 500 人以上

6. 贵单位目前所处要素类型：

A. 劳动密集型　　　　　　　B. 资金密集型

C. 技术密集型　　　　　　　D. 复合型

7. 贵单位主营业务是否属于国家政策性业务：

A. 是　　　　　　　　　　　B. 否

二、问卷

1. 贵单位遇到资金或保险（担保）困难时，会优先选择下面哪一类机构或渠道？（可多选）

A. 政策性金融机构（包括中国农业发展银行、中国进出口银行、

国家开发银行、中国出口信用保险公司，下同）

B. 商业性金融机构（如四大国有商业银行、招商银行、民生银行等和非银行金融机构，下同）

C. 合作性金融机构（如农信社或农商行等，下同）

D. 政府机构

E. 村委会

F. 民间融资

G. 互联网金融

H. 其他_____

2. 第1题中所说的商业性金融机构的产品和服务是否满足了贵单位的金融需求？

A. 不满足　　　　　　　　　B. 基本满足

C. 满足　　　　　　　　　　D. 十分满足

3. 第1题中所说的政策性金融机构的产品和服务是否满足了贵单位的金融需求？

A. 不满足　　　　　　　　　B. 基本满足

C. 满足　　　　　　　　　　D. 十分满足

4. 金融机构不能满足贵单位的金融需求具体体现在哪些方面？（可多选）

A. 额度小　　　　　　　　　B. 期限短

C. 稳定性差　　　　　　　　D. 利率高

E. 手续繁琐　　　　　　　　F. 求人难

G. 其他_____

5. 贵单位不能完全从政策性金融机构获得融资或保险（担保）的外部原因主要是什么？（可多选）

A. 所在地没有政策性金融机构

B. 贷款条件高（如须足额抵押、融资成本高、期限短等）

C. 政府职能缺位

D. 法律保障不足

E. 金融机构服务人员不廉洁

6. 您认为政府在满足自己（企业）的金融需求方面已经发挥的作用有多大？

A. 很大　　　　B. 大　　　　C. 较大　　　　D. 一般

E. 无作用

7. 政府在满足贵单位的金融需求方面发挥作用的空间有多大？

A. 很大　　　　B. 大　　　　C. 较大　　　　D. 一般

E. 无空间

8. 政策性金融立法对改善贵单位的金融需求是否有较大作用？

A. 很大　　　　B. 大　　　　C. 较大　　　　D. 一般

E. 无作用

9. 金融产品优化与创新（如抵押放宽、降低利率等）对满足贵单位金融需求的重要性有多大？

A. 很大　　　　B. 大　　　　C. 较大　　　　D. 一般

E. 无作用

10. 贵单位不能从政策性金融机构获得融资或保险（担保）的自身原因主要是什么？（可多选）

A. 抵押不足　　　　　　　　B. 没有熟人介绍

C. 财务状况不佳　　　　　　D. 财务报表不健全

E. 管理水平不高

11. 抵押难的问题对贵单位从政策性金融机构获得有效融资或保险（担保）的影响有多大？

A. 很大　　　　B. 大　　　　C. 较大　　　　D. 一般

E. 没影响

12. 熟人介绍对贵单位从政策性金融机构获得有效融资或保险（担保）的影响有多大？

A. 很大　　　　B. 大　　　　C. 较大　　　　D. 一般

E. 没影响

13. 财务状况不佳（报表不健全）对贵单位从政策性金融机构获得

有效融资或保险（担保）的影响有多大？

  A. 很大   B. 大   C. 较大   D. 一般

  E. 没影响

14. 提升自身管理水平对贵单位从政策性金融机构获得有效融资或保险（担保）是否有改善？

  A. 很大   B. 大   C. 较大   D. 一般

  E. 没改善

15. 贵单位认为我国的政策性金融机构最应该在哪些方面改进和提升？（可多选）

  A. 产品创新   B. 员工素质

  C. 网点增设   D. 办事效率

  E. 廉洁从业   F. 其他_____

16. 贵单位认为政策性金融机构的产品和服务创新最应该在哪些方面改进？（可多选）

  A. 放宽抵押条件   B. 降低利率

  C. 提高贷款额度   D. 降低准入条件

  E. 其他_____

17. 贵单位认为政策性金融机构营销服务团队最应该在哪些方面改进？（可多选）

  A. 服务态度   B. 责任心

  C. 专业素质   D. 廉洁从业

  E. 其他_____

18. 现有条件下要获得政策性金融机构融资或保险（担保），贵单位认为自身应该在哪些方面改善或提升？（可多选）

  A. 管理水平   B. 购置固定资产

  C. 社会关系   D. 沟通技巧

  E. 寻求政府帮助   F. 其他_____

19. 贵单位是否认为金融机构都是嫌贫爱富的？（可多选）

  A. 全部都是   B. 政策性金融机构不是

C. 商业性金融机构不是　　　　D. 合作性金融机构不是

20. 贵单位认为下面哪些机构在服务中小企业、农业和低收入人群等特殊群体的融资或保险（担保）方面做的最好？（可多选）

A. 政策性金融机构　　　　　　B. 商业性金融机构

C. 合作性金融机构　　　　　　D. 政府机构

E. 其他_____

附录三

政策性金融机构服务有效性调查问卷

（居民填写）

您好！

非常感谢您在百忙之中参与本次问卷调查工作。本次问卷调查目的是了解我国政策性金融机构改革发展的影响因素，本研究来源于国家社科基金项目"市场决定视角下政策性金融机构改革创新研究（14BJY193）"。请基于您所在机构的实际情况以及您个人的真实感受来认真如实地填答，资料信息仅供科研统计使用，按照《统计法》的有关规定，您的个人信息和回答将被严格保密，请不必有任何顾虑。

填答问卷时，您只要在相应的选项中打"√"即可。问卷结果反馈有两种方式：一是电子邮箱回复，请您将填好的问卷发到邮箱×××；二是纸质版收回，邮寄地址：×××，邮编×××。两种方式可任选其一。

一、基本信息

1. 您的性别：

A. 男　　　　　　　B. 女

2. 您的年龄：

A. 35 岁及以下　　　　　　　B. 36 ~ 45 岁

C. 46 ~ 55 岁　　　　　　　D. 56 岁及以上

3. 您的文化程度：

A. 小学及以下　　　　　　　B. 初中

C. 高中或中专   D. 大专

E. 大学   F. 研究生

4. 您的身份类别：

A. 政策性金融机构人员   B. 企业人员

C. 公务员   D. 农村居民

E. 城镇居民   F. 其他（请注明）：_____

5. 您所处的区域（①东部地区：辽宁、河北、北京、天津、山东、江苏、浙江、上海、福建、广东、海南；②中部地区：黑龙江、吉林、山西、河南、安徽、湖北、湖南、江西；③西部地区：内蒙古、陕西、甘肃、宁夏、青海、新疆、西藏、四川、重庆、广西、贵州、云南）：

A. 东部地区   B. 中部地区   C. 西部地区

6. 您家庭的劳动力人口数：

A. 1 个   B. 2 个   C. 3 个   D. 4 个及以上

7. 您家庭的一年总收入：

A. 3 万元以下   B. 3 万~5 万元

C. 6 万~10 万元   D. 10 万元以上

二、问卷

1. 您遇到资金或保险（担保）困难时，会优先选择下面哪一类机构或渠道？（可多选）

A. 政策性金融机构（包括中国农业发展银行、中国进出口银行、国家开发银行、中国出口信用保险公司，下同）

B. 商业性金融机构（如四大国有商业银行、招商银行、民生银行等和非银行金融机构，下同）

C. 合作性金融机构（如农信社或农商行等，下同）

D. 政府机构

E. 村委会

F. 民间融资

G. 互联网金融

H. 其他_____

2. 您认为第 1 题中所说的商业性金融机构的产品和服务是否满足了您的金融需求？

A. 不满足　　　　　　　　B. 基本满足

C. 满足　　　　　　　　　D. 十分满足

3. 您认为第 1 题中所说的政策性金融机构的产品和服务是否满足了您的金融需求？

A. 不满足　　　　　　　　B. 基本满足

C. 满足　　　　　　　　　D. 十分满足

4. 您认为金融机构不能满足您的金融需求具体体现在哪些方面？（可多选）

A. 额度小　　　　　　　　B. 期限短

C. 稳定性差　　　　　　　D. 利率高

E. 手续繁琐　　　　　　　F. 求人难

G. 其他_____

5. 您认为不能完全从政策性金融机构获得融资或保险（担保）的外部原因主要是什么？（可多选）

A. 所在地没有政策性金融机构

B. 贷款条件高（如须足额抵押、融资成本高、期限短等）

C. 政府职能缺位

D. 法律保障不足

E. 金融机构服务人员不廉洁

6. 您认为政府在满足自己的金融需求方面已经发挥的作用有多大？

A. 很大　　　　B. 大　　　　C. 较大　　　　D. 一般

E. 无作用

7. 您认为政府在满足自己的金融需求方面发挥作用的空间有多大？

A. 很大　　　　B. 大　　　　C. 较大　　　　D. 一般

E. 无空间

8. 您认为政策性金融立法对改善您的金融需求是否有较大作用？

A. 很大　　　　B. 大　　　　C. 较大　　　　D. 一般

E. 无作用

9. 您认为金融产品优化与创新（如抵押放宽、降低利率等）对满足您金融需求的重要性有多大？

A. 很大　　　　B. 大　　　　C. 较大　　　　D. 一般

E. 无作用

10. 您认为不能从政策性金融机构获得融资或保险（担保）的自身原因主要是什么？（可多选）

A. 抵押不足　　　　　　　　B. 没有熟人介绍

C. 财务状况不佳　　　　　　D. 财务报表不健全

E. 管理水平不高

11. 您认为抵押难的问题对自己从政策性金融机构获得有效融资或保险（担保）的影响有多大？

A. 很大　　　　B. 大　　　　C. 较大　　　　D. 一般

E. 没影响

12. 您认为熟人介绍对自己从政策性金融机构获得有效融资或保险（担保）的影响有多大？

A. 很大　　　　B. 大　　　　C. 较大　　　　D. 一般

E. 没影响

13. 您认为财务状况不佳对自己从政策性金融机构获得有效融资或保险（担保）的影响有多大？

A. 很大　　　　B. 大　　　　C. 较大　　　　D. 一般

E. 没影响

14. 您认为提升自身管理水平对自己从政策性金融机构获得有效融资或保险（担保）是否有改善？

A. 很大　　　　B. 大　　　　C. 较大　　　　D. 一般

E. 没改善

15. 您认为我国的政策性金融机构最应该在哪些方面改进和提升？（可多选）

A. 产品创新 　　　　　　　 B. 员工素质

C. 网点增设 　　　　　　　 D. 办事效率

E. 廉洁从业 　　　　　　　 F. 其他_____

16. 您认为政策性金融机构的产品和服务创新最应该在哪些方面改进？（可多选）

A. 放宽抵押条件 　　　　　 B. 降低利率

C. 提高贷款额度 　　　　　 D. 降低准入条件

E. 其他_____

17. 您认为政策性金融机构营销服务团队最应该在哪些方面改进？（可多选）

A. 服务态度 　　　　　　　 B. 责任心

C. 专业素质 　　　　　　　 D. 廉洁从业

E. 其他_____

18. 现有条件下要获得政策性金融机构融资或保险（担保），您认为自身应该在哪些方面改善或提升？（可多选）

A. 管理水平 　　　　　　　 B. 购置固定资产

C. 社会关系 　　　　　　　 D. 沟通技巧

E. 寻求政府帮助 　　　　　 F. 其他_____

19. 您认为金融机构是否都是嫌贫爱富的？（可多选）

A. 全部都是 　　　　　　　 B. 政策性金融机构不是

C. 商业性金融机构不是 　　 D. 合作性金融机构不是

20. 您认为下面哪些机构在服务中小企业、农业和低收入人群等特殊群体的融资或保险（担保）方面做得最好？（可多选）

A. 政策性金融机构 　　　　 B. 商业性金融机构

C. 合作性金融机构 　　　　 D. 政府机构

E. 其他_____

附录四

政策性金融机构绩效评价指标预选调查问卷

尊敬的专家（学者）：

您好！

非常感谢您在百忙之中参与本次问卷调查工作。本次问卷调查目的是为了完善政策性金融机构绩效考评及其监管机制，增强政策性金融机构服务的有效性，恳请您对论文中建立具体指标的合理性提出宝贵意见，并将您的意见作为我们构建绩效考评指标体系的重要依据。本研究来源于国家社科基金项目"市场决定视角下政策性金融机构改革创新研究（14BJY193）"。问卷信息仅供科研统计使用，按照《统计法》的有关规定，您的回答将被严格保密，请不必有任何顾虑。在此表示衷心的谢意，祝您工作顺利、万事如意！

1. 本次调查问卷主要分为三级指标设定，每一级指标的设定都需要您对它的合理性进行有效甄别，如果您觉得某些指标设定不合理或需要增补新的合理性指标，请您在修改意见一栏进行详细说明。

2. 请您对本次调查问卷所设立的指标合理性进行有效评价，指标合理程度范围为 1 ~ 5，在您认为指标合理程度相对应的表格栏划"√"，并且每项只选一种程度。

（一）政策性金融机构绩效评价体系一级指标

指标名称	指标合理程度（1 ~ 5）					修改意见
	1	2	3	4	5	
经济系统						
社会系统						

续表

指标名称	指标合理程度（1~5）					修改意见
	1	2	3	4	5	
生态系统						
经营绩效						
公共绩效						

注：1 表示完全不合理；2 表示不合理；3 表示一般；4 表示合理；5 表示完全合理。

（二）政策性金融机构绩效评价体系二级指标

指标名称		指标合理程度（1~5）					修改意见
		1	2	3	4	5	
经济系统	经济总量						
	产业结构						
	投资水平						
	收入水平						
社会系统	社会发展						
	利益相关者满意度						
生态系统	资源利用						
	环境影响						
经营绩效	安全性指标						
	盈利性指标						
	管理力指标						
公共绩效	社会福利水平						
	公共项目支持						

注：1 表示完全不合理；2 表示不合理；3 表示一般；4 表示合理；5 表示完全合理。

（三）政策性金融机构绩效评价体系三级指标

指标名称			指标合理程度（1~5）					修改意见
			1	2	3	4	5	
经济系统	经济总量	地区生产总值						
		人均地区生产总值						
	产业结构	产业结构升级水平						
		产业结构优化水平						
	投资水平	全社会固定资产投资						
		规模以上工业增加值						
		投融资转化水平						
	收入水平	农民人均纯收入						
		城镇居民人均可支配收入						
社会系统	社会发展	基础设施建设覆盖面						
		教育水平						
		城镇化水平						
		社会保障水平						
	利益相关者满意度	政府满意度						
		弱势群体满意度						
		金融监管当局满意度						
		社会群众监督满意度						
生态系统	资源利用	能源利用率						
		土地资源利用率						
		水资源利用率						
	环境影响	生态环境建设投入						
		工业三废排放量						
		空气质量指数						

续表

		指标名称	指标合理程度（1~5）					修改意见
			1	2	3	4	5	
经营绩效	安全性指标	不良贷款率						
		贷款利息收回率						
		资本充足率						
	盈利性指标	资产利润率						
		人均利润率						
		成本收益率						
	管理力指标	信贷效率						
		信贷风险控制水平						
		创新能力						
公共绩效	社会福利水平	民生改善状况						
		脱贫效果反馈情况						
		社会责任承担表现						
		社会保障系统完善度						
		社会公益事业参与度						
	公共项目支持	中小微企业贷款发放额						
		棚户区改造贷款发放额						
		支持三农贷款发放额						
		扶贫贷款累计发放额						
		助学贷款发放额						
		基础设施建设贷款发放额						
		绿色贷款发放额						

　　再次感谢您在百忙之中完成此调查问卷内容部分的回答。最后，请您再对问卷内容的效度进行打分，打分范围限于0.1至1之间。

　　调查问卷的内容效度：＿＿＿＿＿＿＿＿＿＿分。

附录五

政策性金融机构绩效评价指标体系
权重设计调查问卷

尊敬的专家（学者）：

　　您好！

　　非常感谢您在百忙之中参与本次问卷调查工作。本次问卷调查目的是为了完善政策性金融机构绩效考评及其监管机制，增强政策性金融机构服务的有效性，恳请您对论文中具体指标的权重设计提出宝贵意见，您的意见将作为绩效考评指标体系权重设计的重要依据。本研究来源于国家社科基金项目"市场决定视角下政策性金融机构改革创新研究（14BJY193）"。问卷信息仅供科研统计使用，按照《统计法》的有关规定，您的回答将被严格保密，请不必有任何顾虑。在此表示衷心的谢意，祝您工作顺利、万事如意！

重要性程度矩阵标度取值表

标度	定义	含义
1	同样重要	两元素对某属性同样重要
3	稍微重要	两元素对某属性，一元素比另一元素稍微重要
5	明显重要	两元素对某属性，一元素比另一元素明显重要
7	强烈重要	两元素对某属性，一元素比另一元素强烈重要
9	极端重要	两元素对某属性，一元素比另一元素极端重要
2，4，6，8	相邻标度中值表示相邻	两标度之间折中时的标度
上列标度倒数	反比较	元素 i 对元素 j 的标度为 a_{ij}，反之为 $1/a_{ij}$

表1 一级指标判断矩阵

中国政策性金融机构绩效	经济系统	社会系统	生态系统	经营绩效	公共绩效
经济系统	1				
社会系统		1			
生态系统			1		
经营绩效				1	
公共绩效					1

表2 二级指标判断矩阵（1）

经济系统	经济总量	产业结构	投资水平	收入水平
经济总量	1			
产业结构		1		
投资水平			1	
收入水平				1

表3 二级指标判断矩阵（2）

社会系统	社会发展	利益相关者满意度
社会发展	1	
利益相关者满意度		1

表4 二级指标判断矩阵（3）

生态系统	资源利用	环境影响
资源利用	1	
环境影响		1

表 5　　　　　　　　　　　二级指标判断矩阵（4）

经营绩效	安全性	盈利性	管理能力
安全性	1		
盈利性		1	
管理能力			1

表 6　　　　　　　　　　　二级指标判断矩阵（5）

公共绩效	社会福利水平	公共项目支持
社会福利水平	1	
公共项目支持		1

表 7　　　　　　　　　　　三级指标判断矩阵（1）

经济总量	地区生产总值	人均地区生产总值
地区生产总值	1	
人均地区生产总值		1

表 8　　　　　　　　　　　三级指标判断矩阵（2）

产业结构	产业结构升级水平	产业结构优化水平
产业结构升级水平	1	
产业结构优化水平		1

表 9　　　　　　　　　　　三级指标判断矩阵（3）

投资水平	全社会固定资产投资	投融效率水平
全社会固定资产投资	1	
投融效率水平		1

表 10   三级指标判断矩阵 （4）

收入水平	农民人均纯收入	城镇居民人均可支配收入	城乡收入对比
农民人均纯收入	1		
城镇居民人均可支配收入		1	
城乡收入对比			1

表 11   三级指标判断矩阵 （5）

社会发展	公共基础设施建设覆盖面	教育水平	城镇化水平	劳动力就业水平
公共基础设施建设覆盖面	1			
教育水平		1		
城镇化水平			1	
劳动力就业水平				1

表 12   三级指标判断矩阵 （6）

利益相关者满意度	政府满意度	企业满意度	弱势群体满意度	金融监管当局满意度	社会群众监督满意度
政府满意度	1				
企业满意度		1			
弱势群体满意度			1		
金融监管当局满意度				1	
社会群众监督满意度					1

表 13   三级指标判断矩阵 （7）

资源利用	能源利用率	土地资源利用率	水资源利用率
能源利用率	1		
土地资源利用率		1	
水资源利用率			1

表 14　　　　　　　　**三级指标判断矩阵（8）**

环境影响	废水排放量（万吨）	废气排放量（亿标立方米）	废渣排放量（万吨）	空气质量指数
废水排放量（万吨）	1			
废气排放量（亿标立方米）		1		
废渣排放量（万吨）			1	
空气质量指数				1

表 15　　　　　　　　**三级指标判断矩阵（9）**

安全性	不良贷款率	贷款利息收回率	资本充足率
不良贷款率	1		
贷款利息收回率		1	
资本充足率			1

表 16　　　　　　　　**三级指标判断矩阵（10）**

盈利性	资产利润率	人均净利润	资本净利率
资产利润率	1		
人均净利润		1	
资本净利率			1

表 17　　　　　　　　**三级指标判断矩阵（11）**

管理能力	信贷效率	信贷风险控制水平	产品和服务创新能力
信贷效率	1		
信贷风险控制水平		1	
产品和服务创新能力			1

表 18   **三级指标判断矩阵（12）**

社会福利水平	脱贫效果反馈情况	社会医疗、养老等保障系统覆盖度	教育文化事业参与度
脱贫效果反馈情况	1		
社会医疗、养老等保障系统覆盖度		1	
教育文化事业参与度			1

表 19   **三级指标判断矩阵（13）**

公共项目支持	中小微企业贷款发放额	棚户区改造贷款发放额	支持三农贷款发放额	扶贫贷款累计发放额	助学贷款发放额	基础设施建设贷款发放额	绿色贷款发放额	"一带一路"建设贷款发放额
中小微企业贷款发放额	1							
棚户区改造贷款发放额		1						
支持三农贷款发放额			1					
扶贫贷款累计发放额				1				
助学贷款发放额					1			
基础设施建设贷款发放额						1		
绿色贷款发放额							1	
"一带一路"建设贷款发放额								1

参 考 文 献

[1]［波］奥斯卡·兰格：《社会主义经济理论》，载《经济研究评论》1937年第四卷。

[2]［德］马克思：《资本论》第一卷，中共中央马克思恩格斯列宁斯大林著作编译局译，人民出版社2004年版。

[3]［德］马克思：《资本论》第三卷，中共中央马克思恩格斯列宁斯大林著作编译局译，人民出版社2004年版。

[4]［德］马克思：《1844年经济学哲学手稿》，中共中央马克思恩格斯列宁斯大林著作编译局编译，人民出版社2014年版。

[5]［德］马克思、恩格斯：《共产党宣言》，中共中央马克思恩格斯列宁斯大林著作编译局编译，人民出版社2014年版。

[6]［俄］盖坚科：《20世纪末的合理性问题》，余青摘译，载《哲学译丛》1992年第4期。

[7]［法］皮埃尔·布迪厄：《实践与反思——反思社会学导引》，李猛、李康译，中央编译出版社1998年版。

[8]［韩］金明植：《德日韩政策性开发银行体制比较研究》，辽宁大学博士学位论文，2013年。

[9]［老］康未来：《老挝农村金融研究》，吉林大学博士学位论文，2012年。

[10]［美］T.帕森斯、N.J.斯梅尔瑟：《经济与社会》，刘进等译，华夏出版社1989年版。

[11]［美］费·布鲁斯：《社会主义经济的运行问题》（中译本），周亮勋，荣敬本，林青松译，中国社会科学出版社1984年版。

［12］［美］弗兰克·道宾：《经济社会学》，冯秋石、王星译，上海人民出版社 2008 年版。

［13］［美］高柏：《中国经济发展模式转型与经济社会学制度学派》，载《社会学研究》2008 年第 4 期。

［14］［美］科尔曼：《社会理论的基础》，邓方译，社会科学文献出版社 1999 年版。

［15］［美］理查德·谢弗：《社会学与生活》，赵旭东译，世界图书出版社 2006 年版。

［16］［美］林南：《社会资本：关于社会结构与行动的理论》，上海人民出版社 2004 年版。

［17］［美］罗纳德·博特：《结构洞：竞争的社会结构》，任敏译，世纪出版社 2008 年版。

［18］［美］罗斯科·庞德：《通过法律的社会控制》，沈宗灵、董世忠译，商务印书馆 1984 年版。

［19］［美］马丁·S. 温伯格等：《解决社会问题：五种透视方法》，单爱民等译，吉林人民出版社 1992 年版。

［20］［美］默顿：《社会理论与社会结构》，唐少杰等译，南京译林出版社 2006 年版。

［21］［美］乔纳森·H. 特纳：《社会学理论的结构》，邱泽奇、张茂元等译，华夏出版社 2006 年版。

［22］［美］热拉尔·罗兰：《私有化：成功与失败》，张宏胜、于淼、孙琪等译，人民出版社 2011 年版。

［23］［美］斯梅尔瑟、［瑞典］斯威德伯格：《经济社会学手册（第 2 版）》，罗教讲、张永宏等译，华夏出版社 2009 年版。

［24］［美］伊莎贝尔·撒考克：《农村金融与公共物品和服务：什么对小农户最重要》，王康翻译、方福前校译，载《经济理论与经济管理》2010 年第 12 期。

［25］［孟］穆罕默德·尤努斯：《小额信贷：缓解贫困问题的一条重要途径》，载《经济科学》2006 年第 6 期。

［26］［日］福本智之:《日本中小企业政策性金融及其对中国的启示》,载《国际金融》2015年第11期。

［27］［日］宇澤弘文、武田晴人:《日本の政策金融——高成長経済と日本開發銀行(1)(2)》,東京出版社2009年版。

［28］［日］佐藤孝弘:《公司法律制度的源泉问题研究——从制度经济学和制度社会学的视角分析》,载《甘肃政法学院学报》2011年第1期。

［29］日本政府金融公库,网址 www. jbic. go. jp/en/about/。

［30］［瑞典］理查德·斯维德伯格:《经济社会学原理》,周长城等译,中国人民大学出版社2005年版。

［31］［印］阿马蒂亚·森:《贫困与饥荒》,王宇等译,商务印书馆2001年版。

［32］［英］亚当·斯密:《国富论》,郭大力、王亚楠译,上海三联书店出版社2009年版。

［33］［英］吉密欧:《国开行:半途而废的商业化转型》,http://www. ftchinese. com/story/001029481？page1,2009 – 11 – 02.

［34］安杰山:《农村金融与经济发展》,载《农业经济》2010年第5期。

［35］安树伟:《中国农村贫困问题研究》,中国农业出版社2001年版。

［36］白钦先、李钧:《中国农村金融"三元结构"制度研究》,中国金融出版社2009年版。

［37］白钦先、刘子赫:《在回顾与反思的基础上深化政策性金融改革》,载《西南金融》2014年第6期。

［38］白钦先、王伟:《科学认识政策性金融制度》,载《财贸经济》2010年第8期。

［39］白钦先、王伟:《政策性金融概论》,中国金融出版社2013年版。

［40］白钦先、王伟:《中外政策性金融立法比较研究》,载《金融

理论与实践》2005 年第 12 期。

[41] 白钦先、徐爱田、王小兴：《各国农业政策性金融体制比较》，中国金融出版社 2006 年版。

[42] 白钦先、薛誉华：《各国中小企业政策性金融体系比较》，中国金融出版社 2001 年版。

[43] 白钦先、曲昭光：《各国政策性金融机构比较》，中国金融出版社 1993 年版。

[44] 白钦先、谭庆华：《政策性金融功能研究——兼论中国政策性金融发展》，中国金融出版社 2008 年版。

[45] 白钦先、王伟：《各国开发性政策性金融体制比较》，中国金融出版社 2005 年版。

[46] 白钦先、王伟：《科学认识政策性金融制度》，载《财贸经济》2010 年第 8 期。

[47] 白钦先、王伟：《政策性金融概论》，中国金融出版社 2013 年版。

[48] 白钦先、王伟：《政策性金融可持续发展必须实现的六大协调均衡》，载《金融研究》2004 年第 7 期。

[49] 白钦先、张坤：《中国政策性金融廿年纪之十辨文》，载《东岳论丛》2014 年第 11 期。

[50] 白钦先：《白钦先经济金融文集（1～5 卷）》，中国金融出版社 2009 年版。

[51] 保罗·萨缪尔森、威廉·诺德豪斯：《宏观经济学》（第十六版），萧琛译，华夏出版社 1999 年版。

[52] 边燕杰：《城市居民社会资本的来源及运用：网络观点与调查发现》，载《中国社会科学》2004 年第 3 期。

[53] 财政部：《国家政策性银行财务管理规定》，1997 年版。

[54] 财政部：《国有重点金融机构监事会暂行条例》，2000 年版。

[55] 曾康霖：《我国金融事业发展的缺陷需要弥补——从以科学发展观发展金融事业谈起》，载《金融研究》2004 年第 12 期。

[56] 曾康霖：《再论扶贫性金融》，载《金融研究》2007 年第 3 期。

[57] 常修泽：《"在两个鸡蛋上跳舞"——南美改革的考察与分析》，载《同舟共进》2012 年第 11 期。

[58] 陈氕：《超越嵌入性范式：金融社会学的起源、发展和新议题》，载《社会》2011 年第 5 期。

[59] 陈坚：《延续的痛苦——身体社会学视域中的农村教育研究》，东北师范大学博士学位论文，2009 年。

[60] 陈莹莹：《中国版住房银行：国开行方案或获认可》，载《中国证券报》2014 年 4 月 16 日。

[61] 陈元：《开发性金融与中国经济社会发展》，载《经济科学》2009 年第 4 期。

[62] 陈元：《由金融危机引发的对金融资源配置方式的思考》，载《财贸经济》2009 年第 11 期。

[63] 程伟：《开发性金融理论与实践导论》，辽宁大学出版社 2005 年版。

[64] 邓肖飞：《社会学视阈下的我国农村政策性金融制度建设研究》，辽宁大学硕士学位论文，2013 年。

[65] 丁伟：《充分发挥农业政策性金融作用积极推进农村经济平稳较快发展》，载《武汉金融》2009 年第 8 期。

[66] 丁振京、李楠：《泰国的农业和农业合作社银行法》，载《农业发展与金融》2004 年第 12 期。

[67] 丁志杰、田园：《国际金融理论反思与创新》，中国金融四十人论坛，2016 年 6 月 18 日。

[68] 董才生：《振兴东北的社会学思考——加快社会信用体系建设》，载《东北亚论坛》2005 年第 3 期。

[69] 董裕平：《国际金融危机引发的对政策性金融的重新认识》，载《中国金融》2010 年第 18 期。

[70] 窦宏秀、辛千秋：《我国农业政策性金融的发展及国际借

鉴》，载《商业经济》2009 年第 1 期。

[71] 杜朝运、任永健：《金融发展对经济转型的作用机理研究：基于结构优化的视角》，载《金融与经济》2014 年第 2 期。

[72] 杜晓山、张睿、王丹：《执着地服务穷人——格莱珉银行的普惠金融实践及对我国的启示》，载《南方金融》2017 年第 7 期。

[73] 杜晓山：《当前农村金融存在四大问题》，载《人民政协报》2010 年 11 月 2 日。

[74] 杜晓山：《让弱势群体享受普惠金融》，载《农村金融研究》2011 年第 11 期。

[75] 段京东：《中国政策性银行法律制度研究》，中国人民大学出版社 2005 年版。

[76] 段玉华：《中国农业政策性金融问题研究：以农业发展银行为例》，山东农业大学博士学位论文，2007 年。

[77] 范静：《农村合作金融产权制度创新研究：以农村信用社为例》，中国农业出版社 2006 年版。

[78] 范永忠：《中国农村扶贫资金效率研究》，湖南农业大学博士学位论文，2013 年。

[79] 房敏，吴杨：《新农保政策实施的制度基础研究——基于新制度社会学视角》，载《云南农业大学学报（社会科学版）》2015 年第 6 期。

[80] 高海青：《社会合理性批判的历史逻辑：从物化批判到技术批判》，载《自然辩证法研究》2012 年第 3 期。

[81] 高晖、陈春：《国开行：尴尬前行》，载《银行家》2007 年第 12 期。

[82] 高尚全：《有效市场和有为政府》，中国金融出版社 2016 年版。

[83] 葛艳秋：《我国政策性金融立法完善问题的研究》，西北大学硕士学位论文，2014 年。

[84] 辜胜阻：《农村扶贫要提高精准性和有效性》，载《农村工作通讯》2014 年第 17 期。

［85］国家开发银行：《国家开发银行 2014 年度报告》，2014 年。

［86］国家开发银行：《国家开发银行章程》，1994 年。

［87］国务院：《关于同意中国进出口银行改革实施总体方案的批复》，载《中华人民共和国国务院公报》2015 年第 12 期。

［88］何广文：《对农村政策金融改革的理性思考》，载《农村经济问题》2004 年第 3 期。

［89］何广文：《国农村金融发展与制度变迁》，中国财政经济出版社 2005 年版。

［90］侯芳：《农村政策性金融监管法律制度研究》，载《北京农业》2011 年第 12 期。

［91］胡炳志：《中国金融制度重构研究》，人民出版社 2003 年版。

［92］贾康、阎坤、杨元杰：《现行投融资体系缺陷与开发性金融的作用》，载《地方财政研究》2005 年第 11 期。

［93］贾康、孟艳：《政策性金融的体系、定位及其边界主张》，载《改革》2009 年第 3 期。

［94］贾康：《建立和发展中国政策性金融体系不容回避》，载《今日中国论坛》2009 年第 4 期。

［95］贾康：《中国政策性金融向何处去》，中国经济出版社 2010 年版。

［96］孔微巍、秦伟新：《三维金融视角下实现高质量就业的对策》，载《学术交流》2016 年第 9 期。

［97］蓝虹、穆争社：《中国农村信用社改革后的绩效评价及提升方向——基于三阶段 DEA 模型 BCC 分析法的实证研究》，载《金融研究》2014 年第 4 期。

［98］黎翠梅、陈宇佳：《我国农业政策性金融发展的区域差异及其影响研究》，载《经济问题》2012 年第 10 期。

［99］李炳坤：《扎实稳步推进社会主义新农村建设》，载《中国农村经济》2005 年第 11 期。

［100］李丹：《农发行：发挥骨干作用探索扶贫新路》，载《金融

家》2016 年第 2 期。

[101] 李德志等：《社会转型期弱势群体问题研究：以政府的责任与对策为视角》，吉林人民出版社 2009 年版。

[102] 李实：《不平等研究领域的先驱者》，载《财新周刊》2017 年第 3 期。

[103] 李文坛：《对我国政策性银行立法的思考》，载《天水行政学院学报》2010 年第 4 期。

[104] 李晓红：《中国政策性住房金融研究》，中国金融出版社 2012 年版。

[105] 李扬、王国刚等：《中国金融改革开放 30 年研究》，经济管理出版社 2008 年版。

[106] 李扬：《国家目标、政府信用、市场运作——我国政策性金融机构改革探讨》，载《经济社会体制比较》2006 年第 1 期。

[107] 李志辉、王永伟：《开发性金融理论问题研究——弥补政策性金融的开发性金融》，载《南开经济研究》2008 年第 4 期。

[108] 李宗涛：《社会主义新农村建设背景下的农村文化建设研究》，山东大学博士学位论文，2007 年。

[109] 厉以宁：《马克思主义经济学将在社会主义实践中不断发展》，载《光明日报》2016 年 6 月 2 日。

[110] 林春：《中国政策性金融机构绩效系统指标体系研究》，辽宁大学博士学位论文，2017 年。

[111] 林飞：《我国政策性银行立法问题刍议》载《农业发展与金融》2006 年第 1 期。

[112] 林丽琼、张文棋：《我国农业政策性金融制度创新思考》，载《福建论坛》2005 年第 1 期。

[113] 林铁钢：《以科学发展观为指导发展中国扶贫性金融——访西南财经大学中国研究中心曾康霖教授》，载《中国金融》2006 年第 13 期。

[114] 刘子赫、黄楠楠：《政策性金融的异化与回归——以韩国产

业银行为例》，载《南方金融》2015 年第 3 期。

[115] 刘子赫：《政策性金融基本特征研究》，辽宁大学博士学位论文，2015 年。

[116] 孟艳：《美国联邦小企业署与商业金融机构合作模式探析》，载《金融与经济》2011 年第 2 期。

[117] 秦伟新、王伟：《社会组织视角下农村政策性金融机构改革创新研究》，载《南方金融》2014 年第 10 期。

[118] 瞿强：《经济发展中的政策金融——若干案例研究》，中国人民大学出版社 2000 年版。

[119] 深圳前海微众银行股份有限公司：《深圳前海微众银行股份有限公司 2016 年年报》，2017 年。

[120] 沈越：《市场决定性作用与基本经济制度——十八届三中全会精神解读》，载《经济理论与经济管理》2014 年第 4 期。

[121] 史建平：《完善政策性金融功能，改善农村金融服务》，载《浙江金融》2012 年第 3 期。

[122] 司马迁：《史记·货殖列传》，选自《史记》卷一百二十九、列传第六十九，岳麓书社 2004 年版。

[123] 宋林飞：《"中国经济奇迹"的未来与政策选择》，南京大学出版社 1996 年版。

[124] 宋林飞：《经济社会学研究的最新发展》，载《江苏社会科学》2000 年第 6 期。

[125] 宋庆：《试论新形势下中国农业发展银行的定位与发展策略》，西南财经大学博士学位论文，2000 年。

[126] 孙文平、朱为群、曾军平：《现代国家治理理论研究综述》，载《财政与国家治理》2015 年第 7 期。

[127] 谭庆华、毕芳：《中国政策性金融发展的再考察》，载《广东金融学院学报》2006 年第 9 期。

[128] 唐旭等：《中国金融机构改革：理论、路径与构想》，中国金融出版社 2008 年版。

［129］庹国柱：《"政策性农业保险"是一个科学的概念》，载《中国保险报》，2011 年 10 月 17 日。

［130］庹国柱：《中国政策性农业保险的发展导向——学习中央"一号文件"关于农业保险的指导意见》，载《中国农村经济》2013 年第 7 期。

［131］汪和建：《迈向中国的新经济社会学：交易秩序的结构研究》，中央编译出版社 1999 年版。

［132］汪和建：《现代经济社会学》，南京大学出版社 1993 年版。

［133］汪和建：《新经济社会学的中国研究》，载《南京大学学报》2000 年第 2 期。

［134］汪三贵、郭子豪：《论中国的精准扶贫》，载《贵州社会科学》2015 年第 5 期。

［135］王爱俭、牛凯龙：《次贷危机与日本金融监管改革：实践与启示》，载《国际金融研究》2010 年第 1 期。

［136］王广谦等：《中国金融改革：历史经验与转型模式》，中国金融出版社 2008 年版。

［137］王国刚，董裕平：《中国金融体系改革的系统构想》，载《经济学动态》，2015 年第 3 期。

［138］王国伟：《经济社会学视野中的金融行为研究》，载《学术研究》2011 年第 10 期。

［139］王吉献：《我国农业政策性金融立法问题研究——基于经济学、金融学和法学的综合分析》，辽宁大学博士学位论文，2015 年。

［140］王松奇：《什么样的银行是好银行》，载《银行家》2015 年第 9 期。

［141］王松奇：《中国政策性银行改革：方向、思路及前景》，载《新财经》2006 年第 2 期。

［142］王同新：《马克思公共产品理论视域下的政府与市场关系新探》，载《学术论坛》2015 年第 7 期。

［143］王伟：《围绕宗旨推动政策性金融机构改革》，载《中国经

济时报》2016 年 11 月 17 日。

[144] 王伟、李晨飞、王硕:《美国"两房"体制演进及对中国的启示》,载《金融理论与实践》2012 年第 11 期。

[145] 王伟、秦伟新:《充分发挥二维金融功能实现内陆持续发展的对策研究——以东北振兴为例》,载《中国发展》2015 年第 5 期。

[146] 王伟、李钧:《农村政策性金融功能结构的国际比较》,载《学习与探索》2011 年第 11 期。

[147] 王伟、魏含:《我国农村政策性金融发展的社会网络因素分析》,载《农村发展研究》2014 年第 1 期。

[148] 王伟、张雅博:《日韩政策性银行商业化改革为何止步回归?》,载《金融理论与实践》2015 年第 12 期。

[149] 王伟:《各国欠发达区域金融发展比较——兼谈我国西部大开发之金融观》,载《贵州财经学院学报》2001 年第 6 期。

[150] 王伟:《基于功能观点的政策性金融市场化运作问题探析》,载《贵州社会科学》2009 年第 2 期。

[151] 王伟:《农村政策性金融支持现代农业发展研究》,载《农业经济研究》2009 年第 4 期。

[152] 王伟:《我国农村政策性金融功能弱化的行为金融学分析》,载《上海金融》2008 年第 11 期。

[153] 王修华:《新农村建设中的金融排斥与破解思路》,载《农业经济问题》2009 年第 7 期。

[154] 王彦斌、赵晓荣:《国家与市场:一个组织认同的视角》,载《江海学刊》2011 年第 1 期。

[155] 吴丽霞:《美国进出口银行政策性金融服务及经验借鉴》,载福州大学学报(哲学社会科学版)2014 年第 1 期。

[156] 吴晓灵:《政策性银行应独立立法》,载《国际金融报》2003 年 4 月 23 日。

[157] 武中哲:《罗斯的社会控制观及其对我国的启示》,载《理论学刊》2006 年第 6 期。

［158］习近平：《金融活经济活　金融稳经济稳》，http：//news. xinhuanet. com/politics/2017 – 04/26/c_1120879349. htm。

［159］夏斌：《以市场化导向审视金融改革》，载《现代商业银行》2012 年第 2 期。

［160］肖卫东：《中国经济社会协调发展的社会建构性分析——一个经济社会学的分析视角》，载《理论学刊》2012 年第 4 期。

［161］谢平、邹传伟：《中国金融改革思路（2013～2020）》，中国金融出版社 2013 年版。

［162］徐爱田：《各国进出口政策性金融：历史与比较》，载《广东金融学院学报》2005 年第 1 期。

［163］薛澜：《顶层设计与泥泞前行：中国国家治理现代化之路》，载《公共管理学报》2014 年第 4 期。

［164］闫卫军：《美国进出口银行立法的历史发展及其对完善我国进出口银行制度的启示》，载《理论与现代化》2012 年第 5 期。

［165］杨爽：《日本政策性金融体系发展改革的经验、教训及启示》，载《对外开放》2013 年第 2 期。

［166］杨子剑等：《德国复兴信贷银行运作特点及对我国的启示》，载《北方金融》2016 年第 3 期。

［167］姚遂：《中国金融史》，高等教育出版社 2007 年版。

［168］姚中民：《政策性银行向开发性金融机构转型的思考》，载《理论前沿》2006 年第 9 期。

［169］殷晓峰：《地域文化对区域经济发展的作用机理与效应评价》，东北师范大学博士学位论文，2011 年。

［170］菅立成：《两种嵌入性：城市居民金融投资行为的社会视角》，载《社会学评论》2015 年第 6 期。

［171］于晓东：《深化国家开发银行改革问题探讨》，载《理论探索》2016 年第 2 期。

［172］俞可平：《论国家治理现代化》（修订版），社会科学文献出版社 2015 年版。

[173] 张承惠:《中国农村金融发展报告》,中国发展出版社 2014 年版。

[174] 张弘政:《社会发展合理性:历史唯物主义与价值哲学的一个结合点》,载《理论探讨》2005 年第 4 期。

[175] 张红宇:《金融支持农村一二三产业融合发展问题研究》,中国金融出版社 2015 年版。

[176] 张龙耀、马倩倩:《城乡居民金融普惠的群体差异性》,载《银行家》2015 年第 10 期。

[177] 张涛、卜永祥:《关于中国政策性银行改革的若干问题》,载《经济学动态》2006 年第 5 期。

[178] 张涛:《政策性银行要向综合性开发金融机构转型》,载《金融时报》2005 年 8 月 8 日。

[179] 郑晖:《深化对农业政策性银行发展规律的认识》,载《中国金融》2011 年第 13 期。

[180] 郑永年:《保卫社会》,浙江人民出版社 2011 年版。

[181] 中共中央纪律检查委员会:《十八届中央纪委第七次全会工作报告》,http://www.ccdi.gov.cn/xxgk/hyzl/201701/t20170120_93095.html。

[182] 中国出口信用保险公司:《中国出口信用保险公司年报》,董事长致辞,2015。

[183] 中国共产党第十八届中央委员会:《中共中央关于全面深化改革若干重大问题的决定》2013 年 11 月 12 日。

[184] 中国共产党第十八届中央委员会第四次全体会议公报,2014 年 10 月。

[185] 中国国家统计局:《中国统计年鉴 2015~2016 年》。

[186] 中国进出口银行:《中国进出口银行 2015 年年度报告》。

[187] 中国进出口银行业务开发与创新部课题组,《政策性金融:进出口银行的"中国模式"》,载《当代金融家》2015 年第 7 期。

[188] 中国开发性金融促进会:《国外开发性金融法律汇编》,中国金融出版社 2016 年版。

［189］中国开发性金融促进会、北京大学国家发展研究院联合编写组：《全国开发性金融发展报告（2015）》，中信出版社 2016 年版。

［190］中国农村金融学会：《中国农村金融改革发展三十年》，中国金融出版社 2008 年版。

［191］中国农业发展银行：《中国农业发展银行 2013 年年报》，2014 年。

［192］中国农业发展银行：《中国农业发展银行 2014 年年报》，2015 年。

［193］中国农业发展银行：《中国农业发展银行 2015 年年报》，2016 年。

［194］中国农业发展银行扶贫金融事业部：《发挥政策性银行作用 提升金融扶贫能力》，载《中国农村金融》2016 年第 5 期。

［195］中国农业银行：《中国农业银行 2011 年度业绩报告》，2012 年。

［196］中国农业银行：《中国农业银行 2012 年度业绩报告》，2013 年。

［197］中国农业银行：《中国农业银行 2013 年度业绩报告》，2014 年。

［198］中国农业银行：《中国农业银行 2014 年度业绩报告》，2015 年。

［199］中国人民银行：《2012 年金融机构贷款投向统计报告》，2013 年。

［200］中国人民银行：《中国人民银行关于〈存款保险条例（征求意见稿）〉的说明》，2014 年 11 月 30 日。

［201］中国银行业协会行业发展研究委员会：《中国银行业发展报告（2016）》，中国金融出版社 2016 年版。

［202］中国银监会：《中国银行业监督管理委员会 2015 年报》，2016 年。

［203］中国银监会：《关于切实弥补监管短板 提升监管效能的通知》，银监发［2017］7 号。

［204］中华人民共和国：《中华人民共和国宪法》，中国法制出版社 2004 年版。

［205］中华人民共和国国家统计局农村社会经济调查总队：《中国

农村贫困监测报告》，中国统计出版社 2015 年版。

　　［206］周小川：《金融改革发展及其内在逻辑》，载《中国金融》2015 年第 19 期。

　　［207］Anna Belitskaya. Legal Framework of Development Finance in Russia［R］. The International Symposium on the Rule of Law of Development Finance, December 13, 2016.

　　［208］Annual Report of NEXI 2012 – 2015［R］. Nippon Export and Investment Insurance, 2012 – 2015.

　　［209］Bruce and Laura. Money and Credit: A Sociological Approach［M］. Polity Press, 2010.

　　［210］Burkhart T., Hills J., Financial services and social exclusion［J］. Insurance Trends, Vol. 7, 1998, pp. 1 – 10.

　　［211］Burt, Ronald S. Structural Holes: The Social Structure of Competition［M］. Cambridge, MA: Harvard University Press, 1992.

　　［212］Santiago Carbó, Edward P. M. Gardener, and Philip Molyneux［M］. Financial exclusion in Europe, in Financial Exclusion［M］. Palgrave Macmillan UK, 2005, pp. 98 – 111.

　　［213］Carole Case, Ronald A. Farrell. Myth, allegiances, and the study of social control［J］. The American Sociologist, 1995, Vol. 26, No. 1, pp. 62 – 75

　　［214］Carruthers, Bruce G., and Laura Ariovich. Money and Credit: a sociological approach［M］. Cambridge: Polity Press, 2010.

　　［215］Clancy, Patrick. Higher education in the Republic of Ireland: Participation and performance［J］. Higher Education Quarterly, 1997, Vol. 51, No. 1, pp. 86 – 106.

　　［216］Sharon Collaral, Elain Kempson, Claire Whyley. Tackling Financial Exclusion: An Area-based Approach［M］. Bristol: The Policy Press, 2001.

　　［217］Council of Mortgage Lenders（CML）. Yearbook & Directory of

Mortgage Lenders and Associated Services 2013 – 2014 ［R］. 2014.

［218］Current Overview of Development Bank of Japan ［R］. Development of Japan, 2014

［219］Daniel. Risk management and the farm Bill: the role of crop insurance, Giannini foundation of agricultural economics university of carifornia, 2013, Vol. 7.

［220］DBJ Bank Third Medium-term Management Plan 2014 ［R］. Development of Japan, 2014.

［221］DBJ history ［EB/OL］. http: //www. dbj. jp/en/co/info/history/history1. html#reconstruct, 2008.

［222］Department for Environment Food & Rural Affairs (DEFRA). The New Common Agricultural Policy Schemes in England: August 2014 update ［R］. 2014.

［223］Financial Engine of Korea's Growth Global KDB Annual Report 2014 ［R］. KoreaDevelopment Bank, 2014.

［224］Fiechter J. L. , Kupiec P. H. Promoting the Effective Supervision of State-Owned Financial Institutions ［R］. Conference on The Role of State-Owned Financial Institutions: Policy and Practice, 2004.

［225］Fumiyo Harada. Transition in Development Bank of Japan's Legal & Regulatory Framework ［R］. The International Symposium on the Rule of Law of Development Finance, December 2016.

［226］Granovetter, Mark S. , and Richard Swedberg (eds.), The sociology of economic life ［M］. Boulder, CO: Westview Press, 2001.

［227］Granovetter, Mark and Richard Swedberg (eds.), The Sociology of Economic Life, Boulder: Westview Press, 1992.

［228］Granovetter, Mark, Economic Action and Social Structure: The Problem of Embeddedness ［J］. American Journal of Sociology, Vol. 91, No. 3, 1985, pp. 481 – 510.

［229］Haje Schutte. SME Banking in Germany and Asia and KfW's

Role [R]. Bank Indonesia, 2007.

[230] Hamid Boustanifar. Finance and employment: evidence from U. S. banking reform [J]. Journal of Banking & Finance, 2014, (46): 345&354.

[231] Hanson. Public Sector Banks and their Transformation [M]. World Bank, 2003.

[232] Jai S. Mah. The Effect of Export Insurance Subsidy on Export Supply: The Experience of Japan [J]. Journal of Asian Economics, 2006, (17): 646 – 652.

[233] KDB Bank. 2014 Annual report. 2015: 7 – 14.

[234] Kempson, E. & C. Whyley. Understanding an combating financial exclusion [J]. Insurance Tend, Vol. 21, 1999, pp. 18 – 22.

[235] Klinger Donald E. , Nalbandian J. , Public Personnel Management: Contexts and Strategies [M]. New Jersey: Routledge, 2003, pp. 158 – 159.

[236] Lafrance and Jeffrey. The Environmental Impacts of Subsidized Crop Insurance, Department of Agricultural and Resource, 2001.

[237] Larry Yackle. Federal Banks and Federal Jurisdiction in the Progressive Era: A Case Study of Smith v. K. C. Title & Trust Co [J]. Kansas Law Review, 2013, vol. 62: 265.

[238] Laurent Zylberberg. French Public Financial Institution [R]. The International Symposium on the Rule of Law of Development Finance, December 2016.

[239] Ledgerwood, Joanna. Microfinance handbook: An institutional and financial perspective, World Bank Publications, 1998, pp. 77 – 82.

[240] Levine Ross, Financial development and economic growth: views and agenda [J]. Journal of Economic Literature, Vol. 35, No. 2, June 1997, pp. 688 – 726.

[241] Lucas S. R. , Selective attrition in a newly hostile regime: The case of 1980 sophomores [J]. Social Forces, Vol. 75, No. 2, 1996,

pp. 511 – 533.

[242] Mark Granovetter. The Strength of Weak Ties [J]. American Journal of Sociology, Vol. 78, 1973, pp. 1360 – 1380.

[243] Martini R. , Kimura S. Evaluation of agricultural policy reforms in Japan, OECD, 2009.

[244] Matin, I. , D. Hulme and S. Rutherford, 1999. Financial services for the poor and poorest: Deepening understanding to improve provision. University of Manchester, No. 9, pp. 123 – 130.

[245] Meyer R. L. Track record of financial institutions in assisting the poor in Asia, Tokyo ADB Institute, 2002, pp. 23 – 25.

[246] Michael Baun, Karel Kouba, Dan Marek. Evaluating the Effects of the EU Common Agriculture Policy in a New Member State: The Case of the Czech Republic [J]. Journal of Contemporary European Studies, Vol. 17, No. 2, 2009.

[247] Nakagawa and Hideyuki. Three essays on development economics, Electronic thesis and dissertations UC Berkeley, 2013.

[248] Nan Lin. Social Capital: A Theory of Social Structure and Action [M]. Cambridge: Cambridge University Press, 2001, pp: 19 – 29.

[249] Nationwide. Financial Statement 2014 [R]. Nationwide Building Society, 2014.

[250] Nationwide. Nationwide Building Society Interim Management Statement Q1 2014 – 2015 [R]. Nationwide Building Society, 2014.

[251] Nationwide. Pillar 3 2013 on your side, nationwide [R]. Nationwide Building Society, 2013.

[252] Nicholas Bruck. Future Role of National Development Banks in the Twenty First Century, United Nations, Department of Economic and Social Affairs, 2005.

[253] Parsons, Talcott. The Structure of Social Action, New York: Free Press, 1949.

［254］ Rangarajan Committee. Report of the Committee on Financial In-clusion, Committee Report, 2008.

［255］ Richard North. Towards British Agricultural Policy ［EB/OL］. http：//www. sovereignty. org. uk/features /articles/tobritag. html /1999.

［256］ Roberto Perotti. Fiscal policy in good times and bad ［J］. The Quarterly Journal of Economics, November 1999：1420 – 1426.

［257］ Rose, A. M. A Social Psychological Approach to the Stock Mar-ket. Kyklios, No. 19, 1966, pp. 267 – 287.

［258］ Rural Payments Agency （RPA）. Rural Payments Agency Annual Report and Accounts 2011 – 2012 ［R］. The Stationary Office （TSO）, 2012.

［259］ Sagar A. D. , Najam A. The human development index：a criti-cal review ［J］. Ecological economics, Vol. 25, No. 3, 1998, pp. 249 – 264.

［260］ Samuelson P. A. The pure theory of public expenditure ［J］. The Review of Economics and Statistics, 1954, pp. 387 – 389.

［261］ Sarma M. Index of financial inclusion. Indian Council for Re-search on International Economics Relations, 2008.

［262］ Small Business Service （SBS）. SBS Annual Report and Re-source Accounts 2005 – 2006 ［R］. The Stationary Office （TSO）, 2006.

［263］ Small Business Service （SBS）. SBS Annual Report and Re-source Accounts 2006 – 2007 ［R］. The Stationary Office （TSO）, 2007.

［264］ Smelser N. Theory of Collective Behavior ［M］. New York：Free Press, 1962.

［265］ Steiger. Structural Model Evaluation and Modification：An Eval-uation Estimation Approach ［J］. Multivariate Behavioral Research, vol. 25, No. 2, 1990, pp. 173 – 180.

［266］ Stiglitz. The role of the state in financial markets, the World Bank, Annual Conference on Development Economics, 1998, pp. 19 ~ 52.

[267] Swedberg, Neil and Richard, Swederg (eds.). The Handbook of Economic Sociology [M]. Princeton, N. J: Princeton University Press, 1992, pp. 210 – 230.

[268] Takeo Hoshi, Anil K. Kashyap. Will the U. S. and Europe Avoid a Lost Decade? Lessons from Japan's Postcrisis Experience [J]. IMF Economic Review, 2015, Vol. 63, No. 1: 119.

[269] The World Bank. Building Institution for Market [M]. New York: Oxford University Press, 2002.

[270] UK Export Finance. Export Credits Guarantee Department (UK Export Finance) Annual Report and Account 2013 – 2014 [R]. Williams Lea Group on behalf of the Controller of Her Majesty's Stationery Office, 2014.

[271] UK Statistics Authority. UK Statistics Authority Annual Report and Accounts 2013 – 2014 [R]. Williams Lea Group on behalf of the Controller of Her Majesty's Stationery Office, 2014.

[272] UK Green Investment Bank plc. UK Green Investment Bank plc Annual Report and Accounts 2013 – 2014 [R]. Williams Lea Group on behalf of the Controller of Her Majesty's Stationery Office, 2014.

[273] Ulrike Lassmann. Structure and mission of KfW [R]. The International Symposium on the Rule of Law of Development Finance, December 13, 2016.

[274] Uzzi. Embeddedness in the Making of Financial: Capital How Social Relations and Networks Benefit Firms Seeking Financing [J]. American Sociological Review, Vol. 64, No. 4, pp. 481 – 505.

[275] Vos, Ed et al. The happy story of small business financing [J]. Journal of Banking & Finance, Vol. 31, No. 9, 2007, pp: 2648 – 2672.

[276] Elaine Kempson and Claire Whyleg. Kept out or opted out? Understanding and combating financial exclusion [M]. Bristol UK: Policy Press, 1999.

[277] Zelizer V. A. R. The social meaning of money [M]. Princeton University Press, 1997, pp. 199 – 216.

[278] 2014 Annual Report & CSR Report of Development Bank of Japan [R]. Development of Japan, 2014.

[279] 2014 Current Overview Of Development Bank of Japan [R]. Development of Japan, 2014.

[280] 2014 KDB Bank Annual Report [R]. Korea Development Bank, 2014.

—